A universidade interrompida:
Brasília 1964-1965

Fundação Universidade de Brasília

Reitor José Geraldo de Sousa Junior
Vice-Reitor João Batista de Sousa

Diretora Lúcia Helena Cavasin Zabotto Pulino

Conselho Editorial Angélica Madeira
Deborah Silva Santos
Denise Imbroisi
José Carlos Córdova Coutinho
Lúcia Helena Cavasin Zabotto Pulino – *Pres.*
Neide Aparecida Gomes
Roberto Armando Ramos de Aguiar

Roberto A. Salmeron

A universidade interrompida:
Brasília 1964-1965

Edição comemorativa

 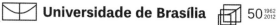

• EQUIPE EDITORIAL

Editora de publicações | Nathalie Letouzé Moreira
Coordenação de produção gráfica | Marcus Polo Rocha Duarte
Editoração Eletrônica | Allan Mendes de Jesus, Raimunda Dias
Índice | Rejane de Meneses, Sonja Cavalcanti, Yana Palankof
e Rafael Lemos Nogueira
Revisão | Jupira Correa, Sonja Cavalcanti, Yana Palankof
e Daniel Fernandes
Arte final da capa | Ivanise Oliveira de Brito, Patrícia Campos
Supervisão gráfica | Elmano Rodrigues Pinheiro

Copyright © 2012 by
Editora Universidade de Brasília

1ª edição, Universidade de Brasília - 1999.
2ª edição revista, Universidade de Brasília - 2007.

Impresso no Brasil
Direitos exclusivos para esta edição:
Editora Universidade de Brasília
SCS, quadra 2, bloco C, nº 78, edifício OK,
2º andar, CEP 70302-907, Brasília, DF
Telefone: (61) 3035-4200
Fax: (61) 3035-4230
Site: www.editora.unb.br
E mail: contato@editora.unb.br

Todos os direitos reservados. Nenhuma parte desta
publicação poderá ser armazenada ou reproduzida por
qualquer meio sem a autorização por escrito da Editora.

Ficha catalográfica elaborada pela Biblioteca Central da Universidade de Brasília

---

S171   Salmeron, Roberto A.
             A universidade interrompida : Brasília 1964-1965 / Roberto A. Salmeron.
         – Editora Universidade de Brasília, 2ª edição revista conforme o Novo Acordo
         Ortográfico-edição comemorativa, 2012.
             490 p. ; 21 cm.

             ISBN 978-85-230-0966-3
             1. Crise na Universidade de Brasília. 2. Universidade e política. I. Título.

                                                    CDU 378.4:32(817.4)
                                                         378.014(817.4)

Para Sônia

Prefácio à edição comemorativa

A reedição desta obra de Roberto A. Salmeron reúne três circunstâncias especialmente felizes. A primeira delas é que a publicação de *A Universidade Interrompida: Brasília 1964-1965* pela Editora Universidade de Brasília assegura aos leitores e estudiosos da educação brasileira a disponibilidade de uma obra de referência que, tão logo foi lançada originalmente, em 1998, definiu-se como bibliografia indispensável e fonte de consulta permanente sobre o tema que aborda.

Tamanha relevância é, com efeito, fruto da autenticidade da participação do autor como pioneiro na implantação da UnB. Roberto Salmeron figura entre os destacados pesquisadores brasileiros que acudiram à convocação de Darcy Ribeiro para instalar na nova capital do Brasil a sua universidade necessária. Quando assume o encargo de coordenador-geral dos Institutos Centrais de Ciências e Tecnologia, promove uma recuperação histórica dos antecedentes políticos e conceituais da formulação do projeto da UnB, das ações que orientaram a etapa inicial de construção do *campus* e, por fim, da violência que se abateu sobre a instituição com o golpe militar, caracterizando-a como uma universidade interrompida.

O livro está dividido, assim, em duas partes. A primeira concentra-se na reconstrução da memória sobre a UnB, tratando dos acontecimentos que cercam sua fundação e da crônica dos fatos que caracterizam as bases conceituais e políticas da proposta da nova universidade. Além disso, localiza-a no ensaio de tentativas de institucionalização universitária no país, detalhando a operacionalização da instalação do projeto, os protagonismos, os sentimentos e, sobretudo, a solidariedade para defrontar e superar os desafios próprios àquela experiência.

A segunda, descreve a crise e a violência com que o golpe se impôs sobre a universidade, intimidando alunos e professores, desorganizando-a, reprimindo seu poder criativo e ferindo antagonistas.

Ambas as seções são cuidadosamente documentadas e pode-se observar a delicadeza do trabalho de Roberto Salmeron na conservação de depoimentos e dados históricos, alinhavados pelo fio condutor de uma narrativa sóbria, elegante e contundente.

A Universidade Interrompida, sob este aspecto, integra a antologia explicativa de criação da UnB, sua promessa utópica, as vicissitudes que sofreu, seu começo e seus permanentes recomeços. O livro tem lugar cativo na mesma estante na qual se classificam outras preciosidades, como os títulos de Darcy Ribeiro: *Universidade de Brasília*, editado em 1962 e reeditado pela UnB em 2011 para celebrar o cinquentenário da lei de criação, apresentando o projeto de organização, a lei de criação e pronunciamentos de educadores e cientistas sobre a proposta da nova universidade; *A Universidade Necessária*, de 1969; e *UnB: Invenção e Descaminho*, de 1978. Além destes, é igualmente indispensável referir à obra de Heron Alencar, *A Universidade de Brasília. Projeto Nacional da Intelectualidade Brasileira*, resultado de uma comunicação apresentada à Assembleia Mundial de Educação, no México de 1964, e publicada por Darcy Ribeiro em apêndice ao seu *Universidade Necessária*. Também Antônio Luiz Machado Neto, coordenador do Instituto Central de Ciências Humanas neste mesmo período de 1962-1965 e inspirado pelo mesmo tema, publica na antiga Revista da Civilização Brasileira o ensaio *A Ex-Universidade de Brasília*.

A segunda circunstância de distinção da nova edição de *A Universidade Interrompida: Brasília 1964-1965*, decorre de que seu lançamento venha ao encontro da agenda do debate atual no Brasil sobre o resgate da memória da repressão política que se desencadeou no país e que alcança o período e os fatos narrados no livro.

A instalação neste ano de 2012 da Comissão da Verdade, prevista na Conferência Nacional de Direitos Humanos realizada em dezembro de 2008 e desenhada pelas diretrizes do Programa Nacional de Direitos Humanos 3, inseriu o Brasil na boa direção do direito internacional dos direitos humanos de modo que atenda a orientação expressa em decisões de tribunais internacionais que indicam a necessidade de concluir o processo de democratização com a verdade sobre os fatos para evitar repetições de ciclos de violência.

A Comissão instalada no Brasil pela presidenta da República terá dois anos para elaborar seu relatório. É um curto espaço de tempo para dar conta de todas as violações e da abrangência das situações ocorridas no período do regime ditatorial. Por isso, é importante a criação de uma Comissão da Verdade da Universidade de Brasília. A exemplo do que já começa a ocorrer em outros âmbitos institucionais, uma comissão com esse objetivo na UnB contribuiria para investigar a repressão que se derramou sobre seus professores e estudantes. Na medida em que as próprias instituições recuperem sua história, colaborarão para a concretização da justiça transicional que admite sim reconciliação, mas implica necessariamente processar os perpetradores dos crimes, revelar a verdade sobre fatos, conceder reparações às vítimas e reformar as instituições responsáveis pelos abusos. O livro de Roberto Salmeron é, em si, um achado para documentar essa dimensão da história da UnB e para recolocá-la no eixo da memória e da verdade.

Por fim, a terceira circunstância que marca esta nova edição de *A Universidade Interrompida: Brasília 1964-1965* é a oportunidade de inscrever a obra no catálogo das celebrações do cinquentenário da UnB. O simbolismo desta celebração a Roberto Salmeron no ano de jubileu da universidade nos remete à grandeza originária da UnB, cuja força utópica do projeto que assinala sua criação atravessou gerações e ultrapassou sucessivas interrupções em seu curso. Esta reedição não é apenas uma repetição ou reapresentação dela,,mas, antes, um convite ao resgate da proposta emancipatória que conduziu à fundação da UnB, para melhor orientar suas possibilidades atuais.

José Geraldo de Sousa Junior
Reitor da UnB

Prefácio à segunda edição

Para a segunda edição deste livro, muitos parágrafos da primeira edição foram ligeiramente modificados e alguns novos parágrafos foram acrescentados, para maior clareza. No capítulo "Demitidos e demissionários" foi adicionada a seção "Repercussão internacional dos acontecimentos na Universidade de Brasília".

Uma correção importante foi feita no capítulo "Nova invasão, trágica – agosto de 1968". Na primeira edição, relatei a violenta invasão da universidade por tropas militares, durante a qual soldados disparavam a esmo com armas de fogo, como se estivessem sendo atacados. Quando estudantes e professores olhavam perplexos, um estudante foi ferido na cabeça. Escrevi que o estudante foi morto. Fui informado pelo doutor Luciano Lírio, de Brasília, que o estudante não faleceu, foi salvo pelos médicos do Hospital Distrital de Brasília. Deixo aqui meus agradecimentos ao doutor Lírio por essa informação, que me permitiu corrigir o erro publicado na primeira edição.

É um prazer agradecer à equipe da Editora Universidade de Brasília pelo minucioso trabalho realizado nas modificações para esta segunda edição.

Sumário

Agradecimentos, **21**

Parte I – A construção

Capítulo 1 – Esta história **27**

Capítulo 2 – As primeiras ideias **37**
Ideias de Lucio Costa **39**
Uma ideia que precisou ser defendida **40**

Capítulo 3 – As primeiras conversas **43**
Pressões da oposição, dificuldades técnicas e receio de
estudantes **43**
Uma conversa de brincadeira com Cyro dos Anjos
e Oscar Niemeyer **45**
A política educacional da Igreja Católica **45**
Uma comissão ou uma pessoa **47**
Imitar Thomas Jefferson? **48**

Capítulo 4 – As primeiras ações **51**
A primeira iniciativa – a escolha de Anísio Teixeira **52**
Anísio Teixeira **53**
A Universidade do Distrito Federal **57**
A segunda iniciativa – mensagem do presidente ao
Congresso **62**
Exposição de Motivos apresentada pelo ministro da
Educação e Cultura **62**
O patrimônio e o financiamento da universidade **69**

A terceira iniciativa **70**
Darcy Ribeiro **71**
A primeira fase da organização e a importância dos
assessores especializados **73**
A aprovação precipitada da lei que autorizou a criação da
Universidade de Brasília **76**
Começar logo **77**

Capítulo 5 – O que precisava ser mudado nas universidades
brasileiras **79**
    As dificuldades fundamentais comuns às universidades, **80**
    As atividades criadoras nas universidades **81**
    A carreira universitária do corpo docente **83**
    Os currículos rígidos dos estudos **85**
    Certos aspectos do ensino **85**
    O amadurecimento da mentalidade **86**
    A fundação da Universidade de São Paulo **86**
    Os institutos de pesquisa não vinculados a universidades **88**
    O trabalho de brasileiros no exterior **89**

Capítulo 6 – As inovações introduzidas na Universidade de
Brasília **91**
    Os Institutos Centrais e as Faculdades **92**
    A motivação fundamental **93**
    A carreira do corpo docente **94**
    Os critérios de julgamento dos docentes **95**
    A introdução de créditos pelos estudos realizados **96**
    As atividades secundárias **96**
    O espírito da Universidade de Brasília e os mal-
    entendidos **97**
    Uma estrutura única é necessária? **99**

Capítulo 7 – O começo **103**
    Os primeiros cursos **103**
    Os primeiros reitores **106**
    Sem estatuto **106**

Sem contrato **107**
Proteger as estruturas **109**

Capítulo 8 – O trabalho nos Institutos de Artes, Letras
Ciências Humanas e na Faculdade de Arquitetura **111**
Graduação, pós-graduação e organização **112**
O Instituto Central de Artes **114**
O Departamento de Música **117**
Vida de artista **120**
O Instituto Central de Letras **121**
O Curso de Jornalismo e o Centro de Extensão Cultural **122**
O Instituto Central de Ciências Humanas **125**
A Faculdade de Arquitetura e Urbanismo **128**

Capítulo 9 – O trabalho nos Institutos de Ciências Naturais e
Exatas **133**
O Instituto Central de Biociências **133**
O Departamento de Genética **134**
O Departamento de Psicologia **137**
O Instituto Central de Matemática **140**
O Instituto Central de Química **142**
Algumas notas pessoais de Otto Richard Gottlieb **145**
O Instituto Central de Geociências **147**
A coordenação-geral dos Institutos Centrais de Ciências e
Tecnologia **149**
O início dos cursos de graduação nos Institutos de Ciências
Exatas e Naturais **152**
O Instituto Central de Física **153**
O equipamento dos Institutos Centrais de Ciências **156**

Capítulo 10 – O presente do general De Gaulle **159**
A viagem de Carlos Lacerda à Europa **160**
Entrevistas em Lisboa e Madri **161**
A entrevista em Paris **162**
E a Universidade de Brasília nisso tudo? A visita de Charles
de Gaulle ao Brasil **167**
O presente **169**

Parte II – As violências

Capítulo 11 – As primeiras violências **177**
A primeira invasão e as primeiras prisões **178**
Notícias alarmantes **179**
Os livros **181**
O Caso da "bandeira da China comunista" **182**
O novo reitor e o novo Conselho Diretor **183**
As primeiras expulsões **184**
Consequências das expulsões **187**
A ideologia oficial sobre a Universidade de Brasília **188**

Capítulo 12 – O início da grande crise **189**
A autonomia universitária **190**
A evolução do reitor em quinze meses de paz vigiada **191**
Compreender os detalhes dos conflitos **192**
O "caso Fiori" **192**
A ação dos coordenadores **197**
A demissão de Ernani Maria Fiori **201**
O "caso Edna Soter de Oliveira" **202**
O "caso Las Casas" **203**
Declarações ameaçadoras do reitor em uma assembleia
tumultuosa **206**
Um documento importante elaborado pelos professores **209**
O documento é aceito pelos dois reitores e pelo Conselho
Diretor **211**
Las Casas "devolvido" **213**

Capítulo 13 – A grande crise **217**
O reitor volta atrás, os coordenadores demitem-se de seus
cargos **217**
A carta de demissão dos coordenadores **219**
Os coordenadores procuram o diálogo **223**
A última reunião dos coordenadores com o reitor **224**
Pretextos mentirosos e causas verdadeiras das
expulsões **225**

Os pretextos e a verdade sobre o veto a Roberto Décio Las Casas **226**
Uma carta formal e hipócrita **230**
A defesa de um princípio e a posição moral do interessado **232**
Os pretextos e a verdade sobre a expulsão de Roberto Pompeu de Souza Brasil **232**
Greve do corpo docente e dos estudantes **235**
O reitor pede o envio de tropas policiais militares à universidade **236**
A universidade sob ocupação militar **238**

Capítulo 14 – Demitidos e demissionários **241**
A intranquilidade **242**
Solidariedade dos docentes aos coordenadores em uma decisão grave **243**
Os professores demitidos pelo reitor **245**
A responsabilidade do Conselho Diretor **246**
Duzentos e vinte e três docentes demissionários **247**
Epílogo **251**
Repercussão internacional dos acontecimentos na Universidade de Brasília **252**

Capítulo 15 – Espionagem, delações e prisões **255**
O problema da segurança de Charles de Gaulle **256**
A prisão de quatro professores **257**
As prisões do arquiteto hindu Shyan Janveja e do físico francês Michel Paty **259**
A prisão do químico inglês William Eyton **262**

Capítulo 16 – A Comissão Parlamentar de Inquérito **265**
Composição da comissão **266**
Os depoentes **267**

Capítulo 17 – Depoimento do reitor Zeferino Vaz **269**
19 de outubro de 1965 **269**
A luta pelas verbas **271**

Uma defesa da universidade feita com convicção **274**
Começam os ataques a estudantes e professores **276**
Um deputado quer demonstrar que na Universidade de
Brasília não há subversão **279**
Um deputado compreende os jovens e fala como pai **293**
Um deputado, também professor demissionário da UnB,
denuncia as pressões **301**

Capítulo 18 – Depoimento do reitor Laerte Ramos de
Carvalho **311**
 A obsessão por um conceito especial de disciplina, utilizado
 como pretexto **312**
 O relator da CPI procura focalizar fatos **314**
 Um deputado denuncia as pressões sobre a universidade **318**
 Um deputado insiste sobre a quebra de compromisso pelo
 reitor **326**
 Um deputado acusa o reitor de ajudar na implantação da
 ditadura **334**
 Um deputado duvida da capacidade do reitor para dirigir uma
 universidade e insinua que ele deveria demitir-se **338**
 Um deputado defende professor demitido por Zeferino Vaz
 e não aceita que não se dê o direito de defesa aos
 demitidos **342**
 Um deputado denuncia a fiscalização do Congresso e do
 Brasil **346**
 Um deputado defende o reitor e ataca os professores **350**
 Um deputado, professor da UnB, que viveu as crises, sabe
 que há pressões externas e que há informantes **356**
 Um deputado fala como pai de alunos da universidade e
 mostra contradições nas palavras alarmantes do
 reitor **360**

Capítulo 19 – Depoimento do coordenador-geral dos Institutos
Centrais de Ciências e Tecnologia, Roberto A. Salmeron **369**
 As verbas insuficientes e as dificuldades **371**
 Os trabalhos na universidade **372**

O relator faz perguntas sobre a crise **378**
As relações tensas entre os coordenadores e o reitor **382**
Sugestão de uma acareação **386**
A questão do respeito mútuo **388**

Capítulo 20 – A tormenta política **393**
Eleições para governadores em onze estados **394**
O retorno do exílio de Juscelino Kubitschek **395**
O Ato Institucional nº 2 **396**
O incidente com os "intelectuais do Hotel Gloria, **397**
Semanas críticas **403**

Capítulo 21 – Declarações do ministro da Educação e
Cultura **405**
Outubro de 1965 **407**
Novembro de 1965 **409**
O ministro no programa de televisão *Pinga-Fogo* **411**

Capítulo 22 – Reações da imprensa – jornais que apoiavam os
professores **423**
Artigos publicados por *Última Hora* **424**
Artigo publicado pelo *Correio da Manhã* **426**
Artigos publicados pela *Folha de S. Paulo* **428**

Capítulo 23 – Reações da imprensa – jornais que atacavam os
professores **439**
Artigos publicados no *Diário de S. Paulo* **440**
Declarações do diretor de *O Estado de S. Paulo*, Júlio de
Mesquita Filho, no programa de televisão *Pinga-Fogo* **451**
Artigos publicados em *O Estado de S. Paulo* **456**
Comparação necessária **464**

Capítulo 24 – Nova invasão, trágica – agosto de 1968 **465**
A invasão **466**
Comunicados oficiais **467**
Nota distribuída pelo Hospital Distrital de Brasília **469**

Repercussão – deputados do MDB descrevem os fatos para o partido **469**
Manifesto dos professores, alunos e funcionários **473**
Mães protestam **474**
Consequências **475**

Capítulo 25 – Por quê? Quem é responsável **477**

Índice **479**

Agradecimentos

Este livro não poderia ter a feição que tem sem a colaboração de muitas pessoas que me auxiliaram com informações, comentários e documentos, pois a gravidade dos fatos narrados exige que sejam comprovados com referências exatas.

Quero deixar meus calorosos agradecimentos ao inesquecível Lucio Costa pelas longas palestras e por ter lido os quatro primeiros capítulos numa primeira versão, redigida há alguns anos, quando o livro estava sendo estruturado. A Cyro dos Anjos, amigo já falecido, por documentação preciosa e por me ter pacientemente contado detalhes de fatos relativos aos primórdios da nova capital, inclusive das suas primeiras conversas com o presidente Juscelino Kubitschek, quando era subchefe do seu Gabinete Civil para Assuntos de Educação, a fim de convencê-lo a criar a universidade que constava do Plano Piloto de Lucio Costa. Ao saudoso Antônio Luiz Machado Neto, amigo perdido em morte prematura, coordenador do Instituto Central de Ciências Humanas, quando foi expulso da universidade, que redigiu, então, um relatório sobre as atividades do instituto, mas não o publicou. Enviou cópias a várias pessoas, e tive o prazer e o privilégio de receber uma, que me foi extremamente útil.

É com satisfação imensa que exprimo minha gratidão aos vários amigos que generosamente se prontificaram a me ajudar: a Alcides da Rocha Miranda, que viu Brasília nascer, pelos muitos comentários, pela leitura dos capítulos iniciais, por me ter descrito as origens do Instituto Central de Artes, o qual criou e dirigiu, e os esforços realizados para se assentarem as bases do ensino e das primeiras atividades intelectuais nos inícios da nova capital, antes que a universidade existisse; a Carolina Martuscelli Bori, por horas de conversa e documentação a respeito das ideias que levaram à estruturação do Departamento de Psicologia, o qual fundou e coordenou; a Antônio Rodrigues Cordeiro, Otto Richard Gottlieb e Elon Lages Lima, iniciadores e coordenadores dos Institutos Centrais de Biociências, de Química e de Matemática, respectivamente, por terem fornecido dados referentes a esses institutos e pelas trocas de ideias que me permitiram refinar detalhes. Gottlieb, além disso, enviou-me notas pessoais a respeito da universidade daqueles tempos, que aqui são publicadas; a João da Gama Filgueiras Lima, um dos fundadores da Faculdade de Arquitetura e do Centro de Planejamento da Universidade, coordenador de alguns de seus setores, que me endereçou longa carta com precisões a respeito das atividades de ensino e dos trabalhos no Ceplan; a José Reinaldo Magalhães e Helga Winge, que tiveram a gentileza de complementar informações e documentos sobre o Instituto de Biociências.

Meus profundos agradecimentos vão também ao ex-reitor, professor João Carlos Todorov, e à professora Geralda Dias Aparecida por terem colocado à minha disposição o acervo do Centro de Documentação da Universidade de Brasília; a Ary Cunha, diretor vice-presidente do *Correio Braziliense*, que me proveu de importante coleção de notícias, fotografias e artigos publicados por aquele jornal, e por ter autorizado a transcrição de artigos do *Diário de S. Paulo*, antigo jornal da cadeia dos Diários Associados, hoje desaparecido; à direção da *Folha de S. Paulo*, e especialmente a Bernardo Ajzenberg, pelas cópias dos numerosos artigos e notícias que solicitei; à direção de *O Estado de S. Paulo* e à do *Le Monde*, pela autorização de transcrever artigos neles publicados; à senhora Edith B. Mattos, pela gentileza de permitir a publicação de caricaturas executadas pelo artista Orlando Mattos para a *Folha de S. Paulo*, em 1965; e a Luiz Curimbaba Gomes, por uma leitura cuidadosa do livro e pelas várias sugestões para melhorar a sua apresentação.

Os ditadores não compreendem os poetas
e, quando compreendem, eles os matam.

Poeta não identificado

Parte I

A construção

Capítulo 1

Esta história

Prezado Senhor,

Dois dos mais eminentes e respeitados cientistas italianos, em dificuldade de consciência, recorreram a mim e pediram-me que escrevesse a V. Sa. para tentar evitar, se possível, uma dura prova com a qual homens de saber estão ameaçados na Itália. Refiro-me a um juramento de lealdade ao sistema fascista. Peço a V. Sa. o favor de aconselhar o senhor Mussolini que poupe esta humilhação à flor da intelectualidade italiana.

Carta enviada por Albert Einstein em 1934 ao senhor Rocco, ministro da Justiça e da Educação de Mussolini[1]

A História é feita de muitas histórias.

As muitas histórias da evolução cultural de um povo estão relacionadas com as muitas histórias da sua evolução política. É por isso que a cultura, no sentido amplo, passa por altos e baixos, avança e recua, participando da luta permanente das forças de progresso contra as retrógradas, que revestem aspectos diversos. Esse conflito é intenso nos regimes ditatoriais, que, empedernidos em conceitos de cultura e de moral que eles mesmos estabelecem e impõem, rapidamente instalam a arbitrariedade como sistema de governo e de administração e suprimem a liberdade de expressão. Forma-se então na vida intelectual um vazio que abrange tudo, arte, literatura, teatro,

---

[1] Albert Einstein, *Ideas and opinions*, Nova York, Dell Publishing Co., 1973, p. 40.

ensino e pesquisa, aumentando ao mesmo tempo a marginalização de grandes camadas da população no domínio do irracional.

Esse processo degenerativo ocorreu no Brasil durante o governo que se estendeu de 1964 a 1985, e a História ensina-nos que pode ocorrer com qualquer povo, seja qual for o nível da sua cultura. É fundamental, portanto, que o homem aprenda a julgar as situações e a ser vigilante, para que esse fenômeno de regressão social não apareça ou não reapareça.

A história que aqui vamos contar é um episódio da luta entre progresso e obscurantismo. Ocorreu em 1964 e 1965 na então recém-criada Universidade de Brasília.

Por que contá-la? Para que haja memória, para que não fique perdida, pois no Brasil, infelizmente, não temos o hábito sadio de cultivar nossa memória intelectual.

Nos países de tradição cultural, os fatos são contados e recontados, analisados e reanalisados, mantidos como exemplos vivos para as gerações futuras. Em nosso País, ao contrário, episódios importantes ficam encobertos na escuridão dos tempos. Esse poderia ser o destino dos eventos que vamos narrar: as pessoas que dirigem os vários setores da sociedade brasileira eram crianças ou muito jovens quando eles ocorreram e não puderam acompanhá-los. Temos constatado que até professores e universitários os ignoram, apesar de terem acontecido há pouco tempo numa universidade duramente atingida. É, portanto, responsabilidade das pessoas que os viveram, docentes, estudantes e funcionários, torná-los conhecidos. Pois, como é sabido, um povo que não conhece a sua história corre o risco de repeti-la.

A UnB – sigla para designar a Universidade de Brasília – começou a funcionar em 1962. Ela foi concebida e construída com a participação otimista de muitos intelectuais, numa tentativa de introduzir mudanças nas estruturas universitárias. Tivemos o privilégio de iniciar a experiência nova em terreno virgem: as letras, as artes, a arquitetura, as ciências humanas, as ciências naturais e exatas eram implantadas ao mesmo tempo, lado a lado.

O prazer de todos era participar daquela obra com esforço coletivo e entusiasmo que contagiava. A universidade tornava-se logo assunto fundamental da vida para todos os que nela se empenhavam, os docentes trabalhando em geral sete dias por semana, os estudantes lotando bibliotecas e salas de estudos até altas horas da noite, inclusive aos sábados e aos domingos.

Contudo, uma universidade não é instituição isolada, faz parte do contexto social, sendo afetada, direta ou indiretamente, pelas vicissitudes do meio em que está inserida. Nos anos em que aqueles esforços estavam sendo feitos, o País sofreu enorme convulsão política que abalou profundamente a Universidade de Brasília. Para bem apreendermos e julgarmos os acontecimentos, devemos impregnar-nos da atmosfera da época, penetrando em assuntos diversos, mas correlatos.

Alguns dias após o golpe de Estado de 31 de março de 1964, tropas do Exército e da Polícia Militar invadiram o *campus* da Universidade de Brasília, como se estivessem tomando uma praça forte. O reitor, o vice-reitor e o conselho diretor foram demitidos, professores e estudantes foram presos. Um dos primeiros atos de um novo reitor, nomeado pelo presidente da República sem nenhuma consulta aos órgãos universitários, foi o de expulsar treze docentes e um estudante, sem acusação, sem processo jurídico, sem lhes dar direito de defesa. Formalmente, o reitor alegou que foram *dispensados por conveniência da administração*.

Apesar dessa interferência brutal, as atividades continuaram com o mesmo vigor e a universidade tomou impulso raramente visto em tão pouco tempo em universidades de nosso País. Todos os setores desenvolviam-se rapidamente, chamando a atenção de colegas de outros centros, que nos contatavam. Alguns cientistas e artistas do exterior estavam colaborando conosco e outros queriam vir colaborar, e instituições estrangeiras auxiliavam-nos substancialmente, devido ao prestígio dos responsáveis por projetos.

A despeito do trabalho intenso e do progresso visível, criou-se em órgãos governamentais, nas forças armadas, em certa imprensa e infelizmente também em alguns meios universitários, uma verdadeira *ideologia deturpadora e denegridora a respeito da Universidade de Brasília*, apresentada como um foco de subversão dirigido por irresponsáveis.

Em outubro de 1965, um ano e meio depois das primeiras expulsões, um outro reitor foi designado pelo presidente da República, também por injunções políticas, os docentes sendo colocados diante de um fato consumado. Recém-chegado, em função havia *cinco semanas apenas* e ignorando *tudo, realmente tudo* sobre a universidade, chamou o Exército e a Polícia Militar para novamente a invadirem. E demitiu arbitrariamente mais dezesseis professores, sem acusação e sem possibilidade de defesa, como tinha feito o seu antecessor. O pretexto, apresentado *a posteriori*, foi o de que eram *indisciplinados, e indisciplina deveria ser considerada um aspecto da subversão.*

Mentiras difamatórias circulavam em meios que combatiam a Universidade de Brasília e eram publicadas por alguns jornais. Era a ideologia em funcionamento. Assim, o segundo reitor imposto, que se declarava adepto do regime ditatorial que se instalava no País, apresentou-se aos coordenadores dos institutos e faculdades como um homem que *lá estava para servir ao governo* e, apenas sete semanas depois da sua posse, iniciou um depoimento numa Comissão Parlamentar de Inquérito sobre a universidade com as seguintes palavras:

> Excelentíssimos senhores deputados, confesso que os problemas da Universidade de Brasília são tantos e tão complexos que seria muito difícil para mim fazer uma exaustiva exposição referindo-me a todos os inúmeros aspectos destes problemas, que vêm contribuindo para criar nessa universidade, universidade que representa uma esperança para a reforma do ensino universitário brasileiro, que vêm contribuindo, repito, para que ela se torne um fator de indisciplina, de intranquilidade, para toda a população de Brasília e quiçá para toda a população brasileira.[2,3]

Então, os professores e os estudantes da Universidade de Brasília eram *fator de indisciplina e de insegurança para toda a população de Brasília e quiçá para toda a população brasileira*, como se fossem bandidos.

Os fatos que ocorreram na Universidade de Brasília naqueles anos são exemplos de arbitrariedades mantidas por sistemas

---

[2] Trataremos da Comissão Parlamentar de Inquérito nos capítulos 16 a 19.

[3] *Diário do Congresso Nacional*, suplemento ao nº 12, 16 de fevereiro de 1966, p. 17.

ditatoriais. Pessoas protegidas pelo poder são investidas de autoridade e se dão o direito de praticar impunemente atos que não seriam admissíveis se a lei vigorasse.

Para compreender aquele período de nossa História, não basta simplesmente saber que alguém foi preso ou demitido aqui ou acolá. É preciso conhecer a perversão introduzida pelo regime político no funcionamento das instituições e no comportamento de pessoas que o apoiavam e se apoiavam nele. Para isso, é indispensável entrar em detalhes: o subterrâneo das declarações públicas; opiniões expressas em reuniões nas salas fechadas; as cartas francas de uns; as cartas secretas de outros; os pretextos divulgados e as verdades escondidas. É o que mostraremos.

Os diretores dos institutos e faculdades naquela fase inicial da Universidade de Brasília eram designados pelo reitor, depois de aprovados pelo Conselho Diretor da Fundação Universidade de Brasília, e eram chamados *coordenadores*. O título de *diretor* deveria ser atribuído mais tarde, quando fossem escolhidos por órgãos colegiados.

Os coordenadores, solidamente apoiados pela maioria do corpo docente e dos estudantes, travaram intensa luta pela defesa da autonomia universitária, usando todos os argumentos racionais possíveis. Explicavam a personalidades altamente colocadas no governo, inclusive ao presidente da República, o que se fazia realmente na universidade e a deformação com que ela era apresentada. E tentaram convencer o novo reitor do erro que cometeria se demitisse mais pessoas, reabrindo, em fins de 1965, as feridas mal cicatrizadas de abril de 1964.

Mas o reitor cumpria ordens, não os ouviu e manteve as dezesseis expulsões. Como consequência, *223* professores demitiram-se e partiram da universidade que estavam construindo. Com os dezesseis que tinham sido expulsos, constituíam 80% do corpo docente. A universidade daquele ímpeto inicial foi interrompida.

Essa demissão coletiva, caso único na história de universidades no mundo, foi espontânea, não foi programada, nem dirigida do exterior, como alguns ridiculamente pretenderam. Por causa da determinação e à união dos docentes, houve quem duvidasse da sua espontaneidade. Por que tal atitude de 223 pessoas? Que fatos levaram tantos, conscientes e responsáveis, a se convencer de que não era mais possível continuar trabalhando nas condições que lhes eram impostas? A situação podia ser resumida numa frase, em termos simples: seria possível manter a dignidade de cidadãos e de professores construindo uma universidade cujo corpo docente deveria estar sujeito às arbitrariedades de um reitor e de um ministro da Educação que julgavam normal receber instruções do Serviço Nacional de Informações, do Serviço Secreto do Exército e de outros serviços policiais? O ministro da Educação dizendo em entrevistas que educação é assunto de segurança nacional?

Pessoas com cargos de responsabilidade, como ministros, reitores, deputados e jornalistas, praticavam frequentemente um discurso contraditório. Como lhes era impossível ocultar inteiramente os aspectos positivos da Universidade de Brasília, faziam algum elogio e em seguida lançavam ataques, menosprezando-a ou denegrindo professores e estudantes. A frase do reitor transcrita acima é um exemplo, veremos outros.

Quando esse episódio às vezes é mencionado, fala-se nos professores que se demitiram espontaneamente, mas uma especial homenagem deve ser feita aos estudantes da universidade daquele período por sua atitude digna. Embora conscientes de que nossas demissões lhes criariam sérios problemas para a continuação dos estudos, compreenderam a situação moral em que nos encontrávamos e deram-nos irrestrito apoio, sem ambiguidade, manifestado publicamente muitas vezes. Apoio que os professores não esqueceram.

Os acontecimentos são sempre concatenados. Para que eles sejam devidamente colocados no contexto histórico, devemos narrá-los desde os primórdios dos movimentos intelectuais que levaram à conscientização da necessidade de uma reforma universitária no Brasil e mostrar sua interdependência dentro das situações políticas que o País atravessou em vários períodos.

Este livro é dividido em duas partes. A primeira, que chamaremos "A construção", correspondente aos dez primeiros capítulos, é dedicada à evolução das ideias, durante anos, sobre ensino, pesquisa e universidades no País, e aos esforços realizados no período inicial de construção da Universidade de Brasília, até outubro de 1965.

Começaremos situando a universidade no projeto de Lucio Costa para Brasília, antes que a cidade fosse construída. Descreveremos a seguir as etapas da sua gestação, o longo período de discussões, as primeiras iniciativas tomadas para que ela fosse criada. As novidades introduzidas na Universidade de Brasília aparecerão claramente com uma análise de certos aspectos das universidades brasileiras nas décadas de 1930 a 1960 que precisavam ser mudados, pois as ideias que levaram à estrutura adotada tiveram uma lenta evolução, moldada pela experiência de alguns decênios em vários lugares do País. Veremos como a vivência acadêmica depois da fundação da Universidade de São Paulo, em 1934; as marcas deixadas por outras tentativas, como a malograda Universidade do Distrito Federal, no Rio de Janeiro, de 1935 a 1938; o desenvolvimento da pesquisa científica em vários centros importantes; o aumento do número de pessoas competentes e a experiência adquirida por brasileiros em universidades europeias e norte-americanas não só tornaram evidente a necessidade de novas organizações para o ensino associado à pesquisa como favoreceram um clima intelectual propício a uma reforma. Se a Universidade de Brasília não tivesse existido, a estrutura que lhe foi dada teria sido mais tarde adotada por outras, indubitavelmente, porque já tínhamos atingido a maturidade necessária para tentar essa experiência na evolução do nosso ensino superior.

Veremos a influência sobre a evolução de nossas universidades das ideias e realizações de Anísio Teixeira, o maior educador que o Brasil teve, e como ele criou a estrutura da Universidade de Brasília quando convidado pelo presidente Kubitschek para organizá-la.

Contaremos os trabalhos realizados nos institutos e nas faculdades da universidade em apenas três anos e meio, de abril de 1962 a outubro de 1965. Falaremos das carreiras dos coordenadores, mostrando também o que fizeram depois de terem saído da UnB e que poderiam ter feito em Brasília, dando assim ideia do nível que imprimiam aos setores que dirigiam.

A segunda parte do livro descreve as violências perpetradas contra a Universidade de Brasília durante a ditadura militar.

Além da força ostensiva de tropas militares, há também os múltiplos aspectos de fundo sociológico da violência: a espionagem, as delações, as prisões, as expulsões, o clima de insegurança, o comportamento dos reitores impostos como interventores e a reação à própria violência, como a dos docentes que se demitiram por recusar pressões externas.

Isso tudo ocorreu numa época de tormenta política no País, que mostraremos com alguns fatos.

Na vida das sociedades, como na dos indivíduos, surge às vezes o acaso, trazendo situações não previstas. Alguns deputados tinham proposto uma Comissão Parlamentar de Inquérito (CPI) com a finalidade de apurar as causas da paralisação das obras da Universidade de Brasília, cujo orçamento era exíguo e insuficiente. Por acaso, a CPI começou a trabalhar exatamente quando eclodiu a maior crise que a universidade atravessou, em outubro de 1965. Pelo fato de os deputados quererem então compreender o que estava acontecendo, a CPI tornou-se evento da maior importância, em um local oficial com as janelas abertas para todo o País, a Câmara dos Deputados, onde foram expostas, devido à atuação corajosa de vários parlamentares, as violências e os principais problemas que enfrentávamos. Os depoimentos prestados foram publicados integralmente num número especial do *Diário do Congresso Nacional* e são aqui transcritos e comentados. Veremos como a formulação das perguntas e as respostas, além de revelarem o clima político daquele período, deixam transparecer, com incontestável clareza, as personalidades dos deputados inquiridores e dos depoentes.

Nem todos se preocuparam em saber a verdade sobre o que ocorria na Universidade de Brasília. Com satisfação e reconforto recebemos grande apoio de muitos colegas de outras universidades, de centros de pesquisa e da quase totalidade das uniões de estudantes, assim como de muitos universitários e cientistas do exterior.

O apoio, contudo, não foi unânime. O ministro da Educação e Cultura era, entre as autoridades civis do regime, não somente um dos maiores opositores à Universidade de Brasília, mas seu adversário. Mostraremos como ele a julgava e como a apresentava ao público.

Trataremos, em capítulos especiais, das reações da imprensa, que sempre caracterizam a situação política e social de um país. Mostraremos, com a simples transcrição dos próprios artigos que publicavam, como se comportavam os jornais que defendiam os professores e os estudantes, e aqueles que os atacavam dando apoio ao governo, ao ministro e aos reitores em seus desmandos. Os jornais que atacavam os professores e os estudantes da Universidade de Brasília, além de escreverem coisas que não tinham nada a ver com a realidade, empregavam às vezes um vocabulário inimaginável. Assim, fomos agraciados com os qualificativos "subversivos, corruptos, indisciplinados, baderneiros, incompetentes, medíocres, criadores de ambiente de esterquilínio, de sânie, de fezes e de lodaçal, sem-vergonhas, sectários, usurpadores de cargos sem terem diplomas", nossa imagem misturada à de ladrões de sacas de café, tendo obtido situações funcionais "Deus sabe como", e até... xenófobos!

Finalmente, desejamos chamar a atenção sobre a apresentação que faremos dos personagens que figuram no livro: num esforço para que a verdade seja reproduzida fielmente, e porque algumas pessoas mencionadas no livro já faleceram, não os definiremos, deixaremos que eles mesmos se definam com suas próprias palavras em declarações *oficiais* publicadas.

Essas serão as histórias da nossa história.

Capítulo 2

As primeiras ideias

Cidade planejada para o trabalho ordenado e eficiente, mas ao mesmo tempo cidade viva e aprazível, própria ao devaneio intelectual, capaz de tornar-se, com o tempo, além de centro de governo e administração, um foco de cultura dos mais lúcidos e sensíveis do País.

Lucio Costa[1]

O primeiro a pensar numa universidade para Brasília foi o arquiteto e urbanista Lucio Costa, que fez o Plano Piloto para a cidade.

No fluxo da História, incluindo as artes e a ciências, homens de visão ampla lançam às vezes, com simplicidade, ideias importantes que mais tarde ultrapassam as suas expectativas. Quando Lucio Costa propôs uma universidade para a capital que ainda delineava, estava consciente de que ela seria necessária para a germinação da vida intelectual, mas não podia prever o desencadeamento de situações, a oportunidade para debates culturais que essa proposta abriria.

Na concepção e construção de Brasília, houve a feliz colaboração de três personalidades eminentes, cada uma exercendo com perfeição o papel que lhe cabia. Juscelino Kubitschek, o presidente de entusiasmo exuberante e determinação, e dois arquitetos, entre os melhores do século, profissionais de grande sensibilidade e idealismo: Lucio Costa, o inventor da cidade e, até certo ponto,

---

[1] Lucio Costa, no projeto do Plano Piloto para Brasília.

do seu modo de vida, e Oscar Niemeyer, o criador dos edifícios-monumentos conhecidos internacionalmente como referências da arte contemporânea.

Lucio Costa não concebeu Brasília como cidade que teria unicamente *status* de sede do governo e centro administrativo, quis dar-lhe a ambição de se tornar um núcleo importante de irradiação cultural no País, à imagem de importantes metrópoles existentes no mundo. E foi levado naturalmente a pensar que uma universidade, aberta a espíritos criadores, seria elemento estimulante dessa ambição, impedindo a estagnação intelectual. Incluiu-a, portanto, em seu Plano Piloto. Via longe.

O trabalho por ele apresentado à comissão julgadora dos vários projetos para a nova capital, em concurso internacional, é exemplo da preocupação humana do urbanista. Foi o que conduziu o arquiteto britânico *Sir* William Holford, membro do júri, a declarar que fundamentalmente preferiu o trabalho de Lucio Costa aos outros porque ele *exprime uma ideia.*

Foi, com efeito, a ideia de como seria a vida na nova capital que absorveu Lucio Costa. Contrariamente à imagem que podemos ter de um homem planejando uma cidade apoiado por equipes profissionais, a desenhar e a corrigir plantas e mais plantas, ele trabalhou sozinho. Fez o projeto de Brasília isolado, durante uma calma viagem de navio de Nova York para o Rio de Janeiro.

Começou desenhando um triângulo, em cujos vértices colocou os Poderes Legislativo, Executivo e Judiciário, e assim nasceu a Praça dos Três Poderes. Depois de localizar os ministérios, o eixo monumental e outros edifícios da administração, planejou a cidade tomando a vida como ponto de partida: imaginou como viveriam as famílias e as crianças nas quadras e nas superquadras, onde deveriam ser localizadas as escolas, os lugares de trabalho e de lazer, as atividades culturais, como seria o tráfego e o panorama oferecido aos habitantes. O urbanismo decorreu como consequência e está exposto em poucos esquemas essenciais, traçados à mão. A concepção da capital não é apresentada com desenhos minuciosos, é explicada em um texto de poucas páginas, bem escrito, de leitura fácil e agradável.

O estudo atento e a discussão desse trabalho deveriam fazer parte do currículo obrigatório dos estudantes de Arquitetura.

Numa conversa em que Lucio Costa me explicava o desenvolvimento de suas ideias sobre Brasília, ele disse que em geral as pessoas pensam que o arquiteto deve saber desenhar muito bem, mas que essa noção do trabalho do arquiteto é errada; o arquiteto não precisa saber desenhar, precisa saber escrever muito bem.

Ideias de Lucio Costa

Apresentou o seu trabalho com modéstia:

> Compareço, não como técnico devidamente aparelhado, pois nem sequer disponho de escritório, mas como simples *maquis* do urbanismo, que não pretende prosseguir no desenvolvimento da ideia apresentada senão eventualmente, na qualidade de mero consultor.

E mais adiante:

> Ela deve ser concebida não como simples organismo capaz de preencher satisfatoriamente e sem esforço as funções vitais próprias de uma cidade moderna qualquer, não apenas como *urbs*, mas como *civitas*, possuidora de atributos inerentes a uma capital. E, para tanto, a condição primeira é achar-se o urbanista imbuído de uma certa dignidade e nobreza de intenção.

A importância atribuída às atividades culturais é expressa com a previsão de uma universidade, vizinha de um setor especial dedicado à divulgação das artes e das ciências, congregando várias instituições:

> Ao longo dessa esplanada – o *Mall* dos ingleses –, extenso gramado destinado a pedestres, a paradas e a desfiles, foram dispostos os ministérios e as autarquias. Os das Relações Exteriores e Justiça ocupando os cantos inferiores, contíguos ao edifício do Congresso e com enquadramento condigno, os ministérios militares constituindo uma praça autônoma, e os demais ordenados

em sequência – todos com área privativa de estacionamento – sendo o último o da Educação, a fim de ficar vizinho do *setor cultural*, tratado à maneira de parque para melhor ambientação dos museus, da biblioteca, do planetário, das academias, dos institutos, etc., setor este também contíguo à *ampla área destinada à cidade universitária* com o respectivo Hospital das Clínicas, e onde também se prevê *a instalação do Observatório*.[2]

Assim, a cidade universitária foi introduzida como parte de vasto conjunto cultural aberto ao público.

Situou o *campus* de 257 hectares na região chamada "Asa Norte" de Brasília, junto ao lago, no local onde a universidade foi efetivamente construída.

Uma ideia que precisou ser defendida

Ao propor uma universidade *dentro* da cidade, como parte integrante do Plano, Lucio Costa tinha em mente abrir perspectivas para atividades culturais de uma capital moderna. Essa ideia, que pode parecer simples e natural para quem a julgue em nossos dias, teve influência decisiva para que a Universidade de Brasília fosse criada nos anos em que foi. Se ela não constasse do plano inicial de urbanismo, provavelmente teria sido fundada mais tarde, numa época difícil de se julgar em retrospectiva, e talvez fora de Brasília. Pois um fato surpreendente, conhecido de poucos, é que a possível existência de uma universidade na capital da República encontrava objeções, e essa ideia teve de ser defendida.

Um dos opositores era Israel Pinheiro, personalidade influente, amigo de Juscelino Kubitschek, que o nomeou presidente da Companhia Urbanizadora da Nova Capital – Novacap – e administrador das obras. Segundo o testemunho de Oscar Niemeyer e de Lucio Costa, apesar de um estilo personalista e do tratamento áspero que às vezes reservava às pessoas, ele era cooperativo, procurava

---

[2] Idem, ibidem.

compreender os problemas e facilitar as tarefas, em condições às vezes difíceis, e agia com correção.

Os homens são, às vezes, paradoxais. Interessado em Brasília, apoiando os arquitetos e os engenheiros e mantendo boas relações com Lucio Costa, Israel Pinheiro, no entanto, opunha-se à ideia de se criar uma universidade na nova capital. Pessoas que presenciaram algumas discussões, como o escritor Cyro dos Anjos (subchefe do Gabinete Civil da Presidência da República para Assuntos de Educação e Saúde), o arquiteto Alcides da Rocha Miranda (um dos pioneiros da vida cultural em Brasília e primeiro coordenador do Instituto Central de Artes da UnB) e Aloysio Salles (médico de Juscelino Kubitschek, que o acompanhava nas viagens) disseram-me que Israel Pinheiro alegava não compreender como se poderia *fazer uma universidade num deserto*, mas que o verdadeiro motivo não era esse, nem qualquer princípio, era simplesmente que *ele temia a presença de estudantes nas proximidades do governo e do Congresso*.

A atuação de estudantes brasileiros na vida política do País é incontestável, e muitas pessoas prefeririam vê-los afastados dos lugares onde funcionam os órgãos deliberativos do governo federal. A concessão que Israel Pinheiro estava disposto a fazer era reservar um terreno para a universidade fora de Brasília, para uma eventual construção no futuro.

Um fato significativo foi-me contado por Alcides da Rocha Miranda, que, além de ser amigo de Lucio Costa, participava dos círculos onde se tomavam decisões. Ele me disse que certa vez Israel Pinheiro e o ministro da Educação, Clóvis Salgado, levaram-no para conhecer um terreno situado a mais de trinta quilômetros de Brasília, em Vargem Bonita, e queriam saber se ele o consideraria adequado à localização da universidade. Rocha Miranda não apoiou a ideia e insistiu na necessidade de se manter o *campus* dentro da cidade, segundo o plano de Lucio Costa. Sugeriu que aquela terra talvez pudesse ser útil no futuro, mas para outros objetivos. Ela foi efetivamente doada à universidade, para que nela se fizesse uma fazenda-piloto.

A oposição de Israel Pinheiro era profunda. Segundo Cyro dos Anjos, a Novacap chegou ao extremo de cogitar o loteamento da área que Lucio Costa reservara para a universidade no Plano Piloto, a fim de impossibilitar a sua construção.[3]

Lucio Costa não deu atenção às discussões sobre mudanças do seu plano. Manteve o *campus* onde tinha designado inicialmente, com a área que lhe tinha reservado.

Diante desses fatos, podemos perguntar o que teria acontecido sem a visão e o peso da personalidade de Lucio Costa. Teria sido construída uma universidade em Brasília? E fora da cidade, teria sido construída? Quando? Pessoalmente creio ser pouco provável que o regime militar instaurado em 1964, que tanto vigiou e tanto perseguiu estudantes, professores e intelectuais pelo País afora, tivesse interesse em fundar uma universidade na capital da República.

Lucio Costa, felizmente, tinha resumido brilhantemente a sua concepção como humanista: "Cidade própria ao devaneio intelectual, capaz de tornar-se, com o tempo, além de centro de governo e administração, um foco de cultura dos mais lúcidos e sensíveis do País".

Estavam lançadas as bases para a vida intelectual da nova capital, com dignidade e nobreza de intenção.

---

[3] Cyro dos Anjos, "JK, Jefferson e a Universidade de Brasília", artigo publicado na revista *Manchete*, em setembro de 1986.

Capítulo 3

As primeiras conversas

Assim, Brasília, com menos de dois anos de idade, já se transformara em objeto de uma batalha a ser travada entre a esmagadora maioria governista e uma pequena, mas aguerrida, oposição. Ao contrário do que se poderia prever, dada a desigualdade das forças em choque, as perspectivas, contudo, não eram animadoras.

Juscelino Kubitschek[1]

Várias pessoas chegaram a dizer a Juscelino Kubitschek, em ocasiões diversas, que a futura capital corria o risco de ser um deserto intelectual, devido ao seu isolamento. E que a cidade universitária proposta por Lucio Costa seria o primeiro foco de atividades culturais sistematizadas, talvez o único durante muito tempo, contribuindo para tornar a vida mais interessante e agradável.

Pressões da oposição, dificuldades técnicas e receio de estudantes

Vários fatores concorriam para que uma universidade não fosse construída logo em Brasília.

Os partidos da oposição ao governo, principalmente a União Democrática Nacional – UDN –, exerciam grande pressão sobre

---

[1] Juscelino Kubitschek, *Por que construí Brasília*, Rio de Janeiro, Bloch Editores, 1975, p. 201.

Juscelino Kubitschek, sendo a construção de Brasília um dos alvos prediletos de ataque. Inicialmente tentaram impedi-la, combatendo duramente no Congresso a alocação das verbas necessárias. Depois, não tendo conseguido interrompê-la, procuraram retardá-la com artimanhas parlamentares. O clima político daquele período é descrito pelo presidente em seus livros de memória *Por que construí Brasília* e *50 anos em 5*.[2]

Em virtude de Juscelino Kubitschek querer inaugurar Brasília em uma data prefixada, 21 de abril de 1960, quando ainda estaria na Presidência, era natural que fosse dada prioridade às obras indispensáveis para que a cidade pudesse funcionar como capital do País, o que já era muito. Com a oposição pressionando, não havia margem para erros que pudessem retardar o programa das construções.

Além da pressão política, havia muitas questões técnicas para serem resolvidas em pouco tempo. Oscar Niemeyer, em seu livro *Minha experiência em Brasília*,[3] descreve o ambiente humano entre os que participavam da construção da cidade, mas também as dificuldades que enfrentou para terminar nos prazos estipulados as obras imprescindíveis: os palácios do Congresso, da Alvorada, do Planalto, da Justiça e os ministérios, tarefa que acumulava com a supervisão dos conjuntos residenciais construídos por empresas particulares, que deviam respeitar normas impostas pelo urbanismo.

Mesmo levando-se em consideração a batalha com a oposição e os problemas de engenharia, é difícil compreender por que não houve nenhuma *reflexão* a respeito da universidade depois da proposta clara de Lucio Costa no Plano Piloto. Juscelino Kubitschek, talvez influenciado por Israel Pinheiro, amigo e colaborador que tinha receio de estudantes nas proximidades do governo, tardou a se definir sobre a fundação de uma universidade, embora não haja evidência de que tenha manifestado oposição a ela.

---

[2] Juscelino Kubitschek, *50 anos em 5*, Rio de Janeiro, Bloch Editores, 1978.

[3] Oscar Niemeyer, *Minha experiência em Brasília*, Rio de Janeiro, Editorial Vitória Ltda., 1961.

Uma conversa de brincadeira com Cyro dos Anjos e Oscar Niemeyer

Quando a construção dos edifícios governamentais estava avançada, o presidente começou a sentir que talvez devesse levar a sério as opiniões de pessoas que não compreendiam Brasília sem uma universidade. Os episódios seguintes foram-me contados por Cyro dos Anjos, que também os descreveu no artigo publicado na revista *Manchete*, já mencionado.

Numa visita às obras da nova capital com o presidente e alguns parlamentares, Cyro do Anjos sentou-se no avião ao lado de Oscar Niemeyer, na volta ao Rio. Os dois conversavam sobre Brasília e trocavam ideias sobre a importância de uma universidade, quando Juscelino Kubitschek aproximou-se e perguntou: "De que estão falando aí, poetas?". Cyro dos Anjos respondeu, por ele e por Niemeyer: "Parece que estou vendo a bela Brasília engolida pelo vazio e pelo atraso que a circundam. Brasília, sem universidade, não se imporá como capital". E acrescentou: "Presidente, se o governo, por escassez de recursos, deixar de criar agora a universidade, o clero não demorará a criá-la e... com o dinheiro do governo".

Kubitschek riu às gargalhadas, mas ficou sensibilizado por este argumento. Pediu a Cyro dos Anjos que o procurasse no dia seguinte, para discutirem o assunto.

Houve efetivamente a discussão, da qual participou também Victor Nunes Leal, chefe do Gabinete Civil da Presidência da República. O presidente pediu aos dois colaboradores que preparassem a minuta de um decreto, para propor uma comissão de alto nível que teria o encargo de planejar uma universidade para Brasília.

A política educacional da Igreja Católica

A Igreja há muito tempo age no sentido de ter influência no ensino em vários níveis e aos poucos foi se estabelecendo a rede de escolas e universidades que conhecemos, contando para isso com a colaboração de homens públicos e de intelectuais.

Ela tem uma política educacional mantida em todos os governos, qualquer que seja o regime político vigente. Já nos primeiros tempos da existência de um Ministério da Educação, criado em 1930 por Getulio Vargas, o ministro encarregado dessa pasta, Gustavo Capanema, muito ligado à Igreja, agia em comum acordo com outros líderes católicos. Um dos mais influentes, Alceu Amoroso Lima – que escrevia também sob o pseudônimo de Tristão de Athayde –, chegou a apresentar-lhe sugestões para um plano nacional de educação que daria à Igreja o direito de fixar diretrizes para o ensino no País e supervisá-lo, controlando-o em todos os níveis, incorporando privilégios importantes à Igreja, como elaboração de certos programas, seleção dos professores e dos administradores das escolas, escolha dos futuros membros do Conselho Federal de Educação, publicação de livros e revistas, fundação de institutos superiores, facilidades para o ensino religioso (católico) em todo o Brasil, facilidades para a fundação de faculdades católicas de teologia nas universidades, facilidades para a Universidade Católica do Rio de Janeiro, entrega da Escola de Serviço Social à direção de católicos, e outros.[4]

Cyro do Anjos previu corretamente: a Igreja não podia deixar de querer uma universidade sua na capital da República e manifestou a intenção. Juscelino Kubitschek sabia que não teria condições de se opor, e que, portanto, haveria na cidade pelo menos uma universidade no futuro, independentemente da vontade do governo. Segundo vários testemunhos,[5,6] esse fato teria contribuído para decidi-lo a propor ao Congresso Nacional a lei que autorizaria o presidente da República a criar uma universidade em Brasília.

---

[4] Simon Schwartzman, Helena Maria Bousquet Bomeny e Vanda Maria Ribeiro Costa, *Tempos de Capanema*, Rio de Janeiro/São Paulo, Paz e Terra/Edusp, 1984, p. 173.

[5] Cyro dos Anjos, em conversas com o autor.

[6] Darcy Ribeiro, *UnB: invenção e descaminho*, Rio de Janeiro, Avenir Editora Ltda, 1978, p. 24.

Uma comissão ou uma pessoa

Voltemos à discussão de Juscelino Kubitschek com Cyro dos Anjos e Victor Nunes Leal – no dia seguinte ao da conversa no avião –, em que o presidente pediu a instituição de um comitê de alto nível para elaborar estudos visando à criação de uma universidade. Segundo Cyro dos Anjos, os dois argumentaram com o presidente que o trabalho de uma comissão poderia ser pesado e lento, que o melhor seria escolher uma pessoa para, inicialmente, definir as linhas gerais de uma universidade em um anteprojeto, que posteriormente seria completado por uma comissão.

Quando o chefe e o subchefe do Gabinete Civil precisavam de informações sobre educação, especialmente para as mensagens presidenciais, em comum acordo com o ministro da Educação, Clóvis Salgado, recorriam a Anísio Teixeira, que dirigia, no Ministério da Educação, o Instituto Nacional de Estudos Pedagógicos (Inep) e o Centro Brasileiro de Pesquisas Educacionais (CBPE), criado por ele no Inep. Anísio Teixeira estava organizando o Plano Educacional de Brasília, a convite de Juscelino Kubitschek, que o respeitava e admirava. Autoridade reconhecida no campo da educação no Brasil, estando já incumbido da organização do ensino na nova capital, era natural que fosse escolhido pelo presidente para elaborar os planos da universidade, como Kubitschek descreve em suas memórias.[7]

Anísio Teixeira fez um anteprojeto do qual participou Darcy Ribeiro, que trabalhava com ele no CBPE e a quem Juscelino Kubitschek ainda não conhecia. Ocupado com o Plano Educacional de Brasília, ele deu liberdade de ação a Darcy Ribeiro, que iniciou contatos com muitas pessoas.

Cyro dos Anjos e Victor Nunes Leal deviam ter seguido a ideia do presidente, mais experimentado do que eles em política e em administração, de criar uma comissão de alto nível para se ocupar do problema, em vez de convidar uma só pessoa, mesmo competente. Apesar de as críticas que se podem fazer aos comitês,

---

[7] Juscelino Kubitschek, *Por que construí Brasília*, Rio de Janeiro, Bloch Editores, 1975, p. 212.

há ocasiões em que eles são necessários, às vezes indispensáveis, para se estruturar um empreendimento e manter a sua continuidade, pois a incumbência dada a uma única pessoa, se não for apoiada por uma infraestrutura, pode ficar somente no nível da conversa, sem consequência, sem prosseguimento, ainda mais se os contatos forem somente orais.

Foi exatamente o que aconteceu. Com a mesma rapidez com que foi decidido, no desenrolar de um diálogo, não instituir uma comissão e convidar uma só pessoa para fazer o esboço de uma universidade, os estudos preliminares de Anísio Teixeira e Darcy Ribeiro foram esquecidos. Este esquecimento parece indicar que o presidente não tinha amadurecido ainda a ideia de criar uma universidade na nova capital do País.

Imitar Thomas Jefferson?

Cyro dos Anjos contou-me como foi relembrado o anteprojeto da universidade, tempos depois, com uma sequência de episódios inesperados que ele também descreveu no artigo mencionado acima. Esses fatos foram igualmente narrados por Victor Nunes Leal em palestra proferida na Universidade de Brasília, quando recebeu o título de *Professor Emérito*, em 28 de junho de 1984, publicada em plaquete.[8]

Nunes Leal tinha deixado a chefia do Gabinete Civil da Presidência da República e voltara a trabalhar em advocacia. O presidente, no entanto, queria mantê-lo com responsabilidade em algum cargo público e decidiu oferecer-lhe um posto no Supremo Tribunal Federal. Para discutirem calmamente, convidou-o para jantar, sem que ele soubesse do convite que ia receber.

É notório que, quando se vai encontrar uma alta autoridade, deve-se estar preparado para falar de algo que lhe interesse. Encontrando os amigos Cyro dos Anjos e Oswaldo Trigueiro, disse-lhes Nunes Leal que tinha sido convidado pelo presidente para jantar

---

[8] "Homenagem a Victor Nunes Leal", Brasília, Editora Universidade de Brasília, 1984.

A universidade interrompida

e estava embaraçado porque não sabia sobre o que conversar, não lhe ocorrendo nenhum assunto novo que pudesse reter a atenção do ilustre personagem. Tinha pensado que um tema interessante poderia ser uma universidade para Brasília, mas esse assunto estava fora de cogitações, pois Kubitschek não voltara mais a falar nele. Oswaldo Trigueiro sugeriu a Nunes Leal que o presidente talvez pudesse ser sensibilizado com um fato histórico pouco conhecido entre nós:

> Diga ao Juscelino que o grande estadista norte-americano Thomas Jefferson pediu que gravassem em seu túmulo as palavras: *Redigiu a Declaração de Independência dos Estados Unidos, foi o autor do projeto de liberdade religiosa em Virgínia e fundou a universidade do mesmo estado*. Não quis que incluíssem entre seus títulos o de presidente dos Estados Unidos, mas insistiu sobre o fato de que fundou uma universidade.

Segundo Victor Nunes Leal, que seguiu o conselho do amigo, o impacto causado sobre Kubitschek foi acima das expectativas. O presidente ficou impressionado e perguntou-lhe se julgava possível o ministro da Educação preparar um decreto, propondo a criação de uma universidade, a tempo de ser enviado ao Congresso Nacional no dia da sua instalação na nova capital. Com surpresa para Kubitschek, Nunes Leal recordou-lhe que já havia um anteprojeto, engavetado em algum lugar.

As atividades sérias começaram depois, quando o ministro da Educação, Clóvis Salgado, instaurou oficialmente uma comissão, que redigiu a Exposição de Motivos para a criação de uma universidade, na qual é exposta com ênfase uma nova estrutura universitária que deveria ser adotada. Anísio Teixeira era a personalidade mais importante dessa comissão; as ideias apresentadas na Exposição de Motivos, que veremos no capítulo seguinte, são facilmente reconhecíveis como sendo suas. O presidente enviou o documento ao Congresso Nacional no dia da inauguração de Brasília, 21 de abril de 1960, com uma mensagem propondo uma lei que autorizaria a instituição da Fundação Universidade de Brasília. Trataremos disso no próximo capítulo.

É difícil julgar se essas conversas, e talvez outras, tiveram influência decisiva para que Juscelino Kubitschek se interessasse pela universidade. Um fato real é que as providências para a sua criação foram tomadas por ele em momento oportuno, como veremos.

Capítulo 4

As primeiras ações

Quando, na Convenção Francesa, se formulou o ideal de uma educação escolar para todos os cidadãos, não se pensava tanto em universalizar a escola existente, mas em uma nova concepção de sociedade em que privilégios de classe, de dinheiro e de herança não existissem, e o indivíduo pudesse buscar, pela escola, a sua posição na vida social. Desde o começo, pois, a escola universal era algo de novo e, na realidade, uma instituição que, a despeito da família, da classe e da religião, viria a dar a cada indivíduo a oportunidade de ser na sociedade aquilo que seus dotes inatos, devidamente desenvolvidos, determinassem.

Anísio Teixeira[1]

Toda ideia tem uma história.

As ideias, em geral, surgem de outras, quando várias situações forem criadas, como um mosaico de muitas peças justapostas aos poucos antes de formarem a imagem final. Foi assim que, depois de um período de alguns decênios com experiência acumulada em várias universidades, chegou-se à concepção da estrutura universitária introduzida na UnB.

As três primeiras medidas tomadas pelo presidente da República, visando à criação de uma universidade na capital do País, são descritas no livro *Por que construí Brasília*,[2] no capítulo

---

[1] Anísio Teixeira, *Educação não é privilégio*, 5ª edição, Rio de Janeiro, Editora UFRJ, 1994, p. 40.

[2] Juscelino Kubitschek, *Por que construí Brasília*, Rio de Janeiro, Bloch Editores, 1975, p. 212.

denominado "A Universidade de Brasília", cuja leitura causa surpresa; pois o título de um capítulo normalmente indica o seu conteúdo e, no entanto, dezessete de suas dezoito páginas são dedicadas a outros assuntos, a universidade sendo tratada em somente quatro parágrafos, dando a impressão de que foram adicionados posteriormente à redação dos outros tópicos, com os quais não têm nada a ver.

A primeira iniciativa – a escolha de Anísio Teixeira

Os quatro parágrafos relativos à universidade são:

> No que diz respeito ao Plano Educacional, há uma explicação que cumpre ser dada. Dele não constava qualquer referência ao curso universitário. A razão: a criação da Universidade de Brasília deveria ser tratada à parte, já que ela deveria constituir, como fora o pensamento do urbanista Lucio Costa, um dos fatores que converteriam Brasília num foco de cultura dos mais lúcidos e sensíveis do País.
>
> A Universidade, ou melhor, a Cidade Universitária – já que não seria apenas uma instituição, mas um conjunto de unidades culturais – teve sua localização apropriada na ordenação dos diferentes setores urbanos, devendo ser inserida no meio de um parque, para melhor ambientação da biblioteca, dos museus, do planetário, outros elementos constitutivos do que foi denominado, no Plano Piloto, o Setor Cultural.
>
> Assim sendo, a Universidade de Brasília não poderia ser concebida antes que a cidade atingisse certo estágio de construção – o do seu acabamento. De qualquer forma, já que se tratava de uma obra da maior importância para o futuro da cidade, não deixei de tomar, ainda em 1959, algumas providências, tendentes a, pelo menos, corporificar numa ideia o que ela deveria ser. Troquei impressões com o ministro da Educação e Cultura, Clóvis Salgado, e a conclusão a que chegamos foi a de que os técnicos recrutados para essa tarefa deveriam ter a maior liberdade de ação possível, de forma a evitar-se que, sob a pressão da tradição e da burocracia, a obra a ser construída não se enquadrasse no espírito revolucionário, que era a característica de tudo quanto vinha sendo realizado em Brasília.

Do meu entendimento com o ministro Clóvis Salgado resultara a escolha do técnico que se incumbiria da tarefa: o professor Anísio Teixeira. Tratava-se de um idealista, profundo conhecedor das melhores técnicas educacionais, e de um intelectual dotado da visão universalista do papel que competia à juventude desempenhar em face dos desafios do mundo moderno. Só essas qualidades assegurariam de antemão a realização dos dois objetivos prioritários da universidade a ser criada: renovação de métodos e concepção de um ensino voltado para o futuro.

Anísio Teixeira

Era natural que, para a elaboração dos planos para uma universidade, pensassem em Anísio Teixeira, indubitavelmente uma das pessoas mais indicadas para aquela tarefa.

Homem de cultura, fértil imaginação e ideias originais brotando com espontaneidade, tornando as conversas inesquecíveis para os interlocutores, gozava de prestígio nos meios intelectuais e no mundo dos educadores. Impressionavam o nível e a variedade de temas que podia abordar, com aquela característica dos homens inteligentes de discernir rapidamente os aspectos importantes de um assunto ou de um problema.

Anísio Teixeira foi uma das maiores autoridades em educação que encontrei em minha vida profissional, passada em vários países. Quando ele era o reitor da Universidade de Brasília, tive o privilégio de ouvir, em contato que mantínhamos quase todos os dias, suas opiniões sobre educação no Brasil e no exterior, sobre as relações entre o ensino e a pesquisa em nossas universidades, sua preocupação em harmonizar essas duas atividades na UnB, a mente ágil analisando o presente e sondando o futuro. Com modéstia, jamais se referindo às suas experiências passadas, a não ser quando solicitado.

Os que se interessam pelo ensino e sua evolução no Brasil não podem deixar de conhecer as principais ideias e iniciativas desse filósofo da educação, que aliava teoria, prática e interesse pelo ser humano, considerando que o ensino, fundamentalmente, deve almejar a formação de homens melhores.

Especialista apaixonado, cultivou uma visão global do ensino em todos os níveis, desde o primário até o universitário, atuando em campos variados.

Anísio Espínola Teixeira nasceu em 12 de julho de 1900 na cidade de Caetité, na Bahia, fez o curso secundário no Colégio dos Jesuítas, em Salvador, e formou-se em Direito no Rio de Janeiro. Sua luta pela educação começou aos 24 anos de idade, quando assumiu o cargo de Inspetor-Geral do Ensino da Bahia. Bem jovem, ligou-se a um grupo de intelectuais do Rio de Janeiro interessados em educação e muito críticos em relação ao sistema então vigente. Aos 31 anos, como Diretor do Departamento Municipal de Educação do Distrito Federal, iniciou uma reforma do ensino no Rio de Janeiro.

Anísio Teixeira especializou-se em educação na Universidade de Columbia, em Nova York, onde foi discípulo do prestigioso John Dewey. Este filósofo, educador e psicólogo norte-americano interessou-se pelas reformas dos sistemas educacionais durante toda a sua longa carreira e exerceu influência sobre a educação não somente nos Estados Unidos, mas também em outros países. Anísio Teixeira assimilou, divulgou e aplicou ideias do mestre, com a precaução de adaptá-las às condições locais, tanto nos métodos como do ponto de vista social.

Quanto aos métodos, Anísio Teixeira propalava que a educação deve levar em conta os princípios da atividade mental e do amadurecimento da criança, que nos são ensinados pela psicologia, mostrando que pensamento e aprendizado são verdadeiros processos de investigação, que começam com a dúvida ou com a incerteza diante de várias possibilidades e são estimulados pelo impulso de resolver um conflito. A educação, portanto, deve ser baseada em experimentação, em prática, e não em simples recapitulação da experiência vivida por outros. Insistia também em que, na educação moderna, deveria se dar ao ensinamento científico uma parte mais importante do que se dá atualmente, porque a ciência é um dos fatores importantes do progresso.

Do ponto de vista social, era intransigente em considerar que a educação é direito de todos, não devendo ser privilégio de alguns.

A universidade interrompida 55

Resumia, às vezes, sua filosofia da educação em frases que congregam muitos pensamentos em poucas palavras, como: "Educação não é privilégio, é direito", "Educação é vida, não é atividade de museu", ou "Os livros contêm o passado, a universidade tem de preparar o futuro". Desde a década de 1930, Anísio Teixeira participava de movimentos que visavam a reformular a educação no País. Ao lado de outras personalidades, atuara na interessante e importante Associação Brasileira de Educação (ABE), criada em 1924 por Heitor Lima da Silva, professor da Escola Politécnica do Rio de Janeiro.

O livro de Simon Schwartzman, *Formação da comunidade científica no Brasil*,[3] contém informações importantes sobre a educação no Brasil de então e os esforços despendidos por vários grupos, especialmente do Rio de Janeiro, para melhorar o ensino e para a implantação de pesquisa nas universidades.

A ABE trabalhava para renovação do sistema educacional em todos os níveis, primário, secundário, normal, superior, profissional e artístico. Promovia reuniões, elaborava trabalhos sobre a criação de universidades, sobre projetos de lei e até sobre a necessidade de se criar um Ministério da Educação, que não existia. A partir de 1927, organizou conferências nacionais sobre educação, bem como inquéritos sobre o ensino secundário e universitário. Uma atividade interessante, que teve sucesso superior às expectativas, foi prover cursos de extensão universitária abertos ao público, chegando a realizar mais de cem conferências por ano, assistidas por audiências interessadas que lotavam o anfiteatro da Escola Politécnica.[4]

Dentro da ABE, Anísio Teixeira foi um dos líderes do movimento chamado "Escola Nova", que preconizava educação em escolas públicas gratuitas acessíveis a todos e mantidas pelo Estado, para que houvesse igualdade de oportunidades aos cidadãos, independentemente de *status* social e situação econômica. Ideia progressista há mais de sessenta anos, de grande atualidade ainda hoje. Faziam parte desse movimento outras personalidades, como,

---

[3] Simon Schwartzman, *Formação da comunidade científica no Brasil*, Rio de Janeiro/São Paulo, Finep/Companhia Editora Nacional, 1979.
[4] Simon Schwartzman, op. cit., p. 166.

por exemplo, Fernando de Azevedo (que posteriormente foi um dos fundadores da Universidade de São Paulo), Manuel Lourenço Filho, que em 1938 organizou o Instituto Nacional de Estudos Pedagógicos (Inep), no Ministério da Educação, e Francisco Campos, que já atuara em educação no seu estado natal, Minas Gerais, tendo sido o primeiro ministro da Educação e Saúde, quando o ministério foi criado por Getulio Vargas em 1930, e que se tornaria tristemente conhecido quando ministro da Justiça, por ter sido um mentor intelectual do regime ditatorial instaurado com o golpe de Estado de Vargas, em 1937.

Anísio Teixeira foi secretário de Educação da Bahia, em 1947. Em Salvador, elaborou o Projeto Educação pela Arte e fez construir pelo arquiteto Alcides da Rocha Miranda, que mais tarde o seguiu na UnB, um teatro para dança e música, chamado Centro Educativo de Arte Teatral.

Em 1952, assumiu a direção do Inep, onde criou, em 1955, o Centro Brasileiro de Pesquisas Educacionais (CBPE), com seções em vários lugares do Brasil.

Para o Plano Educacional de Brasília relativo aos ensinos primário, secundário e profissional, teve a colaboração de Lucio Costa, que em seu projeto urbanístico já tinha previsto, em linhas gerais, a rede de escolas primárias e médias, além de ter reservado a área para a universidade, como vimos. Nesse trabalho admirável, Anísio Teixeira novamente lançou ideias de vanguarda para a época: permanência das crianças nas escolas públicas o dia todo, não somente algumas horas por dia, com refeições, assistência social e atividades variadas. As *escolas públicas com dia letivo integral*, funcionamento normal no sistema de educação nos países avançados, desde os jardins de infância, infelizmente não vingaram no Brasil, sendo muito raras entre nós, mesmo entre os colégios particulares ricos.

Quanto ao ensino superior, Anísio Teixeira desde jovem preocupou-se com duas questões ligadas aos próprios fundamentos de uma universidade: a formação dos professores e as atividades criadoras, seja em ciências humanas ou ciências naturais e exatas, em artes ou em letras. Combatia a atitude do corpo docente acomodando-se na situação de simples transmissor de saber adquirido em livros, sem interesse por inovações.

Essa preocupação levou-o, em 1951, à criação da Campanha Nacional de Aperfeiçoamento de Pessoal de Ensino Superior[5] – Capes –, a mais conhecida de suas iniciativas. Essa instituição pioneira foi uma das primeiras do gênero não somente no Brasil, mas em países do Terceiro Mundo, com um sistema estruturado de bolsas de estudo para trabalho no exterior. Com seus milhares de bolsistas através dos anos, tem desempenhado e continua desempenhando papel da maior relevância na formação de pessoal universitário, em todos os recantos do País.

Entre as obras de Anísio Teixeira, uma que merece especialmente nossa atenção foi a criação da Universidade do Distrito Federal devido à analogia com a Universidade de Brasília, 25 anos depois, quanto à determinação de introduzir novas ideias e analogia quanto a seus destinos, ambas vítimas do obscurantismo e da arrogância dos detentores do poder político.

Com espírito crítico, ideias e atividades sobre o direito à educação e sobre a necessidade moral de democratização das escolas, Anísio Teixeira era homem que, no Brasil, estava adiante do seu tempo. Foi por isso combatido por círculos conservadores, especialmente católicos.

É incompreensível que não tenha sido alvo de grandes homenagens enquanto vivo e que sua memória não seja cultivada mais intensamente do que se faz.

A Universidade do Distrito Federal

Anísio Teixeira, quando diretor do Departamento Municipal de Educação, no Rio de Janeiro, nomeado pelo prefeito Pedro Ernesto, criou a Universidade do Distrito Federal (UDF),[6] em julho de 1935, quando tinha 35 anos. Essa criação originou-se de discussões

---

[5] Atualmente, Fundação Coordenação de Aperfeiçoamento de Pessoal de Ensino Superior.

[6] Naquela época, a cidade do Rio de Janeiro era o Distrito Federal e a capital da República, transferida para Brasília no dia 21 de abril de 1960.

havidas durante anos na ABE e provavelmente também de algum estímulo provocado pela criação da Universidade de São Paulo no ano anterior.

A UDF tinha cinco setores: uma Escola de Ciências, uma Faculdade de Economia e Direito, uma Faculdade de Filosofia e Letras, um Instituto de Artes e um Instituto de Educação. A ideia fundamental era ter uma universidade que cultivasse o espírito criador, dando ênfase à pesquisa em todos os ramos, as atividades não devendo ser limitadas ao ensino. A fim de criar essa atitude de espírito, manteve desde o início cursos de graduação e de pós-graduação, estes constituindo novidade naquela época, não somente no Brasil, mas também em países culturalmente mais avançados da Europa e dos Estados Unidos.

O nível dos professores escolhidos por Anísio Teixeira é eloquente demonstração do nível que ele almejava para a UDF. O primeiro reitor foi Afrânio Peixoto, professor de Medicina e escritor, e o corpo docente contava com personalidades de prestígio, como, por exemplo, os biólogos Lauro Travassos e Herman Lent, os geólogos Djalma Guimarães e Viktor Leinz, os físicos Bernard Gross e Luís Freire, os matemáticos Lélio Gama e Francisco de Oliveira Castro; em ciências humanas e letras, Jorge de Lima, Gilberto Freyre, Artur Ramos, Hermes Lima, Sérgio Buarque de Holanda, Prudente de Moraes Neto; Villa-Lobos em música, Cândido Portinari em pintura, Mário de Andrade em história e filosofia da arte. Além desses expoentes de nossa cultura, foram contratados especialistas franceses em ciências humanas.

A Universidade do Distrito Federal funcionava em regime de economia. Não chegou a ter prédios próprios, era dispersa em várias instituições, as aulas sendo ministradas nos lugares de trabalho dos docentes, o que dava aos estudantes a possibilidade de frequentar os laboratórios dos professores: na Escola Politécnica, no Instituto Oswaldo Cruz, no Instituto Nacional de Tecnologia, no Laboratório da Produção Mineral. Os professores percebiam somente um pequeno complemento aos salários provindos das instituições em que trabalhavam originalmente.

Essa universidade sofreu o clima político da época. A Intentona Comunista de 1935 deu pretexto ao governo para fazer

A universidade interrompida 59

intervenção em muitas instituições durante muito tempo, atingindo pessoas alheias àquele movimento, mas visadas por não seguirem ideias oficiais ou por desenvolverem atividades fora dos quadros considerados oficiais. Naquela vaga de perseguições, Pedro Ernesto foi destituído da prefeitura, Anísio Teixeira da direção do Departamento de Educação e Afrânio Peixoto da reitoria da Universidade do Distrito Federal.

O ministro da Educação de Getulio Vargas, Gustavo Capanema, iniciava estudos para uma reforma do ensino superior. Fundou no Rio de Janeiro a Universidade do Brasil (atual Universidade Federal do Rio de Janeiro – UFRJ), que assim denominou porque seu objetivo era torná-la o padrão para as demais universidades do País. Homem autoritário e obsessivo, demorou mais de dois anos para organizá-la no papel, a partir de 1935, com uma comissão que, em vez de se ocupar da estrutura global e deixar que futuros responsáveis elaborassem os detalhes em suas especializações respectivas enquanto a universidade crescesse, foi ao extremo de fazer planificação minuciosa de cada uma das faculdades, dos institutos e de outros organismos que a comporiam, incluindo até os programas das disciplinas a serem lecionadas em todos os anos, de todos os cursos. Assim, a Universidade do Brasil, antes de iniciar as suas atividades, foi apresentada como completa e estruturada de modo definitivo. Para comparação, quando ela começou a funcionar, em 1939, a Universidade de São Paulo, fundada somente um ano antes do início da sua organização, já tinha cinco anos de experiência com eminentes professores estrangeiros, e jovens brasileiros já publicando trabalhos em revistas internacionais.

O espírito aberto da Universidade do Distrito Federal era incompatível com o fechamento intelectual imposto ao Brasil de então. Gustavo Capanema, em conluio com outros intelectuais católicos, liderados por Alceu Amoroso Lima, combateu-a intensamente. Como é bem sabido, é incomparavelmente mais fácil destruir uma instituição que construí-la; de todos os modos de destruição, o mais eficiente é o corte nas finanças. O governo promulgou um decreto, em 1937, proibindo a acumulação de cargos públicos. As atividades dos professores na Universidade do

Distrito Federal foram consideradas um segundo emprego, embora eles percebessem por essas atividades somente uma pequena remuneração. Não tiveram os docentes outra alternativa senão deixar a UDF e trabalhar exclusivamente em suas instituições de origem. A universidade foi, assim, esvaziando-se aos poucos. Alguns professores, não compreendendo bem o que estava acontecendo, ficavam a par da situação quando iam receber os complementos de vencimentos e eram informados de que estes tinham sido suprimidos.

Detalhes muito representativos da atmosfera da época são dados no livro de Simon Schwartzman, Helena Maria Bousquet Bomeny e Vanda Maria Ribeiro Costa, *Tempos de Capanema*,[7] preciosa fonte de informações não somente sobre a mentalidade e as atividades do ministro da Educação de Getulio Vargas, como também sobre o estado da educação no Brasil naquele período da nossa história. Os autores pesquisaram diretamente nos arquivos de Gustavo Capanema, quando estes foram abertos aos historiadores.

Gustavo Capanema organizava a Faculdade de Filosofia, Ciências e Letras da futura Universidade do Brasil, com estrutura idêntica à que tinha sido adotada pela Universidade de São Paulo em 1934. Procurou professores na França e, admirador do regime fascista de Mussolini, também na Itália. Mas, contrariamente ao que tinha ocorrido na USP – onde os professores estrangeiros foram convidados por uma comissão presidida pelo insigne matemático Teodoro Ramos, que conhecia o ambiente científico europeu – para a faculdade do Rio os professores italianos foram designados pelo próprio governo da Itália e os franceses foram escolhidos com a recomendação de que se selecionassem pessoas ligadas à Igreja. Com efeito, em carta ao professor Georges Dumas, que conhecia o Brasil e auxiliava na procura de professores franceses, escreveu Gustavo Capanema:

> Para psicologia e sociologia, desejo professores habituados à pesquisa e de estudos bem orientados, mas ligados à Igreja.

---

[7] Simon Schwartzman, Helena Maria Bousquet Bomeny e Vanda Maria Ribeiro Costa, *Tempos de Capanema*, Rio de Janeiro/São Paulo, Paz e Terra/Edusp, 1984, p. 207 e 208.

A universidade interrompida

A Faculdade vai ficar sob a direção do sr. Alceu Amoroso Lima, católico, amigo de Jacques Maritain.[8] Daí não encontrar eu boa acolhida para nomes que sejam conhecidos por suas tendências opostas à Igreja ou dela divergentes.[9]

Esse era o quadro imposto pelo ministro. E foi nessa atmosfera que Alceu Amoroso Lima tornou-se reitor da Universidade do Distrito Federal durante oito meses, em 1937-1938. Por que aceitou a direção de uma universidade que combatia? Embora não tenha sido o último reitor, sabemos que em 1938 começaram a ser tomadas providências para a sua extinção. Além disso, Alceu Amoroso Lima recusou posteriormente a direção da Faculdade de Filosofia, Ciências e Letras da Universidade do Brasil, porque não queria admitir a transferência, para ela, dos professores, estudantes e funcionários da extinta Universidade do Distrito Federal.[10]

Finalmente, Gustavo Capanema decidiu que somente o ministro da Educação tinha autoridade para criar universidades. A do Distrito Federal, criada pelo prefeito, era, por conseguinte, ilegal, e sua existência representava um ato de *indisciplina e de desordem no seio da administração pública*. Para a manutenção da disciplina e da ordem, ela tinha de ser extinta. Com a aprovação desses argumentos, Getulio Vargas satisfez os desejos do ministro e extinguiu-a com um decreto-lei em 20 de janeiro de 1939.

A Universidade do Distrito Federal teve a efêmera vida de apenas três anos e meio. O Brasil foi privado de uma iniciativa brilhante que poderia ter tido consequências da maior importância.

Houve impressionante analogia nas situações em que se encontraram a Universidade de Brasília, a Universidade do Distrito Federal e a Universidade do Brasil. Com efeito, em 1944, Gustavo Capanema deixou claro a Getulio Vargas que os professores da Universidade do Brasil eram nomeados por autorização do presidente da República, *depois de ouvida a Seção de Segurança Nacional*,[11]

---

[8] Influente líder católico e escritor francês.
[9] Carta de Gustavo Capanema a Georges Dumas, de 17 de junho de 1939, op. cit., p. 216.
[10] Op. cit., p. 217.
[11] Op. cit., p. 218.

62   Roberto A. Salmeron

que também era ouvida em Brasília a partir de 1964. E, como havia acontecido com a Universidade do Distrito Federal, os mesmos argumentos – *manter a disciplina e a ordem* – foram usados contra a Universidade de Brasília 27 anos depois, por um regime político que também instaurava a ditadura no País.

A segunda iniciativa – mensagem do presidente ao Congresso

A segunda iniciativa de Juscelino Kubitschek em prol da universidade foi o envio ao Congresso de uma mensagem no dia da inauguração de Brasília, 21 de abril de 1960, de modo teatral. O presidente assim se exprime: "Instalado o governo na nova capital, assinei, na tribuna colocada em frente ao Palácio do Planalto, o primeiro ato oficial: uma mensagem, dirigida ao Congresso Nacional, propondo a criação da Universidade de Brasília".[12]

Os termos foram os seguintes:

> MENSAGEM DO PODER EXECUTIVO Nº 128:
> Senhores Membros do Congresso Nacional:
> Na forma do art. 67 da Constituição, tenho a honra de apresentar a Vossas Excelências, acompanhado de Exposição de Motivos do Ministro de Estado da Educação e Cultura, o incluso projeto de lei, que autoriza o Poder Executivo a instituir a "Fundação Universidade de Brasília".
> Brasília, em 21 de abril de 1960.
> Juscelino Kubitschek.[13]

Exposição de Motivos apresentada pelo ministro da Educação e Cultura

A Exposição de Motivos para justificar o projeto de lei, apresentada pelo ministro da Educação e Cultura, Clóvis Salgado, é testemunho importante não somente para a história da Universidade

---

[12] Juscelino Kubitschek, *Por que construí Brasília*, Rio de Janeiro, Bloch Editores, 1975, p. 294.

[13] *Diário do Congresso Nacional*, 17 de maio de 1960, p. 3.375.

de Brasília, mas para a história das universidades brasileiras. É documento oficial, emanado da mais alta autoridade em educação do País, no qual aparecem críticas à estrutura das universidades que existiam e são delineados elementos para uma reforma universitária nos moldes em que foi realizada alguns anos mais tarde. Por isso, apresentamo-la integralmente (os grifos são nossos):

E.M. n° 492 – Em 16 de abril de 1960:
Criação da "Fundação Universidade de Brasília"

Excelentíssimo Senhor Presidente da República:

1. Atento ao indeclinável dever de participar, no setor de sua específica competência, dos propósitos do Governo de construir a nova Capital em moldes rigorosamente modernos, o Ministério da Educação e Cultura vem colaborando, desde a primeira hora, no planejamento escolar de Brasília.

2. No plano urbanístico de Lucio Costa já se encontrava reservada a área destinada à universidade e prevista, em linhas gerais, a rede de escolas primárias e médias.

3. O primeiro cuidado dos técnicos do Ministério, em íntima articulação com os arquitetos e urbanistas da cidade em construção, foi o de localizar as diversas unidades escolares no terreno, de modo a que pudessem atender, efetivamente, à população prevista na seção urbana correspondente a cada uma. O projeto finalmente aprovado ficou garantido em convênio firmado entre o Ministério e a Companhia Urbanizadora da Nova Capital, quando do fornecimento dos recursos para a construção das primeiras unidades escolares.

4. Do ponto de vista pedagógico, o projeto dos centros de educação primária e o de educação média obedecem aos preceitos mais atualizados e às linhas mestras do Projeto de Lei que fixa as Diretrizes e Bases da Educação Nacional, já aprovado pela Câmara dos Deputados.

5. As primeiras unidades da rede primária – Jardim de Infância, Escola-Classe e Escola Complementar – entrarão a funcionar na data da inauguração da nova Capital. Da Escola

Média Compreensiva, assim chamada pelo fato de abranger todas as modalidades do ensino médio, o ramo secundário será o primeiro a abrir as suas portas, previstamente, no próximo dia 16 de maio.

6. Os estudos para a estruturação do ensino superior em bases consentâneas com os processos científicos, técnicos e pedagógicos desse meado do século XX mereceram a máxima atenção. O objetivo era dar a Brasília uma universidade que, refletindo a nossa época, *fosse também fiel ao pensamento universitário brasileiro de promover a cultura nacional na linha de uma progressiva emancipação.* Para tanto impunha-se dar ênfase a instituições dedicadas à pesquisa científica e à formação de cientistas e técnicos capazes de investigar os problemas brasileiros, com o propósito de dar-lhes soluções adequadas e originais.

7. *Os institutos de pesquisa deviam, necessariamente, integrar-se no corpo da universidade*, expressão mais alta das atividades culturais do País, para servir também ao ensino e à formação profissional.

8. A partir de 1808, ano em que se inaugurou o ensino superior no País, com a instituição de cursos médico-cirúrgicos na Bahia e no Rio de Janeiro, fomos criando escolas superiores, de cunho meramente profissional, em unidades isoladas e autosuficientes, como não podia deixar de sê-lo. Cada escola recebia o aluno com o curso secundário, ministrava-lhe mais conhecimentos científicos básicos e, depois dessa fase preparatória, passava a dar-lhe ensinamentos profissionais propriamente ditos.

9. Quando, em 1931, a lei instituiu o sistema universitário brasileiro, fê-lo pela reunião pura e simples das Faculdades tradicionais, sob a égide administrativa de um Reitor. Pedagogicamente, continuavam elas a ser compartimentos estanques, órgãos isolados, ciosos de sua autonomia. Um esforço louvável para conferir maior coesão aos elementos do conjunto universitário foi a criação, em 1939, da Faculdade de Filosofia,[14]

---

[14] O ano de 1939 é referente à Faculdade de Filosofia da Universidade do Brasil. A primeira dessas faculdades foi criada na Universidade de São Paulo em 1934.

centro de preparação de professores e cientistas. A experiência tem mostrado que a Faculdade de Filosofia não cumpriu o seu profundo objetivo de ser o núcleo principal da universidade. Continua a ser uma Faculdade a mais, à espera de medidas que melhor a articulem com todo o sistema escolar universitário.

10. E até a esta altura, não obstante o desejo generalizado de se dar maior unidade funcional aos elementos didáticos e científicos das universidades brasileiras, tal não se tem alcançado, senão em casos isolados. *A Universidade do Brasil procura, atualmente, reestruturar-se em Institutos que congreguem as especialidades comuns, de modo a fazer a sua transferência para a futura sede, a Cidade Universitária, com esta nova organização.* Este é o alto propósito do Ministério da Educação e Cultura, que, através de convênios ultimamente celebrados, vem procurando criar Institutos de caráter universitário, para servir a mais de uma Faculdade, nos domínios das ciências básicas e da tecnologia. *A plena aceitação dessas providências inovadoras mostra que nossa elite intelectual está amadurecida para uma experiência mais avançada e corajosa.*

11. É o que se tenta fazer agora em Brasília, aproveitando-se a rara oportunidade de encontrar-se o campo inteiramente livre para receber a ideia renovadora. Para defini-la, convoquei a colaboração de douta Comissão, constituída pelos senhores Pedro Calmon, Reitor da Universidade do Brasil, João Christovão Cardoso, Presidente do Conselho Nacional de Pesquisas, Anísio Teixeira, Diretor do Instituto Nacional de Estudos Pedagógicos, Ernesto Luís de Oliveira Júnior, Presidente da Comissão Supervisora do Plano dos Institutos, Darcy Ribeiro, Coordenador da Divisão de Estudos e Pesquisas Sociais do Centro Brasileiro de Pesquisas Educacionais, e Almir de Castro, Diretor de Programas da Comissão de Aperfeiçoamento de Pessoal de Nível Superior.

12. O pensamento da Comissão acha-se expresso no Relatório e no Projeto de Lei que ora submeto à alta apreciação de Vossa Excelência. *Propõe-se uma estrutura nova do corpo universitário, para dar-lhe unidade orgânica e eficiência maior.*

O aluno que vem do curso médio não ingressará diretamente nos cursos superiores profissionais. Prosseguirá sua preparação científica e cultural nos Institutos Centrais, de pesquisa e de ensino, dedicados às ciências fundamentais. Nesses órgãos universitários, que não pertencem a nenhuma Faculdade, mas servem a todas elas, o aluno buscará, mediante opção, aqueles conhecimentos básicos indispensáveis ao curso profissional que tiver em vista prosseguir. Em consequência, reduz-se a duração dos cursos profissionais propriamente ditos.

13. Tal organização permite uma real economia, pela concentração nos Institutos de todos os recursos humanos e materiais *destinados a uma determinada ciência*, recursos ora dispersos pelos pequenos laboratórios das Faculdades isoladas. Com isso aumenta-se também consideravelmente o rendimento do trabalho, que passa a ser feito em equipe por especialistas congregados e dirigidos para objetivos comuns.

14. Pode-se afirmar que, *no momento, poucas são no País as instituições onde se possam formar cientistas e pesquisadores de alto nível.* E são eles os responsáveis pelo progresso do mundo moderno. *São eles que, pela categoria e pelo número, medem a força das Nações.* Sem eles o Brasil não poderá dar o passo decisivo de uma emancipação econômica, nem participar da corrida atômica, definidora da paz e da guerra.

15. Os Institutos Centrais ora projetados serão o campo de formação desse pessoal indispensável à nossa segurança e prosperidade. Os estudantes que neles ingressarem não sairão, necessariamente, para os cursos profissionais. Os bem-dotados sentir-se-ão atraídos pela pesquisa científica. Haverá dispositivos próprios para fixá-los no corpo da instituição, de modo a que prossigam os estudos e venham a tornar-se especialistas em setores fundamentais.

16. Desse modo, o *conjunto dos Institutos Centrais, formando uma espécie de Faculdade de Ciências, Letras e Artes*, será um estágio intermediário, distribuindo os estudantes para as profissões tradicionais e para as atividades novas da ciência e da tecnologia, de que o País tanto carece na fase histórica que atravessa.

17. Consciente do dever que lhe cabe de apoiar o povo brasileiro no arrojado esforço de desenvolvimento em que se acha empenhado, a Universidade de Brasília dará ênfase aos seus propósitos de colaboração. No tronco novo da Nação, não quer brotar apenas como floração ornamental de cultura, mas como raiz que alicerça e nutre. Não quer ficar isolada em torre de marfim, a cultivar as puras virtudes do espírito, antes deseja descer a planície e pelejar, ao lado do povo, pela sua crescente prosperidade. Deseja ser uma oficina sempre acesa, forjando capacidades mais ágeis e alavancas mais robustas para moverem o nosso esplêndido progresso.

18. A universidade, assim modernizada, deverá ter a geri-la um sistema administrativo mais flexível e mais prontamente eficaz do que o das nossas instituições tradicionais. Por isso, optou-se pelo regime de Fundação. Embora instituída pelo poder público, a Fundação Universidade de Brasília gozará, administrativamente, das virtudes de uma empresa privada. Terá um patrimônio suscetível de progressivo enriquecimento, capaz de proporcionar-lhe, no futuro, total emancipação econômica. Por ora, receberá da União recursos sob forma de auxílio global, cabendo à entidade a elaboração do próprio orçamento. Desse modo haverá um perfeito ajustamento financeiro às reais necessidades da instituição, em pessoal, instalações, equipamentos e novos projetos. Assinale-se que o pessoal gozará das regalias das leis trabalhistas, e a entidade, das indiscutíveis vantagens da gerência privada.

19. Não se poderia pensar em resolver o complexo problema de criar *uma universidade em moldes inteiramente novos, dos quais não temos, obviamente, qualquer experiência*, através de uma lei minuciosa que tudo quisesse prever. Por isso, adotou-se uma redação esquemática, para fornecer apenas a estrutura básica e as linhas mestras e inspiradoras do que se tem em vista montar.

20. Para desenvolver, gradativamente, o esquema legal, dentro da realidade brasileira – social, econômica e cultural – era necessário dar à direção o máximo de competência. Por isso, a Fundação, entidade mantenedora, será dirigida por um Conse-

lho Diretor, composto de 6 membros (o mínimo aceitável, dado o vulto do empreendimento), designados pelo Presidente da República. Constituído o Conselho, cessará a dependência imediata ao Governo. O Conselho elegerá livremente seu Presidente, a quem, para respeitar um nome já consagrado, permito-me propor o título de Reitor (única modificação ao projeto original). *Órgão supremo da instituição, ao Conselho Diretor caberá a tarefa de organizar a universidade, com grande autonomia, já* que terá de obedecer apenas a uma lei de quadros amplos e aos estatutos por ele próprio elaborados.

21. Para organizar o complexo universitário, o Conselho Diretor convocará assessores especializados. Cada unidade será planejada sob a responsabilidade de um Coordenador altamente competente. Um permanente contato entre os diversos coordenadores dará a necessária harmonia ao trabalho comum, de modo a alcançar-se a desejada unidade orgânica e funcional do conjunto a ser criado.

22. Acredito que um tal sistema, propício ao estudo acurado das etapas a serem vencidas e garantidor de autoridade aos responsáveis, assegurará as melhores condições para que a projetada Universidade de Brasília venha a ser autêntico e poderoso instrumento a serviço da cultura e do progresso do Brasil.

23. Estou convencido de que, aprovando a proposta, elaborada com tanto zelo pela douta Comissão, e encaminhando-a à alta consideração do Congresso Nacional, estará Vossa Excelência prestando mais um assinalado serviço à causa do desenvolvimento nacional.

Valho-me do ensejo para reafirmar-lhe os protestos de minha estima e admiração.

Clóvis Salgado.[15]

Está aí proposta a estrutura de universidade baseada em institutos centrais e faculdades, adotada efetivamente na Universidade de Brasília e poucos anos depois em todas as outras universidades. Já estava sendo planejado que a Universidade do Brasil, no Rio

---

[15] *Diário do Congresso Nacional*, 17 de maio de 1960, p. 3.375 e 3.376.

de Janeiro, também assim se reestruturasse quando fosse transferida para a Cidade Universitária (em construção na época).

Na Exposição de Motivos é expressa a importância atribuída às atividades criadoras, segundo pensamento sempre manifestado por Anísio Teixeira, cujas ideias, aliás, são facilmente reconhecíveis nesse texto. A comissão que elaborou a proposta, muito sabiamente, não entrou em detalhes da organização dos institutos e das faculdades, deixando esse trabalho a especialistas. Teve a clarividência de propor que *cada unidade seja planejada sob a responsabilidade de um coordenador altamente competente* – que organizaria o grupo encarregado de estruturá-la.

O patrimônio e o financiamento da universidade

O projeto de lei autorizava o Poder Executivo a instituir a Fundação Universidade de Brasília e a praticar atos para a constituição do seu patrimônio inicial,[16] de modo a:

– efetivar a transferência, à fundação, dos terrenos previstos para localização de uma universidade na nova capital da República, segundo o plano de Lucio Costa;

– incluir os edifícios necessários à instalação da universidade no plano de obras da Companhia Urbanizadora da Nova Capital, que assim ficou responsável pela construção e financiamento dos prédios essenciais do *campus*, como fazia com os edifícios públicos;

– doar à fundação um conjunto de doze superquadras urbanas em Brasília;

– transferir à fundação, para constituir parte de sua renda permanente, os rendimentos provenientes de uma quinta parte das ações da Companhia Siderúrgica Nacional pertencentes à União.

Esta última parte da lei não foi cumprida pelo governo federal a partir de abril de 1964, causando sérias dificuldades financeiras à universidade.

---

[16] Publicado no *Diário do Congresso Nacional*, 17 de maio de 1960, p. 3.374 e 3.375.

A lei estipulava também que, para a manutenção da fundação, o orçamento federal deveria consignar, anualmente, recursos sob a forma de dotação global.

O financiamento da Universidade de Brasília foi, portanto, previsto por lei. Como veremos no capítulo "Depoimento do reitor Zeferino Vaz", a lei não foi cumprida.

A terceira iniciativa

A terceira providência oficial foi tomada por Juscelino Kubitschek três meses mais tarde, designando uma comissão de três membros para promover estudos complementares sobre a universidade: Cyro dos Anjos, Oscar Niemeyer e Darcy Ribeiro:

DECRETO Nº 48.599, DE 25 DE JULHO DE 1960
Designa Comissão para realizar estudos complementares sobre a Universidade de Brasília.

O Presidente da República, usando da atribuição que lhe confere o art. 87, item I, da Constituição, e,

Considerando que se encontra em tramitação no Congresso Nacional a Mensagem Presidencial relativa à instituição da Universidade de Brasília (Projeto de Lei nº 1.861, de 1960),

Considerando a conveniência de promover estudos complementares, a fim de, aprovado o referido projeto, poder dar-lhe o Governo pronta execução,

Resolve designar o Professor Darcy Ribeiro, o Arquiteto Oscar Niemeyer e o Subchefe do Gabinete Civil da Presidência da República, Cyro Versiani dos Anjos, para levarem a efeito os referidos estudos e a respeito se entenderem com os diferentes órgãos da Administração.

Brasília, 25 de julho de 1960, 139º da Independência e 72º da República.

Juscelino Kubitschek
Pedro Paulo Penido[17]

---

[17] *Diário do Congresso Nacional*, 25 de julho de 1960, p. 183.

A universidade interrompida   71

Uma comissão de coordenação era necessária porque vários setores do governo deveriam colaborar, um dos mais importantes sendo a Novacap, que administrava a construção dos edifícios públicos em Brasília.

Cyro dos Anjos, por suas funções no Gabinete Civil da Presidência da República, era na comissão o representante do Poder Executivo, que deveria assumir importantes responsabilidades previstas no projeto de lei.

A designação de Oscar Niemeyer para essa comissão, motivada pelos contatos estreitos que ele tinha com a Novacap, foi um privilégio para a universidade, com consequências importantes. Ele projetou a maioria dos seus edifícios e mais tarde coordenou a Faculdade de Arquitetura e Urbanismo.

Darcy Ribeiro

Dos três membros designados por Juscelino Kubitschek, era Darcy Ribeiro quem trabalhava em problemas educacionais, tendo elaborado com Anísio Teixeira um anteprojeto de uma universidade para Brasília e participado das discussões na comissão instituída por Clóvis Salgado, como vimos. Darcy Ribeiro lançou-se à tarefa com determinação e teve papel preponderante. Acelerou a organização, trabalhou infatigavelmente para a aprovação da lei que criou a universidade, antecipando o início do seu funcionamento. Sua ação foi fundamental e caracterizou-se por três fatores:

– primeiro, ele acreditou profundamente na ideia;

– segundo, concentrou toda a energia no projeto, tendo a coragem de interromper suas outras atividades para dedicar-se integralmente a ele, levando-o até as últimas consequências;

– terceiro, de acordo com a orientação estipulada na Exposição de Motivos pelo ministro da Educação Clóvis Salgado, organizou grupos de assessores especializados e soube cercar-se de pessoas com experiência nos sistemas universitários brasileiro, europeu, norte-americano e em instituições de pesquisa no País e no exterior.

Darcy Ribeiro sofreu grande influência de Anísio Teixeira por meio do contato de vários anos, como se fosse seu filho espiritual.

Ele exprime, a cada oportunidade, admiração e mesmo gratidão ao amigo, a quem se refere carinhosamente como *Mestre Anísio*. No livro *UnB: invenção e descaminho*, faz-lhe várias referências e homenagens, entre elas:

> Acresce que, se devêssemos falar de pai fundador, uma outra vaga precisaria ser aberta para Anísio Teixeira, que foi quem mais contribuiu para que a Universidade de Brasília se concretizasse. É certo que em todo o período de gestação, e mesmo nos anos de implantação – e até depois, numa comissão de inquérito do Congresso Nacional –, Anísio e eu nos mantivemos em polêmica acesa sobre o modo de organizar a universidade. Ele defendendo a tese de que a UnB deveria ser estruturada para operar apenas como grande centro de pós-graduação, destinado a preparar o magistério superior do País. Eu contra-argumentando que, mesmo para funcionar como um instituto de pós-graduação, era indispensável que ministrasse também o ensino básico. Tanto mais porque a cidade de Brasília não abriria mão de contar, ela também, com cursos universitários para sua juventude.[18]

Esse parágrafo, no qual Darcy Ribeiro presta justa homenagem a Anísio Teixeira deve, no entanto, ser corrigido num detalhe importante. Anísio Teixeira nunca disse que a UnB deveria ser estruturada *apenas* como um grande centro de pós-graduação, sem ministrar o curso básico de graduação. Ele queria que a Universidade tivesse *desde o início* cursos de pós-graduação *além* dos cursos de graduação, para formar seus próprios quadros, pois no Brasil daquela época não havia muitos professores universitários que tivessem cursado pós-graduação e estivessem aptos a dirigir grupos de pesquisa. Tive a oportunidade de ter longas conversas com ele sobre este assunto quando ele era reitor da UnB e discutíamos a estruturação da universidade como um todo. A UnB começou efetivamente com cursos de graduação e de pós-graduação simultaneamente em todos os institutos.

---

[18] Darcy Ribeiro, *UnB: invenção e descaminho*, Rio de Janeiro, Avenir Editora Ltda., 1978, p. 14.

A universidade interrompida 73

Vemos mais uma vez a preocupação permanente de Anísio Teixeira com a formação do professor e com o cultivo do espírito criador nas universidades. Temos aqui um exemplo das coincidências que a vida reserva. Se a pessoa escolhida por Juscelino Kubitschek e Clóvis Salgado para elaborar um projeto da UnB não tivesse sido Anísio Teixeira, talvez Darcy Ribeiro nunca teria participado da fundação de uma universidade em Brasília.

A primeira fase da organização e a importância dos assessores especializados

Há duas fases distintas na organização da Universidade de Brasília durante o período tratado neste livro. A primeira, antes de a universidade existir, entre 1960 e dezembro de 1961, quando era feita a planificação. A segunda, de inícios de 1962 a outubro de 1965, os primeiros três anos e meio de funcionamento, em que a estrutura prevista era confrontada com problemas práticos a serem resolvidos. Vejamos a primeira fase; a outra será tratada em capítulos posteriores.

Muitas pessoas de especialidades diferentes contribuíram para a planificação da UnB. Darcy Ribeiro faz menção aos numerosos assessores que colaboraram na estruturação da universidade:

> Além de Anísio, muita gente mais pôs o ombro no andor. Tantos, que se eu tivesse de lembrar os nomes dos que mais cooperaram, seria preciso citar mais de uma centena. Com efeito, este foi, aproximadamente, o número de intelectuais, pensadores, artistas, professores que integraram as comissões gerais, que debateram as formas alternativas de organização que se ofereciam à nova universidade, e as equipes especializadas que programaram a implantação de cada um de seus órgãos.[19]

Não podia ser diferente. Cada instituto ou faculdade somente pode ser organizado por especialistas. Por exemplo, o Instituto de

---

[19] Darcy Ribeiro, op. cit., p. 15.

Biociências, o mais complexo de todos, necessitava da colaboração de conhecedores de muitas áreas das Ciências da Vida, tanto em pesquisa fundamental como em aplicações médicas. Os conselheiros para esse instituto propuseram a sua subdivisão em quatorze departamentos. Exemplo no outro extremo foi o início do Instituto Central de Química, cujas atividades consistiam integralmente na linha de pesquisa em substâncias naturais desenvolvida pelo seu coordenador, Otto Richard Gottlieb, e seus colaboradores; inicialmente, não foram escolhidas outras áreas da química, esperando-se que surgissem candidatos competentes para trabalhar em assuntos importantes.

Em qualquer país, em qualquer cultura, num empreendimento como esse, de cunho fundamentalmente intelectual, as relações humanas têm papel importante. Havia, entre os conselheiros, grupos que mantinham laços de amizade de muitos anos, às vezes trabalhando nas mesmas instituições, nas quais a vida cultural, a vida universitária, a vida de pesquisa eram assunto normal e constante de conversas, em locais de trabalho ou em reuniões informais, como nos *cafezinhos* à noite, em casa de uns e de outros.

Darcy Ribeiro fazia parte desse mundo. Por intermédio de amigos, na sétima reunião anual da Sociedade Brasileira para o Progresso da Ciência (SBPC), que se realizou no Rio de Janeiro em 1956, ele começou a ter contatos mais estreitos com colegas das ciências naturais e exatas. As seis reuniões anteriores da SBPC tinham consistido em apresentações de trabalhos somente de biologia, medicina, matemática, física e química. O presidente da comissão organizadora da reunião de 1956, o fisiologista Haity Moussatché, do Instituto Oswaldo Cruz, propôs que a SBPC se abrisse para as ciências humanas. Para auxiliá-lo nessa parte, indicaram-lhe Darcy Ribeiro, que com essa participação começou a relacionar-se com colegas de áreas diferentes das ciências humanas.

Grupos de trabalho sobre a universidade de Brasília foram sendo do criados entre amigos, sem formalidade, especialmente no Rio de Janeiro. Eram encorajados pela ideia de que seria mais fácil fazer uma estrutura nova numa universidade a ser criada do que naquelas já existentes.

Sugestões eram feitas com grande flexibilidade, considerando-se várias organizações possíveis para os diferentes setores da universidade. Nesse espírito houve discussões na reunião anual da SBPC de 1960, numa sessão especial dedicada à futura Universidade de Brasília. Os conselheiros tiveram, portanto, grande influência na estruturação da universidade. Como enfatizou Darcy Ribeiro, é difícil dar os nomes de todos que colaboraram. Citarei alguns, com os quais tive contatos pessoais, não possuindo, infelizmente, documentação para fazer justiça aos demais. Entre eles estavam: para educação em geral, Anísio Teixeira e Almir de Castro; para letras, Cyro dos Anjos; para artes e arquitetura, Alcides da Rocha Miranda; para ciências humanas, o jurista Victor Nunes Leal e a historiadora Maria Yedda Leite Linhares; para biociências, Tito Cavalcanti, Antônio Rodrigues Cordeiro, Antônio Couceiro, J. Moura Gonçalves, Warwick Kerr, Newton Freire Maia, Haity Moussatché, Walter Oswaldo Cruz e Maurício Rocha e Silva, que passou a coordenar o grupo; para matemática, Cândido Lima da Silva Dias, A. Ferreira Gomes, Maria Laura Mousinho Leite Lopes, Leopoldo Nachbin, coordenador do grupo, e Maurício Matos Peixoto; para química, Jacques Danon, coordenando o grupo, Ricardo Ferreira, Otto Richard Gottlieb, Júlio Puddles, Ary Coelho da Silva e José Israel Vargas; para física, Guido Beck, Gabriel E. de Almeida Fialho, Jayme Tiomno e José Leite Lopes, coordenador do grupo, do qual eu também participava.

Poucas dessas pessoas foram trabalhar na Universidade de Brasília depois de ela ter sido criada: Anísio Teixeira, inicialmente como vice-reitor e depois como reitor, Almir de Castro, como vice-reitor; Cyro dos Anjos, membro do Tribunal de Contas da União, durante algum tempo assumiu a coordenação do Instituto Central de Letras, e Victor Nunes Leal, membro do Supremo Tribunal Federal, coordenou o início do curso tronco de Administração, Direito e Economia, ambos como professores extraordinários em regime de tempo parcial; Ary Coelho da Silva, como professor de química; Alcides da Rocha Miranda, Antônio Rodrigues Cordeiro,

Otto Richard Gottlieb, Jayme Tiomno, que assumiram a coordenação dos Institutos Centrais de Artes, Biociências, Química e Física, respectivamente, e Roberto A. Salmeron, como coordenador-geral dos Institutos Centrais de Ciências e Tecnologia, acumulando com a coordenação do Instituto de Física durante um ano, antes da ida de Jayme Tiomno para a UnB.

Os outros conselheiros não chegaram a trabalhar na universidade, embora a ida de muitos deles para Brasília estivesse programada.

A aprovação precipitada da lei que autorizou a criação da Universidade de Brasília

Nos últimos meses do governo de Juscelino Kubitschek, Darcy Ribeiro começou um longo período do que chamaríamos verdadeiras peregrinações a Brasília, com viagens quase semanais a partir do Rio de Janeiro, tentando convencer deputados e senadores a discutir e aprovar o projeto de lei que autorizaria o Poder Executivo a criar a universidade. Era auxiliado nessa árdua tarefa por Cyro dos Anjos e Alcides da Rocha Miranda, que já residiam na nova capital. Apesar desses esforços, o governo de Kubitschek terminou sem que a lei fosse aprovada.

Com a posse de Jânio Quadros, em janeiro de 1961, os contatos tiveram de ser retomados. O novo presidente confirmou a comissão criada por Kubitschek, composta de Cyro dos Anjos, Oscar Niemeyer e Darcy Ribeiro. Durante o curto período de um ano do seu governo, o projeto foi aprovado pelas comissões da Câmara dos Deputados, mas não em plenário, onde não chegou nem a ser discutido.

Veio a inesperada renúncia de Jânio Quadros à Presidência da República em fins de 1961, provocando grande confusão no Congresso. Diante da situação política perigosa e de evolução imprevisível, os deputados passaram a submeter ao plenário, com urgência, projetos de lei para serem aprovados a toque de caixa. Por feliz coincidência, Darcy Ribeiro estava em Brasília no dia da renúncia e na Câmara dos Deputados conseguiu que o presidente da sessão, deputado Sérgio Magalhães, juntasse aos muitos outros o projeto de lei relativo à criação da universidade. Era o *18º* da ordem do dia! Foi aprovado *praticamente sem discussão!*[20]

Assim, o projeto de lei que autorizou a criação da Universidade de Brasília foi aprovado na Câmara dos Deputados no atropelo de uma confusão política e parlamentar, sem ter passado pelas discussões que deveriam preceder a aprovação de uma iniciativa de tão grande responsabilidade. A aprovação no Senado fez-se sem dificuldades.

Finalmente, foi o presidente João Goulart, que sucedeu a Jânio Quadros, quem assinou a Lei nº 3.998, que criou a Fundação Universidade de Brasília, em 15 de dezembro de 1961.

Anísio Teixeira não aceitou o cargo de reitor, que lhe foi oferecido, porque não tinha intenção de morar em Brasília por longos períodos. Aceitou ser vice-reitor, e assim Darcy Ribeiro tornou-se o primeiro reitor da Universidade de Brasília.

Começar logo

Com o clima político carregado de incertezas devido à mudança na Presidência da República, havia o receio de que a concretização da universidade fosse adiada *sine die.*A situação era ambígua: de um lado, seria imprudente iniciar a sua instalação sem ter assentado as bases solidamente; de outro, seria também imprudente não iniciá-la, porque ela poderia ser muito retardada ou até desaparecer antes de existir. Muitos, como Cyro dos Anjos, pensavam que a maior das duas imprudências seria a de não se fazer nada.

Foi decidido iniciá-la. A universidade começou a funcionar, então, quatro meses depois de sancionada a lei que a criou, em salas emprestadas pelo Ministério da Educação e Cultura recém-instalado em Brasília, com muita expectativa e grande precipitação.

Contudo, não havia ainda liberação das verbas prometidas. Novamente foi Anísio Teixeira quem socorreu. Darcy Ribeiro descreve a situação nos seguintes termos, em homenagem ao homem que admirava:

---

[20] Darcy Ribeiro, em conversas com o autor e na obra citada, p. 32.

Nesta instância, foi novamente Mestre Anísio Teixeira quem deu os passos fundamentais para pôr a Universidade de Brasília no mundo. Primeiro, aceitando o cargo de vice-reitor, para prestigiar-me como reitor, porque, não querendo mudar-se para Brasília, não poderia assumir a reitoria. Depois, transferindo verbas do Instituto Nacional de Estudos Pedagógicos à Fundação Universidade de Brasília – que ainda não entrara na posse dos recursos financeiros destinados a custear a sua implantação, concedidos na lei, mas que tardariam meses a serem pagos – para que iniciasse suas atividades.[21]

Como já vimos, o Instituto Nacional de Estudos Pedagógicos era dirigido por Anísio Teixeira no Ministério da Educação e Cultura.

---

[21] Darcy Ribeiro, op. cit., p. 33.

Capítulo 5

O que precisava ser mudado nas universidades brasileiras

Senhor Ministro,

Todos os professores franceses que vêm ao Brasil se impressionam com a cultura e a inteligência dos ouvintes e estudantes que conhecem mais de perto, mas também se espantam pelo fato de que, de tanta inteligência e tanta cultura, se originem tão poucas obras que contem na produção mundial.

Georges Dumas[1]

As universidades, fazendo parte de um sistema complexo, influenciando e sendo influenciadas pela sociedade em que estão inseridas e à qual devem servir, têm de ser reformadas de tempos em tempos, para se adaptarem a novas situações que surgem com a evolução social. Por isso, não pode haver um modelo único, rígido, imutável de universidade, que seria ultrapassado pelas condições externas e deixaria de satisfazer plenamente às suas finalidades.

Algumas de nossas universidades que passaram por uma reforma há algumas décadas logo terão de mudar novamente as suas

---

[1] Carta de Georges Dumas, professor francês que auxiliou na escolha de professores da França para a Faculdade de Filosofia, Ciências e Letras da ex-Universidade do Brasil, ao ministro da Educação Gustavo Capanema, 1º de setembro de 1935. Apud Simon Schwartzman, Helena Maria Bousquet Bomeny e Vanda Maria Ribeiro Costa, *Tempos de Capanema*, Rio de Janeiro/São Paulo, Editora Paz e Terra/Edusp, 1984, p. 327.

estruturas, se quisermos que ocupem a vanguarda do mundo intelectual e tecnológico. Por exemplo, as Faculdades de Medicina, as
Escolas de Engenharia ou as Faculdades de Ciências Humanas são
diferentes do que eram há trinta anos, e os responsáveis por suas di-
reções sabem que têm de ser atentos, porque daqui a vinte ou trinta
anos elas terão de ser diferentes do que são atualmente.

É com esse espírito que a Universidade de Brasília, na época
em que foi fundada, com uma estrutura nova para o Brasil de então,
deve ser considerada: como representando uma fase na evolução das
universidades brasileiras, não como modelo permanente. Para que
possamos apreender as novidades que introduziu, devemos inicialmente relembrar os problemas mais importantes do mundo universitário anterior à sua criação. Embora as universidades fossem de
níveis diferentes, havia deficiências fundamentais comuns a todas,
das mais ricas às mais pobres, que tinham de ser superadas para que
novos rumos pudessem ser abertos.

As dificuldades fundamentais comuns às universidades

A história das universidades brasileiras é a única possível dentro da evolução da nossa sociedade. Como não podia deixar de ser,
nossas universidades originaram-se de escolas superiores existentes
anteriormente no País, independentes umas das outras. Tal processo
não ocorreu unicamente no Brasil, foi assim que se formaram muitas
universidades no mundo, através de séculos, com a congregação de
escolas ou colégios independentes.

Várias tentativas de criação de universidade no Brasil falha-
ram, por razões diversas. A primeira que teve sucesso foi a fundação da Universidade de São Paulo, em 1934, seguida no ano
subsequente pela Universidade do Distrito Federal, que durou
pouco tempo, e pela Universidade do Brasil. A USP surgiu como
a reunião das escolas superiores que havia em São Paulo, cada
uma conservando sua estrutura, sob a direção geral de um reitor e
de um conselho universitário composto de representantes de todas
as faculdades. As outras universidades foram também organizadas
segundo esse padrão.

A universidade interrompida 81

Essa organização universitária é às vezes criticada ou menosprezada, quando situada em relação às mudanças devidas à reforma universitária ocorrida entre 1968 e 1971. As críticas nem sempre são objetivas, pois além de termos de levar em consideração a evolução histórica, não podemos subestimar a importância social daquelas escolas superiores, criadas à medida que a comunidade precisava delas, tendo, portanto, existência justificada dentro da realidade e desempenhando as funções para as quais tinham sido previstas.

A independência das faculdades é às vezes apontada como a principal deficiência que as universidades apresentavam. Isso não era verdade. As dificuldades maiores eram outras. Há exemplos de prestigiosas universidades inglesas tradicionais estruturadas em escolas individuais.

Entre as décadas de 1930 e 1960 a sociedade brasileira passou por muitas transformações, e nosso mundo intelectual deu grande salto. O número de pessoas bem formadas cresceu em todas as áreas e o número de estudantes aumentou consideravelmente. Era, portanto, natural que as universidades necessitassem de reformas.

Mas, que tipos de reforma? E deveriam ser todas reformadas do mesmo modo, ou deveria haver especificidades para certas universidades?

As principais fraquezas das universidades brasileiras situavam-se em quatro setores: atividades criadoras em escala modesta, carreira universitária sem grandes perspectivas, currículos rígidos dos estudos e ensino às vezes sem dinamismo.

As atividades criadoras nas universidades

Quanto ao espírito predominante, a principal deficiência era a falta quase generalizada de atividade criadora. A pesquisa tem influência muito mais vasta do que a mera divulgação dos trabalhos e dos resultados obtidos. Ela determina o ambiente intelectual de uma instituição, assim como o ritmo de evolução dos professores e dos estudantes. O grau de cultura, de troca de ideias e a análise prospectiva de uma disciplina são mais profundos quando há pesquisa do que quando não há, em qualquer atividade, seja Letras, Sociologia, Psicologia, Biociências ou outra.

Trabalhos de investigação eram realizados mormente em poucos departamentos de algumas Faculdades de Medicina, poucos departamentos de certas Escolas Politécnicas e em poucas Faculdades de Filosofia, Ciências e Letras, nos setores de ciências humanas, ciências exatas e naturais ou letras. Estamo-nos referindo às universidades, não incluindo no momento as instituições de pesquisa extrauniversitárias, cujo objetivo fundamental é a atividade científica. Já havia, no entanto, grupos de reconhecido valor, que faziam pesquisa do mais alto nível, às vezes com trabalhos pioneiros que ficaram na história das ciências. Mas, considerando-se o conjunto das escolas superiores do País, esses grupos constituíam uma pequena minoria.

Seria um erro, e até injustiça, responsabilizar pessoas ou escolas por essa situação. As universidades refletem o nível médio do País, e a ausência de pesquisa é ligada à falta de tradição cultural. As razões pelas quais poucas pessoas trabalhavam em investigação eram as mesmas pelas quais poucos se dedicavam a outros setores da cultura, como a literatura, a sociologia ou a história. Basta lembrar que um romance era publicado em edições de somente algumas centenas de exemplares, de alguns milhares nos casos de autores mais conhecidos, edições muito inferiores às dos países mais avançados da Europa na mesma época. A curiosidade deve ser cultivada por cada pessoa e pela coletividade. A pesquisa científica tem de ser aprendida, e para isso é necessário que haja condições.

Precisamente quanto às condições, não podemos esquecer um aspecto fundamental: a situação financeira precária das universidades. As dotações orçamentárias eram apenas suficientes para que elas pudessem oferecer o ensino, sem verbas especiais para trabalhos de criação intelectual.

Pesquisa científica requer infraestrutura, que era inexistente no País. Esta foi iniciada com a criação de órgãos financiadores: a Fundação Coordenação de Aperfeiçoamento de Pessoal de Nível Superior – Capes –, o Conselho Nacional de Desenvolvimento Científico e Tecnológico – CNPq –, a Financiadora de Estudos e

A universidade interrompida

Projetos – Finep – e fundações de amparo à pesquisa em vários estados, a primeira tendo sido a Fapesp em São Paulo, seguida de outras.

A carreira universitária do corpo docente

Um universitário de hoje teria dificuldade em imaginar as limitações da carreira docente existentes há quarenta anos. As disciplinas eram separadas rigidamente em *cátedras*, regidas por um *único professor catedrático*, que ensinava os mesmos assuntos durante toda a sua vida ativa, mesmo em ciências básicas, e não tinha nenhum compromisso com pesquisa. Era auxiliado por um ou vários assistentes, título indicativo de que suas funções eram consideradas subalternas. O catedrático tinha o posto vitalício e, além de ser o proprietário do assunto em sua escola, gozava de poderes absolutos, começando com o poder de escolher os assistentes e estendendo-o até o de estimular ou de impedir que eles se dedicassem à pesquisa, o que chegava realmente a acontecer. Não havia propriamente uma carreira universitária, com promoções e aumento de responsabilidades à medida que a pessoa progredisse.

O modo como os catedráticos eram selecionados – os mais importantes na hierarquia – caracterizava a situação. Eram escolhidos por concursos denominados *de títulos e provas*. Os títulos avaliados eram os diplomas, os cargos que o candidato tinha ocupado e os trabalhos realizados. As provas eram: uma tese, na maioria das vezes uma compilação, não a descrição de alguma investigação original, que devia ser defendida em sessão pública; um exame escrito sobre tópico do programa a ser ensinado aos estudantes; um exame de laboratório, também sobre um dos assuntos do programa didático, quando se tratava de disciplina experimental; e uma aula. A produção científica, literária ou artística era considerada somente uma parte dos títulos e influenciava pequena fração da nota total obtida com o conjunto das provas. Um candidato que fizesse uma exposição muito clara em sua aula poderia ser preferido a outro, de maior experiência, que não tivesse sido tão claro. Em suma, a parte mais significativa para um universitário, a vida profissional criativa e sua capacidade de continuar criando no futuro, contavam pouco.

Tais concursos foram introduzidos em fins do século XIX ou nos começos do século XX e refletiam a situação do País, satisfazendo plenamente às condições vigentes: o candidato devia demonstrar que conhecia o assunto a ser lecionado e que era dotado de qualidades pedagógicas. Sendo aberto a todos os que quisessem concorrer, esse processo de escolha era progressista. Numa época em que as pessoas eram autodidatas, quem vencesse esse tipo de prova não tinha menos mérito do que alguém que hoje, apoiado por infraestrutura razoável, venha a ser escolhido por sua produção científica, literária ou artística.

Com o tempo, à medida que a pesquisa se desenvolvia, apareciam contradições. Entre elas, assistentes que se tornavam autoridades nas disciplinas à que se dedicavam, às vezes até conhecidos internacionalmente, continuavam a ser assistentes e tinham pouca possibilidade de influir nos destinos da faculdade ou do departamento em que trabalhavam, porque dependiam dos catedráticos.

Devemos voltar à situação financeira precária, outro obstáculo à carreira universitária, porque limitava os salários a níveis baixos. As universidades ofereciam contratos em regime de tempo parcial, e a maioria dos docentes via-se compelida a ter outros empregos que lhe completassem os vencimentos. Era compreensível que especialistas em ramos diversos, por exemplo, direito, medicina ou engenharia, trabalhassem também fora da universidade.

Como ocorre hoje, também naquela época as pessoas se dedicavam ao magistério porque gostavam dessa atividade intelectual, sendo atraídos por ela mesmo com salários menores que aqueles que perceberiam em outras atividades.

O regime de tempo integral, com dedicação exclusiva ao ensino e à investigação, exige, evidentemente, orçamentos maiores. Não é por acaso que começou a ser instaurado na Universidade de São Paulo, a mais rica do País.

A situação frequentemente não satisfazia a ambições intelectuais. Quando discorro sobre esse assunto, lembro-me, com sensação mista de admiração e respeito, de uma conversa que tive, quando ainda jovem estudante, com um assistente da Universidade de São Paulo que se via obrigado a trabalhar em vários lugares, com baixo salário em cada um. Ele me disse, exprimindo certa frustração: "Você sabe que na Europa os matemáticos são pagos não somente para ensinar, mas também para pesquisar matemática, para pensar exclusivamente em matemática, fazem matemática o dia inteiro, não precisam ter outra atividade para sobreviver?"

Foi com essa conversa que tive consciência de que existe *a profissão* de pesquisador.

Apesar de pouca atividade criadora, havia nesses ambientes pessoas com grande interesse pelas letras, pelas artes ou pelas ciências, que transmitiam aos estudantes a curiosidade e o respeito pela cultura. A prova disso é que foi deles que surgiram as primeiras gerações de pesquisadores, quando a oportunidade lhes apareceu.

Os currículos rígidos dos estudos

Nas escolas superiores, sendo estas independentes umas das outras, não havia créditos pelos estudos realizados: a aprovação em uma disciplina numa escola não era reconhecida pelas outras escolas da mesma universidade. Quem tivesse terminado uma faculdade e quisesse estudar em outra não tinha privilégio por já possuir um diploma universitário. Era obrigado a prestar novos exames vestibulares e a fazer o curso completo na nova faculdade, inclusive refazer as disciplinas em que tinha sido aprovado na primeira.

Essa situação foi superada na Universidade de Brasília, com a introdução do sistema de créditos pelos estudos já realizados.

Certos aspectos do ensino

Apesar de haver cursos de bom nível, de professores interessados e dotados de verdadeiro talento pedagógico, como sempre há, o ensino em certas disciplinas refletia a falta do ambiente de pesquisa necessário para que ele seja dinâmico, moderno e acompanhe a evolução das ideias.

A situação podia ser bem caracterizada por uma comparação com as universidades europeias e norte-americanas que, aliando obrigatoriamente a pesquisa ao ensino, disputam os melhores cientistas para contratá-los como professores, pois querem que os estudantes tenham contato com suas ideias, com seu modo de pensar e de trabalhar. Nessas universidades, de modo geral, os cursos básicos para os principiantes, nos primeiros anos de estudo, são ministrados pelas pessoas de maior experiência, em alguns casos por cientistas que receberam o Prêmio Nobel. O argumento é simples: é nos primeiros anos que os alunos devem começar a ser bem formados, para que fiquem independentes mais cedo. Se tiverem base sólida no início, nos anos posteriores estarão aptos a suprir deficiências que alguns cursos possam ter eventualmente e, o que é muito importante, estarão aptos a estudar sozinhos. Esse rigor contrasta com o que observamos no Brasil, onde às vezes os cursos dos anos iniciais são ministrados por docentes inexperientes.

Seria uma falha imperdoável se essas considerações deixassem o leitor com a impressão de que não havia cursos de nível elevado. Havia muitos bons, mas em pouco lugares.

O amadurecimento da mentalidade

Como já dissemos, havia na década de 1960 um clima intelectual propício a uma reforma do ensino superior, porque já tínhamos adquirido alguma prática com universidades e com trabalhos científicos e tínhamos atingido um desenvolvimento artístico razoável.

Contribuíram fundamentalmente para esse amadurecimento três fatores, que representaram fontes de experiência, uma linhagem histórica na longa e laboriosa evolução da nossa vivência universitária e da nossa cultura científica: a fundação da Universidade de São Paulo, os institutos de pesquisa não vinculados a universidades e o trabalho de brasileiros em universidades estrangeiras importantes.

A fundação da Universidade de São Paulo

Sem dúvida, o acontecimento mais importante na história das universidades brasileiras foi a fundação da Universidade de São Paulo, em 1934.

Sua importância é devida à *mentalidade* que a USP introduziu. *Tirou a universidade do isolamento em que se encontrava e colocou-a em contato com a comunidade científica internacional: abriu o Brasil para o exterior e o exterior para o Brasil.* O impacto da Universidade de São Paulo foi consequência de quatro inovações. Uma delas foi a contratação, pela primeira vez no Brasil, de bom número e simultaneamente, de eminentes pesquisadores europeus de reconhecido prestígio em vários setores das ciências humanas e das ciências naturais e exatas, que introduziram clima intelectual até então inexistente no País. A segunda novidade foi a criação da primeira Faculdade de Filosofia, Ciências e Letras, com a aliança da pesquisa ao ensino e o reconhecimento da profissão de pesquisador, tanto em ciências como em letras. A terceira foi que aqueles professores europeus, habituados a intercâmbio intelectual intenso, introduziram *como rotina* o hábito de enviar jovens para trabalharem em importantes centros europeus e norte-americanos, para lá completarem a sua formação. A quarta novidade foi a introdução do regime de tempo integral e dedicação exclusiva na universidade.

A fundação da Faculdade de Filosofia, Ciências e Letras da USP representou progresso da mais alta importância, com repercussão em todas as subsequentes universidades brasileiras. Antes da sua criação, não havia no País escolas especializadas em formação de professores de ciências ou de letras para o ensino secundário, nem em formação de cientistas ou de profissionais em letras. Quem quisesse dedicar-se a algum ramo das biociências era obrigado a estudar medicina; a matemática e a física eram ensinadas somente para alunos de engenharia, no nível clássico, não havendo cursos de matemática e de física modernas; e o interessado por literatura tinha de encontrar sozinho o seu caminho. Para resumir, antes da criação da USP a formação da maioria dos intelectuais brasileiros, especialmente a dos cientistas, era caracterizada por autodidatismo.

É interessante observar como inovações nunca são aceitas por todos, ou por interesse, ou por faltar visão do futuro, ou simplesmente por ciúme ou por isso tudo junto. É parte da natureza humana. Houve reações contrárias de alguns docentes de outras escolas à contratação de professores europeus para a Faculdade de Filosofia, Ciências e Letras da USP. Eu mesmo cheguei a ouvir, muitos anos mais tarde, frases como: *Contrataram professores estrangeiros para lecionar. E nós, o que estávamos fazendo aqui?* Eram pessoas que não tinham compreendido que uma nova mentalidade tinha sido instaurada, irreversivelmente.

Os institutos de pesquisa não vinculados a universidades

Como poderíamos esperar, a experiência adquirida por pesquisadores em laboratórios científicos extrauniversitários estimulava reflexões a respeito da relação entre pesquisa e universidade.

Entre esses laboratórios, o Instituto Oswaldo Cruz no Rio de Janeiro e o Instituto Butantã em São Paulo eram os mais conhecidos, devido aos grandes serviços prestados à sociedade em problemas de saúde pública desde o final do século XIX. Em outros domínios, havia o Instituto Nacional de Tecnologia e o Laboratório da Produção Mineral, no Rio de Janeiro, e o Instituto de Pesquisas Tecnológicas – IPT – de São Paulo, criado pela Escola Politécnica da USP com a finalidade de apoiar a indústria.

Os engenheiros do IPT discutiam as condições da investigação e dos pesquisadores e se convenceram da necessidade de criar um órgão destinado a fomentar a pesquisa fundamental e a aplicada, que recebesse verbas fiáveis; por exemplo, uma percentagem fixa da renda do Estado de São Paulo. É curiosamente pouco conhecido que aqueles engenheiros, motivados por essas preocupações, foram pioneiros, tiveram papel importante na concepção e no funcionamento da Fapesp. Esta recebia inicialmente 0,5% do imposto sobre consumo de mercadorias do Estado, posteriormente aumentado para 1%.

Os institutos não vinculados a universidades foram entre as primeiras instituições do País a terem os pesquisadores trabalhando em regime de tempo integral.

Em fins da década de 1940, foi fundado pelo Ministério da Aeronáutica, em São José dos Campos, o Instituto Tecnológico da Aeronáutica – ITA –, para cuja organização muito contribuiu o saudoso professor Paulus Aulus Pompéia. Escola de engenharia das mais importantes do País, o ITA iniciou com inovações que – com exceção da USP, que já adotara algumas – somente anos depois foram introduzidas nas universidades: eliminação do sistema de catedráticos; carreira docente como existe na Europa e nos Estados Unidos, com diversos níveis baseados na produção e na experiência profissional; regime de tempo integral e dedicação exclusiva obrigatório. O sucesso do ITA foi exemplo importante.

No início da década de 1950, foram criadas três instituições com a finalidade de tentar suprir deficiências em pesquisa fundamental nas universidades. Para a física, por iniciativa de Cesar Lattes foi fundado o Centro Brasileiro de Pesquisas Físicas – CBPF –, no Rio de Janeiro, e por iniciativa de Paulo e Jorge Leal Ferreira, o Instituto de Física Teórica – IFT –, em São Paulo. Durante muitos anos, a produção desses dois institutos representava mais da metade da produção em física teórica de todo o País. Para a matemática, foi criado no Rio de Janeiro o Instituto de Matemática Pura e Aplicada – Impa –, por sugestão de Cândido Lima da Silva Dias (professor da USP que dirigia o Setor de Matemática do CNPq), e participação de Lélio Gama, Leopoldo Nachbin, Maurício Matos Peixoto e Lindolpho de Carvalho Dias. Os três institutos conquistaram sólida reputação internacional em seus campos respectivos.

Abertas à comunidade nacional desde o início do seu funcionamento, essas instituições recebem jovens de todo o Brasil. Elas contribuem de modo significativo para a transmissão da mentalidade que deve passar de geração a geração.

O trabalho de brasileiros no exterior

A possibilidade de completar a formação em universidades europeias e norte-americanas ampliou-se a partir da década de 1950, com a criação de instituições que estruturaram o sistema de bolsas de estudos. As primeiras foram, como já vimos, a Capes e o CNPq, cujas importâncias devem ser sermpre enfatizadas. O número de brasileiros com experiência de vários anos de trabalho em instituições estrangeiras aumentou rapidamente em muitas disciplinas. O Brasil chegou a ter, anualmente, vários milhares de bolsistas no exterior, o que representa esforço considerável para a formação de pessoal, um dos maiores em países do Terceiro Mundo.

Muitos tiveram, então, a possibilidade de compreender a organização de universidades entre as melhores do mundo, em particular as relações que nelas existem entre a pesquisa e o ensino. É natural que regressassem ao País com ideias e muita vontade de participar de inovações.

O amadurecimento da mentalidade era, portanto, estimulado por iniciativas empreendidas em diferentes lugares do Brasil, por muitas pessoas, em circunstâncias diferentes, resultando em uma experiência e uma consciência coletivas de importância fundamental.

Capítulo 6

As inovações introduzidas na Universidade de Brasília

Nenhum esforço se registrou, da parte dos governos, no sentido de orientar a política educacional em uma nova direção e reorganizar o sistema escolar, de alto a baixo, no conjunto de suas instituições, para incutir no brasileiro o espírito crítico e de investigação, arrefecer-lhe o entusiasmo pela palavra fácil e sonora, o encanto pela forma como um fim em si mesmo, esse gosto verdadeiramente físico pela improvisação e pelo diletantismo.

Fernando de Azevedo[1]

Apesar dos progressos incontestáveis em muitos setores da vida intelectual brasileira, as palavras que Fernando de Azevedo escreveu, há dezenas de anos, continuam válidas. Há ainda muito que fazer.

Descreveremos agora as inovações que foram introduzidas na Universidade de Brasília a fim de suprimir algumas deficiências do ensino superior. Na organização da UnB havia a estrutura principal sobre a qual repousavam as funções importantes, isto é, o ensino e a pesquisa, e colateralmente certas atividades que, apesar de interessantes, eram secundárias, algumas podendo ser exercidas fora de uma universidade.

---

[1] Fernando de Azevedo, *As ciências no Brasil*, 2ª edição, Rio de Janeiro, Editora UFRJ, 1994, p. 42; a 1ª edição foi publicada pela editora Melhoramentos, São Paulo, 1955.

As novidades importantes na estrutura foram a divisão da universidade em institutos centrais e faculdades e uma nova carreira dos docentes. Essa organização universitária não foi inventada no Brasil. Foi inovação para nós, mas era adotada na Europa e nos Estados Unidos há muito tempo, às vezes com nomenclatura diferente ou com variantes, mas com o mesmo espírito. Relembremos que ela constava da *Exposição de Motivos* justificando a fundação de uma universidade em Brasília.[2] Essa estrutura tem a virtude de ser bem adaptada às condições do País: permite economia na administração e uma universidade integrada, isto é, integração dos institutos com as faculdades.

Nas linhas secundárias havia o Instituto de Teologia Católica e vários cursos abertos à população de Brasília.

Os Institutos Centrais e as Faculdades

Já funcionavam na Universidade de Brasília oito Institutos Centrais – Artes, Ciências Humanas, Letras, Biociências, Física, Geociências, Matemática e Química –, a Faculdade de Arquitetura e Urbanismo, o Curso de Jornalismo e o Centro de Extensão Cultural. As Faculdades de Medicina e de Tecnologia estavam em princípios de planificação.

Como os nomes indicam, cada instituto central agrupava todas as atividades de ensino, de pesquisa ou outra criação intelectual em sua área. Assim, os cursos de artes eram ministrados no Instituto Central de Artes por artistas ativos; no Instituto Central de Matemática fazia-se pesquisa e ministravam-se cursos a todos os alunos que necessitassem dessa disciplina, com ensino diferenciado para cada especialidade. O funcionamento dos demais institutos era análogo.

O estudante tinha a formação básica nos institutos centrais, durante dois anos. Se desejasse abraçar uma carreira científica, artística ou literária, continuaria os estudos nos institutos; se escolhesse

---

[2] Ver, no capítulo 4, a Exposição de Motivos apresentada pelo ministro da Educação e Cultura, Clóvis Salgado.

outra profissão, seguiria para a faculdade adequada, a partir do terceiro ano.

A estrutura foi adotada posteriormente pelas demais universidades brasileiras, sendo, portanto, bem conhecida. Descreveremos as atividades dos Institutos e as da Faculdade de Arquitetura nos capítulos 8 e 9, agora somente faremos algumas observações. Os mais complexos eram os Institutos de Artes, Biociências e Ciências Humanas.

O Instituto Central de Artes não imitava as Escolas de Belas-Artes tradicionais, dedicadas exclusivamente a artes plásticas e arquitetura. Além de pintura e escultura, tinha introduzido artes gráficas, desenho artístico industrial, fotografia, cinema e música.

O Instituto Central de Biociências deveria ter quatorze departamentos de ciências fundamentais, algumas relativas a disciplinas que eram tradicionalmente tratadas nas Faculdades de Medicina.

O Instituto Central de Ciências Humanas correspondia a várias faculdades das outras universidades. Funcionavam os Departamentos de Administração e Finanças, Direito, Economia, Filosofia e Teoria Geral do Direito, História e Antropologia e Sociologia.

A Faculdade de Arquitetura e Urbanismo fazia uma nova experiência na formação do arquiteto: o aluno estudava os dois primeiros anos no Instituto Central de Artes, antes de cursar aquela faculdade.

A motivação fundamental

A necessidade de faculdades para a formação profissional é óbvia, elas sempre existiram. Os institutos centrais foram criados não simplesmente para se evitar a constituição de vários departamentos da mesma disciplina nas diferentes escolas da universidade, mas para que especialistas suficientemente numerosos pudessem trabalhar juntos, constituindo grupos fortes dedicados às letras, às artes ou às ciências, formando ambiente estimulante para a criação intelectual.

A motivação essencial era de que os *institutos centrais e também as faculdades* deveriam ser lugares de atividades criadoras, não somente de ensino.

A concentração de especialistas favorece a discussão, o trabalho em colaboração e a troca de informações, sem o que o progresso é difícil, às vezes impossível. É também a garantia de que as aulas serão ministradas por profissionais ativos, capazes de manter o ensino dinâmico, adaptando-o constantemente aos progressos ocorridos no mundo. Havia especial ambição para as Faculdades de Medicina e de Tecnologia, no que diz respeito à pesquisa. Queríamos que elas fossem como prolongamentos dos Institutos de Ciências e colaborassem com eles. Isso é particularmente importante nas condições do Brasil, muito diferentes das que existem nos lugares onde o hábito da investigação científica é generalizado. Não estávamos inventando nada de novo, pois em várias partes do mundo há instituições que se dedicam à pesquisa fundamental e à pesquisa aplicada. Muitos de nós pensávamos que, levando em conta a situação do País, aquelas duas faculdades deveriam ter a maior prioridade na universidade.

Para a Faculdade de Tecnologia, íamos receber auxílio inicial do Fundo Especial das Nações Unidas e da Unesco[3] e esperávamos poder fazer algo original, embora em escala modesta.

A carreira do corpo docente

A carreira docente na Universidade de Brasília devia ser baseada na produção e na criatividade, com tempo integral e dedicação exclusiva obrigatórios. Isso pode parecer trivial hoje, mas na década de 1960 não era.

A cátedra e as posições de catedrático e de assistente tinham sido abolidas em várias instituições extrauniversitárias, como o Instituto Tecnológico da Aeronáutica, em São José dos Campos, o Centro Brasileiro de Pesquisas Físicas e o Instituto de Matemática Pura e Aplicada, ambos no Rio de Janeiro, e o Instituto de Física Teórica, em São Paulo, mas subsistiam nas universidades. Destas, a UnB foi a primeira a extingui-las, criando os postos de instrutor, assistente, professor assistente, professor associado e professor ti-

---

[3] Ver o capítulo 9.

tular. O instrutor não estava na carreira universitária, era estudante de pós-graduação, fazia cursos especializados, trabalhava para uma tese de mestrado e recebia um salário para auxiliar no ensino. Terminado o mestrado, a universidade não tinha nenhum compromisso com ele. Era exigido o mestrado para o primeiro posto na carreira, o de assistente, e o doutorado para os três postos de professor.

A exigência desses títulos significa implicitamente uma exigência para a universidade, que deve estar à altura de formar mestres e doutores.

Os critérios de julgamento dos docentes

Quando uma instituição nova inicia suas atividades, surge frequentemente a necessidade de se confrontarem os esquemas teóricos com situações práticas. Tínhamos o sério problema de tornar operacional a organização da carreira docente, com exigência de mestrado e doutorado, numa época em que os trabalhos de tese eram ainda incipientes no País e não eram obrigatórios na maioria das universidades. Havia poucos mestres e doutores.

A atribuição de postos devia, portanto, ser feita com muita cautela e discernimento. Nas universidades e nos institutos de pesquisa brasileiros havia pessoas do mais alto nível, algumas de prestígio internacional, que não tinham doutorado porque não era obrigatório durante o período de evolução das suas carreiras. Se naquela época fosse exigido que todos os membros dos corpos docentes fossem doutores, ou mesmo mestres, muitos setores de nossas universidades se esvaziariam. A aplicação cega dessa exigência, além de criar situações absurdas e às vezes ridículas, far-nos-ia perder a colaboração de personalidades da mais alta significação cultural. Precisávamos, então, fazer julgamento lúcido da produção intelectual e adotar critérios que nos permitissem oferecer postos correspondentes às experiências profissionais a pessoas que não tinham defendido tese de doutorado.

Em certos casos a decisão era fácil. Citaremos alguns. Deveríamos exigir tese de doutorado de Oscar Niemeyer, ou de Alcides da Rocha Miranda, ou do maestro Claudio Santoro, um dos raros compositores contemporâneos brasileiros conhecidos no exterior, ou de outros artistas consagrados, como o escultor Alfredo Ceschiatti, os pintores Glênio Bianchetti e Athos Bulcão? A presença dessas pessoas no quadro de professores honraria qualquer universidade, em qualquer país.

Havia alguns docentes, relativamente jovens, provindos de universidades onde não tinham tido oportunidade de fazer mestrado, que já tinham experiência em ensino, cultura igual ou superior à média que exigíamos dos instrutores e capacidade para fazer diretamente doutorado, sem passar pelo mestrado. Para poucos dentre eles foi atribuído o posto de assistente e foi dado apoio para que pudessem iniciar logo um trabalho de pesquisa.

Outras condições particulares deviam ser levadas em consideração. Lecionavam na universidade algumas personalidades de reconhecida experiência profissional que, não podendo desligar-se de outras instituições em que tinham atividade – nem a universidade tinha interesse em que se desligassem –, trabalhavam excepcionalmente em regime de tempo parcial. Eram juízes de tribunais federais que davam cursos de Direito, ou economistas, alguns tendo sido professores no passado. Para eles criou-se o título modesto de auxiliar de ensino ou auxiliar de curso. Ensinavam movidos pelo prazer intelectual de ensinar.

A introdução de créditos pelos estudos realizados

Pela primeira vez no País, o currículo de estudos foi adaptado ao sistema de créditos, pelo qual a aprovação do estudante numa disciplina era reconhecida em toda a universidade. Se um estudante quisesse seguir nova orientação, não precisava cursar outra vez as disciplinas em que tinha sido aprovado, nem prestar novos exames dessas disciplinas.

As atividades secundárias

O Instituto de Teologia Católica foi organizado e coordenado pelo dominicano frei Mateus Rocha, que muito trabalhou pela

Universidade de Brasília e deixou uma grande imagem. A existência desse instituto era discutível e não era vista com bons olhos por todos, porque, como dizia Darcy Ribeiro, ele fora criado como uma tentativa de neutralizar a iniciativa da Igreja para fazer uma universidade católica em Brasília.[4] Apesar de ter sido aprovado pelo Vaticano, no golpe militar de 1964 foi destruído fisicamente: o pequeno e simples edifício que o abrigava foi incendiado, em circunstâncias que permaneceram obscuras.

Havia dois grandes projetos que não foram realizados: o centro olímpico, conjunto esportivo destinado aos estudantes e à população de Brasília, pensado como um dos elementos de abertura da universidade aos jovens da cidade, projetado por Niemeyer, e uma estação de rádio e televisão.

Havia cursos de secretariado e de artesanato abertos à população de Brasília, com o intuito de dar um mínimo de formação a pessoas que não tinham tido oportunidade. Esses cursos eram concorridos. Um de meus secretários era um jovem inteligente oriundo desse curso de secretariado.

Outra atividade secundária eram as *disciplinas de integração* – à parte dos estudos principais –, em que todo aluno era obrigado a estudar, durante quatro semestres. Por exemplo, um estudante de Economia não podia escolher como disciplinas de integração nenhuma das que constassem no currículo desse curso, mas podia escolher literatura brasileira, pintura, uma língua estrangeira, etc. Era uma tentativa de estimular os jovens a terem contato com atividades culturais diversas. Naquele período inicial da UnB, as disciplinas de integração não tiveram a repercussão esperada. A maioria dos alunos escolhia inglês e poucos escolhiam alguma arte, ou literatura, ou história, etc.

O espírito da Universidade de Brasília e os mal-entendidos

A estrutura iniciada na Universidade de Brasília permite administração econômica. A possibilidade de economia, no entanto,

---

[4] Darcy Ribeiro, *UnB: invenção e descaminho*, Rio de Janeiro, Avenir Editora Ltda., 1978, p. 25.

não é aproveitada em nossas universidades, porque a maioria tem muito mais funcionários do que necessitaria para o seu funcionamento, devido à doença do empreguismo alimentada por influências políticas.

Tem havido incompreensões a respeito daquela estrutura. Nas universidades anteriores havia vários departamentos da mesma disciplina, porque cada escola superior tinha o seu. Um primeiro mal-entendido tem sido uma apreciação errônea da função dos institutos centrais, que seria uma economia em laboratórios didáticos, resultante da supressão dos departamentos isolados. É verdade que se faz essa economia, mas isso não é essencial porque a verba necessária para laboratórios de ensino é pequena em relação ao orçamento global de uma universidade. O essencial é o espírito introduzido nos institutos com o ambiente de investigação, seja qual for a área de atividade.

Um segundo mal-entendido foi crer que a estrutura define a qualidade de uma universidade sem que se leve em conta a experiência das pessoas que devem assumir as responsabilidades. São necessários profissionais competentes em muitas áreas, para que haja trabalho criador nos institutos e nas faculdades, caso contrário não haverá grande vantagem em tal organização.

O desrespeito dessa condição pode gerar erros difíceis de corrigir. Foi o que ocorreu na última reforma universitária (1968-1971). Em algumas universidades, tomadas por uma onda de populismo que sempre ignora a experiência da história e a das pessoas, houve até casos de institutos científicos dirigidos por alunos de pós-graduação.

Repetiu-se o que tinha acontecido anos antes, com a criação de muitas Faculdades de Filosofia, Ciências e Letras sem haver pessoas preparadas para assumir as funções, o que foi duramente criticado pelo sociólogo Fernando de Azevedo, um dos fundadores da Universidade de São Paulo, nos termos:

> Pois não é menor o perigo que oferece à cultura científica o desmesurado crescimento quantitativo de universidades e, particularmente, de Faculdades de Filosofia, Ciências e Letras, cuja expansão numérica não se tem feito, nem poderia fazer-se,

senão a preço da qualidade de ensino, que se inaugurou num baixo nível e cuja degradação progressiva terá de forçosamente abrir caminho, em prejuízo do espírito crítico e experimental, ao retorno do ideal antigo e a toda uma espécie de incursões literárias e acadêmicas, mais ou menos dissimuladas sob o nome, o aparato e as roupagens científicas.[5]

A conjugação de dois fatos, a Universidade de Brasília ter sido iniciada com organização nova para o Brasil de então e seu rápido progresso nos primeiros três anos e meio de existência, induziu a pensar que o impulso foi causado exclusivamente pelas novas estruturas. Na verdade, ele foi devido, fundamentalmente, à qualidade de tantas pessoas competentes que lá se encontravam ao mesmo tempo.

A experiência em várias partes do mundo ensina-nos que há uma *lei universal*: *sendo o trabalho criador, ao lado do ensino, a missão fundamental da universidade, há diferentes estruturas que funcionam bem, com a condição de que haja pessoas competentes.*

Um terceiro mal-entendido foi relativo às dimensões. A universidade não pode ser muito grande, senão os institutos centrais se tornam gigantescos, com números excessivos de docentes e de estudantes, dificultando a coordenação das atividades e introduzindo o risco de se tornarem ineficientes.

Alguns desses mal-entendidos persistiram na reforma que adotou para todas as universidades a estrutura de Brasília.

Uma estrutura única é necessária?

Não é necessário que todas as universidades de um país sejam idênticas. Estruturas diferentes podem estimulá-las a procurar atividades ligadas a condições específicas ou locais, liberando-as da obrigação de ser como as outras e permitindo concentração de esforços em setores em que podem distinguir-se e valorizar-se.

---

[5] Fernando de Azevedo, op. cit., p. 43.

Nos países avançados as universidades não são iguais. Isso ocorre, por exemplo, na Suécia, de pequena população, na Alemanha e na Grã-Bretanha, de número médio de habitantes, e nos Estados Unidos, de grande população e grande território. Na França há universidades de estrutura próxima das universidades brasileiras atuais e também escolas superiores independentes, fora das universidades, que gozam do maior prestígio científico.

Em organização universitária não se deve ser dogmático, deve-se levar em conta a situação da sociedade em que a universidade está inserida. Devido ao desenvolvimento do Brasil nos últimos trinta anos, certas universidades necessitam de nova reforma. Em algumas, há institutos que se tornaram demasiadamente grandes, chegando a ter duzentos ou mais docentes, o que dificulta a sua coordenação, inclusive a planificação científica. Além disso, o número de alunos nas áreas de maior procura tornou-se excessivo.

A solução para as universidades muito grandes, por exemplo, a de São Paulo e a Federal do Rio de Janeiro, é uma reforma, inevitavelmente. Entre várias soluções possíveis, a melhor seria o desdobramento em duas universidades: uma semelhante à atual e uma universidade tecnológica.

O nome *tecnológica* ou *técnica* não significa que seria universidade de qualidade inferior. Pelo contrário, deveria ser instituição de alto nível, com departamentos de pesquisa fundamental vinculados a departamentos de pesquisas tecnológicas, estes propícios a se preocupar com a formação adequada de engenheiros para tecnologias do futuro. Há excelentes universidades tecnológicas em vários países, embora nem sempre tenham esse nome. Evidentemente, não poderiam ser transplantadas tais quais para o Brasil, devido à diferença de condições. Exemplos na Europa são o Imperial College of Science and Technology, de Londres, que desenvolve pesquisa de vanguarda em diferentes áreas de tecnologia e em biologia, física, matemática, química, e que há poucos anos criou uma Faculdade de Medicina, precisamente para utilizar tecnologias modernas; na Alemanha, a Technische Universität de Munique e a Technische Hochschule de Aix-la-Chapelle,[6] esta Universidade Tecnológica tendo três Institutos de Física na mesma cidade; na Áustria, a Technische Universität de Viena; na Suécia, o Royal Institute of Technology, em Estocolmo, e a Chalmers University of Technology, em Göteborg; na Suíça, a famosa Eidgenosse Technische Hochschule, conhecida pela iniciais ETH, em Zurique. Nos Estados Unidos também os exemplos são numerosos, estando entre os mais conhecidos o Massachusetts Institute of Technology, designado pelas iniciais MIT, na cidade de Cambridge, e o California Institute of Technology, em Pasadena. Para definir o nível dessas instituições, diremos que em quase todas trabalharam ou trabalham cientistas que foram distinguidos com o Prêmio Nobel. A França criou recentemente uma nova universidade tecnológica.

O Brasil está suficientemente amadurecido para criar universidades tecnológicas de vanguarda. Para evitar mal-entendidos, é conveniente deixar claro que elas não excluiriam as universidades tradicionais.

---

[6] Esta cidade, cujo nome alemão é Aachen, é mais conhecida entre nós pelo seu nome francês, Aix-la-Chapelle, embora tenha nome em português, Aquisgrã, pouco usado.

Capítulo 7

O começo

> Tudo isso é fácil quando está terminado e embira-se em duas linhas, mas para o sujeito que vai começar, olha os quatro cantos e não tem em que se pegue, as dificuldades são terríveis.
>
> Graciliano Ramos[1]

No livro *Minha experiência em Brasília*, Oscar Niemeyer[2] descreve o entusiasmo, a solidariedade e a devoção dos que trabalhavam na construção da cidade. Não tivemos o privilégio de participar daquela obra, mas narrações que ouvimos e algumas personalidades que conhecemos fazem-nos pensar que os sentimentos dominantes nos primeiros anos da universidade eram como extensões daqueles que motivaram os pioneiros de Brasília. Vivíamos todos, funcionários, estudantes e professores, numa atmosfera de otimismo.

Éramos, no entanto, conscientes de que a tarefa seria difícil, de que é árduo passar da estrutura teórica de uma instituição para a vida real.

Os primeiros cursos

A Universidade de Brasília inaugurou seus cursos no dia 9 de abril de 1962, em salas emprestadas pelo Ministério da Educação e

---

[1] Graciliano Ramos, *São Bernardo*, Rio de Janeiro, Livraria Martins Editora, 1969, p. 67.

[2] Oscar Niemeyer, *Minha experiência em Brasília*, Rio de Janeiro, Editorial Vitória Ltda., 1961.

Cultura, com tanto atropelo quanto improvisação, pois deveria receber estudantes somente dois anos mais tarde de acordo com os planos iniciais. O empréstimo de salas pelo MEC foi devido à interferência, mais uma vez, de Anísio Teixeira. A pressa foi parcialmente motivada pelo receio de que o início do funcionamento da universidade pudesse ser adiado para uma data imprevisível, devido à incerteza política criada com a renúncia de Jânio Quadros à Presidência da República, como vimos no capítulo 4.

Tendo começado em pequena escala, sem possibilidade de se instaurarem departamentos, uma sábia precaução foi tomada para evitar atrofias. Os cursos foram reunidos em três grupos, chamados "cursos troncos": o de Letras Brasileiras, coordenado pelo escritor Cyro dos Anjos, que deu origem ao futuro Instituto Central de Letras; o de Administração, Direito e Economia, articulado por Victor Nunes Leal, gérmen do Instituto Central de Ciências Humanas; e o de Arquitetura e Urbanismo, iniciado por Alcides da Rocha Miranda, posteriormente dividido em Faculdade de Arquitetura e Urbanismo, coordenada por Oscar Niemeyer, e Instituto Central de Artes, sob a responsabilidade do próprio Rocha Miranda.

As aulas de arquitetura e urbanismo passaram logo a ser ministradas na primeira construção do *campus*, um edifício de madeira feito por Sérgio Rodrigues, carinhosamente chamado "oca": um andar único sustentado por colunas, determinando no térreo um pequeno pátio que funcionava como sala de aula.

Os primeiros prédios em alvenaria foram construídos por Rocha Miranda: três destinados à Faculdade de Educação, designados por FE1, FE2 e FE3, em que foi instalada a reitoria, e o anfiteatro Dois Candangos, assim chamado porque durante a sua construção dois operários lá encontraram a morte.

No segundo semestre de 1962, os cursos de administração, direito, economia e letras foram transferidos para o *campus*, inicialmente nos elegantes, mas pequenos edifícios da futura Faculdade de Educação. Com as atividades e o corpo docente aumentando, surgiu necessidade de espaço maior. Esses cursos troncos foram então batizados Instituto Central de Ciências Humanas e Instituto

Central de Letras, como tinha sido previsto, e seus professores foram alojados no primeiro andar de um prédio extremamente modesto, um galpão, concebido para abrigar o almoxarifado da universidade, chamado "Serviços Gerais número 12" – SG 12 –, em cujo andar térreo passou a funcionar a biblioteca central. Essas instalações provisórias eram precárias, pois o edifício tinha sido construído para outras funções, não para abrigar pessoas que se dedicassem a trabalho intelectual. O desconforto atingia situações extremas: excesso de luminosidade – muito comum em Brasília –, temperaturas sufocantes – porque as paredes externas, em todo o edifício, não tinham janelas, e as do primeiro andar eram de vidro, com algumas fendas para ventilação. E falta absoluta de insonorização: se alguém falasse um pouco alto numa extremidade do prédio, seria ouvido na outra.

Em janeiro de 1964, a Faculdade de Arquitetura e Urbanismo e o Instituto de Artes funcionavam em pequenos prédios próprios, os Institutos de Ciências Humanas e de Letras no SG 12, o de Matemática, num pequeno edifício à parte, os de Biociências, Física e Química, mal instalados num galpão previsto para ser a oficina central da universidade, o SG 11, idêntico ao SG 12. As biociências começaram com genética, cujo laboratório ocupava inicialmente uma sala no edifício FE3, junto à reitoria, que depois seria instalado no SG 11.

Mas, de todos os desconfortos, o mais flagrante e irritante era o suportado pelo Departamento de Música, em condições que atingiam aquele nível do absurdo que às vezes provocava a cólera, outras vezes o riso. Funcionava num barracão de madeira, com insonorização insuficiente ou inexistente, onde eram dadas as aulas de instrumentos diferentes, exigindo enorme concentração devido aos sons inevitáveis provindos das salas vizinhas. Quando lá se entrava, tinha-se às vezes a impressão de ouvir uma orquestra improvisando, cada músico tocando uma peça diferente das outras, na nota e altura que quisesse, no momento que quisesse, tudo em desatino completo.

O desconforto generalizado era aceito porque todos esperavam melhores instalações para o ano seguinte. O Centro de Planejamento da UnB tinha começado a construir um edifício projetado por Niemeyer e colaboradores, para acolher os Institutos Centrais de Ciências; longo, com cerca de oitocentos metros de comprimento e uma curva suave, por isso apelidado "Minhocão". Quando os primeiros duzentos metros estivessem terminados, além das ciências, vários outros setores da universidade poderiam ser instalados provisoriamente nele, até que suas instalações próprias fossem disponíveis. O Minhocão foi uma solução inteligente: sendo impossível prever a evolução de cada setor da universidade, era difícil construir um edifício especial adequado para cada um. Vários institutos e faculdades estão instalados nesse edifício até hoje.

Os primeiros reitores

A UnB teve quatro reitores durante o período tratado neste livro. O primeiro foi Darcy Ribeiro, que permaneceu na universidade poucos meses, de abril de 1962 até fins desse ano ou inícios de 1963. Deixou a reitoria para assumir o cargo de ministro da Educação e Cultura do governo João Goulart, que ocupou durante poucos meses, passando a ser chefe do Gabinete Civil da Presidência da República, posto que representa o início da sua carreira política. O seu sucessor foi Anísio Teixeira, que era vice-reitor e foi reitor até abril de 1964, destituído então pelo governo militar e substituído por Zeferino Vaz. O quarto foi Laerte Ramos de Carvalho, de 1º de setembro de 1965 a 3 de novembro de 1967.

Sem estatuto

O estatuto da universidade previa a constituição de órgãos com responsabilidade de tomar decisões, portanto dirigir vários setores. Entre as suas competências mais importantes estavam julgar os currículos das pessoas que quisessem trabalhar na universidade, propor os níveis dos docentes na carreira e definir a orientação científica e pedagógica dos departamentos, assim como propor a criação de novos departamentos.

A universidade interrompida 107

Para que se iniciasse a direção colegial da universidade, os coordenadores insistiram, com os quatro reitores sucessivos, sobre a necessidade de implantação desses órgãos, que não foram instaurados durante os anos tratados neste livro, de 1962 a 1965. Em sua ausência, era operacional a parte do estatuto chamada "Disposições Transitórias". Destas, na importante definição de quem tem o poder das decisões, um parágrafo estipulava: "Compete ao Reitor organizar a Assistência Técnica e para tal *celebrar os necessários contratos de prestação de serviços*".

Esse texto dava ao reitor poderes absolutos. Como disse o próprio Zeferino Vaz em seu depoimento na Comissão Parlamentar de Inquérito: "O reitor, pelo estatuto atual – que não foi feito nem pelo atual reitor (Laerte Ramos de Carvalho, sucessor de Zeferino Vaz), nem por mim –, tem poderes quase ditatoriais, tem todos os poderes. Tudo está centralizado nas mãos do reitor, porque não puderam ser constituídos os órgãos normativos".[3]

Isso significava que, na prática, a universidade funcionava sem estatuto, pois a sua parte mais importante era letra morta. O não funcionamento dos regimentos normativos, fundamentais para a vida de qualquer universidade, era falha gravíssima. Causou-nos sérios problemas, porque deixava os reitores sem controle legal. Fora da rotina administrativa, seu comportamento era ditado somente por questões de ética, que, como veremos, não foram sempre respeitadas.

Apesar dessa lacuna, procurávamos manter o espírito que deveria ser impresso aos diferentes setores, tomando precauções para não criar precedentes que pudessem estar em contradição com a estrutura da universidade em pleno funcionamento no futuro.

Sem contrato

Trabalhávamos em condições que causavam surpresa a quem viesse conhecê-las: *na Universidade de Brasília não havia contra-*

---

[3] *Diário do Congresso Nacional*, suplemento ao nº 12, 16 de fevereiro de 1966, p. 9.

tos. Embora ela fosse regida pelas leis trabalhistas, não tinha produzido nenhum documento pelo qual assumisse responsabilidade em relação aos docentes e aos funcionários. Nas universidades já estabelecidas, o mais jovem assistente tinha contrato, assinado pelo reitor, estipulando o nível na carreira, o prazo da sua validez e a remuneração. Em Brasília, ninguém tinha contrato. Nossa situação profissional não era oficializada; o único vínculo empregatício com a universidade era sermos pagos por ela, e o único lugar em que nossos nomes apareciam era a folha de pagamentos.

Pode parecer estranho, mas ninguém protestou contra essa situação anormal, porque havia um clima de confiança. Outra característica do estado de espírito dos docentes: viviam dos salários, como a maioria dos professores universitários, no entanto, como não havia normas escritas, foram para a Universidade de Brasília sem saber quanto ganhariam. Para comparação, os honorários dos colegas da USP eram aproximadamente cinquenta por cento superiores aos nossos.

Somente anos depois de ter saído da UnB, em conversa com amigos, antigos professores, tomei conhecimento de uma ideia falsa: muitos pensavam que os coordenadores dos institutos e das faculdades tinham remunerações superiores às dos outros profissionais devido às suas funções. Isso não era verdade. Nossos vencimentos eram iguais aos dos colegas do mesmo nível na carreira, sem nenhum acréscimo pelos cargos de direção que ocupávamos.

Aconteceu-me, no entanto, algo inesperado. Sem que eu soubesse a origem da medida adotada, nos últimos meses de trabalho na UnB passei a receber uma "ajuda" pelas minhas funções de coordenador-geral dos Institutos Centrais de Ciências e Tecnologia. Ela era igual à gratificação dada aos motoristas. Para que se tenha ideia do valor na época, correspondia ao preço de duas corridas de táxi, ida e volta, do meu apartamento até o *campus*.

Os salários eram baixos e constituíam sério problema para muitos. Durante o reitorado de Darcy Ribeiro, houve uma greve dos instrutores, que reclamavam melhores remunerações. Originou-se certa tensão, porque os instrutores decidiram fundar a sua associação e o reitor opunha-se.

Proteger as estruturas

Insistíamos no respeito à estrutura da universidade. Poderíamos citar vários exemplos de ações praticadas no sentido de resguardá-la, mas dois particularmente significativos merecem ser conhecidos. Houve pouquíssimos casos de pessoas que, nos primeiros tempos da universidade, por necessidade de se iniciarem cursos, tinham sido admitidas como professores assistentes sem possuírem tese de doutorado. Explicamos a esses colegas que, não tendo doutorado, seus postos deveriam ser rebaixados em termos de titularidade, para evitarmos precedentes que pudessem interferir com a qualidade da seleção de candidatos no futuro. Propusemos que passassem a ser assistentes, mas sem prejuízo de vencimentos e com irrestrito apoio para fazerem doutorado em qualquer instituição que escolhessem, no Brasil ou no exterior. Aceitaram facilmente a proposta, e a situação momentaneamente irregular não chegou a constituir problema.

Outro exemplo era relativo à situação dos coordenadores e alguns outros professores. Os níveis nas carreiras deveriam ser propostos por órgãos colegiados que, como vimos, não existiam. Numa demonstração de respeito ao processo de avaliação pelas instâncias que ainda deveriam ser instauradas, os professores de mais experiência, que já eram ou poderiam ser professores titulares em outras universidades ou centros de pesquisa nacionais ou internacionais, concordaram em não se instalar nesses postos e começaram a trabalhar com o grau mais baixo de professor associado, à espera de que fossem julgados por comissões competentes. Assim, Oscar Niemeyer na arquitetura, Rocha Miranda nas artes, Claudio Santoro na música, Carolina Bori em psicologia, Otto Gottlieb na química, Antônio Rodrigues Cordeiro na biologia, Elon Lages Lima na matemática, Antônio Luís Machado Neto em ciências humanas, Aryon Dall'Igna Rodrigues em linguística, eu na física, éramos inicialmente professores associados. Somente em fins de 1964, por causa da ausência de órgãos normativos no estatuto, o reitor Zeferino Vaz, consultando o Conselho Diretor, tomou a iniciativa de promover a professores titulares aqueles que ele pessoalmente, baseado em seus currículos, julgasse que devessem ser promovidos.

Capítulo 8

O trabalho nos Institutos de Artes, Letras, Ciências Humanas e na Faculdade de Arquitetura

Entretanto, a grande experiência foi, sem dúvida, permanecer em Brasília e participar, como milhares de brasileiros, dessa longa aventura, da qual – como todos eles – guardo uma grande saudade. Não se tratava apenas de uma oportunidade profissional, embora da maior importância, mas de um movimento coletivo, de um empreendimento extraordinário que suscitava e exigia devoção e entusiasmo, unindo os que dele participaram numa verdadeira cruzada, para superar obstáculos, oposições, incompreensões e contratempos os mais duros e inesperados.

Oscar Niemeyer, sobre a construção de Brasília[1]

Neste capítulo e no seguinte descreveremos o trabalho na Universidade de Brasília naqueles primeiros anos. Esta informação, cujo interesse principal é mostrar o rumo que ela estava tomando, também reveste outro tipo de importância. Porque, em alguns setores do governo e em certa imprensa favorável ao regime ditatorial vigente, movia-se campanha denegridora contra a universidade, por injunções políticas, sem a honestidade nem a curiosidade de saber o que ocorria nela Procuravam fazer crer que vivíamos numa vergonhosa sinecura, distribuindo os postos entre nós por simpatia pessoal

---

[1] Oscar Niemeyer, *Minha experiência em Brasília*, Rio de Janeiro, Editorial Vitória Ltda., 1961, p. 9.

ou pelas ideias políticas do interessado, recebendo salários altíssimos e trabalhando pouco, ou nada. Sugerimos ao leitor que compare a descrição dos trabalhos que faremos com as declarações feitas na Comissão Parlamentar de Inquérito pelos dois reitores designados pelo governo, Zeferino Vaz e Laerte Ramos de Carvalho (capítulos 17 e 18),[2] com declarações do ministro da Educação e Cultura, Flávio Suplicy de Lacerda (capítulo 21) e com publicações de jornais que atacavam os professores (capítulo 23), para julgar a extensão da má-fé e das acusações infundadas, que chegavam às raias da difamação. E avaliar o nível profissional e moral e o vocabulário de certos jornalistas "fazedores de opinião", como se diziam.

Graduação, pós-graduação e organização

Nos primeiros três anos e meio de instalação, de abril de 1962 a outubro de 1965, a Universidade de Brasília teve rápido progresso. Todos os institutos e a Faculdade de Arquitetura ministravam cursos de graduação e de pós-graduação, instalavam laboratórios, quando era o caso, iniciavam pesquisas ou preparavam o seu início e organizavam as respectivas bibliotecas especializadas.

Desejamos fazer menção especial aos cursos de pós-graduação e aos trabalhos de tese de mestrado e doutorado, que na década de 1960 eram quase inexistentes no Brasil, mesmo nas universidades mais importantes. O fato de a Universidade de Brasília instaurá-los logo no início, em todas as áreas, não era comum na época e indicava o grau de experiência das pessoas responsáveis pelos vários setores.

Tivemos, então, uma agradável surpresa. Devido às possibilidades que oferecia, a UnB atraía para fazerem o curso de pós-graduação pessoas bem formadas e com certo amadurecimento, permitindo que os cursos fossem ministrados em bom nível. Em geral eram jovens assistentes em outras universidades, habituados a lecionar, que, não encontrando orientação para teses em que trabalhavam, iam para Brasília extremamente motivados.

---

[2] Ver os depoimentos de Zeferino Vaz e Laerte Ramos de Carvalho na CPI, capítulos 17 e 18, respectivamente.

Foi a cultura básica desses jovens que nos permitiu não somente iniciar logo os cursos de pós-graduação, mas dá-los em nível superior ao que tínhamos imaginado antes de começá-los. Alguns amigos, entre eles Otto Gottlieb, em química, e Antônio Luís Machado Neto, em ciências humanas, anos depois disseram-me que jamais conseguiram dar cursos de pós-graduação do nível que davam em Brasília.

Tendo de cumprir tarefas de organização, além da preparação dos cursos, trabalhávamos sete dias por semana, sem horário, sem medir esforços, numa atmosfera de incentivo recíproco. O entusiasmo não era abalado pelas dificuldades. Em retrospectiva, podemos avaliar a desproporção entre os progressos realizados e o pequeno apoio que recebíamos. As deficiências eram supridas, até certo ponto, pela experiência profissional das pessoas habituadas à produção intelectual, que se encontravam ao mesmo tempo nos vários setores da universidade.

O número dos que contribuíram durante os primeiros anos é grande. Sentimos a frustração de saber que faremos injustiça a muitos, porque infelizmente não temos condições de descrever em detalhe a participação de todos os que levaram avante a Universidade de Brasília com muita dedicação. Mencionaremos, contudo, os aspectos mais importantes dos trabalhos e, como exemplo, resumiremos as carreiras e as atividades dos coordenadores, expondo também o que fizeram depois que saíram da UnB e o que poderiam ter feito lá, se tivessem permanecido.

Os nomes da maioria dos integrantes dos institutos e faculdades são dados no capítulo "Demitidos e demissionários", do qual se pode ver que muitos dos jovens assistentes e instrutores tornaram-se mais tarde profissionais altamente competentes em suas áreas respectivas.

Ficará claro o impacto que a universidade teve na vida cultural de Brasília, principalmente com atividades do Instituto de Artes, do Departamento de Música, do Centro de Extensão Cultural e da Faculdade de Arquitetura. É raro encontrar-se outra universidade brasileira que tenha tido, tão pouco tempo depois de iniciada, o mesmo nível de ações na cidade em que esteja instalada.

Veremos neste capítulo as atividades dos Institutos de Artes, de Letras, de Ciências Humanas e da Faculdade de Arquitetura. As dos outros institutos serão descritas no próximo capítulo.

O Instituto Central de Artes

O coordenador do Instituto Central de Artes era Alcides Áquila da Rocha Miranda, figura carismática entre os artistas plásticos da época, arquiteto e pintor, formado pela Escola Nacional de Belas-Artes do Rio de Janeiro, tendo cursado pós-graduação na Universidade do Distrito Federal, onde foi aluno de Cândido Portinari em pintura e de Mário de Andrade em história e filosofia da arte.

Rocha Miranda, sempre trabalhando em arquitetura, ramo em que tem vasta produção, interessou-se desde jovem pela arte brasileira, da qual se tornou profundo conhecedor. Participou de movimentos artísticos das décadas de 1930 a 1950, em companhia de pintores, arquitetos, escritores, poetas e jornalistas. Como pintor, expôs no Brasil, na Argentina e no Uruguai.[3]

Lecionou teoria da arte, no curso de especialização da Associação Brasileira de Educação, aos 24 anos de idade, e um ano depois, arquitetura nacional, no curso de extensão universitária da Universidade do Brasil. De 1950 a 1955, foi professor na Faculdade de Arquitetura e Urbanismo da USP.

Rocha Miranda interessou-se por museus e pela divulgação da arte. Organizou, por exemplo, o Primeiro Salão de Arquitetura Tropical, quando tinha 23 anos, com João Lourenço da Silva e Ademar Portugal; uma exposição em Londres, chamada *Exhibition of Modern Brazilian Painting*, na Royal Academy of Art, com Augusto Rodrigues e Clóvis Graciano, em 1943; e interessante exposição de arte africana na UnB, uma das primeiras manifestações artísticas internacionais em Brasília, em 1964.

Foi membro de muitas comissões julgadoras de concursos e assessor para assuntos culturais de governos estaduais e de instituições.

---

[3] Lélia Coelho Frota, em seu livro *Alcides da Rocha Miranda: caminho de um arquiteto*, Rio de Janeiro, Editora UFRJ, 1993, descreve a sua formação e resume suas principais obras e as funções mais importantes que exerceu.

A universidade interrompida   115

Entre as homenagens, recebeu a medalha de prata comemorativa do Cinquentenário da Promulgação da República, por serviços prestados à nação, e a medalha de mérito Santos Dumont, do Ministério da Aeronáutica. Durante 38 anos trabalhou como arquiteto no Serviço do Patrimônio Histórico e Artístico Nacional – SPHAN –, colaborando com Rodrigo Mello Franco de Andrade e Mário de Andrade, personalidades fundamentais na criação daquele serviço.

Instalou-se em Brasília em 1960, antes da criação da universidade, para fundar o núcleo do SPHAN, o que demonstra seu interesse pelo desenvolvimento cultural da nova cidade, para o que foi, efetivamente, um dos pioneiros. Em seus primeiros contatos com a capital inacabada, pensou em organizar em Brasília uma escola de arquitetura onde a análise detalhada de construções, entre as muitas que lá se faziam, completaria a formação dos estudantes, em seu próprio dizer "assim como um Hospital das Clínicas funciona para treinamento dos estudantes de medicina".

Amigo de Lucio Costa, foi defensor intransigente da ideia de se criar uma cidade universitária na capital do País. Como já vimos, discordou da tentativa de fazê-la fora de Brasília, quando levado por Israel Pinheiro e Clóvis Salgado para conhecer um terreno afastado, situado a trinta quilômetros da cidade.[4]

Em Brasília, auxiliava o secretário da Cultura do Distrito Federal, Armando Hildebrand, e assim seus horizontes largos passaram a ser conhecidos em círculos cada vez maiores. Darcy Ribeiro ficou a par de suas ideias por acaso, quando lhe foram contadas pela esposa do secretário da Cultura, Conceição Hildebrand, que era sua colega de trabalho no Ministério da Educação,[5] e quis conhecê-lo numa de suas viagens a Brasília. Assim, Rocha Miranda tornou-se um dos conselheiros para a estruturação da universidade, naturalmente, sem formalidades, pela continuidade das conversas.

Foi ele quem iniciou o curso tronco de Arquitetura e Urbanismo, em abril de 1962, desdobrado depois em Faculdade de Arquitetura e

---

[4] Ver a seção "Uma ideia que precisou ser defendida", no capítulo "As primeiras ideias".
[5] O Ministério da Educação ainda funcionava no Rio de Janeiro.

Urbanismo e Instituto Central de Artes. Construiu no *campus* três edifícios para a Faculdade de Educação e o anfiteatro Dois Candangos. Inspirando-se em instituições prestigiosas do exterior, como o Royal College of Arts de Londres, o Bauhaus de Weimar e Dassau na Alemanha – de antes da Segunda Guerra Mundial – e o Institute of Industrial Design, de Chicago, afastou-se da posição tradicional de nossas escolas de belas-artes, que ensinavam somente pintura, escultura e arquitetura. Organizou o instituto tratando as artes em sentido lato, tornando-o um dos setores mais originais da Universidade de Brasília. Incluiu as artes gráficas, considerando-as mesmo elemento fundamental do instituto – tendo convidado o pintor Glênio Bianchetti para montar os ateliês –, desenho artístico industrial, fotografia, cinema e música, esta última organizada em departamento.

O arquiteto Elvin Donald Mackay Dubugras, colaborador de Rocha Miranda em muitas obras, era o secretário-executivo do instituto, que, em pouco tempo, pelos fins de 1963, contava com a colaboração de alguns nomes conhecidos nas artes brasileiras: como professor de escultura, Alfredo Ceschiatti, autor da estátua da "Justiça", colocada em frente ao prédio do Supremo Tribunal Federal, na Praça dos Três Poderes, e daquelas estátuas instaladas nos jardins do Palácio da Alvorada, cujas fotografias se veem em todo o mundo como alguns dos símbolos característicos de Brasília; Glênio Bianchetti e Athos Bulcão, como professores de pintura; Marília Rodrigues Pinto da Silva, lecionando gravura em metal; Leo Barcellos Dexheimer, em serigrafia; Claus Peter Bergner, em planejamento gráfico; Luiz Humberto Miranda Martins Pereira, em fotografia; Esther Iracema Joffily e Amélia Toledo, em xilogravura.

O curso de cinema tinha várias dezenas de alunos regularmente inscritos. Entre seus professores estavam o crítico Paulo Emílio Salles Gomes e o cineasta Nelson Pereira dos Santos, figura importante do cinema brasileiro contemporâneo, que ensinava técnica e prática cinematográficas e chegou a realizar vários documentários com a colaboração de estudantes. Havia também sessões de cinema públicas, gratuitas, com conferências e comentários sobre os filmes.

Os estudantes tinham, portanto, inúmeras possibilidades de aprendizado com esses artistas de valor.

Rocha Miranda é homem de grande sensibilidade. Quando chegamos à conclusão de que não havia mais condições para continuar nosso trabalho e decidimos demitir-nos, uma lágrima rolou em sua face. Disse-nos depois que associou o que estava acontecendo na Universidade de Brasília ao que tinha acontecido no fim da Universidade do Distrito Federal, no Rio de Janeiro, 27 anos antes. Quase todos os docentes do Instituto Central de Artes também se demitiram, em solidariedade a ele.

O Departamento de Música

Nos países em fase de desenvolvimento, obras importantes nem sempre têm continuidade. Às vezes, excelentes iniciativas caem no declínio e no abandono porque, devido à incompreensão do meio, sua importância é menosprezada. As artes, em particular, estão muito sujeitas a esse destino.

Em lugares de tradição musical, como alguns países da Europa em que a música clássica é apreciada, divulgada e apoiada, o desaparecimento de uma orquestra seria considerado um escândalo e provocaria reações enérgicas. Mas, no Brasil, quantas orquestras já foram feitas e desfeitas?

O Departamento de Música da Universidade de Brasília beneficiou-se do malogro de uma iniciativa cultural importante, paradoxalmente. Na década de 1950, o reitor Edgard Santos ousou criar uma orquestra sinfônica na Universidade da Bahia. Que iniciativa magnífica! Com grande esforço, conseguiu contratar vários professores europeus, entre eles o maestro e compositor suíço Hans Joachim Koellreuter, para dirigi-la.

A orquestra percorria o Brasil, e em Brasília seu concerto foi realizado no anfiteatro Dois Candangos da universidade, que estava em seus começos. Um fato emocionante, narrado por Rocha Miranda, faz-nos pensar na magia musical: quando houve o primeiro ensaio, os operários que trabalhavam em construções nas proximidades e que nunca tinham visto uma orquestra nem ouvido aquele tipo de música, pararam de trabalhar e ficaram ouvindo, atentos, fascinados.

Edgard Santos não conseguiu obter continuidade no apoio para a manutenção da orquestra, que acabou por se desfazer, acarretando com seu desmantelamento uma consequência inesperada: vários dos seus músicos constituíram o cerne da orquestra da Universidade de Brasília. Foram atraídos pela presença do maestro e compositor Claudio Santoro que, por uma dessas coincidências do tempo que às vezes definem situações não previstas, tinha chegado à UnB para iniciar o Departamento de Música na época em que a orquestra da Universidade da Bahia se desfazia.

O infatigável maestro colocou em seu trabalho um entusiasmo proporcional às dificuldades que teve de enfrentar, começando com as condições de vida ao chegar a Brasília. Havendo poucos apartamentos disponíveis para professores, morou durante meses em um quarto no alojamento coletivo da Petrobras, barraca de madeira construída entre a Esplanada dos Ministérios e a universidade, que oferecia o mínimo de conforto no limite do tolerável e nenhuma tranquilidade para trabalho intelectual.

Claudio Santoro tinha ideias claras sobre o que pretendia realizar. Sabia que durante alguns anos teria de sacrificar o trabalho de composição para cumprir tarefas múltiplas na direção do departamento – que nos cursos de graduação e de pós-graduação chegou a ter trezentos alunos –, lecionar, ensaiar e reger uma orquestra. Devia construir a infraestrutura a partir do nada.

Determinou a orientação pedagógica do departamento, insistindo em que se oferecesse ensino coerente de música, com todos os instrumentos valorizados, em oposição ao hábito de se dar preferência ao piano e ao violino, em detrimento dos outros. Criou uma orquestra sinfônica pequena, mas completa, com a participação de professores e de estudantes de pós-graduação, que tinham assim a possibilidade de alargar a sua experiência. Os professores acumulavam duas tarefas, lecionar e tocar na orquestra, mas percebiam um único salário.

Para elevar o nível das atividades, Santoro queria colaboração com instituições do exterior. A Escola de Música da Universidade de Indiana, nos Estados Unidos, já tinha enviado cinco professores de instrumentos de sopro, que também tocavam na orquestra.

Uma das personalidades que colaboravam com Santoro era Yulo Brandão, cultura de muitas facetas, que atuava em dois setores diferentes da universidade: como músico, fundou e regia uma orquestra de música barroca no Departamento de Música; e como especialista em estética ensinava essa disciplina no Instituto de Ciências Humanas.

A chegada de Santoro foi acontecimento importante não somente para a universidade, mas também para Brasília. As duas orquestras, além de necessárias para a formação dos alunos, contribuíam para a educação musical de quem se interessasse, dando concertos na universidade todos os sábados de manhã, às onze horas, gratuitos. Para que todos pudessem assistir a eles, as aulas terminavam "antes do concerto", como dizíamos. O público, pessoas de conhecimentos musicais variados, era assíduo e aumentava com o correr do tempo. Claudio Santoro e Yulo Brandão tinham atitudes pedagógicas. Discorriam sobre o compositor e a peça programada, situando-a no contexto da época em que foi criada, sobre a utilização dos instrumentos e ensinavam o público a se comportar, por exemplo, quando aplaudir e quando não aplaudir. As orquestras eram bons exemplos de integração da universidade à cidade e estavam começando a fazer o que Lucio Costa imaginara para Brasília como foco de irradiação cultural.

O ambiente dos concertos era tão original quanto a iniciativa. Eles eram realizados no anfiteatro da Faculdade de Arquitetura, não muito grande, mas com boa acústica, além de ter um charme especial: nas duas paredes laterais havia portas altas, que davam para o jardim gramado, um pouco inclinado, e permaneciam abertas. Muitas pessoas ficavam fora, a ouvir o concerto sentadas na grama, mais numerosas do que as que estavam no anfiteatro lotado, em ambiente agradável na simplicidade, inesquecível. Pena que aquelas cenas nunca tenham sido filmadas para poderem ser mostradas.

Os músicos deviam superar uma dificuldade que não pensamos. As orquestras normalmente ensaiam muito, várias horas por dia, e as que trabalham há muito tempo têm repertório amplamente repetido. A recém-criada na universidade não tinha essa experiência e devia ensaiar três novas peças por semana, exigindo de todos enorme esforço, algumas obras sendo tocadas pela primeira vez pelos músicos mais jovens.

Apesar das múltiplas atividades, Santoro tinha ainda energia para pensar em novos projetos, interessando-se por diversos meios de composição, com a mente ocupada pela música em todos os momentos, em todos os lugares. Mostrou-me certa vez a partitura de um concerto cuja parte essencial tinha composto durante uma viagem de avião. Em nossos contatos, pude avaliar a extraordinária força de vontade que deve ter um compositor num país sem tradição musical, pois frequentemente as obras, uma vez terminadas, não são executadas durante anos. Certo dia, quando saíamos de uma reunião de trabalho, comentei que tive a impressão de vê-lo distraído, com o pensamento alheio. Respondeu-me: "Você tem razão, eu estava pensando num concerto meu que vão estrear hoje em Nova York e que nunca ouvi".

Claudio Santoro recebeu o Prêmio de Música Erudita de 1965 da Rádio Jornal do Brasil, "pelo trabalho realizado na Universidade de Brasília".

O que aconteceu com toda aquela maravilha? Com o original Departamento de Música, o ambiente de entusiasmo, as orquestras, os concertos públicos que empolgavam e, de certo modo, orgulhavam tanta gente?

Vida de artista

Nem sempre nos detemos em problemas humanos que surgem em certas situações na vida. Admiramos os artistas como idealistas, mas esquecemo-nos de que eles têm as mesmas preocupações de todos, com necessidades das famílias e filhos para sustentar e educar. Muitos dos que ensinavam na Universidade de Brasília ficaram desamparados depois que se demitiram. Estavam, no entanto, conscientes da situação em que se encontrariam se partissem da universidade, o que enaltece seus atos.

Poucos sabem que Claudio Santoro também ficou desempregado, depois que se demitiu da UnB. Passou a ganhar a vida duramente no Rio de Janeiro, dando aulas particulares de música, isolado, afastado de qualquer instituição, sem orquestra para reger, sem calma para compor. Depois de batalhar alguns anos, decidiu voltar para a Europa. Assumiu o cargo de professor na Alemanha, nas Faculdades de Música de Mannheim e de Heidelberg. Lecionava, recuperou a calma necessária para compor e reger orquestras. Poderia ter permanecido o quanto quisesse. No entanto, faltava-lhe o ambiente que o incentivou em sua vida: não suportou o exílio e voltou.

O Instituto Central de Letras

O Instituto Central de Letras originou-se do curso tronco de letras brasileiras. Era coordenado pelo filólogo Mário Pereira de Souza Lima, um dos pioneiros, entre nós, dos estudos sérios de nossa língua e de literaturas brasileira e portuguesa, professor na Faculdade de Filosofia, Ciências e Letras da Universidade de São Paulo desde os primeiros anos após a sua fundação, onde se aposentou antes de ir para a Universidade de Brasília.

Souza Lima não se limitava a falar formalmente sobre língua e literatura aos estudantes, seus ensinamentos eram impregnados de filosofia e de humanismo, nunca perdendo a oportunidade de insistir sobre a responsabilidade social. Era exímio na arte de escolher temas de debates que conduzissem os alunos a reflexões sobre os homens, a vida, a sociedade, o passado e o futuro.

Guardo na memória um detalhe interessante, que dá ideia clara do personagem. Souza Lima foi meu professor de português no antigo Ginásio do Estado de São Paulo, antes de vencer o concurso para se tornar professor catedrático na USP. Propunha-nos, a nós adolescentes, temas para exercícios de "composição" que nos marcavam a tal ponto que alguns deles não esquecemos até hoje, apesar de tantos anos passados. Durante a Segunda Guerra Mundial, quando se começou a saber o que estava acontecendo na Europa, as atrocidades perpetradas pelos povos de maior tradição cultural, ele nos deu para desenvolver o seguinte assunto: "A cultura melhora os homens?". Tema que será para sempre de atualidade.

Era o mais idoso dos coordenadores, participava com interesse de todas as nossas reuniões. Trabalhou na UnB poucos meses, tendo-se exonerado com os demais docentes. Depois de demitir-se, o presidente da República, Castello Branco, pediu-lhe que voltasse para a universidade a fim de auxiliar na solução da crise. Respondeu que somente voltaria se os docentes demitidos pelo reitor fossem readmitidos, e, em caso de acusação de alguém, que se fizesse um processo público e justo.

Os setores do Instituto, já bastante diversificados, eram: o Departamento de Letras, também coordenado por Souza Lima; o Centro de Estudos de Línguas e Culturas Clássicas e o Centro Brasileiro de Estudos Portugueses, coordenados respectivamente por Eudoro de Souza e George Agostinho Baptista da Silva, professores portugueses radicados no Brasil; o Centro de Estudos das Culturas e Línguas Indígenas, que deveria tornar-se o Departamento de Linguística, cujo coordenador era Aryon Dall'Igna Rodrigues, que ao mesmo tempo coordenava os cursos de pós-graduação da universidade; Curso de Biblioteconomia, coordenado por Edson Nery da Fonseca; Curso de Jornalismo e Centro de Extensão Cultural, tendo por coordenador Roberto Pompeu de Souza Brasil.

Para o estudo de línguas estrangeiras, o Instituto de Letras trabalhava com o British Council (britânico) e com a Casa Thomas Jefferson (americana), para o inglês, e com a Aliança Francesa, para o francês.

Aryon Dall'Igna Rodrigues mantinha colaborações com várias universidades brasileiras, com a Universidade Sophia, de Tóquio, com o Summer Institute of Linguistics, da Califórnia, e com a Universidade Columbia, de Nova York.

O Curso de Jornalismo e o Centro de Extensão Cultural

O Curso de Jornalismo e o Centro de Extensão Cultural, vinculados ao Instituto Central de Letras, eram coordenados por Roberto Pompeu de Souza Brasil, jovial cearense lutador pelas liberdades, avesso a qualquer tipo de censura, que parece ter levado pela vida afora o estigma do seu município de origem, Redenção, o primeiro a libertar os escravos no Brasil, quatro anos antes de todos os outros. Pompeu, como era chamado não somente pelos amigos e pelos colegas, mas em Brasília, onde se tornou muito conhecido, não era homem de imprensa comum, era apaixonado pelo jornalismo; paixão que, aliada à sinceridade, causou-lhe muitas tribulações na defesa de suas ideias.

Pompeu iniciou a vida profissional precocemente, como professor de português no Colégio Pedro II, do Rio de Janeiro, aos dezoito anos de idade, e como jornalista aos 22, no *Diário Carioca*, diretamente como editor internacional, posto de responsabilidade raramente atribuído a um principiante. Nesse jornal trabalhou trinta anos, introduziu inovações técnicas depois de passar um período nos Estados Unidos e ocupou sucessivamente os cargos de diretor de redação, diretor-geral e diretor-presidente. Foi um dos pioneiros no ensino da profissão; lecionou técnica do jornal e do periódico no primeiro curso oficial de jornalismo do País, criado na Faculdade de Filosofia, Ciências e Letras da Universidade do Brasil, em 1949, e instituiu na Universidade de Brasília o primeiro curso brasileiro de pós-graduação em jornalismo, em 1965. Quando Brasília estava em construção, em 1959 criou no *Diário Carioca* a primeira folha de notícias sobre a nova capital, intitulada *DC-Brasília*. Depois do período na UnB, foi diretor da Editora Abril durante doze anos, a partir de 1967.[6]

O Centro de Extensão Cultural era outro setor da universidade que se integrava a Brasília, promovendo conferências e cursos, sempre concorridos, chegando a ser frequentados por 3% da população. Além de atividades para o grande público, havia outras destinadas a auditórios especiais, como uma série de seminários a respeito de problemas brasileiros, com a participação de membros do Congresso e às vezes com a colaboração da Mesa da Câmara dos Deputados. Essas ações de interesse social não eram financiadas pela universidade, e sim por meio de convênios firmados com outras instituições.

Depois de ter sido expulso da Universidade de Brasília, Pompeu de Souza marcou com sua presença a comunidade de jornalistas

---

[6] Maria de Souza Duarte dá um resumo da biografia de Pompeu de Souza em seu livro *Pompeu*, publicado pelo Conselho de Cultura do Distrito Federal e pelo Senado Federal, em Brasília, em 1992.

brasilienses. Foi o primeiro presidente regional da Associação Brasileira de Imprensa em Brasília (ABI), presidente da Comissão de Liberdade de Imprensa do Sindicato de Jornalistas Profissionais do Distrito Federal, presidente do Comitê de Anistia do DF, presidente de honra da Seção do DF do Conselho de Defesa da Paz, conselheiro do Conselho Superior de Censura como representante da ABI, na qual presidiu a chamada "Comissão Pompeu de Souza", composta de artistas e intelectuais que elaboraram o projeto da Lei de Defesa da Liberdade de Expressão.

Pompeu exerceu também cargos públicos. Foi duas vezes secretário da Educação do Distrito Federal, em 1964, antes do golpe de Estado, e em 1985; foi eleito senador por Brasília em 1986. Como membro da Assembleia Nacional Constituinte, contribuiu para a nova Constituição com itens relativos à liberdade de informação.

Colocava os ideais acima de seus interesses. Em 1961, demitiu-se do *Diário Carioca*, ao qual estava ligado desde a juventude, porque uma nova direção do jornal queria obrigá-lo a atenuar um artigo em que denunciava a pressão de militares para impedir que João Goulart assumisse a Presidência da República. Em 1979, deixou a Editora Abril, na qual ocupava posto importante, porque considerou injusta a demissão do responsável da sucursal de Brasília.

Uma das qualidades encantadoras de Pompeu: era homem que não sabia odiar, nem nas vitórias, nem nos reveses. Mas tinha uma amargura: a de ver que o Brasil não avançava no ritmo que desejava.

Pompeu de Souza foi um dos dezesseis professores expulsos da UnB em outubro de 1965. As pressões para demiti-lo foram exercidas diretamente pelo ministro da Educação e Cultura, Flávio Suplicy de Lacerda, inicialmente sobre o reitor Zeferino Vaz, que, não podendo confessá-las, tentou desmoralizar Pompeu para tentar justificar uma demissão programada. Como veremos, o ministro escreveu ao reitor que os serviços secretos do Exército não queriam o jornalista como professor na Universidade de Brasília e solicitava *"estudos de Vossa Magnificência no sentido do afastamento definitivo do professor Pompeu de Souza"*.[7]

---

[7] Ver a seção "Os pretextos e a verdade sobre a expulsão de Roberto Pompeu de Souza Brasil", no capítulo "A grande crise".

A Câmara Legislativa do Distrito Federal instituiu o "Prêmio Jornalista Pompeu de Souza" em sua memória, em 1992, pouco tempo após a sua morte.

Dois outros docentes do curso de jornalismo foram expulsos da Universidade de Brasília juntamente com Roberto Pompeu de Souza Brasil: Alberto Gambirásio e Flávio Aristides Freitas Tavares.

O Instituto Central de Ciências Humanas

O Instituto Central de Ciências Humanas originou-se do curso tronco Administração-Direito-Economia. Instalou-se em pouco tempo e tornou-se logo o instituto com o maior número de alunos e o maior corpo docente, devido à diversidade de seus cursos.

O primeiro coordenador do instituto foi o antropólogo Eduardo Enéas Galvão, que tinha dirigido o Museu Emílio Goeldi, em Belém, no Pará, e era professor na Universidade de Columbia, em Nova York, quando decidiu ir para a Universidade de Brasília.

Incerteza e pessimismo começaram a se instalar na universidade com as violências de que foi vítima em abril de 1964, quando treze docentes foram demitidos poucos dias após o golpe de Estado.[8] Eduardo Galvão pediu exoneração do cargo de coordenador em protesto pela expulsão dos colegas e porque duvidava que pudesse continuar a exercer normalmente as suas funções. Surgiu um grave problema: por solidariedade, ninguém queria substituí-lo. Os professores fizeram, então, apelo a Antônio Luís Machado Neto para que aceitasse a coordenação, que ele, sem jamais tê-la ambicionado, assumiu em condições difíceis, para que fosse assegurada a continuidade dos trabalhos.

Machado Neto deixou a Universidade da Bahia onde era professor catedrático para colaborar na experiência de Brasília. Seu interesse principal era filosofia do direito, mas sentia-se à vontade em outros campos, como filosofia, sociologia e política. Homem de muitos interesses, escreveu cerca de trinta livros. Além de grande

---

[8] Ver o capítulo "As primeiras violências".

cultura, curiosidade e honestidade intelectual, tinha respeito pelas ideias dos outros e pelas novas gerações, qualidades que o realçavam como professor.

Dirigindo um Instituto de Ciências Humanas num período de situação política delicada, jamais utilizou demagogia para satisfazer os gostos dos outros, mantendo-se intransigente no julgamento de padrões intelectuais. Era defensor incondicional dos princípios universitários e um dos pilares da Universidade de Brasília. Nas muitas discussões que os professores mantiveram para tratar de problemas críticos da universidade, sempre se distinguiu pelo bom-senso e pela ponderação.

Com sua morte prematura, poucos anos depois de ter sido expulso da UnB, Machado Neto deixou a imagem de uma forte personalidade.

No segundo semestre de 1965, o instituto ministrava 33 disciplinas nos cursos de graduação, com estrutura próxima da definitiva prevista, havendo em funcionamento seis departamentos: Administração e Finanças, Direito, Economia, Filosofia e Teoria Geral do Direito, História e Antropologia e Sociologia. Em seus vários setores tinham sido terminadas 21 teses de mestrado e quatro de doutorado.

O instituto iniciara várias ações voltadas para o exterior, como é de se esperar de um organismo universitário. O setor de antropologia tinha sido convidado pelo Institute of Latin American Studies, de Nova York, para treinar bolsistas americanos em nível de pós-graduação, estava fazendo levantamentos linguísticos de tribos brasileiras em colaboração com o Summer Institute of Linguistics da Califórnia e trabalhava na tradução e atualização do livro *Handbook of South American Indians*. Em direito, Machado Neto estava dirigindo a elaboração de um *Dicionário de Teoria Geral do Direito*, obra coletiva. Em história, colaborando para elevar o nível do ensino médio em Brasília, havia um seminário de História da América com a participação de professores de ginásios e de colégios.

Além das atividades de cunho universitário, o instituto tinha convênios com o Ministério de Planejamento, a Fundação Getulio Vargas, a Companhia Vale do Rio Doce e o Sesc.

Eduardo Galvão e Machado Neto foram expulsos da Universidade de Brasília pelo reitor Laerte Ramos de Carvalho, em outubro de 1965, juntamente com sete outros colegas do Instituto de Ciências Humanas: Carlos Augusto Callou, Hélio Pontes, José Geraldo Grossi, José Sepúlveda Pertence, Luís Fernando Victor, Roberto Décio Las Casas e Rubem Moreira Santos. Esse instituto foi o mais atingido, tendo nove docentes desligados da universidade, entre os dezesseis demitidos.

Para dar uma ideia do grau de arbitrariedade que podia ser exercido pelos reitores que, protegidos pelo poder político, não tinham necessidade de se preocupar com o nível de seus argumentos, citemos as razões evocadas para as demissões de Machado Neto e de Eduardo Galvão. Na Comissão Parlamentar de Inquérito, o reitor Laerte de Carvalho, respondendo a uma pergunta do deputado Pedro Braga sobre as razões que o levaram a demitir Machado Neto, não podendo pleitear que o professor fosse "subversivo", ainda menos que fosse "medíocre", disse que o demitiu porque é no Instituto Central de Ciências Humanas que tinha "surgido o problema", pois ele (Machado Neto) tinha aceitado professores que posteriormente o reitor decidiu demitir! Eduardo Galvão foi expulso por ter dito algo que o reitor considerou "ato de indisciplina", portanto, "subversão".[9] Em uma assembleia de professores, na qual Zeferino Vaz apresentou Laerte de Carvalho como seu sucessor na reitoria, Galvão, para caracterizar a situação em que se encontrava a UnB, disse: "A universidade está com três reitores: o que entra, o que sai e o coronel Darcy Lázaro".

A frase foi considerada pretexto suficientemente grave para expulsá-lo.

Era conhecido em Brasília que o coronel Darcy Lázaro, comandante do Batalhão da Guarda Presidencial, tinha o encargo de vigiar a universidade, e que ele o fazia abertamente.

Os estudantes, no entanto, não se enganam quanto ao mérito de seus mestres. Machado Neto, expulso da universidade em 1965, foi escolhido como paraninfo da primeira turma de formandos em Direito, em 1967.

---

[9] Ver o capítulo "Depoimento do reitor Laerte Ramos de Carvalho".

A Faculdade de Arquitetura e Urbanismo

A Universidade de Brasília fazia uma experiência nova em termos da formação do arquiteto. Os estudantes tinham o curso básico no Instituto Central de Artes e a formação profissional na Faculdade de Arquitetura e Urbanismo. A faculdade logo passou a funcionar com estrutura próxima da definitiva, mantendo três atividades: o curso de formação profissional, isto é, de graduação, o de pós-graduação e o Centro de Planejamento do *campus* – Ceplan. O currículo de formação foi organizado por Edgard de Albuquerque Graeff, Italo Campofiorito e João da Gama Filgueiras Lima, em três troncos: teoria, composição e tecnologia. A coordenação da teoria foi confiada a Campofiorito – que era secretário-executivo do curso de graduação –, a de composição, a Glauco de Oliveira Campello, e a de tecnologia, a Filgueiras Lima – que a acumulava com a função de secretário-executivo do curso de pós-graduação e do Ceplan.

O coordenador da faculdade era Oscar Niemeyer. Cremos que apesar de ser ele, durante mais de meio século, uma das personalidades mais em evidência no País e um dos brasileiros de maior prestígio no mundo, a extensão e a profundidade dos seus trabalhos não são tão conhecidas no Brasil quanto deveriam ser. Seu nome é frequentemente associado às realizações em Pampulha, a Brasília e ao prédio das Nações Unidas em Nova York, mas a sua obra é vastíssima.

Oscar Niemeyer é considerado internacionalmente um dos grandes arquitetos do século XX. Não se conhece outro exemplo de tanta produção importante em Arquitetura: mais de 350 obras monumentais construídas e cerca de trezentas outras projetadas.

Viveu todas as experiências profissionais que um arquiteto pode viver, com projetos e construções os mais variados: aeroportos, arranha-céus para escritórios, cassinos, centros comerciais, centros culturais, centros esportivos municipais, centros médicos, clubes esportivos, conjuntos residenciais, conventos, escolas, fábricas, hospitais, hotéis, igrejas, memoriais, mesquitas, monumentos, museus, palácios, residências, sedes de empresas, universidades. Fez projetos de urbanismo e completou a sua visão das artes plásticas com esculturas que exprimem ideias.

No Brasil, construiu em Belém, Belo Horizonte, Brasília, Diamantina, Niterói, Ouro Preto, Pampulha, Petrópolis, Recife, Ribeirão Preto, Rio de Janeiro, São Paulo, São José dos Campos e Vitória. Ainda jovem, ficou internacionalmente conhecido quando, por solicitação de Juscelino Kubitschek, então prefeito de Belo Horizonte, realizou Pampulha, que chamou a atenção de arquitetos do exterior. Em Brasília, seus edifícios mais conhecidos, mas não os únicos, são os Palácios da Alvorada, do Planalto, do Itamaraty, o Supremo Tribunal Federal, o Congresso Nacional, a Catedral, todos os Ministérios, a Universidade, o Monumento a Juscelino Kubitschek e o Hotel Nacional.

Niemeyer construiu em quatro continentes. Citemos algumas de suas realizações no exterior. Nos Estados Unidos, o prédio das Nações Unidas em Nova York, um centro comercial em Miami, residência na Califórnia. Na França, em Paris, arranha-céu no bairro La Defense, a sede da fábrica de automóveis Renault, a sede do Partido Comunista Francês, a sede do jornal *L'Humanité* e várias residências; praça no centro da cidade de Le Havre, que passou a ser denominada Espace Oscar Niemeyer; convento Saint Baume; centro urbano na cidade de Grasse. Na Itália, edifício das Edições Mondadori, em Milão, a sede da Fiat, em Turim, projeto de urbanização em Vicenza, projeto de uma ponte em Veneza. Na Argélia, a universidade e um bloco administrativo em Constantine; projetos de nova universidade, do Ministério da Justiça, de um centro comercial e de magnífica mesquita, em Argel. Em Portugal, hotel na Ilha da Madeira. Em Israel, centro comercial e residência em Telavive, Universidade de Haifa e cidade no Neguev. Na Inglaterra, residências na Universidade de Oxford. No Líbano, projeto para a Exposição Internacional em Beirute. Na Líbia, Exposição Internacional em Trípoli. Na Alemanha, bloco de apartamentos em Berlim.

Essa impressionante lista, longe de ser exaustiva, revela o interesse de povos de culturas tão diferentes em terem sua contribuição, caso raro na história da arquitetura. O livro *Meu sósia e eu*[10] contém fotografias e descrições de algumas dessas obras, que são consideradas exemplos da arquitetura moderna.

Niemeyer teve reconhecimento internacional, tendo sido alvo de importantes homenagens em diversos países, o que também é pouco conhecido entre nós. No Brasil, recebeu a Grã-Cruz da Ordem do Rio Branco, é Doutor *Honoris Causa* pela Universidade Federal do Rio de Janeiro e pela Universidade de Brasília, Cidadão Honorário da cidade de Belo Horizonte, Personalidade do Ano da Associação Paulista de Críticos de Artes; igualmente, recebeu o Prêmio Ciências-Letras-Artes Moinho Santista, o Prêmio do Governo do Estado do Rio de Janeiro, a Grande Medalha da Inconfidência do Estado de Minas Gerais e foi instituído o Prêmio de Arquitetura Oscar Niemeyer pelo Governo do Distrito Federal.

Na França, é Officier de la Légion d'Honneur e Commandeur de l'Ordre des Arts et des Lettres. Recebeu a Medalha Le Havre Port Ocean, da cidade Le Havre, o Prêmio Joliot-Curie e o Grande Prêmio Internacional de Arquitetura e de Arte. Na Itália, é Cavaleiro Comendador da Ordem de São Gregório Magno, do Vaticano, recebeu a Medalha de Ouro La Fiera de Padova, o Premio Internazionale AGIP Enrico Mattei Per la Scienza e la Tecnologia, a Medalha Consiglio Regionale Della Lombardia, o Prêmio Roma-Brasília Cidade da Paz, o Prêmio Dei Virtuosi Al Pantheon, da Pontificia Insigne Academia Artistica e é membro do Comitato Internazionale dei Garanti, de Roma. Na Grã-Bretanha, é Membro Honorário do Institute of British Architects. Na Espanha, recebeu a Medalha do Colégio de Arquitetura de Barcelona e o Prêmio Principe de Asturias de las Artes. Em Portugal, Medalha Porto e Comendador da Ordem do Infante D. Henrique. Na URSS, Membro Honorário da Academia de Artes da URSS e Prêmio Lenin Internacional. Na Bulgária, foi eleito Membro da União Internacional de Arquitetos. Na Polônia, recebeu a Medalha SARP, da Associação dos Arquitetos Poloneses. Na Argentina, é Doutor *Honoris Causa* pela Faculdade de Arquitetura e Urbanismo

---

[10] Oscar Niemeyer, *Meu sósia e eu*, Rio de Janeiro, Editora Revan, 1992.

da Universidade de Buenos Aires e foi homenageado com placa no Colóquio Internacional de Creatividade Arquitetura-Interdisciplina, de Buenos Aires. No Peru, é membro do City Planning Council, da Universidad Federico. Na Venezuela, Membro Honorário da Sociedad Bolivariana de Arquitetos, de Caracas, e Membro Correspondiente do Colegio de Ingenieros de Venezuela. No México, Prêmio Benito Juarez do Centenário de Revolução Mexicana e Membro Honorário da Sociedad de Planificación, Arquitetura y Artes Visuales do México. Nos Estados Unidos, Pritzker Architecture Prize, placa homenagem da Industrial Park St. Lucie da Flórida, medalha do Institute of American Architects, Membro Honorário da American Academy of Arts and Letters, Membro Honorário do American Institute of Architects e Medalha da Cidade de Nova York.

Niemeyer recusou convites para ser professor em universidades norte-americanas. No Brasil, foi professor somente aqueles poucos anos em Brasília. Alunos de arquitetura, em qualquer país, teriam privilégio sem par no contato com um profissional desse nível. Homens assim não precisam dar aulas formais. É muito mais importante o que os jovens absorvem quando os ouvem falar sobre suas próprias experiências, sobre o porquê das soluções que escolheram em suas obras, sobre a arquitetura e os arquitetos no mundo de hoje, para que sejam educados a analisar o pensamento dos criadores.

Finalmente, quando falamos de Niemeyer, devemos lembrar também o homem sensível, preocupado em chamar a atenção sobre os problemas sociais e suas tomadas de posição políticas corajosas nas tentativas de contribuir para um mundo melhor e mais justo.

Voltemos às atividades da Faculdade de Arquitetura. Havia coerência no seu funcionamento, com um conjunto trabalhando em estreita colaboração, todos os professores participando dos cursos de formação, de pós-graduação e dos trabalhos do Ceplan. Este planejava os edifícios e o urbanismo do *campus*, mas suas atividades iam além da universidade, realizando projetos também para órgãos do governo.

Os arquitetos que faziam pós-graduação seguiam cursos específicos e participavam das atividades profissionais no Ceplan, encontrando, assim, excepcional ocasião de colaborar em trabalhos de vanguarda. Um grupo de instrutores teve como tema de tese de mestrado o projeto de uma superquadra para habitação de funcionários do Itamaraty, denominada Quadra São Miguel. Não é exagero dizer que talvez não tenha havido, no País, escola de arquitetura que pudesse oferecer aos alunos melhor oportunidade para boa formação.

Havia outra atividade importante: concepção e fabricação de móveis de madeira e couro para todos os setores da universidade, como escritórios, a biblioteca central, a reitoria e os laboratórios. Eram eles planejados no Ceplan e executados por um habilidoso carpinteiro, *seu* Manuel, uma das figuras mais populares da universidade. Ele se orgulhava, com muita razão, de ter projetado e construído pessoalmente as máquinas da sua oficina e gostava de discorrer longamente sobre o tema favorito de suas conversas: a falta de tempo para satisfazer tanta gente.

Em ambiente fraternal de otimismo, as atividades da Faculdade de Arquitetura, em tão pouco tempo, marcaram as pessoas que por ela passaram. Transcrevo aqui a opinião de João Filgueiras Lima, um dos esteios da faculdade, que em carta a mim dirigida atribui o sucesso às seguintes razões:

- o peso da liderança de Oscar Niemeyer;
- o entusiasmo que envolvia a construção da cidade e da própria universidade;
- a participação simultânea do corpo docente e discente em atividades teóricas e profissionais;
- a motivação por participar lado a lado com colegas dos demais institutos e faculdades na construção de uma nova universidade tão importante para o País.

E referindo-se aos instrutores, Filgueiras Lima diz:

> Esses arquitetos, que realizaram excelentes teses de mestrado, mais tarde, quando regressaram a seus estados de origem no Brasil, destacaram-se no desempenho de atividades profissionais, na elaboração de projetos e como docentes em Faculdades de Arquitetura.

Capítulo 9

O trabalho nos Institutos de Ciências Naturais e Exatas

Se a cultura e as profissões permanecessem isoladas na universidade, sem contato com a incessante fermentação da ciência, da investigação, tornar-se-iam rapidamente ancilosadas em escolástica nodosa.

Ortega y Gasset[1]

Contaremos neste capítulo as atividades dos Institutos de Biociências, Matemática, Química, Geociências e Física, e sua coordenação-geral.

O Instituto Central de Biociências

Antônio Rodrigues Cordeiro coordenava o Instituto Central de Biociências e o Departamento de Genética. Funcionavam também o Departamento de Psicologia e os laboratórios de botânica, de fisiologia e de citologia, os dois últimos estando em fase inicial.

Trabalhavam em botânica João Murça Pires, coordenador do laboratório, Alfredo Gui Ferreira, Dimitri Sucre Benjamin e Vicente Haroldo de Figueiredo Moraes. A atividade fundamental

---

[1] Ortega y Gasset, *Misión de la Universidad*, Madri, Revista de Occidente en Alianza Editorial, reedição de 1982, p. 75.

consistia na organização de um herbário com plantas colhidas na região amazônica, destinadas a experiências futuras. Colaborava nessa tarefa com o Jardim Botânico de Nova York.

A fisiologia estava sendo organizada por José Reinaldo Magalhães e Jorge da Silva Paula Guimarães, que iniciava um laboratório de biologia celular, prioridade sendo dada a instalações para os futuros estudantes de Medicina.

O Departamento de Genética

Este departamento foi organizado por Antônio Rodrigues Cordeiro, naturalista nato, um dos primeiros geneticistas brasileiros de projeção internacional. Certos adolescentes têm o privilégio de receber influência de pessoas ou de ambientes que lhes despertam interesse por assuntos de grande beleza. Antônio Cordeiro foi um deles. Quando aluno de ginásio, teve o espírito aberto para as ciências da natureza, especialmente para a evolução de plantas, com fascínio pela cultura de tecidos vegetais, que o acompanharia durante toda a vida. Fazia experiências elementares em sua casa, aprendendo a observar diretamente os fenômenos *in vivo*, não se contentando em adquirir conhecimentos exclusivamente em livros. Educou-se como um jovem homem de laboratório.

Levado por essa paixão, formou-se em Ciências Naturais pela Universidade Federal do Rio Grande do Sul, fez doutoramento na Universidade de São Paulo, pós-graduação na Universidade de Columbia, em Nova York, livre-docência na Universidade do Rio Grande do Sul, que lhe outorgou outro título de doutor. Foi professor visitante na Universidade Federal do Rio de Janeiro e professor titular em três universidades: na de Brasília, na do Rio Grande do Sul e na do Rio de Janeiro, e pesquisador do CNPq na última.

A atividade científica de Antônio Cordeiro desenvolveu-se de par com os primeiros anos de evolução da genética brasileira. Um evento importante no início da sua carreira foi um estágio na Universidade de São Paulo, onde seguiu treinamento em pesquisa e foi influenciado por dois geneticistas de grande experiência: Theodosius Dobzhansky, da Universidade de Columbia, que ministrava na

USP um curso de genética evolutiva, e Crodowaldo Pavan, um dos fundadores da genética no Brasil, que o orientou na tese de doutorado. Essa experiência conduziu-o a estudar vários aspectos de genética de drosófilas, assim como taxionomia de espécies brasileiras desse gênero, chegando a descrever algumas espécies novas.

Cordeiro criou os Departamentos de Genética da Faculdade de Filosofia, Ciências e Letras da Universidade do Rio Grande do Sul e da Universidade de Brasília. Depois de ter adquirido reputação internacional, voltou a seus amores de juventude, fundando na Universidade Federal do Rio de Janeiro os laboratórios de genética vegetal e de genética molecular vegetal, que constituíram a infraestrutura do programa de engenharia genética vegetal daquela universidade.

Grande parte do equipamento de seus vários laboratórios foi financiada por instituições do exterior. O laboratório de genética da UnB foi instalado quase integralmente com auxílio da Fundação Rockefeller e do governo da Alemanha, que fizeram doações em seu nome pessoal. Um campo de pesquisa novo naquela época era o de efeitos genéticos das radiações nucleares, estudados em populações de drosófila. Para essas investigações, teve o apoio da Agência Internacional para Energia Atômica, de Viena.

Desenvolveu atividades de pesquisa e de ensino também no exterior. Em 1962, percorreu doze universidades norte-americanas, proferindo aulas e seminários, a convite da American Association for the Advancement of Science, num programa da National Science Foundation. Trabalhou nos Estados Unidos nas Universidades de Columbia, do Texas e de Madison, em colaboração com Helga Winge, e de Zurique, na Suíça.

Publicou uma centena de trabalhos em revistas especializadas, fez cerca de oitenta comunicações em quarenta congressos nacionais e doze internacionais, presidindo sessões em quase todos eles. Foi vice-presidente do Congresso Internacional de Genética de Moscou, em 1978. Interessou-se pelo ensino desde jovem, procurando sempre detectar potencialidades para investigação nos estudantes, aos quais se dedicou com a maior disponibilidade e transmitiu o "vírus da pesquisa": orientou treze teses de doutorado e quarenta de mestrado. Os instrutores e assistentes que trabalhavam com ele na

Universidade de Brasília tornaram-se, quase todos, professores de genética entre os mais destacados do País.

Ativo também em sociedades científicas, Cordeiro foi presidente da Sociedade de Biologia do Rio Grande do Sul e da Sociedade Brasileira de Genética e sócio-fundador da Sociedade Brasileira de Biologia Celular; é membro ativo da New York Academy of Sciences e membro titular da Academia Brasileira de Ciências.

Entre as homenagens de que foi alvo, é professor emérito da Universidade Federal do Rio de Janeiro, recebeu a medalha dos 25 anos da Sociedade Brasileira para o Progresso da Ciência, da qual é sócio-fundador, e foi agraciado com a primeira medalha de ouro da Fundação de Amparo à Pesquisa do Estado do Rio Grande do Sul, por relevantes serviços prestados à ciência.

Na UnB, simultaneamente ao ensino, à pesquisa e à gestão do instituto e do seu laboratório, antes da designação de um vice-reitor era substituto do reitor Zeferino Vaz, que permanecia em Brasília somente dois dias e meio por semana. Era membro suplente do Conselho Diretor da Fundação Universidade de Brasília. A colaboradora direta de Cordeiro era Helga Winge. Eles instalaram o laboratório em pouco tempo e logo iniciaram os trabalhos de pesquisa. Quando saíram da UnB, estavam em andamento as teses de vários jovens, que se tornaram professores em outras universidades.

Antônio Rodrigues Cordeiro foi um dos dezesseis professores expulsos em 1965 por Laerte Ramos de Carvalho, que o demitiu sem conhecê-lo realmente, um mês e meio depois de ter assumido as funções de reitor. Laerte de Carvalho foi muito criticado, durante o seu depoimento na Comissão Parlamentar de Inquérito sobre a Universidade de Brasília, por deputados que queriam compreender as razões dessa demissão. Respondendo a uma pergunta do deputado Matheus Schmidt,[2] disse o reitor que demitiu Antônio Cordeiro porque "ele era um dos elementos que contribuíram para esta indisciplina generalizada existente na Universidade de Brasília".

Além de não haver indisciplina na Universidade de Brasília, essas palavras, se não fossem proferidas em situação tão dramática, fariam rir qualquer pessoa que conhecesse Antônio Cordeiro.

---

[2] Ver o depoimento de Laerte Ramos de Carvalho no capítulo 18.

A universidade interrompida 137

Ao mesmo tempo, foram expulsos da universidade os fisiologistas Jorge da Silva Paula Guimarães e José Reinaldo Magalhães. Discriminados por causa dessa expulsão, somente alguns anos mais tarde puderam ocupar o posto de professor na Faculdade de Medicina Fluminense e na Escola Paulista de Medicina, respectivamente. A maioria dos docentes do Instituto de Biociências demitiu-se em solidariedade aos professores expulsos.[3]

O Departamento de Psicologia

O Departamento de Psicologia foi organizado e coordenado por Carolina Martuscelli Bori, pioneira da psicologia experimental entre nós, que instalou na Universidade de Brasília o primeiro laboratório dessa especialidade no País. Como os demais setores da universidade, iniciou simultaneamente pesquisa, cursos de graduação e de pós-graduação, com ensino original, novo não somente no Brasil, mas também em nível internacional.

O novo método de ensinar surgiu de colaborações de Carolina Bori com colegas do exterior. É esse um bom exemplo de como o contato estreito entre pesquisadores é indispensável não apenas ao progresso da ciência, mas também ao do ensino. A Universidade de São Paulo tinha recebido como professor visitante, em 1961, o psicólogo norte-americano Fred S. Keller, que foi sucedido no ano seguinte por Gilmour Sherman. Em 1963, Carolina Bori e seu colega Rodolpho Azzi, ambos da USP, pensaram na possibilidade de trabalhar na Universidade de Brasília e decidiram fazer uma viagem aos Estados Unidos, a fim de solicitar conselhos e se informar sobre compra de equipamento. Keller sugeriu que os quatro — ele mesmo, Bori, Azzi e Sherman — visitassem Departamentos de Psicologia de várias universidades norte-americanas, para conhecerem detalhes do que estava sendo feito. Em palavras do próprio Keller, "ao fim daquela visita nasceu um método novo de ensinar, hoje conhecido em toda parte como *instrução personalizada*".

---

[3] Os nomes dos docentes que se demitiram da universidade são dados no capítulo "Demitidos e demissionários".

Keller e Sherman voltaram ao Brasil de março a julho de 1964, inicialmente a São Paulo, para auxiliar na construção de equipamento destinado à UnB, e depois foram para Brasília. Keller definiu sua ação nos termos: "Trouxe comigo um pequeno curso programado, que pôde servir como um exemplo, ou padrão, do primeiro curso planejado para a universidade nova de Brasília".[4]

O sistema de instrução personalizada, criado para ser inaugurado na Universidade de Brasília, representa grande avanço pedagógico. O método consiste em uma programação dos estudos na qual o aluno é orientado para que desenvolva suas capacidades e aprenda a enfrentar problemas; recebe com antecedência o curso teórico redigido, assim como textos complementares, e deve realizar uma série de experimentos preparados com instruções básicas. Fica motivado, porque pode ler o conteúdo das aulas antes de assistir a elas, o que facilita e aprofunda a sua compreensão. Faz sozinho as experiências, mas com a possibilidade de manter diálogo com o professor e com colegas. Fundamentalmente, aprende a trabalhar e a aprender, com a mesma atitude mental de um processo criativo.

Outra característica importante: o estudante não fica pressionado pelo tempo; progride de acordo com seu próprio ritmo, estando o laboratório à sua disposição, podendo trabalhar de dia ou de noite, em qualquer dia da semana, inclusive aos sábados e aos domingos, e não é submetido a controles em datas fixas. Ele mesmo escolhe a ocasião em que deseja ser arguido, para que o professor julgue se a tarefa pode ser considerada terminada ou se há algo ainda a fazer antes de passar à tarefa seguinte. Como podemos bem imaginar, o método exige dedicação e muita presença do corpo docente.

O material de pesquisa foi comprado nos Estados Unidos, mas todo o equipamento de ensino foi construído em São Paulo e instalado em Brasília. Isso tudo, inclusive um biotério, foi realizado no tempo exíguo de seis meses por pequena equipe em torno de Carolina Bori e Rodolpho Azzi.

---

[4] Fred S. Keller, "O nascer de um Departamento", conferência proferida na Universidade de Brasília ao receber o título de Doutor *Honoris Causa*, em 9 de novembro de 1987, publicada em *Psicologia: Teoria e Pesquisa*, Brasília, v. 3, n° 3, pp. 198-205.

A universidade interrompida   139

O laboratório didático e as pesquisas estavam em pleno funcionamento quando Carolina Bori se demitiu da UnB.

Depois de ter deixado a Universidade de Brasília, Carolina Bori desempenhou papel importante na divulgação e implantação do método de ensino personalizado para formação de professores de curso secundário, em diferentes lugares do Brasil, em várias disciplinas: biologia, física, matemática, química, línguas, com adaptação dos laboratórios ou trabalhos práticos a cada caso. Com essa dedicação, exerceu influência pedagógica além da psicologia, divulgando a experiência que introduziu na UnB.

Carolina Bori tornou-se uma das personalidades marcantes da psicologia brasileira. É licenciada e bacharel em psicologia e especialista em psicologia educacional pela Universidade de São Paulo, onde também fez o doutorado. Tem o título de *Master of Arts* (em psicologia) pela Faculty of Political and Social Sciences da New York School for Social Research, seguiu cursos especializados nas Universidades de Michigan, nos Estados Unidos, de Cambridge, na Inglaterra, e na Sorbonne, em Paris.

Ocupou os cargos de pesquisadora associada no Centro Brasileiro de Pesquisas Educacionais, no Rio de Janeiro, ao lado de Anísio Teixeira que, como vimos, foi fundador desse Centro. Foi professora adjunta na Universidade Federal de São Carlos, professora titular na Faculdade de Filosofia, Ciências e Letras de Rio Claro e nas Universidades de Brasília e de São Paulo; professora visitante no Instituto Pedagógico da Universidad Nacional Mayor de San Marco, no Peru, e na Universidade do Texas; chefe do Departamento de Psicologia Social e Experimental da USP e presidenta da Comissão de Pós-Graduação de Psicologia da mesma universidade. É membro do Conselho Diretor da Fundação Universidade de Brasília. Pertenceu ao conselho editorial de várias revistas científicas.

Entre os postos que ocupou em sociedades científicas, foi presidenta da Sociedade de Psicologia de São Paulo e da Sociedade Brasileira de Psicologia, vice-presidenta da Associação Interciência, presidenta da Associação Nacional de Pesquisa e Pós-Graduação em Psicologia e presidenta da Sociedade Brasileira para o Progresso da Ciência.

Com todas essas atividades, no entanto, a função primordial de Carolina Bori foi sempre dirigir pesquisas, coordenando projetos científicos ou pedagógicos e contribuindo para a formação das novas gerações. Desde 1969 orientou, na Universidade de São Paulo, 42 teses de doutorado e 39 de mestrado. Seus estudantes terminaram, em média, o número excepcional de uma tese a cada quatro meses!

Em sua longa carreira, foi alvo de muitas homenagens, as mais recentes sendo as nomeações para presidenta de honra da Sociedade Brasileira para o Progresso da Ciência, pesquisadora do ano e Professora Emérita na Universidade de São Paulo.

Rodolpho Azzi, o colaborador próximo de Carolina Bori na concepção, instalação e funcionamento do Departamento de Psicologia, foi um dos dezesseis professores expulsos da UnB em outubro de 1965.

Quando Carolina Bori se demitiu da Universidade de Brasília, a maioria dos membros do departamento também se demitiu, em solidariedade a ela.

O Instituto Central de Matemática

O coordenador do Instituto Central de Matemática era Elon Lages Lima, que desempenhou papel relevante no desenvolvimento da matemática brasileira nos últimos trinta anos. Interessado desde jovem pela pesquisa e pelo ensino, foi um dos cientistas atraídos pela ideia de se fazer uma universidade nova no País.

Acontecimentos importantes às vezes se desenrolam numa sequência imprevisível. Depois de se formar em matemática no Rio de Janeiro, Lages Lima trabalhou vários anos na Universidade de Chicago, onde fez doutorado, e voltou ao Rio para trabalhar no Instituto de Matemática Pura e Aplicada (Impa), um dos mais importantes da América Latina. Em princípios de 1964, recebeu uma bolsa de estudos de pós-doutoramento da prestigiosa Fundação Guggenheim dos Estados Unidos, para trabalhar na Universidade de Columbia, em Nova York. Pouco antes de viajar, foi ao Ceará para uma visita familiar. Quando lá estava, Darcy Ribeiro procurou-o, convidou-o para uma conversa em Brasília e ofereceu-lhe um posto na UnB.

Não querendo adiar o período de trabalho de pós-doutoramento, propôs-se a tomar contato com colegas do Rio de Janeiro e de São Paulo. E foi assim que conseguiu os dois primeiros matemáticos para a Universidade de Brasília: Djairo Guedes de Figueiredo, que trabalhava no Impa, e Geraldo Ávila, que trabalhava no Instituto de Física Teórica de São Paulo.

Seguiu para Nova York com a intenção de voltar e se radicar em Brasília depois de terminado o período de trabalho, quando foi surpreendido pelo golpe militar de 1964. Recebeu naquela ocasião duas ofertas para permanecer nos Estados Unidos, das Universidades de Columbia e de Massachusetts. Zeferino Vaz, nomeado reitor da universidade logo após o golpe de Estado, telefonou-lhe, insistindo para que assumisse seu posto na UnB, dizendo que estava procurando outras pessoas que se encontravam fora da capital e prometendo rápida normalização da vida universitária. Lages Lima voltou. Sua ação foi determinante para a evolução do Instituto de Matemática.

Depois de ter-se demitido da UnB, foi professor visitante nas Universidades de Rochester e da Califórnia, em Berkeley. Regressou ao Brasil em 1968, como professor visitante na Pontifícia Universidade Católica do Rio de Janeiro, onde organizou a pós-graduação em matemática. Pesquisador titular no Impa, foi seu diretor três vezes, de 1969 a 1971, de 1979 a 1980 e de 1989 a 1993.

Foi duas vezes membro do Conselho Deliberativo do CNPq, membro do Conselho da Capes, da Comissão Fulbright e do Conselho Superior da Fundação de Amparo à Pesquisa do Estado do Rio de Janeiro. Foi presidente da Sociedade Brasileira de Matemática, é membro titular da Academia Brasileira de Ciências e da Third World Academy of Sciences.

Elon Lages Lima teve influência na formação de muitos pesquisadores, provenientes de diversas universidades do País. Além de importante produção científica, escreveu 22 livros de matemática sobre uma variedade de temas, desde alguns destinados a melhorar a formação de professores do segundo grau até assuntos especializados de pós-graduação. Dirige a *Coleção Projeto Euclides* de livros de matemática publicados pelo Impa.

Entre as homenagens de que foi alvo, recebeu em 1978 o Prêmio Jabuti, outorgado pela Câmara Brasileira do Livro, e em 1991 o Prêmio Anísio Teixeira, do Ministério da Educação e Cultura, por suas atividades no campo da educação, e foi homenageado pelo presidente da República com a Grã-Cruz da Ordem Nacional do Mérito Científico.

Como aconteceu com colegas dos demais institutos da UnB, os matemáticos não tiveram tempo para consolidar um programa de investigação em menos de dois anos. Havia a atividade normal de seminários, importante para os estudantes de pós-graduação; várias teses foram iniciadas e duas dissertações de mestrado chegaram a ser concluídas. Devemo-nos lembrar de que, em 1964, pesquisa em matemática era incipiente no Brasil.

Quase todos os jovens selecionados para trabalhar no instituto, que também se demitiram em solidariedade a Lages Lima, fizeram brilhante carreira universitária, como podemos ver pelos nomes que figuram no capítulo "Demitidos e demissionários".

O Instituto Central de Química

O Instituto Central de Química teve a marca profunda do seu coordenador, Otto Richard Gottlieb, um dos grandes cientistas brasileiros cujos trabalhos obtiveram reconhecimento em todo o mundo. Suas contribuições à química são tantas que não é fácil descrever a sua carreira em poucas linhas.

Otto Gottlieb formou-se em Química Industrial pela Escola Nacional de Química da antiga Universidade do Brasil, em 1945. Trabalhou numa empresa privada familiar durante dez anos e passou a dedicar-se à pesquisa em 1955, no Instituto de Química Agrícola do Ministério da Agricultura, no Rio de Janeiro, com uma bolsa do CNPq. Aproximadamente em 1958 começou a interessar-se por fitoquímica (química das plantas) e iniciou então a grande obra da sua vida, que o projetou na ciência internacional, com os estudos sobre química de substâncias naturais, dando atenção especial à flora da região amazônica. Doutor e livre-docente pela Universidade Federal

A universidade interrompida 143

Rural do Rio de Janeiro, foi professor titular nas Universidades de Brasília e de São Paulo.

Passou anos a viajar, a colher e a analisar material, nunca isolado, mas ensinando e formando, com rara intensidade, numerosos grupos de pesquisa em diversas instituições: nas Universidades Federais de Alagoas, do Ceará, de Minas Gerais, de Pernambuco, Rural do Rio de Janeiro e na Universidade de São Paulo, no Instituto de Pesquisas da Amazônia e no Instituto Oswaldo Cruz, no Rio de Janeiro. Dotado de excepcional capacidade de trabalho, frequentemente orientava ao mesmo tempo equipes situadas em lugares diferentes. Não conhecemos outro caso na ciência brasileira, e não há muitos no mundo, de formação de tão elevado número de pesquisadores pelo contato *direto* com uma só pessoa.

A produção científica de Otto Gottlieb é impressionante. Durante quarenta anos de investigação ativa, publicou mais de 600 trabalhos de pesquisa, portanto a média extremamente elevada de 15 por ano, fez 51 conferências plenárias como conferencista convidado em congressos internacionais e escreveu três livros científicos de sucesso, um dos quais em inglês, publicado pela editora alemã Springer Verlag com o título *Micromolecular evolution, systematics and ecology*. Orientou 116 teses, sendo 51 de mestrado e 65 de doutorado, o que representa, em média, uma tese terminada de quatro em quatro meses! Grande animador de trabalho em equipe, seus orientandos tornaram-se por sua vez orientadores. O grupo que formou na USP, depois de ser demitido da UnB, produziu, em cerca de vinte anos, 65 teses, das quais 21 de mestrado e 44 de doutorado. Entre os orientandos encontram-se três colombianos, uma mexicana, uma portuguesa, um costa-riquenho, uma israelense, um tailandês e jovens do Amazonas, Ceará, Distrito Federal, Espírito Santo, Goiás, Pará, Paraíba, Rio Grande do Norte, Rio Grande do Sul, Rio de Janeiro e São Paulo.

Depois de aposentado pela Universidade de São Paulo, em 1991, continuou com a mesma atividade de sempre. Convidado pelo Instituto Oswaldo Cruz, onde trabalha atualmente, dirige o Laboratório de Produtos Naturais no Departamento de Fisiologia e Farmacodinâmica e leciona no curso de pós-graduação de biologia molecular e celular.

Otto Gottlieb foi distinguido com homenagens nacionais e internacionais. No Brasil, é Doutor *Honoris Causa* pela Universidade Federal de Alagoas, pela Universidade Federal de Minas Gerais e pela Universidade Federal da Paraíba. Recebeu o Prêmio Fritz Feigl em 1977, a Medalha Ciência para a Amazônia em 1978, o Prêmio Retorta de Ouro em 1980, o Prêmio Anísio Teixeira em 1986 e o Prêmio Almirante Álvaro Alberto em 1990 e foi homenageado pelo presidente da República com a Grã-Cruz da Ordem Nacional do Mérito Científico. No exterior, é detentor dos prêmios Third World Academy of Sciences Chemistry Award de 1991 e The Pergamon Phytochemistry Prize for 1992. Foi eleito membro ativo da New York Academy of Sciences, é Doutor *Honoris Causa* pela Universidade de Hamburgo, na Alemanha, e membro da International Academy of Wood Science, de Madison, nos Estados Unidos. Sua eleição para esta academia foi justificada com o argumento seguinte: "O doutor Gottlieb é, indubitavelmente, um dos mais importantes, *senão o mais* importante dos químicos do mundo dedicados ao estudo de produtos naturais".

Ele propôs uma nova classificação das plantas, baseada na fitoquímica, não na morfologia como é feita classicamente. Sua classificação começa a ser adotada.

O Instituto de Química da Universidade de Brasília iniciou imediatamente uma pujante atividade de pesquisas, porque Gottlieb recebeu como auxílio, em seu nome pessoal, doações em equipamento dos governos da Alemanha e da Grã-Bretanha que lhe permitiram instalar, com seus colaboradores, um laboratório considerado na época o mais bem equipado no País para o estudo de química de substâncias naturais.

Assim, em 1965, somente um ano e meio depois do início das atividades, foram apresentados num congresso dez trabalhos realizados na UnB com a participação dos instrutores.

Essa produção foi possível também porque os jovens que aspiravam a fazer um doutoramento ou um mestrado tinham boa formação, o que permitia, ao mesmo tempo, cursos de pós-graduação de alto nível e progressos rápidos. Várias teses tinham sido iniciadas.

Faziam parte do corpo docente Mauro Taveira Magalhães, colaborador de Gottlieb durante muitos anos em várias instituições, que desempenhou papel preponderante em Brasília; Ary Coelho da Silva, Jorge de Oliveira Meditsch e três professores visitantes, Jaswant Rai Mahajan, Luís Fernando de Carvalho e William B. Eyton. Os instrutores daquele período tornaram-se destacados químicos, como podemos constatar pelos nomes das pessoas que se demitiram, dados no capítulo "Demitidos e demissionários".

Algumas notas pessoais de Otto Richard Gottlieb

Em nossa troca de correspondência, Otto Gottlieb escreveu-me algumas notas pessoais sobre sua experiência na Universidade de Brasília, aqui transcritas integralmente com sua autorização, inclusive com os títulos originais, para sublinhar o testemunho dessa personalidade.

Episódio com o professor Ollis

"Naqueles tempos de Brasília em construção, permanentemente envolta em uma enervante nuvem de poeira vermelha, com as valas de esgoto aberto atravessando o terreno da universidade, berço de nuvens de pernilongos, íamos nós, os professores, algumas vezes desfrutar uma hora de calma no Hotel Nacional. Certa vez levei para lá um famoso visitante, o professor William D. Ollis, da Universidade de Sheffield, na Inglaterra. Entretidos que estávamos em conversa sobre química orgânica, esquecíamos o ambiente e, para facilitar a compreensão mútua, puxávamos os pequenos papéis de conta cor-de-rosa do bar para escrever fórmulas. Resultado: a teoria de Ollis e Gottlieb sobre a biossíntese de neoflavonoides, publicada num famoso periódico inglês e depois transcrita em muitos livros."

Instalação do laboratório

"Ao chegarmos à UnB, foi-nos dado o prédio, destinado a ser no futuro oficina, denominado Serviços Gerais 11, ou simplesmente

SG-11, para instalação do laboratório de pesquisas em química. Acontece que no prédio só havia o chão de cimento. Sobre esse colocamos, contando com esforço dos pós-graduandos liderados por Mauro Taveira Magalhães, tudo o mais que era necessário, inclusive as bancadas, com base em fogões de cozinha adquiridos no comércio de Brasília e as hastes de sustento da aparelhagem torneadas na própria universidade. O trabalho no SG-11 daqueles tempos durava 24 horas por dia, incluindo sábados, domingos e feriados."

O sistema de ensino de graduação

"Eu dava química orgânica no curso básico, reunindo todos os alunos numa aula tipo conferência no auditório Dois Candangos, para só em seguida dividir a turma em grupo de vinte alunos para as chamadas aulas tutoriais. Os tutores eram os alunos de pós-graduação, que atendiam a perguntas, propunham problemas e esmiuçavam a matéria quando necessário. Até hoje considero esse sistema tutorial altamente eficiente, primeiro porque reduz as explicações formais com giz e quadro-negro, a matéria que de qualquer forma já consta em livros; segundo, porque permite ao aluno maior contato com um professor; e terceiro, porque fornece aos jovens pós-graduandos-professores o melhor treino do mundo por meio do contato direto com uma pessoa de sua própria geração, ansiosa por saber. Não fui capaz de introduzir esse sistema em outras universidades, por falta de um número adequado de salas de aula que ele exige."

Aulas de pós-graduação

"Em nenhuma época de minha vida consegui lecionar e transmitir tanto. O entusiasmo dos pós-graduandos era total. Vários deles não se cansaram, anos depois dessa experiência, de me acusar jocosamente de ter dado toda a química orgânica moderna em um único semestre. Na realidade, os frutos desse esforço não vieram beneficiar a Universidade de Brasília; mas nem tudo foi em vão, pois um número espantosamente grande dos heroicos pós-graduandos

A universidade interrompida 147

daquele tempo figura hoje entre os melhores e mais notáveis professores de química orgânica deste País. Aliás, quando nossa presença em Brasília se tornou insustentável, eu acompanhei os pós-graduandos e professores de então até a rodoviária. Não foram poucos os que choraram. Nós tínhamos dado corpo e alma para tentar construir um futuro melhor para o Brasil."

Sinais dos tempos

"Certa vez apanhei um aluno colando. Confisquei a prova e mandei-o sair da sala. Ele, já com mão na maçaneta, virou-se para mim e disse: 'Você vai ver o que lhe vai acontecer, meu pai é um general'.

Outra vez apanhei minha secretária com as fichas de endereços na mão. Nem então, nem hoje, envio cartas, separatas e informações sem registrar os endereços dos destinatários. E ela se justificou dizendo que estava levando as fichas para casa, com os endereços das pessoas com quem eu me correspondia, para colocá-las em ordem."

A fim de complementar a última nota de Gottlieb, devemos acrescentar que havia na Universidade de Brasília um sistema de espionagem policial, como teremos a oportunidade de mostrar, tristemente, com a participação de funcionários e até de alguns professores.

O Instituto Central de Geociências

A organização do Instituto Central de Geociências era a que apresentava mais dificuldades, porque eram essas as ciências menos desenvolvidas no Brasil entre as ciências da natureza, na década de 1960. A responsabilidade de procurar quem pudesse dirigi-lo cabia a mim, na qualidade de coordenador-geral dos institutos. Anísio Teixeira e eu concordávamos em que seria prudente procurarmos especialistas no exterior para orientarem pesquisa nesse campo importante, porque as poucas pessoas com experiência estavam solidamente radicadas em suas instituições.

Havia, no entanto, necessidade de se começar a planificação do ensino, especialmente a aquisição de material para estudantes e de livros. Contratamos como instrutor o jovem geólogo Marcello José Ribeiro, formado pela Universidade do Rio Grande do Sul e recomendado por seus professores, que começou a organizar aquelas tarefas. Vieram depois trabalhar com ele dois outros instrutores, Jairo Ferreira Pinto e Onildo João Marini.

Estávamos em vias de obter auxílio do governo francês. Em uma viagem a Paris, discuti longamente com dirigentes e pesquisadores do Bureau de Recherches Géologiques et Minières, importante laboratório de geociências da França, tomando a precaução de expor com a maior clareza as dificuldades da Universidade de Brasília e a absoluta falta de condições para iniciarmos qualquer colaboração antes de, pelo menos, dois anos. Precisávamos de tempo para instalação de uma infraestrutura que permitisse o desenvolvimento de geociências com bases sólidas. Nada pior para uma instituição do que começar uma colaboração sem estar preparada, porque falhas iniciais podem deixar más consequências dificilmente reparáveis no futuro.

Pouco depois de ter regressado daquela viagem, fui tomado de surpresa por um problema desagradável. Cinco geólogos e geofísicos daquele *bureau* francês vieram visitar a universidade, improvisadamente, sem nos prevenir, mas com o espírito e com instruções para irem além de uma simples visita e prepararem o trabalho. Do ponto de vista profissional, ficaram entusiasmados com as perspectivas de atividade num campo quase virgem no País, em uma universidade nova.

Compreendi que se tratava de iniciativa de um funcionário francês, que procurava forçar o início da cooperação, antecipando-a para uma data que lhe convinha, não respeitando o prazo de espera que tínhamos estipulado, de pelo menos dois anos. A clareza da minha exposição em Paris, no entanto, não se prestava a nenhuma ambiguidade. Era, por conseguinte, uma pressão inadmissível, que nos preocupou e nos irritou. Com o apoio do reitor Anísio Teixeira, recusamos o início dos trabalhos naquelas condições, mesmo com o risco de perdermos a colaboração.

Uma esperança de mantermos o contato surgiu por meio da Prefeitura do Distrito Federal, que estava precisando de geólogos. O prefeito concordou em usar a competência dos especialistas franceses até que estivéssemos em condições de recebê-los na universidade. Demiti-me da universidade antes que essa colaboração iniciasse e nunca mais tive notícia do assunto.

A coordenação-geral dos Institutos Centrais de Ciências e Tecnologia

Depois de ter atuado como conselheiro para a organização do Instituto de Física desde 1962, iniciei minhas atividades na Universidade de Brasília em 2 de janeiro de 1964, quando o reitor era Anísio Teixeira.

Um fato inesquecível ocorreu naquele dia. Viajei de avião de São Paulo e, na porta do Hotel Nacional, onde a universidade costumava hospedar professores recém-chegados, deparei com o casal Antônio Cordeiro e Helga Winge, vindo de automóvel de Porto Alegre; iam iniciar o Instituto de Biociências, e eu, o Instituto de Física. Entramos juntos no hotel, coincidência quase simbólica de um encontro em circunstâncias agradáveis, em atmosfera de otimismo, que marcou o início da nossa amizade.

Anísio Teixeira e eu mantínhamos longas conversas quase diárias a respeito do desenvolvimento da universidade. Mesmo antes de ir para Brasília, eu estava convencido da necessidade de se iniciar com urgência a organização das Faculdades de Medicina e de Tecnologia e escolher seus coordenadores, pois considerava que elas deveriam tornar-se setores importantes, se possível os mais importantes da universidade. O assunto exigia reflexão, porque organizar um bom instituto de ciências não é difícil quando se tem apoio, mas organizar uma boa faculdade de engenharia ou de medicina com ênfase em pesquisa é difícil, mesmo quando se tem apoio.

Anísio Teixeira, coerentemente com as ideias que defendeu durante toda a sua vida sobre a necessidade de se reforçar o ensino das ciências, achava que a universidade devia dar ênfase às ciências naturais e exatas, tanto em pesquisa fundamental como em pesquisa aplicada; nessa linha de pensamento, concordava em que se desse grande apoio àquelas duas faculdades. E, sem me prevenir, em uma reunião de 31 de janeiro de 1964, propôs ao Conselho Diretor da Fundação Universidade de Brasília que me nomeasse coordenador-geral dos Institutos Centrais de Ciências e Tecnologia – isto é, coordenação de Biociências, Física, Geociências, Matemática, Química e suas relações com engenharia –, cargo que passei a acumular com a coordenação do Instituto de Física. Recebi com surpresa a notícia dessa nomeação.

Fui imediatamente encarregado de três tarefas: estabelecer os primeiros contatos para a estruturação da Faculdade de Tecnologia, obter a aprovação de um projeto submetido ao Fundo Especial das Nações Unidas para essa faculdade, que beneficiaria também os Institutos de Ciências, e juntamente com Antônio Cordeiro ativar consultas para a organização da Faculdade de Medicina.

Para esta última Faculdade, não tendo eu a competência necessária, minha única ação consistiu em organizar, com Antônio Cordeiro e o farmacologista Maurício Rocha e Silva, uma reunião com pesquisadores em diversas áreas. Cordeiro e Rocha e Silva deveriam continuar os contatos, mas o processo foi interrompido, porque em abril de 1964 Anísio Teixeira foi demitido de suas funções pelos militares. Todos esperavam que o seu sucessor na reitoria, Zeferino Vaz, que tinha dirigido a Faculdade de Medicina de Ribeirão Preto, tomasse as iniciativas. Ele, no entanto, não escolheu nenhum coordenador para a faculdade e começou a tomar providências muito tarde, somente em 1965, com precipitação porque tinha deixado correr um ano, passando a convidar pessoalmente alguns docentes, sem consultar ninguém da UnB. Várias pessoas poderiam ser excelentes coordenadores da Faculdade de Medicina, entre elas Rocha e Silva, professor na Faculdade de Medicina de Ribeirão Preto, em quem púnhamos nossas esperanças para esse cargo. Pesquisador conhecido internacionalmente, tinha coordenado os conselheiros para a organização do Instituto de Biociências antes de a universidade existir e foi uma das pessoas que mais contribuíram para a concepção de um instituto moderno, estruturalmente ligado à Faculdade de Medicina. Nunca soubemos por que Zeferino Vaz não tomou contato com ele.

Para a Faculdade de Tecnologia, organizei reuniões com engenheiros, proprietários de indústrias e professores de Escolas Politécnicas, para saber como eles veriam uma nova escola de Engenharia no País, com ênfase em investigação tecnológica. Era óbvio que em Brasília, naquele período, não poderia deixar de haver cursos de engenharia civil, mas essa especialidade não abriria muitas perspectivas tecnológicas, apesar de importante; precisávamos de muito mais. Foi-se delineando aos poucos a ideia de que um campo interessante poderia ser *comunicações*. Entre vários contatos que estabelecemos, um foi com a Unesco, que nos apoiou num convite ao diretor de pesquisas tecnológicas da Universidade de Illinois, nos Estados Unidos, professor Martin Ross, para que viesse a Brasília trocar impressões. Depois de visitar várias instituições do Brasil, ele concordou que comunicações seria uma opção razoável.

O projeto submetido ao Fundo Especial das Nações Unidas, a que nos referimos, não tinha sido elaborado inicialmente para a Universidade de Brasília, mas para o Centro Brasileiro de Pesquisas Físicas, do Rio de Janeiro, por iniciativa do nosso saudoso amigo Gabriel de Almeida Fialho, que mantinha relações com a Unesco e era bem informado sobre possibilidade de auxílios internacionais. O projeto foi recusado ao CBPF, porque o Fundo Especial financiava somente empreendimentos de cunho tecnológico, aos quais o laboratório do Rio não se dedicava. Fialho, que era conselheiro para a organização do Instituto de Física, propôs então que o plano fosse retomado pela UnB, para reforçar a implantação da Faculdade de Tecnologia.

O projeto estipulava que o Fundo Especial financiaria salários e viagens de professores estrangeiros, no total de cinquenta homens-anos, assim como a compra de algum equipamento. O principal argumento que usei para conseguir a sua aprovação com duas reuniões, uma no Fundo Especial na sede das Nações Unidas, em Nova York, outra na Unesco, em Paris — que administrava os projetos do Fundo Especial —, foi a conexão estreita que queríamos estabelecer entre a Faculdade de Tecnologia e os Institutos de Ciências.

O primeiro professor estrangeiro chegou ao Brasil em novembro de 1965, poucos dias depois de eu ter-me demitido da universidade. Procurou-me em São Paulo e tivemos uma longa conversa. Preocupado com a situação que encontrou, com a maioria dos docentes exonerando-se, ele se perguntava se deveria permanecer ou não. Descrevi-lhe os planos que tínhamos elaborado para a UnB, insisti para que permanecesse e encorajei-o a assumir o seu cargo, o que ele fez. Nunca mais tive notícia do projeto.

O início dos cursos de graduação nos Institutos de Ciências Exatas e Naturais

Para mostrar outro aspecto da Universidade de Brasília naqueles inícios, vamos narrar uma inesperada situação que surgiu em meados de 1964. Uma delegação de estudantes veio-nos explicar que várias centenas estavam inscritos em artes, letras ou ciências humanas porque até então não lhes eram ofertadas outras possibilidades, mas tinham ingressado na universidade para estudar engenharia, medicina ou alguma ciência e estavam à espera da abertura desses cursos. Pediram-nos que começássemos a ensinar as ciências básicas exigidas nos programas desses campos.

Antônio Cordeiro, Otto Gottlieb, Elon Lages Lima e eu discutimos com atenção e cautela esse pedido, pois, apesar de ser encorajante a procura de cursos por alunos motivados, não estávamos preparados para o início das aulas, previsto para o ano seguinte. Finalmente, decidimos tentar a experiência, explicando aos estudantes que haveria inevitavelmente deficiências, especialmente nas aulas de laboratório de física, sujeitas à improvisação. Começamos as atividades didáticas no segundo semestre de 1964. Aqueles alunos ganhariam oito meses em seus estudos.

Para pôr em prática a decisão, tivemos de enfrentar sério problema. Quando chegamos à Universidade de Brasília, constatamos uma falha bastante grave com respeito aos exames vestibulares realizados até então. A sua organização tinha sido confiada à administração de ensino, que havia elaborado um argumento ingênuo, segundo o qual os alunos deveriam ser selecionados não por aquilo que sabem, mas por sua "potencialidade de aprender", e, por conseguinte, numa universidade "aberta", todos os alunos devem ser submetidos a um "mesmo exame vestibular". Argumentação também perigosa, pois abaixaria o nível do ensino na universidade e nos colégios. Desde 1962, as questões dos exames vestibulares tinham sido iguais para todos os candidatos, quaisquer que fossem as carreiras que desejassem seguir, direito, letras, medicina, engenharia, etc., o que somente pôde ser feito em nível muito elementar. Nem todos aqueles assim selecionados tinham a base necessária para seguir um curso de ciências em nível universitário. Decidimos aceitar a transferência para os Institutos de Ciência somente de quem passasse em uma seleção estabelecida por nós, embora já fosse aluno da universidade. Houve protestos de estudantes e da direção de ensino, mas, quando deixamos claro que sem essa condição não haveria a abertura dos cursos, a ideia de um exame de controle foi aceita. Foi aprovado cerca de um terço dos que se candidataram. A partir de 1965, os professores ficaram responsáveis pelos exames vestibulares, como nas outras universidades.

Desejamos chamar a atenção para um consenso que havia entre os coordenadores dos Institutos de Ciências Exatas e Naturais a respeito do ensino: os cursos para os alunos principiantes, do primeiro e do segundo ano, eram ministrados pelos professores de maior experiência.

O Instituto Central de Física

Iniciei o Instituto Central de Física em janeiro de 1964. Como já disse, acumulava as funções de coordenador desse Instituto e a de coordenador-geral dos Institutos Centrais de Ciências e Tecnologia. Pouco tempo depois começou a trabalhar no Instituto Diogo Craveiro Pereira da Silva, engenheiro eletrônico formado pela Escola Politécnica da USP, que participou dos cursos de física e da instalação de instrumentos de pesquisa.

Em fevereiro de 1965 chegou à universidade o casal Jayme Tiomno e Elisa Frota Pessoa, ambos professores na Faculdade Nacional de Filosofia, Ciências e Letras da antiga Universidade do Brasil e no Centro Brasileiro de Pesquisas Físicas no Rio de Janeiro.[5] Com o volume de trabalho e as responsabilidades aumentando, sugeri ao reitor que passasse a coordenação do Instituto de Física a Jayme Tiomno e continuei com o cargo de coordenador-geral dos vários institutos.

Tiomno, Frota Pessoa e eu tínhamos os mesmos pontos de vista sobre a organização da física na UnB. Éramos contatados por colegas de outras universidades e de centros de pesquisa, a maioria sendo brasileiros que trabalhavam no exterior e desejavam saber se havia condições para que se transferissem para Brasília. Uma de nossas preocupações com a pesquisa era evitar que o instituto se dedicasse, no início, a áreas muito diversas umas das outras, provocando dispersão de pessoal e de meios.

Jayme Tiomno é um dos físicos teóricos brasileiros de maior prestígio, tanto no País como no exterior, tendo desempenhado papel da maior relevância na evolução da nossa física, durante mais de quarenta anos de brilhantes atividades. Formado pela Faculdade de Filosofia do Rio, obteve o mestrado e o doutorado na Universidade de Princeton, nos Estados Unidos. Foi professor adjunto na Faculdade de Filosofia do Rio, professor titular no CBPF, na Universidade de Brasília, na Universidade de São Paulo, na Pontifícia Universidade Católica do Rio e novamente no CBPF, onde é atualmente pesquisador emérito. Foi professor visitante no Imperial College of Science and Technology de Londres, no International Centre for Theoretical Physics de Trieste, na Itália, na Universidade de Princeton e no Institute for Advanced Studies de Princeton.

Tiomno é autor de uma centena de artigos científicos em vários campos da física e orientou grande número de teses.

Pelo seu interesse e pela sua experiência na organização da pesquisa foi, durante anos, membro do Conselho Deliberativo do CNPq. Participou de um projeto internacional importante: ele,

---

[5] Vamos encurtar estes nomes para "Faculdade de Filosofia do Rio" e CBPF, respectivamente.

Robert E. Marshak, dos Estados Unidos, e Léon van Hove, da Bélgica, constituíram a comissão designada para escolher, entre vários, o lugar onde poderia ser acolhido o International Centre for Theoretical Physics, criado pela Agência Internacional de Energia Atômica com a finalidade de apoiar a física no Terceiro Mundo. Baseados na estrutura proposta para esse laboratório e prevendo a sua evolução, sugeriram que fosse instalado na cidade de Trieste, na Itália, onde funciona.

Tiomno é membro titular da Academia Brasileira de Ciências e da Academia Paulista de Ciências. Entre as homenagens, recebeu o primeiro Prêmio Moinho Santista para Ciências Exatas e o Prêmio de Física de 1996 da Third World Academy of Sciences e foi homenageado pelo presidente da República com a Grã-Cruz da Ordem Nacional do Mérito Científico.

Elisa Frota Pessoa é formada pela Faculdade de Filosofia do Rio, onde trabalhou durante anos. Foi professora titular na Universidade de Brasília e no CBPF, professora visitante na Universidade de São Paulo, na Pontifícia Universidade Católica do Rio de Janeiro e no University College da Universidade de Londres. É atualmente pesquisadora emérita no CBPF. Foi pioneira na utilização no Brasil da técnica chamada de "emulsões nucleares", para estudos de física nuclear e física de partículas elementares, tendo instalado laboratórios dessa especialidade em várias instituições brasileiras. É membro titular da Academia Brasileira de Ciências.

O casal Tiomno-Frota Pessoa é carismático entre os estudantes. Ambos interessados pelo ensino e pelas novas gerações, orientaram dezenas de jovens, que prosseguiram com sucesso suas carreiras de pesquisadores. É raro encontrar uma universidade brasileira que não tenha entre os professores de física algum de seus ex-alunos. Quando foram para Brasília, cerca de vinte estudantes do terceiro e do quarto ano da Faculdade de Filosofia do Rio também se transferiram para a UnB. Esses jovens auxiliavam-nos em aulas de exercícios e de laboratório aos alunos do primeiro e do segundo anos e recebiam uma pequena bolsa da universidade por esse trabalho.

Tiomno e Frota Pessoa, depois de se terem demitido da UnB, passaram a trabalhar na USP, em 1967. Foram aposentados compulsoriamente em 1969 por aplicação do Ato Institucional nº 5, juntamente com quase duzentos outros universitários. Impedidos de trabalhar em universidades públicas, os aposentados partiram para os Estados Unidos, onde poderiam ter permanecido para sempre. Alguns anos mais tarde regressaram, porque não queriam viver fora do Brasil. Trabalharam na PUC do Rio de Janeiro, antes de serem readmitidos no CBPF.

Além de Diogo Pereira da Silva e de outros cujos nomes também figuram no capítulo "Demitidos e demissionários", faziam parte do corpo docente do Instituto de Física: Ramiro de Porto Alegre Muniz, que mais tarde se tornou vice-diretor e diretor do CBPF no Rio de Janeiro; José Maria Filardo Bassalo, de Belém, posteriormente diretor do Instituto de Física da Universidade Federal do Pará; Carlos Alberto Garcia Canal, da Argentina, que se tornou diretor do Instituto de Física Teórica da Universidade Nacional de La Plata; Michel Paty, professor visitante francês. Fernando e Suzana de Souza Barros, que trabalhavam na Universidade de Pittsburgh, nos Estados Unidos, chegaram à Universidade de Brasília em plena crise de 1965 e deram suas demissões poucas semanas depois. São atualmente professores na Universidade Federal do Rio de Janeiro.

O equipamento dos Institutos Centrais de Ciências

Todo o equipamento dos Institutos Centrais de Ciências foi deixado intato na Universidade de Brasília, depois que nos demitimos. Lá ficou o laboratório de química de substâncias naturais, que Otto Gottlieb recebeu dos governos da Alemanha e da Grã--Bretanha; o laboratório de genética, doado a Antônio Rodrigues Cordeiro pela Fundação Rockefeller e pelo governo da Alemanha; o laboratório de psicologia experimental, de Carolina Martuscelli Bori, assim como o material para pesquisa em física que eu tinha obtido do laboratório internacional CERN – situado em Genebra, na Suíça – e da Escola Politécnica de Paris, com os quais ia iniciar colaboração.

As doações tinham sido feitas a nós, individualmente, como pessoas. Baseado nisso, Antônio Cordeiro quis levar o seu laboratório para Porto Alegre, quando voltou para a Universidade do Rio Grande do Sul. Foi impedido e não foi auxiliado por ninguém nessa gestão. A Fundação Rockefeller fez-lhe uma segunda doação, para o laboratório de Porto Alegre. As experiências de física que tínhamos planejado foram realizadas parcialmente. Otto Gottlieb não foi informado sobre o rumo do seu laboratório.

Capítulo 10

O presente do general De Gaulle

O Acaso, mais do que qualquer outro Deus, é capaz de perturbar imprevistamente os mais sábios planos que tenhamos traçado e zombar da nossa ciência e da nossa vontade. E o Acaso não tem predileções...

(Lima Barreto)[1]

Estamos habituados a ver o acaso entrar na vida das pessoas, mas não nos detemos para analisar a influência que pode ter nas instituições. Um incidente diplomático provocado em Paris pelo político Carlos Lacerda teve repercussão na Universidade de Brasília. Os fatos em torno desse episódio eram manifestação do clima político e social do Brasil da época da ditadura.

Três governadores de Estado faziam-se conhecer como líderes civis do golpe militar de 1964 e proclamavam terem participado ativamente em seus preparativos: Adhemar de Barros, de São Paulo; Carlos Lacerda, da Guanabara;[2] e Magalhães Pinto, de Minas Gerais. Os dois primeiros não escondiam suas aspirações à Presidência da República. Os militares, no entanto, nunca lhes ofereceram nem permitiram que assumissem qualquer responsabilidade de âmbito nacional. A influência dos dois depereceu e suas ambições foram frustradas: desde Castello Branco até João Figueiredo,

---

[1] Lima Barreto, *Vida e morte de M. J. Gonzaga de Sá*, Rio de Janeiro, Editora Mérito, 1949, p. 38.

[2] Guanabara foi o nome dado ao Estado do Rio de Janeiro quando Brasília passou a ser a capital do Brasil. Poucos anos depois voltou ao nome original.

todos os presidentes da República foram generais do Exército que se sucederam. A carreira política de Carlos Lacerda praticamente terminou em outubro de 1965, ao fim do seu mandato de governador, e a de Adhemar de Barros, em junho de 1966, quando foi deposto do seu cargo pelos militares. Carlos Lacerda foi um dos diretores do cotidiano *A Tribuna da Imprensa*, do Rio de Janeiro, onde escrevia com abusiva liberdade de linguagem. Era um dos líderes do partido político União Democrática Nacional, cuja linha e tendências eram veiculadas pelo jornal que dirigia, além de outros.

A viagem de Carlos Lacerda à Europa

O governador da Guanabara fez uma viagem de férias à Europa algumas semanas após o golpe de Estado, quando os mais importantes periódicos europeus ainda publicavam com destaque notícias diárias a respeito da situação política no Brasil. Sendo homem de imprensa e político, foi entrevistado por jornalistas interessados em conhecer suas opiniões a respeito do que ocorria no País. E foi aí que cometeu um erro: pensou que podia exprimir-se no exterior com a mesma desenvoltura com que estava habituado entre nós. Jornais brasileiros publicaram com alarde a notícia da viagem e todos mais ou menos os mesmos trechos das suas entrevistas a jornais europeus. O *Correio Braziliense*,[3] por exemplo, escreveu:

LACERDA DEIXA O BRASIL SOB
ACLAMAÇÃO DO POVO

Em verdadeiro delírio da multidão que, rompendo os cordões de isolamento, conduziu-o nos braços, pista adentro, até o avião da Air France, o governador Carlos Lacerda seguiu hoje para a Europa, dizendo apenas, à porta da aeronave: "Deixo o governo em boas mãos". [...] A partida, que estava marcada

---

[3] *Correio Braziliense*, 23 de abril de 1964, p. 1. Ver a *Folha de S. Paulo* da mesma data, p. 8.

A universidade interrompida

para as 17 horas, somente se realizou às 19h10 em virtude da imprevista e impressionante manifestação ao governador.

Entrevistas em Lisboa e Madri

A *Folha de S. Paulo* noticiou as entrevistas dadas na Europa com o título:[4]

CL EM PARIS: DEPUS MENOS PRESIDENTES QUE DE GAULLE

Iniciando assim:

MILÃO, 23 – O governador da Guanabara, Sr. Carlos Lacerda, depois de fazer escala em Lisboa, Madri e Paris, chegou esta tarde a Milão. O político brasileiro, que viaja acompanhado de sua esposa e uma filha, hospedou-se no Grande Hotel, no centro da cidade.

(No que segue, as aspas no interior do texto foram colocadas pelo jornal.)

Na capital portuguesa, o governador Lacerda, em entrevista à televisão, manifestou-se contrário ao apoio do Brasil à autodeterminação de Angola e de Moçambique, afirmando não ver naquelas colônias "partidos ou forças populares suficientemente prestigiosos e importantes para exigir essa autodeterminação". E acrescentou: "Não podemos falar em autodeterminação de Angola e de Moçambique só porque as nações recém-criadas pretendem isso, para tornar melhor um sistema de domínio dos novos imperialismos do mundo, à frente dos quais se encontra o imperialismo russo". Depois de pregar o estreitamento da comunidade luso-brasileira, disse que os dois países podem ensinar aos Estados Unidos, "pois acredito que o presidente Kennedy não teria sido assassinado se fosse presidente do Brasil ou de Portugal".

---

[4] *Folha de S. Paulo*, 24 de abril de 1964, p. 6.

Queremos chamar atenção para a arrogância de Carlos Lacerda quando se exprimiu contrário à independência de colônias portuguesas na África, assunto inteiramente de Portugal e suas colônias, com o qual um político brasileiro não tinha nada a ver. Na capital da Espanha, em breve escala, o governador carioca declarou à imprensa que será, "dentro de dois anos, o presidente do Brasil", acrescentando que seria também hoje o presidente, caso houvesse eleições. E aduziu: "O que houve no Brasil não foi um golpe de Estado, mas uma revolução sem derramamento de sangue". Depois de dizer que nunca foi comunista, mas "apenas simpatizante, aos 18 anos", Lacerda acrescentou: "Não sou o homem forte do Brasil. Este é o general Castello Branco, seu atual presidente, que é, por outro lado, o mais intelectual dos generais e o mais general dos intelectuais". Finalmente, desmentiu que tivesse sido designado embaixador na ONU.

A entrevista em Paris

A entrevista em Paris foi relatada por muitos cotidianos brasileiros[5] e franceses. Destes, traduziremos integralmente o que escreveu o jornal *Le Monde* e trechos de artigos publicados por outros. *Le Monde*[6] noticiou (os itálicos, as aspas e as reticências foram colocados pelo próprio jornal):

Durante uma breve escala em Paris
O Sr. Lacerda ATACA VIOLENTAMENTE
A IMPRENSA FRANCESA

A moderação não é própria do Sr. Lacerda. O governador do Estado da Guanabara, que é também um dos triunfadores

---

[5] Por exemplo, *Correio Braziliense*, 24 de abril de 1964, p. 2; *Folha de S. Paulo*, 24 de abril de 1964, p. 6; 25 de abril, p. 1 e 5; 26 de abril, p. 2; *O Estado de S. Paulo*, 25 de abril de 1964, p. 1 e 3; *Última Hora*, 25 de abril de 1964, p. 6.

[6] *Le Monde*, 25 de abril de 1964, p. 2; ver o mesmo jornal do dia 24, p. 24.

do recente golpe de Estado no Brasil, durante uma breve escala em Orly[7] na quinta-feira, utilizou expressões cuja violência mesmo impede que sejam levadas a sério. (*Le Monde* publicou passagens em sua edição de quinta-feira.) O general De Gaulle ficará certamente encantado ao saber que sua viagem ao Brasil se limitará a banquetes e discursos, que ele procede mal comportando-se como um monarca e que Brigitte Bardot é o melhor embaixador de nosso País.

Quanto aos ataques contra o *Le Monde* e seu diretor, nós deixaríamos seu julgamento a cargo de nossos leitores, se eles não se agravassem com inculpações inteiramente gratuitas ao nosso correspondente no Rio de Janeiro. A única pessoa, em toda esta história, que pertenceu a organizações comunistas é o próprio Sr. Lacerda. Ele apoia hoje uma ditadura militar. Não há nisto nada que o qualifique para dar lições de democracia àqueles que sempre a defenderam.

O Sr. Lacerda, que seguia para Milão, declarou que veio à Europa para "*repousar um pouco, passear e ver*". Ele atacou violentamente certos correspondentes de jornais franceses no Brasil, que, segundo ele, "*difundiram somente notícias falsas*" a respeito da crise recente.

Como perguntaram ao Sr. Lacerda como explicar que ele sonhe com férias, enquanto seu país atravessa uma crise, o governador do Estado da Guanabara retorquiu: "*Nós temos um governo que trabalha, não há mais crise política no Brasil, em todo caso certamente menos que na França, por exemplo*".

Interrogaram-no em seguida sobre os projetos sociais do governo. Respondeu: "*A que projetos se referem? Por sua parte, o governo destituído não fez jamais reforma alguma, ele se limitou simplesmente a nacionalizar 550.000 hectares de terra para se apropriar delas*". Prosseguiu o Sr. Lacerda: "*Mas eu creio que vocês, na França, têm sido muito mal informados a nosso respeito. Alguns correspondentes de jornais franceses difundiram notícias completamente falsas. Eles ou são imbecis,*

---

[7] Orly é o nome de um dos aeroportos de Paris, situado no subúrbio de mesmo nome.

*ou são vendidos. Eu creio que na imprensa francesa não apren-
deram nada da crise de 1939, quando uma parte da imprensa
vendeu a França aos nazistas. Agora estão vendendo a França aos comunistas, colocando correspondentes comunistas ou
pró-comunistas em meu País. Evidentemente, há um homem,
um brasileiro, que é comunista militante e que é corresponde do*
Le Monde. *Eu o conheço, ele se chama Irineu não sei do que, é
um militante comunista. Ele envia notícias falsas".*
Perguntaram em seguida ao Sr. Lacerda se ainda havia comunistas no Brasil. *"Restam, certamente, comunistas no Brasil"*, declarou. *"Eles estão vivos, nós não os matamos. O que
os jornalistas franceses escreveram é um insulto à inteligência
da França. O presidente Goulart, é coisa certa, queria fazer do
Brasil uma colônia comunista..."*

Perguntaram em seguida ao Sr. Lacerda sobre a caça às feiticeiras que se desenvolveria no Brasil. Ele exclamou: *"Não há
caça às feiticeiras. O único feiticeiro é o Sr. Beuve-Méry,*[8] *e
é um muito mau feiticeiro que brinca somente de aprendiz de
feiticeiro nas colunas de seu jornal"*. Como um jornalista fez a
observação que o Le Monde é considerado geralmente como um
cotidiano dos mais "objetivos", o governador perguntou: *"Vocês consideram objetivo chamar de riquíssimo o governador
do Estado de Minas Gerais porque ele é banqueiro, e não chamar de 'riquíssimos' a presidentes que têm contas numeradas
em bancos suíços? Se vocês dizem que a burguesia brasileira,
como indicou o* Le Monde *– tenho recortes comigo – não quis
permitir a um governo de esquerda moderado fazer reformas,
se vocês dizem que quando não é de esquerda ele não é moderado e não faz reformas, então se vocês chamam a isso de
objetividade, eu chamo a isso de mentira. Mentiram ao público
francês"*.

Interrogado a respeito do apoio que os americanos teriam
fornecido à recente "revolução" brasileira, o Sr. Lacerda afirmou: *"Nós certamente não o recebemos. São vocês, franceses,*

---

[8] Hubert Beuve-Méry era o diretor do *Le Monde*, jornal que fundou e dirigiu durante muitos anos. Era um dos homens de imprensa mais conceituados da França.

que se beneficiaram com a ajuda Marshall". Depois perguntaram ao Sr. Lacerda se acha que merece o apelido de "derrubador de presidentes". Ele respondeu negativamente e acrescentou: *"Mas há um ilustre precedente, o do general De Gaulle, que por outro lado eu respeito"*.

Quando evocaram a viagem que o presidente francês deverá fazer ao Brasil no outono próximo, o Sr. Lacerda declarou: *"Eu não sei nada sobre o que acontecerá, mas certamente haverá muitos banquetes e discursos. E esses discursos referirão ao estreitamento dos laços eternos entre a França e o Brasil... Nós precisamos da compreensão deste povo muito generoso que é o povo francês, este povo inteligente que certamente não merece as estupidezes que lhe infligiram os jornalistas que o informaram sobre os acontecimentos recentes do Brasil"*.

Depois de ter afirmado que Brigitte Bardot foi seguramente o melhor embaixador que a França enviou ao seu País depois de muito tempo, o Sr. Lacerda finalmente falou da sua nação. *"Não é um país subdesenvolvido – isto é uma falsa lenga-lenga que repetem há muito tempo – mas um país desigualmente desenvolvido. A revolução que o Brasil conhece hoje é tecnológica: nós estamos nos tornando um país de consumidores. A luta de classes não é para nós, é uma velha artimanha do comunismo internacional. Há, sem dúvida, menos desigualdade de classe no Brasil do que na URSS, e não se viu em nosso meio o genro de um chefe de governo ficar até altas horas em uma boite parisiense, nem ser recebido pelo papa"*.

Enfim, o Sr. Lacerda declarou que espera, "se Deus quiser", apresentar-se como candidato às eleições presidenciais de 1965.

O *Le Monde* tinha publicado no dia anterior, como "notícias de última hora", um resumo da entrevista, terminando com a observação:

Tais expressões ilustram perfeitamente os métodos do sr. Carlos Lacerda e confirmam o que já sabíamos a respeito da extensão da caça às feiticeiras desencadeada pelos novos governantes do Brasil.

Outros jornais franceses também publicaram a entrevista. *Le Figaro*, com o título:

Em trânsito em Orly
O Sr. Lacerda UTILIZA EXPRESSÕES INJURIOSAS À IMPRENSA FRANCESA

Terminou com a frase:

Notemos de passagem que as expressões do Sr. Lacerda relativas à imprensa francesa parecem testemunhar uma singular falta de sangue frio da parte de um homem político que aspira ao poder.[9]

O *France-Soir* noticiou-a com o cabeçalho:

VIOLENTAS DECLARAÇÕES DE LACERDA (governador do Rio) CONTRA A FRANÇA AO CHEGAR A PARIS

E com a observação final:

Enfim, tendo sido qualificado por um jornalista como "derrubador de presidentes", o governador respondeu: "Eu não derrubo presidentes, eles caem como frutos maduros. De qualquer modo, eu fiz cair menos presidentes que o general De Gaulle".[10]

O cotidiano *L'Aurore* (de extrema direita) pôs em letras grandes:

TUMULTO EM ORLY: É LACERDA QUEM FALA...

No seu relato da entrevista há o trecho:

"Os comunistas, no Brasil, nós não os matamos. Expurgos? Nós os fizemos, certamente menos que vocês na Liberação.[11]

---

[9] *Le Figaro*, 24 de abril de 1964, p. 4.

[10] *France-Soir*, 24 de abril de 1964, 8ª edição, p. 4F.

[11] "Liberação" (com L maiúsculo) é o termo empregado na França para designar a liberação do país das tropas nazistas, na última Guerra Mundial.

Nós não fuzilamos ninguém, e no entanto para nós também era a liberação."

E terminou com a frase:

Lacerda partiu para Milão às 14h15. "Vim à Europa", disse, "para passear, para ver e repousar". Que pena, dizem alguns, que ele não se tenha limitado a esse programa. Há exageros que são incompatíveis com as regras da hospitalidade. Mas, pode-se impedir um candidato à Presidência de falar?[12]

Tais comparações arrogantes, feitas em solo francês, atingindo a França em seu presidente, em seu governo, em suas atitudes numa guerra de liberação contra o inimigo nazista que tinha invadido seu território e em sua imprensa não podiam deixar de suscitar reações.

E a Universidade de Brasília nisso tudo? A visita de Charles de Gaulle ao Brasil

Ora, o presidente da França era o general Charles de Gaulle, herói nacional, organizador da resistência às forças armadas da Alemanha nazista, que, além de ter o prestígio militar e moral de libertador, desempenhou papel relevante na reestruturação do país depois da guerra.

O general não perdoou a Carlos Lacerda. Demonstrou sua aversão ignorando-o durante a visita que fez ao Brasil seis meses mais tarde, de 13 a 16 de outubro de 1964. Recusou qualquer contato com o Rio de Janeiro. No dia da sua chegada, o presidente Castello Branco ofereceu-lhe uma recepção, mas num navio da Marinha ancorado na baía da Guanabara, para evitar a presença do governador.

O que é que esta história tem a ver com a Universidade de Brasília? Ela está relacionada com a UnB porque o general De Gaulle, não querendo permanecer no Rio, limitou sua estada a Brasília e, sabendo da nova universidade, quis visitá-la.

---

[12] *L'Aurore*, 24 de abril de 1964, p. 4b.

Era o acaso favorecendo a Universidade de Brasília.

Além de bom estrategista, o general era político hábil e homem culto. Percebeu que a universidade poderia dar-lhe oportunidade de completar a estada no Brasil de maneira elegante. Quando nos fez saber que desejava visitá-la, fez-nos saber também que queria proferir no *campus* o seu único discurso público no Brasil, dirigindo-se aos jovens. Com isso faria um gesto cultural e ao mesmo tempo resolveria um problema político: falando na universidade, evitaria falar no Congresso, num período em que o País caminhava para a ditadura.

Recebemos a notícia da desejada visita do general à universidade com agradável surpresa e júbilo, pela honra com que o ilustre homem de Estado nos distinguia. Em reunião do reitor Zeferino Vaz com os coordenadores ficou decidido que, dentro de nossas modestas possibilidades, procuraríamos homenagear Charles de Gaulle conferindo-lhe o título de Doutor *Honoris Causa*, o primeiro que seria outorgado pela universidade. O tradicional pergaminho foi preparado e o reitor redigiu o seu discurso.

Três dias antes da visita, o adido cultural da Embaixada da França, muito amigo da universidade, veio dizer-nos que deveríamos mudar o programa, pois tinham sido informados de que De Gaulle, por princípio, não aceitava o título de Doutor *Honoris Causa*, tendo-o recusado em várias ocasiões.

Nunca soubemos em que termos a Universidade de Brasília foi descrita a De Gaulle pela embaixada. Tivemos, no entanto, outra surpresa: na véspera da visita, o adido cultural procurou-nos apressadamente para nos comunicar duas decisões importantes do general. A primeira era que, contrariamente a seus hábitos, decidiu aceitar o título de Doutor *Honoris Causa* da Universidade de Brasília, o que nos proporcionou grande satisfação, pois a estatura do personagem elevaria o nível do título honorífico que atribuiríamos pela primeira vez. A segunda, ele queria oferecer um presente à universidade, presente que deveríamos sugerir. O embaixador da França insistiu em que deveríamos sugerir um "grande" presente.

Numa atitude de cortesia, o adido cultural entregou-nos várias cópias do discurso que o general De Gaulle ia pronunciar e já tinha escrito.

A universidade interrompida 169

Providenciamos um palanque para a cerimônia, no qual poderiam instalar-se de pé cerca de 45 pessoas, numa área livre compreendida entre o edifício onde estava instalada provisoriamente a reitoria e o restaurante.

Não posso resistir à tentação de abrir parênteses para fazer um comentário sobre a legendária memória do general. Dizia-se que ele escrevia com antecedência seus discursos e que os decorava com facilidade, muitas partes já se gravando na memória à medida que as redigia, e que podia recitar de cor páginas seguidas de seus livros, sem saltar palavras. Essa extraordinária capacidade permitia-lhe, não necessitando de ler, que se concentrasse como um ator, o olhar voltado para o auditório, com postura e gestos controlados, dando a impressão de estar improvisando. Colocado no palanque atrás de Charles de Gaulle, e podendo ler discretamente o discurso que pronunciava de memória, pudemos comparar a fala com a escrita. Nenhuma palavra foi omitida ou trocada, as pausas nas vírgulas e nos finais dos parágrafos respeitadas com o controle da respiração. Memória privilegiada.

O presente

Voltemos ao presente. Quando perguntamos ao adido cultural o significado de "grande" em "grande presente", respondeu-nos que não devíamos pedir livros ou revistas, mas algo de vulto, duradouro. Por exemplo, um laboratório. É provável que De Gaulle tenha decidido deixar na universidade uma forte marca do governo francês por ter sido informado das doações significativas feitas pelos governos alemão e britânico, pela Fundação Rockefeller e pela Fundação Ford.

Ficamos surpresos e preocupados, pois dispúnhamos de somente um dia para elaborar um pedido com argumentos sólidos. Como os laboratórios de genética, de psicologia e de química estavam bem equipados, sugerimos que, para não perdermos aquela oportunidade excepcional, fizéssemos um pedido para o Instituto de Física, segundo uma ideia que vínhamos amadurecendo há muito tempo.

A física nuclear era um dos campos de vanguarda naquela época. Sem entrar em áridas explicações técnicas, uma máquina importante para certos estudos nesse ramo da ciência era o chamado "ciclotron". Uma indústria francesa tinha fabricado um com qualidades especiais, que permitiam a exploração de um domínio mal conhecido da física nuclear, para a Universidade de Paris-Sul, situada em Orsay. Para se ter uma ideia do seu interesse, basta saber que o ciclotron de Orsay funcionou durante cerca de 25 anos, até 1987-1988, tendo permitido a formação de dezenas de físicos especialistas, com publicação de algumas centenas de trabalhos experimentais e teóricos. Embora consciente de nossas dificuldades financeiras, durante uma viagem à França, antes da visita de Charles de Gaulle, e sem saber que ele viria ao Brasil, fui me informar com os responsáveis por aquela indústria sobre condições de uma eventual aquisição da máquina no futuro, pois eu sabia que seria inacessível à UnB durante muito tempo.

Foi decidido com o reitor que sugeriríamos o ciclotron como presente. Sondamos a possibilidade com o adido cultural, por telefone. O general De Gaulle seria consultado pelo embaixador naquele mesmo dia, pois decisões importantes não são tomadas em reuniões formais. Se estivesse de acordo, faríamos essa sugestão. O general concordou. Durante a visita, no dia seguinte, o reitor fez o pedido oficial.

O ciclotron seria oferecido como presente. As instalações periféricas, indispensáveis ao seu funcionamento, não seriam doadas, mas financiadas pelo governo francês, que a universidade reembolsaria em condições excepcionalmente vantajosas: o pagamento começaria a ser efetuado dez anos depois, em prestações anuais durante dez anos, sem juros e sem correção monetária devido à pequena inflação na França. A universidade seria responsável pela construção civil, instalações elétricas e acessórios.

Sabíamos, evidentemente, que esse projeto somente poderia ser iniciado quando a situação financeira da UnB o permitisse, e para isto deveríamos esperar algum tempo. A espera era razoável, porque a constituição de um laboratório é processo mais ou menos longo, exigindo planificação minuciosa, inclusive da participação indispensável de um número mínimo de pessoas competentes em vários domínios. A oportunidade era, no entanto, fora do comum. Como veremos nos próximos capítulos, poucos meses após a visita de Charles de Gaulle a repressão na UnB foi reavivada, afetando também o orçamento em extensão que jamais poderíamos imaginar, pois, no ano seguinte, 1965, tornou-se quase a metade do alocado em 1964. As dificuldades financeiras crescentes foram bem descritas pelo reitor Zeferino Vaz em seu depoimento na Comissão Parlamentar de Inquérito.[13] Além dos problemas orçamentários, recomeçaram as crises, com demissões de professores, em ambiente de muita tensão. Problemas surgiam constantemente, e o assunto prioritário passou a ser a sobrevivência da própria universidade. O adido cultural francês aguardava uma viagem nossa a Paris, mas não havia condições para se tratar seriamente de projeto tão importante que, se fracassasse, seria catastrófico. Nem mesmo no Instituto de Física, com tantas preocupações, havia ambiente para se discutir o ciclotron.

Nunca soubemos se, depois que nos demitimos da UnB, a Embaixada da França continuou os contatos com a universidade sobre esse assunto. Imaginamos que não. O resultado final é que o presente oferecido por Charles de Gaulle não foi concretizado.

---

[13] Ver o depoimento do reitor Zeferino Vaz, no capítulo 17.

Parte II

As violências

O recado que trazem é de amigos,
Mas debaixo o veneno vem coberto,
Que os pensamentos eram de inimigos,
Segundo foi o engano descoberto.
Oh! Grandes e gravíssimos perigos,
Oh! Caminho de vida nunca certo,
Que aonde a gente põe sua esperança
Tenha a vida tão pouca segurança!

Camões, *Os Lusíadas* (I, 105).

Capítulo 11

As primeiras violências

Sem querer ofender ninguém – vou afiançando. O que eu acho
é que é o seguinte: que este homem não tem crime constável.
Pode ter crime para o governo, para o delegado e juiz-de-direito,
para tenentes de soldados. Mas a gente é sertanejos, ou não é
sertanejos?

(João Guimarães Rosa)[1]

Vimos o entusiasmo que a Universidade de Brasília despertou
em tantas pessoas que participaram da sua implantação nos primeiros
anos, trabalhando com vistas projetadas para um futuro longínquo.
Entramos agora na segunda parte do livro, cujo tema central são as
violências que sofreu a partir de abril de 1964. Conheceremos outras
situações e outros personagens, penetraremos num outro mundo.

Durante os governos ditatoriais iniciados em 1964, as universidades brasileiras foram duramente atingidas, na confusão mental que se estabeleceu no País. Entre elas, foi a de Brasília a que
mais sofreu, com interferência direta e contínua no seu funcionamento, prisões e expulsões de professores e de estudantes, tendo
sido invadida três vezes por tropas militares, em abril de 1964,
em outubro de 1965 e em agosto de 1968. As razões eram de origem política: porque a lei que a criou foi proposta por Juscelino
Kubitschek – o presidente que passou a ser tratado como inimigo

---

[1] João Guimarães Rosa, *Grande sertão: veredas*, Rio de Janeiro, Livraria José
Olympio Editora, 1965, p. 205.

pelo novo poder – e sancionada por João Goulart – o presidente deposto pelo golpe de Estado –, e porque Darcy Ribeiro – cujos esforços para que a UnB existisse eram bem conhecidos, tendo sido o seu primeiro reitor – tornou-se aliado de Goulart. Numa atitude primária, combater a Universidade de Brasília era combater as ideias dos governos anteriores por meio de Darcy Ribeiro.

Para que haja perseguições, os responsáveis se atribuem poderes, arbitrariamente. Escorregam, então, numa irracionalidade sem fim, tentando justificar cada atitude irracional por outra atitude irracional e acabam perdendo o controle da situação que criaram. Foi o que aconteceu na Universidade de Brasília.

A primeira invasão e as primeiras prisões

No dia 9 de abril de 1964, nove dias após o golpe de Estado, o reitor Anísio Teixeira, o vice-reitor Almir de Castro, os professores, os estudantes e os funcionários da Universidade de Brasília, ocupados em suas tarefas, foram surpreendidos por uma operação insólita: tropas do Exército e da Polícia Militar de Minas Gerais tomaram de assalto o *campus*, como se estivessem tomando uma fortaleza. Foram transportadas em quatorze ônibus acompanhados de três ambulâncias, demonstração de que esperavam resistência armada. Os invasores devem ter ficado surpresos ao constatar a paz que reinava naquele ambiente de estudos e de trabalho.

Houve procura de armas que não existiam. Seguiu-se uma batida sistemática, com inspeção minuciosa, da reitoria, da biblioteca, de todos os escritórios, de todos os setores.

Os militares traziam os nomes de doze professores que deviam buscar. Alguns deles estavam em suas residências e, atendendo ao chamado de Anísio Teixeira, apresentaram-se, pois não tinham nada a ocultar. Foram presos, juntamente com outras pessoas, cujas identidades em alguns casos nem eram conhecidas dos militares, e levados para o quartel do Batalhão da Guarda Presidencial. A notícia da invasão espalhou-se pela cidade. Muitos que não se encontravam no *campus*, tendo ido espontaneamente se informar, tiveram a entrada barrada. Alcides da Rocha Miranda, insistindo em entrar em razão das suas responsabilidades, ouviu de um oficial: "Se o senhor quiser entrar, entre, mas depois não sairá".

A biblioteca e os escritórios dos professores foram interditados durante duas semanas.

Anísio Teixeira e Almir de Castro foram demitidos de seus cargos, e foi destituído o Conselho Diretor da Fundação Universidade de Brasília, formado por Anísio Teixeira, Darcy Ribeiro, Hermes Lima e Abgar Renault, membros do Conselho Federal de Educação; Oswaldo Trigueiro, procurador-geral da República; frei Mateus Rocha, o. p., provincial da Ordem dos Dominicanos no Brasil; e, como suplentes, Alcides da Rocha Miranda e João Moojen de Oliveira, secretário de Agricultura do Distrito Federal.

Notícias alarmantes

O Exército e a Polícia distribuíram a jornais notícias alarmantes sobre a universidade. O *Correio Braziliense* de 10 de abril de 1964 publicou, com o título em letras garrafais (nesta transcrição, os caracteres itálicos foram postos por nós):

MATERIAL DE PROPAGANDA COMUNISTA
APREENDIDO PELO EXÉRCITO NA
UnB – UNIVERSIDADE CERCADA

Quando chegamos ao local, tropas do Exército e da Polícia Militar de Minas Gerais haviam cercado quase completamente os prédios da universidade, *colocando metralhadoras em posição de fogo*. Os pavilhões severamente vigiados foram o Instituto Central de Artes, chamado pelos estudantes de "Minhocão", a biblioteca e o pavilhão de mecanografia, que logo após as buscas foram interditados devido às pesquisas que se pretende fazer no local. O serviço secreto do Exército acredita ainda existir bastante material subversivo escondido naquelas dependências. Todos os panfletos apreendidos foram levados para o quartel do Batalhão da Polícia do Exército.

PRESOS ESTUDANTES E PROFESSORES

Na ocasião, foram presos cinco estudantes, apontados pelas autoridades como agentes comunistas, havendo promovido uma série de agitações na universidade, principalmente quando da eclosão da várias greves na classe universitária. Não nos revelaram o nome de nenhum dos presos, *em virtude de serem alguns de menor idade, e não haver ainda nenhuma prova concreta contra os mesmos.* No mesmo instante foram detidos pelo Exército *todos os professores* da UnB, que, após prestarem depoimento, foram liberados, não podendo, entretanto, se ausentar de Brasília, devendo ficar à disposição das autoridades para novos possíveis interrogatórios. Os estudantes foram levados para o quartel da Polícia do Exército. Um detalhe que observavamos foi a conversa entre dois oficiais, que disseram: *Vamos levá-los logo, antes que as famílias saibam.*

O MATERIAL – Dentre o material apreendido na universidade, verificamos que, além de considerável número de panfletos de propaganda russa, cubana e chinesa, havia também regular quantidade de livros e folhetos, destacando-se obras que louvavam a personalidade de Lenine, Stalin, Fidel Castro e Mao Tsé-Tung. Constatamos, entre os livros apreendidos, *Fala Tito, As duas táticas,* de Lenine, *A revolução desfigurada,* de Trotsky, e grande número de volumes dos *Romances do povo,* destacando-se a conhecida obra comunista *Coolie,* de Mulk Raj Anand. Também foram levadas para o quartel do Batalhão da Guarda Presidencial algumas bandeiras de países socialistas, *como a China comunista, cujo clichê ilustra a presente reportagem.*

LISTAS E CARTAS – Listas e correspondências de elementos comunistas trocadas com estudantes da universidade foram também descobertas pelo serviço secreto do Exército. Pudemos ver uma carta originária de Montevidéu e assinada pela conhecida agitadora A. B., como também uma pasta contendo *documentos em russo, chinês, espanhol e húngaro,* endereçada ao professor C. D. Logo após descobrimos um tíquete de uma bagagem vinda de Pequim, via Rio Grande do Sul, em nome do ex-presidente da República. O tíquete era o de número 3.524 – Pass. 8B.

Foi assim que jornais descreveram a invasão da universidade. Contudo, houve mais detalhes interessantes. A mesma notícia contém duas fotografias. Numa se veem soldados cercando a universidade, dispostos mais ou menos de dez em dez metros, com a legenda:

Durante mais de quatro horas, soldados fortemente armados cercaram o *campus* da universidade, enquanto era procedida rigorosa busca à procura de material subversivo.

A outra fotografia, com a legenda:

Este foi o material de propaganda subversiva encontrado ontem na Biblioteca da Universidade de Brasília, por ocasião da batida que agentes do DFSP ali procederam [...]

mostra uma mesa com uma bandeira, sobre a qual estão colocados alguns livros, que constituíam a *regular quantidade de livros e folhetos*.

Os livros

Entre os livros mencionados na notícia, alguns são desconhecidos, e os conhecidos encontram-se em bibliotecas de qualquer universidade, em qualquer país do mundo.

Circularam várias histórias jocosas a respeito de obras consideradas suspeitas: tábuas de logaritmos teriam sido tomadas como códigos secretos, livros teriam sido julgados subversivos porque suas capas eram vermelhas. Mas não há do que se rir nesse episódio, cuja gravidade era tão grande quanto a incerteza que anunciava para o futuro. Aqueles soldados, infelizmente sem acesso à cultura, não tinham condições de julgar, não eram os responsáveis, simplesmente executavam ordens. Os responsáveis, conscientes do que faziam, eram militares de alta patente, políticos e jornalistas, coniventes na preparação ou estimulação daqueles atos.

O caso da "bandeira da China comunista"

Para completar os comentários sobre as notícias fornecidas à imprensa, vejamos o caso das bandeiras apreendidas. A que aparece na fotografia, explicitamente mencionada no texto como *a bandeira da China comunista*, era, na verdade, a bandeira do... Japão, que pode ser identificada facilmente, mesmo sem as cores.

Isso motivou a seguinte carta do vice-reitor, publicada no *Correio Braziliense* do dia seguinte:

A propósito de reportagem ontem publicada na última página deste jornal, o diretor superintendente das Empresas Associadas de Brasília, dr. Edilson Cid Varela, recebeu a seguinte carta: "A propósito da reportagem publicada na edição de ontem desse conceituado matutino, sob o título 'Material de propaganda comunista apreendido pelo Exército na UnB', na qual, sob o tópico 'Material', se noticia a apreensão de 'algumas bandeiras de países socialistas, como a China comunista, cujo clichê ilustra a presente reportagem', cumpre-me informar Vossa Senhoria de que, tendo em vista as relações internacionais da Universidade de Brasília, dispõe esta de 35 bandeiras estrangeiras, as quais, nas ocasiões próprias, são hasteadas no *campus*. Entre as mesmas, entretanto, não existe a da China continental. A bandeira que figura no clichê em apreço é a do Japão, país com o qual esta universidade mantém excelentes relações, e não a da China comunista como, por equívoco, foi noticiado. Ficaria muito grato a Vossa Senhoria pela publicação deste esclarecimento nas colunas do *Correio Braziliense*, para boa informação de seus numerosos leitores, a bem da verdade. Atenciosamente, Almir de Castro, vice-reitor no exercício da reitoria."

É surpreendente que autoridades e repórteres não reconhecessem a bandeira do Japão. Esse é um exemplo de como falsas notícias

A universidade interrompida 183

eram divulgadas com a maior leviandade e absoluta impunidade. Quando não havia reações para desmacará-las, eram propaladas como verdadeiras.

O novo reitor e o novo Conselho Diretor

Alguns dias depois da invasão, o presidente da República, sem consulta a qualquer órgão da universidade, nomeou como reitor o professor Zeferino Vaz. Também instituiu um novo Conselho Diretor da Fundação Universidade de Brasília, de composição eminentemente política, a metade dos membros sendo de pessoas que passaram a exercer funções administrativas importantes no governo recém-formado, sem interesse especial pelo ensino, pela pesquisa ou por universidades: deputado Luís Viana Filho, chefe do Gabinete Civil do presidente da República; Oswaldo Trigueiro, procurador-geral da República, que fazia parte do conselho anterior, destituído, e aceitou pertencer ao novo; Plínio Cantanhede, prefeito do Distrito Federal; Antônio Couceiro, presidente do Conselho Nacional de Pesquisas, e o reitor. Esses conselheiros aprovaram todas as ações do novo reitor e mais tarde as do seu sucessor, Laerte Ramos de Carvalho. Foram, portanto, coniventes com os dois reitores em suas decisões.

O professor Zeferino Vaz, que tinha feito sua carreira na Faculdade de Medicina Veterinária da Universidade de São Paulo, onde era catedrático de zoologia médica e patológica, gozava de prestígio na USP por ter coordenado, com muito sucesso, a organização da Faculdade de Medicina de Ribeirão Preto, tendo sido o seu primeiro diretor. Com professores e pesquisadores de experiência, aquela faculdade tornou-se logo uma das mais importantes do País. A razão principal da escolha para o cargo de reitor, contudo, não foram os seus títulos acadêmicos, mas o fato de ter participado diretamente da preparação do golpe de Estado de 1964, com alguns de seus amigos que ocupavam ou passaram a ocupar cargos importantes. Entre eles, o governador do Estado de São Paulo, Adhemar de Barros, e o professor Luís Antônio da Gama e Silva, da Faculdade de Direito da USP, escolhido pelo novo governo inicialmente como ministro da Educação e Cultura, depois como ministro da Justiça.

Zeferino Vaz definiu a sua posição em depoimento prestado na Comissão Parlamentar de Inquérito sobre a Universidade de Brasília, ativa em outubro e em novembro de 1965, que citaremos frequentemente, às vezes como CPI, da qual trataremos amplamente nos capítulos 16 a 19. Os depoimentos foram publicados integralmente em um número especial do *Diário do Congresso Nacional*.[2]

Em seu depoimento, Zeferino Vaz começou a descrever a sua ação na UnB com a frase: "Vim para a Universidade de Brasília, colocado aqui pela revolução de 31 de março de 1964, como interventor ou reitor".[3]

Outro depoente foi o general Oswaldo Pinto da Veiga, presidente da Companhia Siderúrgica Nacional, também colocado nesse posto pela revolução. O general descreveu na CPI o desacordo entre ele e Zeferino Vaz pelo fato de a siderúrgica não pagar à universidade o que lhe devia e leu uma carta de protesto que o reitor lhe escreveu, contendo o seguinte trecho:

> Frente a esta perspectiva de extrema gravidade, que pode comprometer perante a opinião pública e os meios educacionais o bom nome da Revolução, em cujo preparo participei ativamente, desassombradamente...[4]

Era, portanto, homem de confiança do regime.

As primeiras expulsões

Um dos primeiros atos de Zeferino Vaz foi conseguir a liberação dos professores e dos estudantes presos. Naquele clima de incerteza, isso deu uma tênue esperança de normalização, todavia dissipada em pouco tempo: o reitor expulsou nove professores e

---

[2] *Diário do Congresso Nacional*, suplemento ao nº 12, 16 de fevereiro de 1966.
[3] Idem, p. 5.
[4] Idem, p. 64.

quatro instrutores. A demissão foi consignada na seguinte carta ao diretor-executivo da Fundação Universidade de Brasília:

Em 9 de maio de 1964.
Do Reitor
Ao Diretor-Executivo da Fundação
Assunto — Determina providências para efetivar a dispensa de professores.

Senhor Diretor-Executivo,
No uso das atribuições que a Lei me confere, comunico a V. Sa. que decidi dispensar, por conveniência da administração, os seguintes professores:
Francisco Heron de Alencar
José Zanini Caldas
José Albertino Rosário Rodrigues
Edgard de Albuquerque Graeff
Eustáquio Toledo Filho
Ruy Mauro de Araújo Marini
Lincoln Ribeiro
Jairo Simões
Perseu Abramo.
Assim, determino, por intermédio de V. Sa., aos órgãos competentes que efetivem as dispensas comunicadas pelo presente, promovendo a devida notificação aos interessados, aos quais concedo o prazo de trinta dias para desocuparem as unidades residenciais de propriedade desta Fundação ou que lhes foram alugadas através da mesma, e autorizo o pagamento das indenizações que couberem na forma da legislação trabalhista.
Zeferino Vaz
Reitor *pro-tempora*[5]

Formalmente, o reitor alegou que os professores foram demitidos *por conveniência da administração*. Esse foi o início de um período de expulsões arbitrárias na Universidade de Brasília,

---

[5] Acervo do Centro de Documentação da Universidade de Brasília.

caracterizadas por serem os demitidos vítimas de flagrante violação de direito: não lhes era feita nenhuma acusação, e não tinham possibilidade de defesa. Eram condenados sem ser acusados. O deputado Andrade Lima Filho perguntou ao reitor, ao inquiri-lo na CPI, um ano e meio depois:

> O IPM instaurado na universidade agiu com a desenvoltura natural com que agiu em outros setores da vida brasileira. Qual a conclusão desse IPM? Quantos foram punidos na Universidade de Brasília? Vossa Senhoria poderia responder?

Os IPMs eram rigorosos inquéritos policial-militares, que não podiam ser suspeitos de complacência. Frequentemente envolviam pessoas por simples denúncia, não havia necessidade de provas que a justificassem.

Resposta do reitor:

> Como conclusão do IPM, nenhum professor. Alguns tinham sido afastados, de começo, por ato meu, e já na Comissão do Distrito Federal[6] confessei lealmente que em dois casos havia errado. Procurei corrigir um deles imediatamente: o professor Jairo Simões, pedindo-lhe desculpas humildemente e solicitando que voltasse à universidade. Não assinara o cheque de indenização da legislação trabalhista e insisti com esse homem, durante dois dias consecutivos. Mas ele não quis, alegando motivos de ordem sentimental e motivos também de ordem pessoal. Outro caso foi o do arquiteto Edgard de Albuquerque, grande figura de arquiteto. Erro cometido por mim. Acontece que esse professor foi depois aposentado na Universidade do Rio Grande do Sul pelo art. 7º do Ato Institucional. Esses os dois casos que, confesso, errei, porque eram indivíduos de valor. Quanto aos demais, não tenho na consciência nenhuma culpa, simplesmente porque não tinham títulos para serem professores de uma universidade como eu compreendo.[7]

---

[6] Referência a uma Comissão Parlamentar de Inquérito sobre o Distrito Federal, na qual Zeferino Vaz depôs no dia 1º de setembro de 1964. A CPI sobre a Universidade de Brasília foi outra.

[7] *Diário do Congresso Nacional*, suplemento ao nº 12, 16 de fevereiro de 1966, p. 10.

A universidade interrompida   187

Pelo dito e pelo não dito, a resposta do reitor ao deputado resumia bem a situação. O não dito é a razão pela qual Zeferino Vaz demitiu, sem conhecê-los, treze docentes: recebeu ordem para demiti-los. O dito é a estratégia que Zeferino Vaz utilizará em várias ocasiões, numa tentativa de se justificar. Quando tinha de demitir alguém, apresentava-se como defensor intransigente da qualidade acadêmica, atribuía-se o direito de julgar profissionais em campos que desconhecia e declarava a pessoa incompetente, ou medíocre, "sem títulos para serem professores de uma universidade como eu compreendo". Mas ocultava a verdadeira razão das demissões. Queria dar a impressão de empregar argumentos universitários, quando o motivo era político. E, segundo suas próprias palavras, não tinha na consciência nenhuma culpa.

Consequências das expulsões

Três dos demitidos eram da Faculdade de Arquitetura e Urbanismo; os outros eram do Instituto Central de Ciências Humanas, cujos setores de Sociologia e de Economia se esvaziaram, porque os docentes remanescentes solicitaram suas demissões por solidariedade aos colegas atingidos.

Essas expulsões foram muito ressentidas e motivaram a primeira crise na UnB. O corpo docente começou a se perguntar se teria condições para desenvolver a universidade, que, estando no início, era muito frágil. Como não podia deixar de acontecer, pairava o sentimento de insegurança, que não era paranoia coletiva, mas bem justificado, com a consciência de que ninguém estaria ao abrigo de arbitrariedades. Naqueles dias, os professores chegaram a pensar que, não podendo excluir intervenções do exterior, seria preferível solicitar demissão coletiva. Isso significaria a interrupção da Universidade de Brasília durante um tempo difícil de avaliar e, talvez, o fim da estrutura que estava sendo implantada. Finalmente, decidiram trabalhar para a sua sobrevivência, apesar das dificuldades que se anunciavam.

Em abril de 1964, a Universidade de Brasília passou por risco maior do que se poderia julgar do exterior.

Outra consequência foi a instauração de uma ideologia sobre a universidade.

A ideologia oficial sobre a Universidade de Brasília

Em sua conclusão, o IPM instaurado na Universidade de Brasília não inculpou nenhum professor, somente um estudante. Não encontrou absolutamente nada que pudesse revelar ambiente diferente do ambiente existente nas outras universidades. Mesmo com os critérios estabelecidos pelo regime, não detectou "subversão", apesar do sentido ampliado que essa palavra passou a ter naquele período.

No entanto, as primeiras violências, amplamente divulgadas com interpretação deformada, eram apresentadas como necessárias devido a um clima de convulsão que lá existiria. Criou-se, então, *uma ideologia* sobre a Universidade de Brasília, que, apesar de não mostrar nenhuma anormalidade, passou a ser considerada *oficialmente* um *foco de subversão* e de *indisciplina*, que justificaria interferências de caráter policial. Essa imagem, mantida com ambiguidade por Zeferino Vaz quando lhe convinha, e sem ambiguidade pelo seu sucessor, Laerte Ramos de Carvalho, foi apresentada como argumento para outras invasões, outras prisões, outras expulsões e utilizada numa verdadeira campanha difamatória contra a UnB, movida por certos jornais.

Apesar das primeiras expulsões, continuamos a construir a universidade como se essas violências não tivessem existido, sem discuti-las, sem mencioná-las, nem nas aulas, nem no *campus*. Assim, com o progresso devido ao trabalho, a esperança voltou durante algum tempo.

Os repressores, no entanto, insensíveis e cegos, retomaram a perseguição um ano e meio mais tarde, por nada.

Capítulo 12

O início da grande crise

O espírito de intolerância necessita apoiar-se sobre maus motivos, pois ele procura sempre os mais falsos pretextos.

(Voltaire)[1]

Depois de abril de 1964, a Universidade de Brasília retomou o caminho do progresso. Zeferino Vaz logo compreendeu a importância da nova estrutura e esforçou-se em defesa da universidade, especialmente com relação à situação financeira precária em que se encontrava, comportando-se como se espera de um dirigente universitário.

Um fato ocorrido em meados de 1965, entretanto, veio lembrar-lhe que não podia gozar de liberdade acadêmica sem limites: foi obrigado a demitir um professor de filosofia que contratara quatro meses antes.

Com esse episódio começou um período difícil, no qual enfrentamos meses de pressões externas que visavam a ditar quem podia ser professor ou não. A luta dos coordenadores da Universidade de Brasília em 1965 é exemplo único em nosso País. Não conhecemos outra universidade em que os diretores de todos os institutos e faculdades, com identidade de pontos de vista, seguros de contar com o apoio da maioria do corpo docente e dos estudantes, tivessem batalhado unidos pela autonomia universitária.

---

[1] Voltaire, *Traité sur la tolérance*, Paris, Flammarion, 1989, p. 104.

A autonomia universitária

O que é a autonomia universitária? Alguns argumentam que se trata de uma ficção, porque as universidades não se autofinanciam e, por conseguinte, não podem ser independentes. Mas nenhuma universidade no mundo é autônoma financeiramente. Contrariamente ao que se pode pensar à primeira vista, certas universidades americanas e britânicas consideradas ricas, embora possuindo fontes de renda garantidas por terem recebido grandes doações de particulares no passado e por cobrarem regiamente dos estudantes, não têm autonomia financeira global. Suas verbas próprias são insuficientes para o funcionamento de uma universidade moderna, que, além de manter ensino de alto padrão, deve promover criação intelectual em campos variados. Essas atividades são financiadas pelos governos e às vezes por contratos com empresas.

Autonomia significa que a universidade, para poder cumprir plenamente suas funções na vida intelectual, artística, científica e econômica do país, deve ser livre no funcionamento acadêmico: plena liberdade na escolha dos professores e dos critérios para a evolução de suas carreiras, de acordo com padrões fixados por ela mesma. A obrigação dos governos de financiar as universidades não lhes dá o direito de interferir nas normas acadêmicas, até mesmo nos casos em que as atividades se enquadram num plano nacional de educação ou de pesquisa. A autonomia acadêmica é primordial. Contudo, numa autonomia completa, as universidades devem ter o direito de administrar suas verbas de acordo com os planos de trabalho e de desenvolvimento.

Por exemplo, na Alemanha, na França, na Itália ou na Suíça, as universidades são custeadas pelo Estado, responsável por todo o sistema de educação. Não há universidades privadas nesses países. Mas seria inadmissível, provocaria as mais enérgicas reações, se um ministro ou um detentor de cargo público interferisse na escolha de algum professor.

Toda essa digressão é óbvia e pode parecer desnecessária. Foi, no entanto, essa liberdade fundamental, elementar, de julgar e escolher professores por critérios profissionais, que tivemos de defender na Universidade de Brasília.

A evolução do reitor em quinze meses de paz vigiada

Em quinze meses, Zeferino Vaz teve uma feliz evolução: passou da posição inicial de interventor, como ele mesmo se definiu, para a de adepto das ideias da Universidade de Brasília em toda a sua extensão. Compreendeu o alcance da nova estrutura, interessou-se pelos trabalhos e pelo futuro, apoiou os coordenadores e demais professores em suas iniciativas.

Suas declarações públicas em várias ocasiões, pela imprensa, pela televisão e em comissões de inquérito, atestam o quanto ele passou a acreditar na universidade, como ficará claro em seu depoimento na CPI sobre a UnB.[2] Defendeu a universidade das acusações de que era vítima, e cinco meses somente depois de ter assumido a reitoria afirmava que teve a agradável surpresa de constatar que a Universidade de Brasília não era o foco de agitações de que tanto se falava. Dizia que havia uma agressividade contra a UnB, motivada pela mediocridade de certos meios e pela inveja, e não hesitava em classificar a estrutura das universidades brasileiras da época como arcaica, envelhecida, medieval. Os próprios professores da UnB, conscientes da necessidade de uma reforma universitária, para a qual indiretamente contribuíam com o seu trabalho, não empregavam a linguagem exagerada e ácida do reitor quando se referiam às outras universidades.

Ele passou a ser uma das pessoas que com mais veemência elogiou a organização da Universidade de Brasília e convenceu-se de que ela deveria ser adotada pelas outras universidades. Pôs em prática a sua convicção, pois a Universidade de Campinas, Unicamp, cuja comissão organizadora presidiu enquanto era reitor em Brasília, e da qual foi o primeiro reitor, foi concebida em moldes semelhantes aos da UnB.

Apesar desse entusiasmo, a posição de Zeferino Vaz passou a ser ambígua, porque ele era comprometido politicamente. Descobriu tardiamente a sua fragilidade: sua liberdade de agir como um universitário normal tinha limites traçados por elementos externos.

---

[2] Ver "Depoimento do reitor Zeferino Vaz", capítulo 17.

Quando estes julgavam necessário, ele tinha de seguir suas normas e comportar-se como interventor. Passamos, no entanto, um período de otimismo, esperando que, com o trabalho intenso de todos, os progressos visíveis a quem quisesse ver e o apoio do reitor, as interferências passadas não se repetissem. Pela segurança que demonstrava, o próprio Zeferino Vaz devia também pensar assim. Mas os fatos vieram nos mostrar que, na realidade, vivemos quinze meses de paz vigiada. As pressões voltaram.

Compreender os detalhes dos conflitos

Três conflitos, que chamaremos os "casos" Fiori, Edna de Oliveira e Las Casas, desencadearam uma série de fatos que trouxe à tona as pressões exercidas sobre a Universidade de Brasília e a levou à grande crise de 1965, culminando com o pedido de demissão coletiva de 223 docentes, talvez a mais aguda crise universitária que o País tenha conhecido.

A perseguição à Universidade de Brasília estava, no entanto, programada. Se esses incidentes não tivessem ocorrido, outros surgiriam, inevitavelmente.

Os três acontecimentos devem ser vistos com atenção especial, não com sumárias narrações de caráter geral, porque retratam a situação do Brasil naquele período. São exemplos de problemas oriundos da intenção de perseguir. Temos todos os elementos para destrinçá-los. Embora com o risco de tornar a descrição insípida, vamos apresentá-los com minúcias, tentando dar imagem clara do ambiente em que ocorreram. Transcreveremos documentos, com a esperança de que a sua leitura introduza o leitor à realidade daquela época e seja mais esclarecedora que árida.

O "caso Fiori"

A paz de quinze meses foi interrompida quando Zeferino Vaz contratou Ernani Maria Fiori, pensador católico, para organizar o

Departamento de Filosofia. O Instituto Central de Ciências Humanas aguardava com esperança o professor de grande experiência e cultura, que imprimiria alto padrão aos estudos. O reitor demonstrava interesse em sua colaboração, pois não era fácil, na época, encontrar pessoas capazes de organizar um bom departamento dedicado àquela especialidade.

Surgiu, todavia, um problema, porque Fiori tinha sido demitido e aposentado na Universidade do Rio Grande do Sul pelo Ato Institucional de 1964, conhecido como Ato Institucional nº 1.

Um ato institucional era o que se pode chamar um escárnio à democracia. Era um regulamento, elaborado arbitrariamente pelo presidente da República e os ministros militares, para regerem suas próprias funções em poderes inconstitucionais que se atribuíam, e imposto ao País como instrumento jurídico que legalizasse o não respeito à Constituição. Era um artifício para apresentar como lei o desrespeito à lei. Durante o governo militar foram promulgados dezesseis.

Esse ato institucional dava ao presidente da República poderes absolutos para muitas ações, como cassar os direitos políticos de qualquer cidadão, expulsar e aposentar oficiais das forças armadas, demitir e aposentar funcionários.

Zeferino Vaz estava a par da demissão do filósofo, mas não via nela obstáculo legal à sua contratação por uma fundação regida pela legislação trabalhista, assim como os juristas da universidade também não viam. Consultou o professor para saber se estaria interessado em trabalhar na UnB.

Em resposta, Ernani Maria Fiori escreveu:

Porto Alegre, 16 de dezembro de 1964.
Exmo. Sr. Professor Zeferino Vaz
DD. Reitor da Universidade de Brasília

Por intermédio do Exmo. Sr. Prof. Francisco Machado Carrien, recebi a consulta de Vossa Excelência a respeito das minhas possibilidades de prestar colaboração ao Departamento de Filosofia dessa universidade.

Em primeiro lugar, desejo expressar a Vossa Excelência o meu agradecimento por sua honrosa lembrança.

Não posso, no entanto, examinar o assunto sem estar informado das condições em que seria oferecido o respectivo contrato de trabalho nessa universidade. Embora não faça proselitismo de espécie alguma em minhas aulas, mas, dada a situação de professor atingido pelo recente expurgo ideológico, na URGS, interessa-me saber, previamente, se isso não criará dificuldades de ordem política, seja para Vossa Excelência, seja para mim.

Em todo caso, minha decisão ficará condicionada à renovação do convite dessa universidade ao Exmo. Sr. Prof. Juan Llambias de Azevedo, que o recusou, anteriormente, como Vossa Excelência sabe, por motivo de minha exoneração da URGS. Qualquer que seja minha resposta, penso que o Exmo. Sr. Prof. Llambias de Azevedo não oporá mais embargos a um novo convite, pois a consulta que Vossa Excelência acaba de me fazer já representa irrecusável demonstração de confiança em minha pessoa. E, assim, em qualquer hipótese, poderia essa universidade contar com a colaboração daquele eminente mestre, o que considero inestimável benefício para a cultura filosófica de nosso País. Se Vossa Excelência me autorizar, escreverei também ao Exmo. Sr. Prof. Llambias de Azevedo a respeito do assunto.

Aguardando, pois, a honra e o favor de uma nova manifestação sua, subscrevo-me, de Vossa Excelência, admirador atencioso e obrigado.

Ernani Maria Fiori[3]

O professor lembra ao reitor, com lealdade, que foi *atingido pelo recente expurgo ideológico* e deseja saber se este fato *não criará dificuldades de ordem política, seja para Vossa Excelência, seja para mim.*

Fiori tinha afinidade com Juan Llambias de Azevedo, filósofo uruguaio de formação alemã. Os dois estavam interessados em iniciar o Departamento de Filosofia da universidade.

---

[3] Acervo do Centro de Documentação da Universidade de Brasília.

Os contatos começaram, por conseguinte, em dezembro de 1964. Em fevereiro seguinte, o coordenador do Instituto enviou ao reitor o seguinte ofício:

Ofício nº 71/65
Brasília, 24 de fevereiro de 1965.
Do: Professor Antônio Luís Machado Neto
Coordenador do Instituto Central de Ciências Humanas
Ao: Excelentíssimo Senhor Professor Dr. Zeferino Vaz
Magnífico Reitor da UnB
Assunto: Indica o nome do Professor Ernani Maria Fiori para Professor Associado no Instituto Central de Ciências Humanas.

Magnífico Reitor:
Com base em nossos entendimentos pessoais e à vista do *curriculum* anexo, indico a Vossa Excelência, nos termos da Instrução nº 16, de 24/11/64, o nome do Professor Ernani Maria Fiori para Professor Associado no Instituto Central de Ciências Humanas, tendo em vista a próxima implantação do Departamento de Filosofia.
Aproveito o ensejo para reiterar a Vossa Excelência, Senhor Reitor, os protestos do meu respeitoso apreço.
Prof. A. L. Machado Neto
Coordenador do ICCH[4]

Na mesma folha se lê:

Sugestões sobre os Professores Titulares para compor a comissão de três: Eudoro – Reale. E instruções do reitor: À Secretaria-Geral dos Cursos. Designo os Professores Eudoro de Souza, Miguel Reale e Machado Neto para o necessário parecer. Solicito ao Prof. Machado Neto a gentileza de ofício ao Prof. Miguel Reale. 25/2/65 – Zeferino Vaz.

---

[4] Idem.

Miguel Reale, de reconhecida cultura filosófica, exprimiu claramente a sua opinião:

PARECER
Pelo conhecimento que tenho das obras do Professor Ernani Maria Fiori e à vista de suas atividades na direção do Instituto de Filosofia da Universidade do Rio Grande do Sul, bem como em outras funções de ordem cultural, posso declarar que ele atende às condições indispensáveis – quer pelo preparo específico, quer pela experiência – para ser admitido como Professor Associado do Instituto Central de Ciências Humanas da Universidade de Brasília, em seu Departamento de Filosofia.

Informações complementares constantes do *curriculum*, que me foi dado examinar, confirmam o juízo que já formam sobre sua capacidade docente.

São Paulo, 15 de março de 1965.

Miguel Reale

Catedrático de Filosofia do Direito da USP[5]

Na folha, há também o comentário:

De pleno acordo com o presente parecer. Nada a acrescentar ou objetar.

A. L. Machado Neto. UnB – 25/3/65.

E o despacho do reitor: De pleno acordo. Providenciar-se o expediente de contratação. 25/3/65 – Zeferino Vaz.

Um detalhe importante mostra, mais uma vez, o rigor com que procurávamos tratar a carreira do corpo docente. Machado Neto, uma das pessoas que insistiam para que os órgãos colegiados da universidade viessem a funcionar, propôs, não obstante o alto nível de Ernani Maria Fiori, que este fosse contratado no posto de professor *associado* e não com o mais elevado de professor *titular*, para que o posto final fosse outorgado quando estivessem em pleno exercício os órgãos previstos no estatuto da universidade.

---

[5] Idem.

A troca de correspondência mostra que a contratação de Ernani Maria Fiori foi feita dentro das normas, com absoluta clareza. Fiori mal tinha iniciado suas atividades e pressões começaram a ser exercidas sobre Zeferino Vaz para que anulasse a admissão do filósofo, com o argumento falacioso de que ele não podia ser contratado, por ter sido demitido de uma universidade pública. O reitor, ao descrever aos coordenadores a situação em que se encontrava, disse-nos que tinha *cometido um erro, um ato ilegal*.

A notícia de que o reitor seria obrigado a demitir o professor recém-contratado por ele mesmo, aliada à preocupante situação política do País, reavivou na universidade o receio de que recomeçassem as expulsões, pois as do ano anterior estavam ainda vivas na memória. A tensão voltou, docentes e estudantes começaram a procurar os coordenadores em busca de informações.

A ação dos coordenadores

Os coordenadores, em contato diário com colegas e alunos, chamavam a atenção do reitor sobre a inquietude crescente e tentavam auxiliá-lo a superar a obstrução ao contrato de Fiori.

Zeferino Vaz procurou resistir às pressões, pois não anulou de imediato a contratação do professor de Filosofia. Os coordenadores lhe exprimiram solidariedade com a seguinte carta:

Brasília, 1º de junho de 1965.
A Sua Excelência Senhor
Professor Doutor Zeferino Vaz
Magnífico Reitor da Universidade de Brasília

Magnífico Reitor,
Os coordenadores das unidades universitárias da UnB, desejosos de preservar a harmonia e o ambiente de trabalho da universidade, que têm sido assegurados pela experiência universitária e capacidade administrativa do Reitor e do Vice-
-Reitor;

preocupados com rumores constantes – que têm ultimamente perturbado as atividades desta universidade – de possível interferência externa, quer nos critérios estritamente acadêmicos de seleção de seus professores, que têm sido seguidos até o presente, quer no funcionamento geral autônomo da universidade, de acordo com a Lei e com seu Estatuto, inclusive no processo de escolha de membros do Conselho Diretor, do reitor e do vice-reitor;

dirigem-se a Vossa Excelência para exprimir:

1º) sua convicção profunda de que a tarefa de construir uma universidade, cumprindo honestamente a função de professor e orientador de jovens, só pode ser exercida dentro de autonomia universitária e do clima decorrente de tal autonomia;

2º) sua apreensão com as consequências desastrosas para o desenvolvimento e consolidação da universidade, se sua autonomia não continuar a ser respeitada, o que acarretará o descrédito da instituição universitária.

Em consequência, afirmam a Vossa Magnificência que:

1º) estão coesos na convicção de que não pode a Universidade de Brasília, como qualquer outra, admitir interferências externas que afetem a autonomia universitária;

2º) reiteram seu apoio integral a todas as medidas tomadas por Vossa Magnificência no sentido de manter essa autonomia universitária e o fiel cumprimento do Estatuto da Universidade de Brasília, de acordo com a Lei.

Seguem-se as assinaturas:

Roberto A. Salmeron, Coordenador-Geral dos Institutos Centrais de Ciências; Mário de Souza Lima, Coordenador do Instituto Central de Letras; Alcides da Rocha Miranda, Coordenador do Instituto Central de Artes; Antônio Luís Machado Neto, Coordenador do Instituto Central de Ciências Humanas; Antônio R. Cordeiro, Coordenador do Instituto Central de Biociências; Elon Lages Lima, Coordenador do Instituto Central de Matemática; Otto R. Gottlieb, Coordenador do Instituto Central de Química; Jayme Tiomno, Coordenador do Instituto Central de Física; George Agostinho da Silva, Coordenador do

A universidade interrompida   199

Centro Brasileiro de Estudos Portugueses; Aryon Dall'Igna Rodrigues, Coordenador dos Cursos de Pós-Graduação; Italo Campofiorito, Coordenador-Adjunto da Faculdade de Arquitetura e Urbanismo; João da G. Filgueiras Lima, Coordenador-Adjunto do Ceplan; Claudio Santoro, Coordenador do Departamento de Música; A. L. C. Vicentini, Coordenador da Biblioteca Central.
Cópia para os Membros do Egrégio Conselho Diretor.[6]

O pensamento dos coordenadores era claro: a universidade devia ser respeitada dentro da lei, e não viam como se poderia construí-la honestamente sem essa condição.

As semanas passavam, e a ameaça ao contrato de Ernani Maria Fiori continuava. Os coordenadores fizeram ao reitor a seguinte sugestão:

Brasília, 22 de junho de 1965.
A Sua Excelência Senhor
Professor Doutor Zeferino Vaz
Magnífico Reitor da Universidade de Brasília.

Magnífico reitor,
Os coordenadores das várias unidades universitárias da UnB, considerando que há dúvidas sobre a legalidade ou não da contratação, pela Fundação Universidade de Brasília, de professor demitido e aposentado de cargos públicos pelo Ato Institucional, dado que algumas autoridades argumentam que tal contratação é ilegal, enquanto que estes coordenadores julgam que não o é;

considerando que a situação que se criou em torno da contratação de professor naquela condição é da maior gravidade para a Universidade de Brasília,

solicitam haja por bem Vossa Magnificência dirigir, através das autoridades competentes, consulta à Consultoria-Geral da

---

[6] Arquivo pessoal do autor. As assinaturas foram aqui transcritas na ordem em que aparecem no documento original.

República sobre se é legal ou não ato de presidente de Fundação instituída por lei, sujeita à legislação trabalhista nas relações de emprego, contratando para seus serviços, em cargo de magistério, pessoa que foi demitida e aposentada, pelo Ato Institucional, de cargo público.[7]

Seguem-se as assinaturas dos coordenadores.

Receosos de que a inquietação dos docentes e dos estudantes os levasse a atitudes precipitadas, que só poderiam agravar a situação, os coordenadores escreveram, no mesmo dia, a seguinte carta aos colegas:

Brasília, 22 de junho de 1965.
AOS PROFESSORES DA UNIVERSIDADE DE BRASÍLIA

Os Coordenadores das unidades universitárias da Universidade de Brasília, que há várias semanas vêm trabalhando coesos em prol da autonomia da Universidade, tendo em vista a onda de rumores os mais variados, que visam a quebrar a união e a harmonia do corpo docente desta Universidade, dirigem-se a todos os professores para esclarecer que:

1º) continuam coesos na defesa da autonomia universitária e do fiel cumprimento do Estatuto da Universidade de Brasília, de acordo com a lei, no espírito da carta que enviaram a 1º de junho passado ao Magnífico Reitor;

2º) que, nessa coesão, continuam a envidar todos os esforços para a solução da crise que a Universidade atravessa, sem que a autonomia seja ferida.

Estão os coordenadores cientes do apoio que recebem dos professores da universidade e certos de que todos se manterão calmos e unidos, sem tomar atitudes precipitadas e sem dar ouvidos aos rumores que visam a criar um clima de intranquilidade.[8]

Seguem-se as assinaturas dos coordenadores.

---

[7] Arquivo pessoal do autor.
[8] Idem.

A universidade interrompida   201

Várias pessoas interferiram, tentando manter Fiori na universidade, sem sucesso. Finalmente, a Consultoria-Geral da República exprimiu o parecer que o ato de contratação de Ernani Maria Fiori seria ilegal. Os juristas da universidade sustentaram o parecer contrário e aconselharam Fiori a recorrer. Na verdade, nem é preciso ser jurista para verificar que, no Ato Institucional, nada permitia concluir que uma pessoa demitida de cargo público, sem acusação e sem processo, não pudesse ser contratada por uma fundação regida pelas leis trabalhistas. A arbitrariedade do Ato se prestava à liberdade de interpretação.

A demissão de Ernani Maria Fiori

Zeferino Vaz, finalmente, não pôde mais resistir e no dia 23 de julho demitiu Ernani Maria Fiori, a quem tinha contratado no dia 25 de março:

ATO DA REITORIA Nº 21/65

O Reitor da Universidade de Brasília, no uso de suas atribuições estatutárias,
RESOLVE
dispensar, a partir desta data e por impedimento legal, o Professor Associado ERNANI MARIA FIORI.
Brasília, 23 de julho de 1965.
Prof. Dr. Zeferino Vaz
Reitor.[9]

O motivo formal apresentado para a demissão foi *impedimento legal*. O comportamento dos professores durante esse episódio deve ser realçado. Ernani Maria Fiori manteve-se com dignidade desde

---

[9] Acervo do Centro de Documentação da Universidade de Brasília.

o início, com a carta ao reitor que transcrevemos, até o fim. Nunca procurou os coordenadores, nem para uma simples conversa, e nunca pediu nada; manteve-se discretamente afastado, e com a mesma discrição desapareceu da universidade e não recorreu à Justiça como lhe tinha sido sugerido.

A atitude dos coordenadores reveste um aspecto moral: a maioria deles não conhecia Ernani Maria Fiori pessoalmente, e vários nunca o viram, nem antes, nem durante, nem após o incidente. Lutaram pelo respeito à sua contratação, porque defendiam um princípio.

Esse caso abalou o prestígio de Zeferino Vaz, fora e dentro da universidade, assim como a sua autoconfiança.

A demissão de Ernani Maria Fiori teve um desastroso efeito psicológico, que as autoridades não se interessaram em conhecer. Fez voltar o sentimento de insegurança, tanto para os professores como para os estudantes e os funcionários.

O "caso Edna Soter de Oliveira"

Muitos docentes e funcionários da Universidade de Brasília tinham sido postos à sua disposição por outras instituições, como o Ministério da Educação e Cultura, sendo seus salários pagos pela UnB. Nunca nos ocorrera que o relativo grande número de colaboradores nessas condições constituía uma fragilidade da universidade, pois ela poderia ser esvaziada se o retorno daquelas pessoas fosse requisitado.

Poucas semanas após o "caso Fiori", o processo de chamar professores de volta às suas instituições de origem, com o fim de afastá-los da universidade, foi iniciado com a ordem do ministro da Educação e Cultura para que a antropóloga Edna Soter de Oliveira retornasse ao Ministério.

Dirigindo a Secretaria-Geral de Alunos, Edna de Oliveira tinha muito contato com os estudantes, pois sua função consistia em organizar seus dossiês e dar-lhes informações administrativas. No entanto, *dona Edna*, como era chamada pelos alunos, não se limitava a dar-lhes informações; dedicava parte do seu tempo a ouvi-

A universidade interrompida 203

-los, dando-lhes assistência mais ampla do que seu cargo exigia, atuando como conselheira, disposta a orientá-los. A consequência dessa dedicação é que se tornou uma das pessoas mais queridas da universidade.

Ora, os serviços policiais tinham a ideia de que pessoas ouvidas pelos estudantes poderiam influenciá-los em tudo, até para indisciplina ou rebelião. Não estamos apresentando conjecturas. A afirmação foi feita na polícia a professores que tinham sido presos, como argumento para justificar as suas prisões. Durante um interrogatório, foi-lhes dito que, como os alunos os procuravam para pedir conselhos em seus estudos, era natural que a polícia quisesse saber se, entre esses conselhos, alguns não deslizavam para incitação à greve ou à subversão. Naquela época de paradoxos, quem tivesse o privilégio de ser apreciado por jovens podia ser considerado potencialmente perigoso.

Contra sua vontade, Edna Soter de Oliveira foi chamada de volta para um trabalho de rotina no ministério, apesar de ser óbvio para todos que ela era muito mais útil na universidade.

Será que o ministro da Educação, Flávio Suplicy de Lacerda, não pensou que tal fato, aos olhos de todos sem justificação, poderia ser interpretado como obra de velhos demônios apontando no horizonte mal definido? Pois foi ele assim interpretado, principalmente pelos estudantes.

O próprio Zeferino Vaz foi tomado de surpresa. Tentou manter Edna de Oliveira na universidade, enviando ao ministro detalhada Exposição de Motivos, que não foi levada em consideração. Esse fato abalou-o e, juntamente com o incidente Fiori, teve influência em sua decisão de deixar a reitoria, pois pela segunda vez era desacreditado.

O "caso Las Casas"

Quase simultaneamente com a requisição de Edna de Oliveira, o ministro da Educação provocou novo conflito, o "caso Las Casas".

O sociólogo Roberto Décio Las Casas tinha sido posto à disposição da universidade pelo Ministério da Educação e Cultura, por solicitação oficial do reitor, que atendeu a um pedido do Instituto Central de Ciências Humanas.[10] Las Casas lecionava sociologia a estudantes regularmente matriculados no curso.

Inesperadamente, o ministro determinou seu retorno ao ministério, *três meses* após ter concordado em deixá-lo à disposição da universidade:

Aviso nº 965, de 7 de julho de 1965.

Magnífico Reitor,
Solicito a Vossa Magnificência no sentido de que o professor Roberto Décio Las Casas, atualmente à disposição dessa Universidade, se apresente ao Instituto Nacional de Estudos Pedagógicos – Inep – onde é lotado.
Aproveito o ensejo para apresentar a Vossa Magnificência manifestações do meu apreço.[11]

Incontestavelmente, um ministro tem o direito de pedir o retorno de um funcionário ao seu ministério. No entanto, é difícil concebermos que, tendo posto um sociólogo à disposição da nova universidade, que aproveitaria plenamente da sua colaboração, o ministro perceba, três meses mais tarde, que aquela pessoa lhe era indispensável. O pedido de devolução de Las Casas foi, portanto, recebido com surpresa e emoção. Não podiam deixar de ser preocupantes os três fatos ocorridos num período de dois meses, o veto ao contrato de Ernani Maria Fiori e as ordens de retorno ao ministério de Edna de Oliveira e Roberto Las Casas.

A estas se adicionavam outras preocupações, oriundas do financiamento insuficiente, porque a lei que criou a universidade não

---

[10] Posto à disposição da Universidade de Brasília em consequência da Exposição de Motivos nº 279, de 14 de abril de 1965, publicada no *Diário Oficial* do dia 26 de abril.

[11] *Diário do Congresso Nacional*, suplemento ao nº 12, 16 de fevereiro de 1966, p. 18.

era cumprida. O próprio reitor não ocultava a má disposição do Ministério da Educação e Cultura para a alocação das verbas.[12] As condições materiais eram difíceis: havia falta de apartamentos para professores, alguns residindo em hotéis com suas famílias; os alojamentos para estudantes eram pouco numerosos e precários; o restaurante era insatisfatório, a reitoria subvencionando parte das refeições dos alunos; as verbas para a instalação de bons laboratórios de ensino e para a pesquisa eram quase inexistentes; não havia instalações adequadas para a prática de esportes e o progresso nas construções era lento.

Foi nesse clima que Zeferino Vaz, no dia 11 de agosto, comunicou ao ministro que Roberto Las Casas tinha sido informado de seu Aviso nº 965.

> Senhor Ministro,
> Comunico a Vossa Excelência que o professor Roberto Las Casas, atualmente à disposição desta Universidade, tomou conhecimento do Aviso nº 965, de 7 de julho último, desse Ministério, segundo o qual se deve apresentar no Instituto Nacional de Estudos Pedagógicos, onde é lotado.
> Aproveito a oportunidade para renovar a Vossa Excelência, Senhor Ministro, meus protestos de alta estima e elevada consideração.[13]

Os estudantes, tolerando com dificuldade as más condições materiais que se prolongavam, pelos fins de agosto fizeram uma greve de três dias. A maioria dos professores e o próprio Zeferino Vaz consideravam que as suas reivindicações eram justas. Ficamos, todavia, preocupados com aquela ação num momento em que a universidade, ainda frágil, estava sendo muito visada.

---

[12] Idem, p. 7.
[13] Idem, p. 19.

Declarações ameaçadoras do reitor em uma assembleia tumultuosa

Com as ingerências do exterior e a greve dos estudantes preocupando, no dia 24 de agosto os professores comunicaram a Zeferino Vaz que se iam reunir em assembleia. O reitor decidiu participar e presidi-la, e convidou para assistir a ela Laerte Ramos de Carvalho, já designado seu sucessor, que deveria assumir a reitoria uma semana mais tarde e encontrava-se na universidade naquele dia. A presença do novo reitor causou surpresa para todos, pois Zeferino Vaz não tinha dito a ninguém, nem mesmo aos coordenadores, que Laerte Ramos de Carvalho o substituiria na reitoria.

Nesse primeiro contato com os professores, a atitude do novo reitor, ainda não empossado, foi muito significativa. Depois de apresentado por Zeferino Vaz, tomou a palavra durante alguns minutos e considerou importante dizer-nos, além do prazer em ir para a Universidade de Brasília, que era apoiado por Júlio de Mesquita Filho, diretor do jornal *O Estado de S. Paulo*, onde escrevia sobre educação. A reação geral foi de surpresa, pois não teria ele nada mais interessante para nos comunicar? Pode-se perguntar o que as ligações pessoais do reitor têm a ver com a universidade. Não têm nada a ver, porém ele estava-nos transmitindo uma mensagem política. Júlio de Mesquita Filho definia-se, em relação ao governo, como partidário da "linha dura", a ala mais radical do regime.[14]

Ao nos contar suas ligações com o diretor do jornal, que esteve envolvido em sua escolha para reitor, Laerte de Carvalho queria mostrar-nos a sua posição política, que, em princípio, deveria ser uma questão pessoal sua, mas ali estava sendo amalgamada com a reitoria da universidade. As atitudes que tomou nas semanas seguintes foram coerentes com essa autoapresentação.

Naquela reunião com os professores, Zeferino Vaz fez declarações que surpreenderam a todos, começando pelos coordenadores, e provocaram fortes reações. Sem que ninguém lhe tivesse feito qualquer pergunta a respeito de suas ações no passado, ele tomou a

---

[14] Ver o capítulo "Reações da imprensa - jornais que atacavam os professores" e o *Diário de S. Paulo* de 5 de dezembro de 1965.

A universidade interrompida   207

iniciativa de dizer que os docentes que demitiu em maio de 1964 eram *medíocres* e que essa era a razão das suas demissões, o que representava uma inadmissível falsificação da história. Foi a primeira vez que lançou o pretexto que seria usado por ele e pelo seu sucessor, tentando justificar demissões: o da *mediocridade*.

Se Zeferino Vaz tivesse premeditado provocar um tumulto, não poderia ter encontrado palavras mais adequadas. Pois, logo após dizer que considerava medíocres os docentes que tinha demitido no ano anterior, disse: *Há ainda muitos medíocres, cujos currículos têm de ser revistos.*[15] E acrescentou que o *currículo do professor Las Casas é medíocre.*[16]

Quem poderia errar na interpretação dessas afirmações? Não estava Zeferino Vaz deixando claro que outras demissões seriam preparadas? Longe de agir a fim de restaurar a confiança e acalmar os espíritos, ele reforçou a convicção de que as arbitrariedades continuariam. A seguir, lançou-se num monólogo, completamente fora de propósito, a respeito de currículos que teriam de ser revistos. O reitor jamais tinha tocado nesse assunto com os coordenadores, que, como já vimos, eram atentos ao nível do corpo docente.[17]

Como é fácil imaginar, aquelas declarações do reitor não produziam entusiasmo, ecoavam num silêncio de morte. Em contraste, os professores que defendiam os colegas demitidos eram aplaudidos. Essa diferença de tratamento foi recebida como ofensa pessoal por Zeferino Vaz, que, amargurado, em seu depoimento na CPI descreveu a cena como tendo sido *vaiado*, vítima, portanto, de falta de respeito dos professores. Na verdade, ele não foi vaiado, simplesmente não foi aplaudido.

Os dois reitores ficaram surpresos com o fato de as pessoas exprimirem-se livremente em suas presenças, e a partir desse dia, quando falavam daquela assembleia, esforçavam-se para apresentar professores e estudantes como *indisciplinados*, e a *indisciplina* como um tipo de *subversão*, como fizeram, por exemplo, em seus

---

[15] *Diário do Congresso Nacional*, suplemento ao nº 12, 16 de fevereiro de 1966, p. 56.

[16] Idem, p. 56.

[17] Ver a seção "Proteger as estruturas", no capítulo "O começo".

depoimentos na CPI.[18] Especialmente o novo reitor, chocado, foi longe em seu julgamento, declarando: "O problema da Universidade de Brasília é um problema que caracterizo com sendo, na situação atual, de indisciplina generalizada".[19]

Nossa preocupação era real, e o que temíamos aconteceu. O adjetivo *medíocre* passou a significar *estar na mira para ser expulso da universidade*. A acusação de mediocridade, de falta de títulos e a pretensa necessidade de revisão de currículos passaram a fazer parte de uma tática para tentar justificar demissões. Foi segundo essa linha que Laerte Ramos de Carvalho, apesar de recém-chegado, sem conhecer a universidade, nem os docentes, nem os seus currículos, nem os seus níveis na carreira, nem o que faziam, declarou na CPI: "O problema da revisão dos currículos dos professores, não há dúvida de que esse é um dos mais sérios problemas da Universidade de Brasília".[20]

Mostraremos como exemplo, no próximo capítulo, como esse pretexto foi utilizado no afastamento de Pompeu de Souza e de Las Casas e os verdadeiros motivos de suas demissões, que não eram divulgados.

No dia seguinte ao da assembleia dos professores, a reitoria enviou um ofício ao ministro da Educação e Cultura pelo qual considerava Las Casas devolvido ao ministério.

Ofício nº 49-65, de 25 de agosto de 1965.

Senhor Ministro,

Pelo presente, tenho a honra de atender à solicitação de Vossa Excelência, contida no seu Aviso nº 965, no sentido de fazer retornar a esse Ministério o assistente de educação Roberto Décio Las Casas, cedido a esta Universidade nos termos da Exposição de Motivos nº 279, de 14 de abril de 1965, publicada no Diário Oficial de 26 do mesmo mês.

---

[18] *Diário do Congresso Nacional*, suplemento ao nº 12, 16 de fevereiro de 1966, p. 9.
[19] Idem, p. 18.
[20] Idem, p. 25.

Ao agradecer a Vossa Excelência a atenção com que sempre tem distinguido a Universidade de Brasília, aproveito a oportunidade para renovar-lhe os meus protestos de alta estima e distinta consideração.[21]

Um documento importante elaborado pelos professores

Passado um dia, o tempo necessário para fazer uma redação cuidadosa das conclusões da assembleia e para que os interessados pudessem assiná-la, os professores enviaram ao reitor a carta seguinte:

Brasília, 26 de agosto de 1965.
Excelentíssimo Senhor
Professor Doutor Zeferino Vaz
Magnífico Reitor da Universidade de Brasília.

Magnífico Reitor,
Os Professores da Universidade de Brasília que abaixo assinam o presente documento, unanimemente aprovado em assembleia geral,
considerando
que, na assembleia geral do corpo docente, realizada sob sua presidência no dia 24 de agosto, ficou patenteada a opinião unânime de precedência e justeza dos motivos que levaram os estudantes da Universidade ao movimento de greve em curso;
que Vossa Magnificência mesmo expressou, reiteradamente, o ponto de vista acima enunciado, com só a ressalva de que desaprova o veículo de luta adotado pelos estudantes por lhes ser vedado, na legislação vigente, o direito de greve – ressalva essa a que vários dos professores presentes àquela assembleia e signatários desta declaração dão e reiteram seu apoio;

---

[21] Idem, p. 19.

que, dessa forma, ficou positivada a unidade de pensamento dos corpos discente, docente e dirigente da Universidade na caracterização dos motivos de crise que, atualmente, perturbam e ameaçam a própria existência da UnB;

que a outra evidência resultante dos debates havidos naquela assembleia foi a de que contribui decisivamente para a crise acima mencionada e constitui fator fundamental de todas as contradições internas na Universidade a circunstância de, até hoje, não se terem instituídos os vários órgãos da estrutura permanente determinada pelo seu Estatuto;

que, desse modo, a grande contribuição que a direção da UnB pode e deve dar, presentemente, à superação da crise interna da universidade e à unificação da comunidade universitária na resistência unânime e organizada à crise externa que a ameaça, será o uso, pelo Conselho Diretor da Fundação Universidade de Brasília, dos poderes excepcionais que lhe confere o Título VIII das Disposições Transitórias do Estatuto, especialmente seu artigo 89, na adoção de providências para a imediata vigência das disposições permanentes do Estatuto;

resolvem

a) manifestar a Vossa Magnificência a expectativa de uma pronta convocação do Conselho Diretor da Fundação Universidade de Brasília para o fim expresso de fazer pôr em funcionamento efetivo e imediato a estrutura permanente da Universidade, instituindo, desde logo, e dando-lhes pleno exercício, os diversos órgãos previstos no Estatuto da UnB, munidos de toda a autoridade legal respectiva, especialmente do poder de revisão dos atos de admissão e das categorias docentes atribuídas aos professores admitidos no período de vigência do artigo 89 do Estatuto;

b) não admitir qualquer dispensa ou revisão de categoria docente dos atuais professores durante a vigência do referido artigo 89;

c) solicitar da Reitoria que, juntamente com os coordenadores e os professores, promova gestões a fim de atender às justas reivindicações dos estudantes e instrutores, restabelecendo,

A universidade interrompida 211

assim, o clima de tranquilidade indispensável para os trabalhos universitários.[22]

Seguem-se as assinaturas de mais de uma centena de professores.

A parte fundamental desse documento são os itens *a* e *b* finais. No primeiro, é pedido ao Conselho Diretor que fossem postos em prática os órgãos permanentes, previstos no estatuto, que permitiriam a direção colegial da universidade, com responsabilidades bem definidas nos vários setores. Entre essas, estavam o exame de currículos e a atribuição de níveis na carreira dos docentes. Os coordenadores já tinham insistido muito com os reitores sobre a necessidade de entrada em vigor da estrutura permanente, sem sucesso.

Como aqueles órgãos de direção não existiam, funcionava o artigo 89 das Disposições Transitórias, que dava ao reitor poderes absolutos.[23] No item *b*, os professores declaram não admitir dispensa ou revisão de categorias "somente durante a vigência do artigo 89", isto é, não admitir mais a expulsão arbitrária de docentes, pelo reitor, sem controle estatutário. Ninguém era contra a revisão de currículos, se sua necessidade fosse expressa por comissões legais e competentes. A exigência ao respeito às normas universitárias não significava que considerávamos o professor pessoa intocável, com privilégios especiais.

O documento é aceito pelos dois reitores e pelo Conselho Diretor

Dois dias após a assembleia, Pompeu de Souza e eu entregamos cópias da carta dos docentes a Zeferino Vaz, ao seu sucessor na reitoria, Laerte Ramos de Carvalho, e ao vice-reitor Almir de Castro.

O reitor em exercício e o futuro receberam, por conseguinte, aquele documento, que foi apresentado ao Conselho Diretor em reunião de 1º de setembro, quando Laerte de Carvalho assumiu o

---

[22] Arquivo pessoal do autor.
[23] Ver a seção "Sem estatuto", no capítulo "O começo".

cargo. O modo mais simples de descrever fielmente o que ocorreu é fazer a transcrição de partes do meu depoimento oficial na CPI (capítulo 19):

> Houve a reunião do Conselho Diretor, na qual o professor Laerte Ramos de Carvalho foi eleito pelos conselheiros presidente da Fundação Universidade de Brasília e, como consequência, automaticamente reitor. De acordo com o estatuto, o presidente da Fundação é automaticamente reitor. O professor Zeferino Vaz levou este documento. Quando ele começou a lê-lo, o doutor Oswaldo Trigueiro, membro do Conselho, interrompeu-o e perguntou: "Mas Vossa Excelência está de acordo? Porque o reitor é o legado do Conselho. Se o reitor está de acordo, o Conselho está automaticamente de acordo e lega ao reitor os poderes para tomar todas as providências que julgar necessárias". O professor Zeferino Vaz disse que estava de acordo. Eu estava presente, porque sou membro suplente do Conselho, assim como o professor Antônio Cordeiro. Ambos estávamos presentes. Ainda me lembro do seguinte detalhe. O doutor Luís Viana Filho levantou a mão para pedir a palavra ao mesmo tempo que o doutor Oswaldo Trigueiro. Depois deste ter falado, foi dada a palavra ao doutor Luís Viana, que disse: "Não. Eu ia fazer exatamente a mesma proposta que o doutor Trigueiro acaba de fazer". Dois conselheiros propuseram que, se o reitor estivesse de acordo, o Conselho estaria de acordo. Foi solicitado que o documento ficasse transcrito na ata da reunião e que o reitor tomasse as providências que julgasse necessárias. Portanto, o professor Zeferino Vaz e o professor Laerte Ramos de Carvalho, que estava ali tomando posse, ambos aceitaram este documento.[24]

Mais adiante, continuei:

> Como se isto não bastasse, alguns dias depois os coordenadores tiveram uma reunião com o professor Laerte Ramos de Carvalho. Falamos de ideias que tínhamos para colocar os estatutos da Universidade em funcionamento e perguntamos se ele

---

[24] *Diário do Congresso Nacional*, suplemento ao nº 12, 16 de fevereiro de 1966, p. 56.

aceitaria isso. A resposta foi a seguinte: "Os coordenadores constituem a assessoria do reitor e do Conselho Diretor. Indico, então, os senhores coordenadores para estudarem o método de colocar os estatutos da Universidade em funcionamento". Para que não houvesse dúvidas quanto ao item *b* e a ameaça que pesava sobre o professor Las Casas, o professor Tiomno, aqui presente, perguntou: "E a respeito do item *b*, o senhor continua de acordo? Como fica o caso do professor Las Casas?". O reitor respondeu: "Continuo. O caso do professor Las Casas é problema dele, não é meu. O professor Las Casas é funcionário do Ministério da Educação. Vai para lá se quiser. Se não quiser, pode continuar ou não a ser professor na Universidade de Brasília. Isso é problema dele, não é meu".[25]

A afirmação do reitor de que Roberto Décio Las Casas *pode continuar ou não a ser professor na Universidade de Brasília, que isso é problema dele, não é meu* desanuviou a atmosfera carregada na universidade. Não havia razão para que não considerássemos as questões bem encaminhadas e a crise superada.

Atendendo à solicitação do reitor, os coordenadores elaboraram um plano para a entrada em vigor das disposições permanentes do estatuto, que poderia ser executado em menos de um mês.[26]

Las Casas "devolvido"

As atividades na universidade retomaram o ritmo normal. No dia 3 de setembro, o reitor Laerte Ramos de Carvalho nomeou Roberto Las Casas secretário executivo do Instituto Central de Ciências Humanas, posto para o qual tinha sido eleito por seus colegas.

O coordenador do instituto enviou um memorando ao reitor, pedindo-lhe que fizesse sentir ao ministro da Educação a necessidade de se manter Las Casas à disposição da universidade. No dia 14 de setembro o reitor endereçou o memorando ao ministro:

---

[25] Idem, p. 56.
[26] Uma cópia desse plano consta do arquivo pessoal do autor.

Ofício FUB-518-65, de 14 de setembro de 1965.

Senhor Ministro,
Cumpro o dever de encaminhar a Vossa Excelência o Memorando nº 351-65, enviado a esta Reitoria pelo Coordenador do Instituto Central de Ciências Humanas. Encareço a Vossa Excelência a apreciação do pedido que ora lhe transmito.

O ofício que encaminho é do Professor Machado Neto, Coordenador do Instituto Central de Ciências Humanas:

O Instituto Central de Ciências Humanas, tomando conhecimento, em reunião de hoje, do Aviso nº 965, do Excelentíssimo Senhor Ministro da Educação, no qual se solicita o retorno do Professor Roberto Décio Las Casas ao Inep, manifesta a Vossa Excelência pedindo fazer sentir ao Senhor Ministro a necessidade de se manter o colega em apreço no profícuo trabalho que aqui vem realizando, tanto como Secretário-Executivo deste Instituto, cargo para o qual foi eleito por unanimidade por seus colegas, quanto como professor e pesquisador do setor de Sociologia.

Com a intenção de destacar apenas um significativo aspecto da atuação presente do Professor Roberto Décio Las Casas, saliento que o mesmo é responsável pela disciplina "Introdução à Sociologia" para uma turma de 85 alunos regularmente matriculados.

Confiando no elevado espírito universitário de Vossa Excelência, subscrevo-me,

Renovo, Senhor Ministro, os protestos de minha mais alta estima e consideração.[27]

Tudo nos dava a impressão de que a universidade tinha retomado a vida normal. A realidade, no entanto, voltou como um golpe ao nosso otimismo. No dia 28 de setembro, Roberto Las Casas, que tinha trabalhado todo o mês, foi informado de que seu nome tinha

---

[27] *Diário do Congresso Nacional*, suplemento ao nº 12, 16 de fevereiro de 1966, p. 19.

A universidade interrompida 215

sido retirado da folha de pagamento e seu salário não tinha sido previsto. Detalhe extremamente grave, ninguém foi indicado como responsável: o funcionário recusou-se a dizer a Las Casas de quem tinha recebido ordens, o reitor e o diretor-executivo, contatados, afirmaram ignorar o fato.

Por curiosa coincidência, no dia seguinte o ministro da Educação comunicou ao reitor que não manteria Las Casas à disposição da universidade:

Aviso nº 1683, de 29 de setembro de 1965.

Magnífico reitor,

Acuso o recebimento do Memorando 351-65 do Coordenador do Instituto Central de Ciências Humanas dessa Universidade, sobre o retorno do Professor Roberto Décio Las Casas ao Instituto Nacional de Estudos Pedagógicos.

Não obstante as considerações apresentadas favoráveis à permanência do referido Professor no Instituto, lamento informar que, infelizmente, não é possível atender.

Na oportunidade, renovo a Vossa Magnificência protestos de estima e consideração.[28]

Contrariamente ao que tínhamos pensado, os problemas não estavam resolvidos. Sem levar em conta os trabalhos e a necessidade de que deixassem a universidade tranquila, as ingerências externas continuavam. Até quando?

---

[28] Idem, p. 19.

Capítulo 13

A grande crise

Toda pessoa acusada de delito tem direito a que se presuma sua inocência, até que não se prove sua culpabilidade de acordo com a lei e com um processo público, no qual lhe tenham sido asseguradas todas as garantias necessárias à sua defesa.

(Artigo 11.1 da Declaração Universal dos Direitos do Homem)

Logo após a demissão de Ernani Maria Fiori e o retorno ao Ministério da Educação de Edna Soter de Oliveira, as ingerências externas manifestaram-se na insistência para afastar Roberto Décio Las Casas da universidade. Quando souberam que seu nome tinha sido retirado da folha de pagamento, os coordenadores procuraram o reitor para se inteirar do que estava ocorrendo.

Laerte de Carvalho, que, em suas próprias palavras, aceitou o cargo de reitor para servir ao governo, passou a tomar atitudes com imprevisível leviandade, em situações extremamente graves. Os acontecimentos precipitaram-se, poderíamos dizer – se não parecesse irônico – com a lógica da repressão e levaram a UnB à sua grande crise, talvez a maior crise universitária que o Brasil já conheceu.

O reitor volta atrás, os coordenadores demitem-se de seus cargos

Os fatos que se sucederam foram expostos por mim na Comissão Parlamentar de Inquérito. Para narrá-los fielmente, retomarei partes do meu depoimento (capítulo 19). Descrevi a reunião com o reitor, em que os coordenadores queriam saber por que o nome de um professor, que estava em atividade, tinha sido excluído da folha de pagamento, arbitrariamente, sem que o próprio coordenador do instituto em que o professor trabalhava fosse informado:

> O professor Machado Neto, coordenador do Instituto Central de Ciências Humanas, perguntou o que iria acontecer ao professor Las Casas. A resposta do professor Laerte Ramos de Carvalho foi a seguinte: "O caso está entregue ao Conselho Jurídico, que vai julgar se ele tem ou não tem vínculo trabalhista com a Universidade de Brasília". O professor Las Casas, sendo funcionário do Ministério da Educação, o professor Machado Neto perguntou: "Mas, se ele não tiver vínculo trabalhista, então ele quer pedir demissão no Ministério e continuar somente na Universidade". A isso o reitor respondeu: "O professor Las Casas eu não admito".[1]

Poucos dias antes, o reitor afirmara aos coordenadores que o *professor Las Casas pode continuar ou não a ser professor na Universidade de Brasília. Isso é problema dele, não é meu.* Por que voltava atrás em sua posição? A experiência que vivemos a seguir autoriza-nos a pensar que recebeu instruções. Já tínhamos visto muita absurdidade na Universidade de Brasília; contudo, essa posição do reitor surpreendeu-nos.

Continuei, no depoimento:

> Então nós lembramos ao reitor o compromisso que ele tinha assumido para conosco e, através dos coordenadores, para com toda a Universidade. A esta altura, o professor Laerte Ramos de Carvalho fez a seguinte declaração, que pode ser confirmada por todos os coordenadores: "Eu não sabia, quando aceitei esse compromisso, que o caso do professor Las Casas estava incluído". A isso, o professor Lages Lima, que é matemático, e bom matemático, disse: "Mas, reitor, eu quando ensino matemática, digo aos meus estudantes que o particular está sempre contido no geral. Portanto, se isso vale para qualquer professor, também vale para o professor Las Casas". E o professor Laerte disse: "Não. O caso

---

[1] *Diário do Congresso Nacional*, suplemento ao nº 12, 16 de fevereiro de 1966, p. 56.

A universidade interrompida   219

do professor Las Casas é diferente. A ele não se aplica. O professor Las Casas eu não admito".[2]

Essa mudança de atitude criava-nos sério problema. À medida que a reunião avançava, mais nos convencíamos de que o abismo entre as ideias do reitor e as nossas não podia ser superado, e ficávamos em situação difícil, porque ele passou a demonstrar falta de confiança e falta de respeito para conosco, que éramos os seus colaboradores mais próximos. Acabamos solicitando demissão de nossos cargos, pois não se pode exercer um cargo de confiança na desconfiança.

Inicialmente não tínhamos pensado em nos demitir, não houve premeditação, nenhuma combinação prévia. É preciso ter presente no espírito que essas discussões demoravam horas. Foi o nível tomado pela conversa que nos mostrou o caminho. Para que a continuidade dos trabalhos não se interrompesse, prontificamo-nos a continuar em nossos postos, como demissionários, cumprindo as tarefas administrativas até que substitutos fossem nomeados.

O reitor começou a ficar isolado na universidade. Quando souberam que nos tínhamos demitido dos cargos de coordenadores, os colegas dirigiram moções de solidariedade, qualificando-nos como os únicos depositários da sua confiança.

Os fatos subsequentes mostraram que as previsões dos coordenadores sobre o futuro eram corretas.

A carta de demissão dos coordenadores

Os coordenadores enviaram ao reitor, no mesmo dia, a carta de demissão:

Brasília, 30 de setembro de 1965.
Ao Excelentíssimo Senhor
Professor Doutor Laerte Ramos de Carvalho
Magnífico Reitor da Universidade de Brasília
Magnífico Reitor,

---

[2] Idem, p. 56.

Os coordenadores da Universidade de Brasília dirigem-se a Vossa Magnificência para relatar os esforços que têm realizado desde os primeiros meses deste ano a fim de assegurar a sobrevivência desta Universidade e expor as razões por que, no final da reunião que acabam de ter com Vossa Magnificência, solicitaram demissão das funções de coordenação que até agora têm exercido.

Já no mês de maio exprimiram, por várias vezes, ao então reitor, professor Zeferino Vaz, sua profunda preocupação pela situação atual e futura da Universidade de Brasília, com sua autonomia ameaçada por tentativas de interferência externa, tendo, afinal, registrado essa preocupação na carta enviada ao reitor no dia primeiro de junho (anexo 1).[3]

Daquela data para cá, só se tem agravado a situação da Universidade: o que então eram rumores de possível ingerência externa resultou em fatos concretos, tendo gerado um clima de intranquilidade incompatível com o trabalho universitário. Esse clima de desassossego tem-se acentuado, porque se vai tornando evidente para professores, instrutores e alunos que há, em importantes setores do poder público, total incompreensão pelo que se quer fazer na Universidade de Brasília.

Em meio a essa situação, mantiveram os coordenadores posição conscientemente moderadora, procurando, por um lado, evitar que na universidade se exacerbassem os ânimos e fossem adotadas ações coletivas de protestos, que dificultariam ainda mais a vida da instituição; e, por outro lado, empenhando-se junto às autoridades governamentais por uma atitude de compreensão pelo trabalho universitário da UnB e pela busca de soluções legais para os problemas das relações entre esta e o governo.

Não obstante promessas feitas tanto ao reitor quanto aos coordenadores, assim como aos estudantes, não tem tido a Universidade as condições mínimas de trabalho universitário respeitável – faltam-lhe salas de aula, laboratórios, equipamento, alojamento para professores e estudantes, mal havendo

---

[3] Anexo 1 é a carta de 1º de junho de 1965, referência 6 do capítulo 12.

as verbas estritamente necessárias para a cobertura da folha de pagamento.

Em contraste com a atitude moderadora dos coordenadores, que tem visado a estabelecer na Universidade um clima de tranquilidade e trabalho intenso, algumas autoridades civis e militares continuam a dizer que há na Universidade de Brasília professores que, no entender das mesmas, nela não devem continuar.

A fim de superar a situação de crise aguda em que entrava há um mês a Universidade, com greve declarada dos estudantes e dos instrutores, dirigiram-se os coordenadores ao Conselho Diretor da Fundação Universidade de Brasília, através do então reitor, professor Zeferino Vaz, com a carta anexa (anexo 2),[4] da qual foi enviada cópia a Vossa Magnificência. Nesse documento, dando expressão à decisão unânime da assembleia geral dos professores, solicitava-se, para estabelecer o clima de confiança e tranquilidade imprescindível aos trabalhos universitários, a sustação de quaisquer processos de dispensa de professores até que se instalassem os órgãos universitários previstos no Estatuto, ao mesmo tempo em que se pedia que esses órgãos fossem instalados com a maior brevidade possível.

Havendo o Conselho Diretor tomado conhecimento daquela carta e deferido ao reitor a atribuição de providenciar o atendimento da mesma, e tendo Vossa Magnificência, em seu primeiro encontro com os coordenadores, assegurado seu propósito de satisfazer as reivindicações nela contidas, deram os professores da Universidade, em assembleia geral de 2 de setembro, voto de confiança a Vossa Magnificência, retificado em documento escrito e assinado, que acabamos de depositar em suas mãos.

Já há cerca de um mês se retomava, com isso, o ritmo normal de trabalho docente, quando, há dois dias, soube-se da exclusão da folha de pagamento do nome de um professor da Universidade, que é também funcionário do Ministério da Educação e Cultura. Tal fato poderia ser considerado normal,

---

[4] Anexo 2 era o documento de 26 de agosto de 1965, referência 22 do capítulo 12.

desde que aquele professor foi chamado de volta à repartição de origem. O grave, entretanto, é que o professor em causa desde há vários meses vem sendo citado por autoridades extra-universitárias como uma das pessoas que não deveriam aqui permanecer, e a retirada de seu nome da folha de pagamento não pode deixar de ser considerada como tentativa de excluí-lo da universidade.

Persistem, pois, as evidências de que as ingerências externas tendem a continuar. E, na reunião de agora, disse Vossa Magnificência que é necessário erradicar as causas da intranquilidade, o que, na situação atual, é interpretado pelos coordenadores como atribuir legitimidade às interferências externas. Estas, desde a gestão de seu antecessor, comprometem a autonomia do trabalho intelectual dos professores, sempre realizado dentro do mais rigoroso acatamento às leis do País, ao Estatuto e às normas de funcionamento da Universidade de Brasília.

Manifestou mais Vossa Magnificência mesmo sua convicção de que, sob sua gestão ou sob a de quem quer que venha a exercer o cargo de reitor, nas atuais circunstâncias a tranquilidade não voltará, de maneira alguma, à vida e às atividades universitárias.

Vossa Magnificência, lamentavelmente, interpretou como pressão as gestões que os coordenadores, no exercício de suas funções, fizeram na reunião de hoje ao lhe solicitarem, pura e simplesmente, o atendimento do item *b* do documento enviado ao Conselho Diretor (anexo 2), pelo qual se comprometera Vossa Magnificência, mediante os coordenadores, com toda a universidade.

Acham-se, assim, os coordenadores incompatibilizados para a função de representar a reitoria perante os corpos docente e discente da universidade, pois se consideram impossibilitados de cumprir seu dever de defensores da autonomia universitária, condição inseparável da dignidade intelectual de professores e estudantes.

Devem acrescentar que permanecem respondendo pelo expediente de seus cargos respectivos, apenas no cumprimento do dever de assegurar a continuidade existencial da universidade, pela qual estão dispostos, como sempre, a todos os sacrifícios, menos aos que importem na quebra dos padrões intelectuais, éticos e legais que constituem sua razão de ser.

Assinado:
Roberto A. Salmeron
Antônio R. Cordeiro
Cláudio Santoro
A. L. Machado Neto
Elon Lages Lima
Otto Gottlieb
Aryon D. Rodrigues
R. Pompeu de Souza
João da Gama F. Lima
Alcides da Rocha Miranda
Italo Campofiorito
Jayme Tiomno
Mário de Souza Lima[5]

Os termos da carta revelam a atitude serena dos coordenadores, coerentes em todas as crises por que a universidade passou naquele período, na determinação de contribuírem para a restauração da tranquilidade.

Os coordenadores procuram o diálogo

Na situação de impasse, os coordenadores procuravam autoridades civis e militares, deputados, senadores, para explicar os trabalhos em realização na universidade, aberta a todos os que quisessem investigar, alertando sobre o perigo de se tornarem inviáveis os planos elaborados para o futuro, se as interferências externas continuassem. Entre os que contatamos, estavam Plínio Cantanhede, prefeito do Distrito Federal e membro do Conselho Diretor da Fundação

---

[5] Arquivo pessoal do autor. As assinaturas são aqui transcritas na ordem em que aparecem no documento original.

Universidade de Brasília, portanto com responsabilidade direta em sua evolução, e o general Golbery do Couto e Silva, chefe do Serviço Nacional de Informações, um dos homens fortes do regime; durante as conversas, que não produziram nenhum efeito, mantiveram-se prudentes, quase se limitaram a nos ouvir.

A última reunião dos coordenadores com o reitor

O reitor convidou vários coordenadores, individualmente ou em pequenos grupos, para discutir. Todos procuraram convencê-lo de que não podia tratar o caso Roberto Las Casas como estava tratando e insistiram em mostrar-lhe que, se afastasse mais um professor, quem quer que fosse, depois de tudo o que já tinha ocorrido na universidade, as consequências seriam desastrosas.

Em 8 de outubro, os coordenadores tiveram uma última reunião com o reitor, que girou em torno de vínculos trabalhistas com a universidade. Assim a descrevi na CPI:

> O reitor compareceu à reunião com dois consultores jurídicos, que foram de parecer que o professor Las Casas, como qualquer funcionário requisitado de qualquer Ministério público, não tinha vínculo trabalhista com a universidade. Uma vez devolvido ao ministério de origem, não tinha ligação nenhuma com a universidade. Então perguntamos ao professor Laerte de Carvalho se estava a par de que mais de 50% dos professores da Universidade de Brasília estavam nessas condições. E perguntamos mais: se os professores já se sentem inseguros sem essa notícia, Vossa Magnificência imaginou o que vai acontecer se agora se espalhar pela universidade que os professores requisitados não têm vínculo de trabalho? Significa que a Universidade de Brasília poderá ser esvaziada de professores por uma penada de qualquer ministro, sem dar satisfação a ninguém.[6]

Machado Neto argumentou aos consultores jurídicos:

---

[6] *Diário do Congresso Nacional*, suplemento ao nº 12, 16 de fevereiro de 1966, p. 57.

A universidade interrompida   225

Mas isso é um parecer. Posso arranjar, de dez advogados, dez pareceres diferentes. Não há uma lei definitiva sobre isso. É uma questão de ponto de vista, que se pode julgar mais ou menos razoável. O reitor então foi categórico e disse: "O professor Las Casas eu não admito".[7]

Aquela discussão técnica sobre vínculo trabalhista não tinha sentido, as ligações entre empregado e empregador, de Las Casas para com a universidade, eram as mesmas de qualquer outro docente, porque na Universidade de Brasília não havia contratos, como já vimos. O vínculo trabalhista, para todos nós, incluindo Las Casas, era sermos pagos por ela, pois não havia nenhum documento escrito, nenhum registro oficial de que éramos empregados da Fundação Universidade de Brasília.

O ponto essencial era que Las Casas lecionava no Instituto Central de Ciências Humanas, queria continuar como professor, o instituto queria que continuasse, e, no entanto, estava sendo desligado da universidade sem que qualquer motivo de ordem acadêmica fosse avançado.

Os coordenadores, convencidos de que o antagonismo com o reitor era insuperável, reiteraram o pedido de demissão de suas funções, desta vez deixando os cargos sem esperar substitutos. Laerte Ramos de Carvalho declarou que transmitiria nossa decisão ao Conselho Diretor, o que motivou a observação de um colega: "Então Vossa Magnificência, por obséquio, diga também aos membros do Conselho Diretor que pedimos demissão por uma questão de dignidade, porque não consideramos dignos continuar a ser coordenadores nessas condições".[8]

E assim terminou nossa última reunião com o reitor.

Pretextos mentirosos e causas verdadeiras das expulsões

As demissões eram apresentadas com pretextos. As de maio de 1964, logo após o golpe de Estado, foram feitas *por conveniência da*

---

[7] Idem, p. 57.
[8] Idem, p. 57

administração, a de Ernani Maria Fiori *por impedimento legal*. As verdadeiras causas eram mantidas ocultas, circulando somente entre autoridades. Descreveremos três exemplos muito significativos. O primeiro foi-nos revelado por Antônio Rodrigues Cordeiro, que nos autorizou a publicá-lo. Como Zeferino Vaz permanecia em Brasília somente dois dias e algumas horas por semana, Cordeiro assumia o exercício da reitoria em sua ausência, em caráter provisório, antes da nomeação de um vice-reitor. Eram-lhe então entregues, por inadvertência, cartas oficiais endereçadas ao reitor com nomes de pessoas que não podiam ser professores na Universidade de Brasília.

Outros exemplos do contraste entre os pretextos e a verdade são o veto à permanência de Roberto Las Casas na universidade e a expulsão de Pompeu de Souza.

**Os pretextos e a verdade sobre o veto a
Roberto Décio Las Casas**

Quando Laerte Ramos de Carvalho disse aos coordenadores que não admitiria Roberto Las Casas, não explicou seus motivos. Mas os dois reitores apresentaram pretextos, quando arguidos na Comissão Parlamentar de Inquérito sobre a UnB. E, numa tentativa de desacreditar Las Casas, ao comentar seu diploma fizeram afirmações inverídicas.

Os estudos nas antigas Faculdades de Filosofia, Ciências e Letras – e nos atuais Institutos de Ciências ou de Letras que as substituíram – conduziam a dois tipos de diploma: "licenciatura", válido para quem quisesse lecionar no curso secundário, mas não para o ensino superior; e "bacharelado", que prepara para a pesquisa e para o magistério universitário, não para o secundário. Em maioria, os professores universitários, como eu mesmo, são somente bacharéis. Roberto Las Casas também era bacharel, portanto, em situação legal para ser docente universitário. Apesar disso, os dois reitores afirmaram, em plena Comissão Parlamentar de Inquérito, que, sendo ele bacharel, e não licenciado, não tinha o direito de ensinar em universidades. Era o contrário. E, querendo dar ênfase às suas afirmações, disseram publicamente que "ele não poderia nem ser professor de ginásio".[9] Sendo os reitores autoridades máximas de uma universidade, não podendo ignorar os regulamentos essenciais e elementares sobre diplomas, como seriam interpretadas essas deformações na informação dada aos deputados?

Os dois reitores apresentaram também, como argumento para que Las Casas não permanecesse na universidade, o fato de ele ocupar o posto de assistente sem ter dissertação de mestrado. Não era caso único, havia outros assistentes em idêntica situação, todos com cultura suficiente para obter diretamente o doutorado, sem passar pelo mestrado. Se alguma comissão competente julgasse necessário, qualquer deles poderia ter o posto rebaixado, como tinha ocorrido com alguns. Explicamos já, amplamente, a dificuldade de se impor um novo tipo de carreira, com exigência de mestrado e doutorado, na época em que esses títulos não eram obrigatórios no País.[10]

Esses eram os pretextos apresentados para que Roberto Las Casas não continuasse na universidade. Vejamos agora a verdade.

Na Comissão Parlamentar de Inquérito, o deputado Andrade Lima Filho perguntou a Zeferino Vaz: "Gostaria de saber de Vossa Excelência, que já lidou com esse corpo docente e conviveu com ele, se sabe porventura se o professor Las Casas foi atingido pelo Ato Institucional?"

Resposta: "Não, não. Sei apenas que ele teve um inquérito em Belém do Pará, acusado de atividades subversivas por um juiz de Direito".[11]

Por sua vez, Laerte Ramos de Carvalho, quando inquirido na CPI, também fez revelações interessantes ao mesmo deputado:

> Há, indiscutivelmente, na Universidade de Brasília, um grupo inconformado, um grupo de professores e de estudantes que, realmente, não tomou conhecimento deste processo revolucionário pelo qual o país está atravessando.[12]

---

[9] Ver depoimentos de Zeferino Vaz e Laerte Ramos de Carvalho nos capítulos 17 e 18.

[10] Ver as seções "Os critérios de julgamento dos docentes" e "Proteger as estruturas", nos capítulos 6 e 7, respectivamente.

[11] *Diário do Congresso Nacional*, suplemento ao nº 12, 16 de fevereiro de 1966, p. 11.

[12] Idem, p. 21.

Mais adiante, o mesmo deputado indagou:

> Outra pergunta, Magnífico Reitor, sobre o caso do professor Las Casas. Se não me falha a memória, Vossa Magnificência afirmou que o professor Las Casas não era um elemento útil à universidade, daí porque, naturalmente, não insistiu Vossa Magnificência ou não insistiu o reitor antecedente no sentido de que ele ficasse prestando seus serviços à universidade. Há alguma alegação contra o professor Las Casas, no sentido, porventura, de que seja subversivo?[13]

Resposta do reitor: "Chegou ao meu conhecimento, por exemplo, a atuação do professor Las Casas no Pará".[14]

Tendo o deputado Matheus Schmidt perguntado se a recusa em readmitir o professor Las Casas teria sido por motivos políticos ou por qualquer outra circunstância, o reitor respondeu: "Porque, pura e simplesmente, tenho informações a respeito das atividades do professor Las Casas e também em razão de seu próprio currículo".[15]

Outras informações foram dadas pelo deputado Abel Rafael, que não era membro da CPI, mas, como deputado, tinha direito à palavra. Favorável ao governo, criticou violentamente os professores da UnB, sobre os quais exprimiu sua opinião sem reservas: "Muitos desses professores podem ter na universidade o cargo de bedel, mas não o de professor".[16]

Esse deputado chegou à minúcia de pedir ao – Departamento de Ordem Política e Social – DOPS de Belo Horizonte as fichas dos professores demitidos em outubro – assunto do próximo capítulo –, e tirou suas conclusões:

> É que, quando foi recusada a admissão do professor Las Casas, está aqui a ficha dele fornecida pelo DOPS de Belo Horizonte, *eu consegui lá*, comunista militante, velho, antigo, quando foi recusada a admissão dele na universidade, se levantou o vespeiro. Qualquer outro que tivesse sido demitido da confraria,

---

[13] Idem, p. 21.
[14] Idem, p. 22.
[15] Idem, p. 24.
[16] Idem, p. 41.

da maçonaria como diz o Maia,[17] seria a mesma coação, era um enxame de marimbondos.[18]

E respondendo à pergunta irônica do deputado Mário Piva sobre quantas fichas tinha, respondeu: "Tenho treze, faltam duas... Dos quinze demitidos, tenho treze fichas aí".[19]

O verdadeiro motivo do veto à permanência de Roberto Las Casas na UnB foi, portanto, o fato de ele ser considerado politicamente *persona non grata* por órgãos policiais. Nada a ver com diplomas universitários, nada a ver com os pretextos que os dois reitores apresentavam.

Os mesmos argumentos poderiam ser usados contra os muitos cidadãos fichados no Dops. Para ser acusado de subversivo, bastava pouco. Por exemplo, tomar atitude francamente nacionalista na discussão de alguns problemas, ou simplesmente ser "denunciado" por alguém, que podia ser até um colega.

A respeito desse assunto, é ilustrativo o que pensava Zeferino Vaz, que não podia ser acusado de subversivo, sobre o ambiente na Universidade de São Paulo, onde era professor e contava com amigos em cargos de direção, e como reitor da Universidade de Brasília recebia denúncias do Serviço Nacional de Informações. Na CPI declarou, quando inquirido pelo deputado Andrade Lima Filho:

> Permita Vossa Excelência um aparte esclarecedor. Na Universidade de São Paulo, a mediocridade aproveitou-se tremendamente da revolução para acusar professores como subversivos, quando não o eram, absolutamente. Isso declarei na televisão, em São Paulo, presente o nobre deputado e meu amigo Evaldo Pinto.[20]

Houve, efetivamente tais acusações na Universidade de São Paulo, até por pessoas que tinham às vezes o objetivo de galgar posições. Houve também em outras, como na Universidade do Brasil, no Rio de Janeiro, e em instituições de pesquisa não ligadas

---

[17] Referia-se ao deputado Mário Maia, que defendia energicamente a causa dos professores.

[18] Idem, p. 42.

[19] Idem, p. 40 e 42.

[20] Idem, p. 10.

a universidades, como no Instituto Oswaldo Cruz (Manguinhos), também no Rio de Janeiro. Não é de se estranhar, portanto, que a demissão de Las Casas fosse planejada fora da universidade.

Uma carta formal e hipócrita

Em 8 de outubro, o reitor enviou a seguinte carta a Roberto Las Casas, comunicando-lhe que sua atividade na universidade cessava:

> Senhor Professor,
> Cumpro o dever de comunicar a Vossa Senhoria o recebimento, nesta data, do Aviso nº 1.683, de 29 de setembro de 1965, do Excelentíssimo Senhor Ministro da Educação e Cultura, em que Sua Excelência, respondendo ao Ofício FUB-518-65, de 14 de setembro de 1965, informou não ser possível atender ao pedido do Coordenador do Instituto Central de Ciências Humanas, consubstanciado no Memorando nº 351-65, veiculado por esta Reitoria àquele Ministério, através do qual pede o referido Coordenador seja sustada a ordem de retorno de Vossa Senhoria à repartição de origem no Ministério da Educação e Cultura.
> Como nota, a Reitoria, através de minha pessoa, não se preocupou em efetivar a devolução de Vossa Senhoria ao Ministério da Educação e Cultura, conforme exigido no Aviso MEC 965-65, e ficou à espera da resposta ao Ofício FUB-518-65 encaminhado ao Senhor Ministro da Pasta, resposta esta somente agora recebida.
> Este é o motivo pelo qual esta Reitoria, por minha pessoa, considera sua disponibilidade à Fundação Universidade de Brasília concedida até o presente dia, responsabilizando-se integralmente perante o Excelentíssimo Senhor Ministro da Pasta da Educação e Cultura por qualquer hipotético procedimento administrativo daquele órgão em relação a Vossa Senhoria no que se possa vir a lhe prejudicar pela presença de Vossa Senhoria nesta universidade além de 7 de julho de 1965, data do Aviso nº 965-65 do Ministério da Educação.

A universidade interrompida   231

Qualquer mal-entendido que tenha ocorrido referente a Vossa Senhoria, à administração ou ao corpo docente da universidade, pelo fato de ter eu sustado sua devolução enquanto não recebesse resposta ao Ofício FUB - 518-65, pré-indicado, está agora sanado.

Pelo motivo, fica Vossa Senhoria oficialmente notificado de que, nos termos do Aviso MEC 965-65, combinado com o Aviso MEC 1.683-65 e a decisão desta Reitoria, ora dada ao conhecimento de Vossa Senhoria hoje, dia 8 de outubro de 1965, é Vossa Senhoria devolvido ao Ministério da Educação e Cultura.

Deixa, assim, Vossa Senhoria de prestar serviços à Fundação Universidade de Brasília, onde se encontrava emprestado pelo Ministério da Educação e Cultura. Nos termos das normas atinentes à contratação de professores, terei, juntamente com o Conselho Diretor da Instituição, o máximo prazer em estudar, sem compromissos, é claro, qualquer proposta de contratação de Vossa Senhoria que seja trazida à Reitoria pela Coordenação do Instituto Central de Ciências Humanas.

Para conhecimento da matéria aqui tratada, estou encaminhando cópia deste à Coordenação do Instituto Central de Ciências Humanas, para que providencie a substituição de Vossa Senhoria a partir do dia 9 de presente mês, inclusive.

Outrossim, informo que também enviei cópia deste ao Excelentíssimo Senhor Ministro da Educação e Cultura e à administração da Universidade para as providências cabíveis.

Colocando-me às ordens de Vossa Senhoria para qualquer esclarecimento complementar que deseja obter, subscrevo-me, Senhor Professor, com o máximo respeito, atenciosamente.[21]

Depois de tudo o que tinha ocorrido, a frase *terei, juntamente com o Conselho Diretor da Instituição, o máximo prazer em estudar, sem compromissos, é claro, qualquer proposta de contratação de Vossa Senhoria que seja trazida à Reitoria pela Coordenação do Instituto Central de Ciências Humanas* é manifestamente hipócrita,

---

[21] Idem, p. 19.

pois o reitor tinha afirmado aos coordenadores que *não admitiria o professor Las Casas*. A frase nada mais era que uma formalidade, para dar aparência normal ao ato arbitrário de recusar a permanência do professor na universidade, ato que não seria corrigido.

A defesa de um princípio e a posição moral do interessado

Queremos deixar claro que a motivação dos coordenadores, na luta que travavam, não era a defesa de um colega em sua situação pessoal, mas a defesa de um princípio, a autonomia acadêmica da universidade. Era a mesma motivação que os levou a reagirem contra a demissão de Ernani Maria Fiori.

É importante que, em episódios dramáticos, o comportamento moral das pessoas seja conhecido. Roberto Las Casas manteve o pedido para continuar trabalhando na universidade, o que era de seu mais elementar direito, e tinha contato com o coordenador do Instituto de Ciências Humanas, o que era normal, sendo o instituto em que trabalhava. Mas, comportando-se com dignidade, nunca procurou os outros coordenadores, nunca pediu nada. Vários coordenadores vieram a conhecê-lo pessoalmente depois que a crise terminou. Las Casas e eu conversamos pela primeira vez quando nós dois já tínhamos saído da Universidade de Brasília.

Os pretextos e a verdade sobre a expulsão de Roberto Pompeu de Souza Brasil

A comparação entre o pretexto apresentado publicamente e a verdade sobre a demissão de Roberto Pompeu de Souza Brasil é outro excelente exemplo de funcionamento do sistema, da cumplicidade impune de autoridades em atos inconfessáveis. Em seu depoimento na Comissão Parlamentar de Inquérito, Zeferino Vaz atacou gratuita e violentamente Pompeu de Souza. Começou com o preâmbulo:

> Infelizmente, a mediocridade, a rotina e a inveja não são só externas. Há também, dentro da universidade, uma parte daqueles

que não produzem cientificamente, literariamente, artisticamente, filosoficamente. Esta a pressão intra-universitária da mediocridade, da rotina e da inveja. Ela age nesta universidade como age em todas as universidades brasileiras. Estes elementos não podem permitir que seu passado seja revisto e usam de todas as armas para desviar a atenção deste fato, para que se focalizem outros problemas e se fuja da realidade.

E mais adiante, a investida direta:

É o medíocre que não suporta cresça o desnível entre ele e o talento criador, entre o indivíduo que se projeta nacional e internacionalmente, que morre de inveja. Tenho um documento escrito, protestando porque, em um discurso, citei professores da Universidade de Brasília, homens de alto talento, e não citei este homem, que não tem produção nenhuma. Esse homem, que me escreveu uma carta, é o professor Pompeu de Souza, protestando energicamente e pedindo demissão de seus cargos da Universidade de Brasília, porque eu não o havia citado no discurso que fizera, quando da inauguração da Estátua da Cultura, que a revista Manchete oferecera à Universidade de Brasília. [...] Mas não havia citado o professor Pompeu de Souza, que não tem produção nenhuma. Zero, zero.[22]

Por que atacar Pompeu de Souza – que era homem de imprensa e não era cientista, nem artista, nem filósofo – com tão extrema violência, raramente vista, violência de guerra, em que a ética foi esquecida, em depoimento público, diante de deputados, professores, estudantes e jornalistas? Por que essa tentativa de mostrar que Pompeu de Souza não teria credenciais para ser professor universitário e, por conseguinte, não seria digno de lecionar na Universidade de Brasília?

Esse ataque foi o pretexto para tentar justificar perante a opinião pública a expulsão do professor. A verdade está contida na seguinte carta, endereçada pelo ministro da Educação e Cultura, Flávio Suplicy de Lacerda, ao reitor Zeferino Vaz:

---

[22] Idem, p. 10.

Roberto A. Salmeron

Em 30 de novembro de 1964.
Aviso nº 2.500

Magnífico Reitor:
Têm sido constantes as manifestações dos serviços secretos do Exército a respeito do professor dessa universidade Pompeu de Souza.

Pelo informe nº 239/64, da 11ª RM, tem atividades subversivas bem claras e definidas, foi orientador do estudante Expedito de Mendonça, que, há pouco mais de um mês, usou de auditório da universidade para incitar a desordem entre os estudantes, tendo como convidados de honra os deputados Doutel de Andrade, Zairo Nunes, Matheus Schmidt, Mário Maia e José Carlos Teixeira.

Consta que o citado professor Pompeu vem alimentando movimento no sentido de serem readmitidos os professores demitidos em abril (C/3), e agora se tem documentação fotográfica de seu comportamento de entusiasta agitador, revelado no episódio da intervenção federal no Estado de Goiás.

Esta Secretaria de Estado solicita estudos de Vossa Magnificência no sentido do afastamento definitivo do professor Pompeu de Souza, cuja presença é nociva à normalidade da vida estudantil de Brasília, não se justificando que se agasalhe na prestigiosa universidade desta capital.

Reitero a Vossa Magnificência os protestos da minha consideração e do meu apreço.

Flávio Suplicy de Lacerda

Ao Professor Zeferino Vaz
Magnífico Reitor da Universidade de Brasília
Brasília – DF[23]

Eis a verdade. O ministro da Educação e Cultura solicitou ao reitor estudos no sentido do *afastamento definitivo* de Pompeu

---

[23] Acervo do Centro de Documentação da Universidade de Brasília.

de Souza da universidade devido a constantes manifestações dos serviços secretos do Exército.

É fácil compreender que, depois de ter recebido essa ordem, o reitor ficaria em péssima situação com as autoridades de tutela se elogiasse o trabalho de Pompeu de Souza em discurso público. Preparou o pretexto para satisfazer ao pedido do ministro, utilizado pelo seu sucessor na reitoria, que na primeira oportunidade demitiu o professor, como veremos. A demissão de Pompeu de Souza estava programada.

Greve do corpo docente e dos estudantes

Não há nada pior do que datas para tornar a leitura insípida. Algumas, no entanto, devemos mencionar, para que a proximidade dos fatos seja clara. Laerte Ramos de Carvalho assumiu o cargo de reitor em 1º de setembro de 1965. No dia 8 de outubro, recebeu um Aviso do ministro da Educação negando a permanência de Roberto Las Casas na universidade e comunicou-o ao interessado. No mesmo dia, os coordenadores tiveram a última reunião com ele, e à noite os professores realizaram uma assembleia.

A insistência para o reenvio ao ministério de Roberto Las Casas, que desejava continuar como professor, reavivou o sentimento de insegurança, com o pensamento de que qualquer um poderia ser desligado da universidade por pressões externas, sem poder defender-se. Preocupados, os docentes pediram aos coordenadores que lhes dessem informações, o que motivou a realização de uma assembleia. Nessa reunião, à medida que as discussões avançavam os participantes mais se convenciam de que não podiam continuar passivos, aguardando os acontecimentos sem mostrar desaprovação pelo que estava ocorrendo. Decidiram fazer uma greve de 24 horas. Como era sexta-feira, a suspensão dos trabalhos foi quase simbólica, pois consistiu somente em não dar aulas no sábado de manhã, as outras atividades tendo sido exercidas normalmente.

No sábado 9 de outubro, os estudantes entraram em greve por solidariedade aos professores e por causa das suas numerosas reivindicações não satisfeitas.

Laerte Ramos de Carvalho ampliou a importância da greve e tomou duas atitudes drásticas, repressivas, de cunho policial: pediu o envio de tropas militares à universidade e expulsou quinze docentes. Para as expulsões baseou-se, em certos casos, em informações que recebeu de fontes que não quis revelar, sobre pessoas que falaram na assembleia.

O reitor pede o envio de tropas policiais militares à universidade

No mesmo sábado, o reitor tomou uma medida fora de proporções com os acontecimentos e única na história universitária brasileira: *pediu* o envio de tropas à universidade que dirigia. O pedido foi feito ao diretor do Departamento Federal de Segurança Pública, general Riograndino Kruel, com a seguinte carta:

Brasília, 9 de outubro de 1965.

Ofício R/001

Assunto: Solicita envio de tropas policiais para manutenção da ordem e preservação do patrimônio da Fundação Universidade de Brasília.

Senhor General:

Considerando a gravidade dos atos de indisciplina representados pela declaração de greve por parte de professores, instrutores e estudantes desta universidade;

Considerando que a declaração de greve nas atividades universitárias é vedada pela Lei nº 4.464, de 9 de novembro de 1964, a qual estabelece que incorre em falta grave o reitor que por atos, omissão ou tolerância permitir ou favorecer o não cumprimento de seus preceitos;

Considerando que os estudantes, influenciados, inclusive, por elementos estranhos ao corpo discente desta universidade, iniciaram a colocação de cartazes e a pintura de paredes com inscrições ofensivas, pairando, desta forma, ameaças de depredação nos prédios desta universidade;

Considerando, finalmente, que o art. 46, item XIII, do Estatuto desta universidade, como aprovado pelo Decreto nº 1.872, de 1962, atribui ao reitor competência para "exercer o poder disciplinar e adotar, *ad referendum* do Conselho Diretor da Fundação Universidade de Brasília, as providências que se recomendem para a manutenção da ordem e da disciplina da universidade", cabe-me solicitar de Vossa Excelência o envio de tropas policiais militares para o *campus* universitário, a fim de garantirem a ordem e preservarem o patrimônio desta Fundação.

Na oportunidade, reitero a Vossa Excelência os protestos de minha elevada estima e distinta consideração.

Professor Laerte Ramos de Carvalho
Reitor

Sua Excelência o Senhor General
Riograndino Kruel
DD. Diretor do Departamento Federal de Segurança Pública[24]

O general não ponderou. Enviou tropas.

Do ponto de vista moral, essa foi a mais grave das invasões da Universidade de Brasília, porque solicitada pelo próprio reitor.

É verdade que apareceram inscrições em paredes, mas a afirmação de que *pairavam ameaças de depredação nos prédios* era inteiramente gratuita; não houve depredação, nem ameaça de depredação, como não tinha havido nas situações críticas anteriores.

O professor Laerte Ramos de Carvalho chegou à Universidade de Brasília sem conhecê-la e sem conhecer os que lá trabalhavam, construindo uma imagem deformada da realidade. Assumiu a reitoria com a mentalidade de quem tivesse por missão endireitar malfeitores. Sobre o trabalho, sobre pessoas, sobre seres humanos, não ouviu quem era competente para instruí-lo. As únicas informações que lhe interessaram foram as que recebeu dos órgãos oficiais, veiculadas pelos diversos tipos de polícia e de serviços secretos. *Cinco semanas e meia somente* após ter assumido seu cargo, pediu que tropas policiais militares invadissem a universidade.

---

[24] Acervo do Centro de Documentação da Universidade de Brasília.

A universidade sob ocupação militar

As tropas invadiram o *campus* na madrugada da segunda-feira, 11 de outubro. De manhã, encontramos a universidade ocupada militarmente, os edifícios e as vias de acesso guardados por soldados e fomos impedidos de entrar. Argumentei que minha presença no *campus* era necessária devido às minhas responsabilidades. As ordens eram para todos: ninguém podia entrar.

Regressei a meu apartamento. Mal tinha chegado, comecei a receber telefonemas de colegas e de estudantes, perguntando-me se estava a par do que ocorria. Meu primeiro ato foi telefonar ao reitor, para protestar. Disse-lhe que ele nem podia avaliar as consequências do que estava fazendo, que tinha aberto um abismo entre ele, num lado, e os professores e os estudantes no outro, e que seria considerado responsável por tudo o que viesse a acontecer.

Além de tolherem movimentos de estudantes, docentes e famílias que moravam no *campus*, com os inevitáveis transtornos, os soldados impediam a presença de pessoas competentes nos laboratórios, que ficavam perigosamente sem vigilância. Havia equipamentos delicados em funcionamento, podendo ser facilmente danificados, e no Instituto de Biociências animais utilizados em experiências precisavam ser cuidados e alimentados.

Como consequência do telefonema ao reitor, um funcionário da universidade veio entregar-me um papel, representativo daquela situação. Dizia ele:

UNIVERSIDADE DE BRASÍLIA
Gabinete do Reitor
DECLARAÇÃO
Declaro que o Senhor ROBERTO AURELIANO SALMERON está autorizado por esta Reitoria a transitar no Campus da Universidade de Brasília.
Brasília, 11 de outubro de 1965.
Renato Dias Santos Brandão
Chefe de Gabinete[25]

---

[25] Arquivo pessoal do autor. No documento original, por erro de datilografia, foi escrito 21, em vez de 11 de outubro.

Assim, um coordenador de institutos podia comprovar aos oficiais militares que estava autorizado a transitar pelo *campus*. De posse desse documento, fui à universidade. Quando caminhava para meu escritório, cumprimentou-me o coronel Darcy Lázaro, comandante do Batalhão da Guarda Presidencial, em uniforme de serviço, que entrou na reitoria.

As conversas em escritórios fechados não podem ser ouvidas, não podem ser julgadas. Mas aquelas tropas, expostas ostensivamente num ambiente de estudos, eram a demonstração pública, aos olhos de milhares de pessoas e da imprensa de todo o País, de como pretendiam dirigir a universidade, o reitor e os que o protegiam.

Uma semana depois, o reitor expulsou 15 professores, além de Las Casas. O corpo docente reagiu a essa violência: 80% demitiram-se.

Capítulo 14

Demitidos e demissionários

Já não há mãos dadas no mundo.
Elas agora viajarão sozinhas.
Sem o fogo dos velhos contatos, que ardia por dentro e dava coragem.

Carlos Drummond de Andrade[1]

A presença de tropas numa escola é repugnante, pois é a presença física da intolerância num lugar onde a tolerância deveria ser cultivada.

No *campus* ocupado militarmente, as entradas dos edifícios eram guardadas por soldados, as reuniões proibidas, nem o agrupamento de três ou quatro pessoas para conversar era permitido. Os coordenadores ficaram impossibilitados de se reunir na universidade, mas, como não podiam deixar de analisar o que estava ocorrendo, encontravam-se em casa de alguns deles, todos os dias. Sem informações oficiais, faziam conjecturas sobre o que poderia acontecer em seguida; diante daquela inquietante situação absurda, tentavam prever qual poderia ser o absurdo seguinte. Com a experiência vivida em abril de 1964, tínhamos pelo menos uma certeza: se o reitor tomara a medida violenta de pedir tropas para ocuparem o *campus* da universidade, e fora ouvido por militares que atenderam ao seu pedido, haveria expulsões. Mas, de quem? E que motivo seria alegado? A personalidade do reitor, que os coordenadores tinham aprendido a conhecer, não deixava dúvida quanto a expulsões.

---

[1] Carlos Drummond de Andrade, "Mas viveremos", em *A rosa do povo*, Rio de Janeiro, Editora Record, 1984, p. 167.

A intranquilidade

A universidade passou a ser domínio militar. O reitor reunia-se com militares na reitoria ou até em seu apartamento, onde oficiais do Exército fardados eram vistos saindo e entrando.

Naquela atmosfera tensa, o sentimento de insegurança aumentava com rumores de que estava sendo preparada uma lista de pessoas que seriam expulsas da universidade. Ouviam-se boatos de que "fulano" já estava incluído nela, ou que a demissão de "beltrano" ainda estava sendo estudada. Jovens colegas e alunos procuravam os coordenadores em suas residências, em busca de notícias, perguntando com realismo se não havia pessoas interessadas em acabar com a Universidade de Brasília.

O processo mais razoável para resolver dificuldades numa instituição é o diálogo. Mas sem contato com o reitor, nem com membros do Conselho Diretor, não tínhamos com quem dialogar. Nosso isolamento era quebrado somente por jornalistas, que sempre conseguem informações; com manifesta simpatia pela causa dos docentes, alguns nos telefonavam para contar o que sabiam e nos comunicavam nomes de professores que provavelmente seriam demitidos. Constatamos *a posteriori* que as notícias que nos davam eram corretas.

O que era boato começou a tomar forma de verdade. Jornais passaram a confirmar que haveria expulsões na universidade e que os nomes não eram ainda divulgados por que, para algumas pessoas, havia divergência entre o reitor, que queria demiti-las, e autoridades militares, que não estavam de acordo com suas demissões. A *Folha de S. Paulo* publicou que uma dessas pessoas era o professor Roberto Salmeron.[2]

A atmosfera opressiva vivida pelos funcionários, docentes, estudantes e pelas famílias era comentada em Brasília, transparecendo em noticiário da imprensa. A *Folha de S. Paulo* publicou, na véspera da exclusão de quinze professores, um artigo com o título:

---

[2] *Folha de S. Paulo*, 16 de outubro de 1965, p. 1 e 5.

CRISE NA UnB: NOVAS DEMISSÕES PODEM SER ANUNCIADAS

que começava com os parágrafos:

Intensa expectativa domina professores, alunos e funcionários da Universidade de Brasília, ao se iniciar a semana para a qual foram anunciadas, pelo reitor Laerte Ramos de Carvalho, as medidas normalizadoras da vida universitária, que culminarão com a reabertura dos cursos, prevista para quarta-feira. Amanhã ou depois deverão se divulgados os novos desligamentos de professores e funcionários que, na opinião da direção da instituição, são os responsáveis pelo ambiente de perturbação na UnB.

O *campus* continua fortemente policiado, enquanto os professores divulgam desmentido a comunicado da reitoria, divulgado pelos jornais durante todo o fim da semana. Reafirmam que "efetivadas as ameaças do senhor reitor, não será possível restabelecer o clima de tranquilidade e a normalidade da vida universitária, uma vez que tanto os professores atingidos, como os seus demais colegas, estarão impossibilitados de retomar as suas tarefas acadêmicas, por absoluta ausência do ambiente indispensável à atividade intelectual.[3]

Solidariedade dos docentes aos coordenadores em uma decisão grave

Desde abril de 1964, estávamos expostos a pressões e a arbitrariedades. Contudo, mantínhamos a esperança de que nos deixariam tranquilos quando soubessem do trabalho desenvolvido na universidade. Os fatos mostravam que nos enganamos. Entre as autoridades civis e militares, não tínhamos interlocutores com a disposição e a competência para analisar o que fazíamos.

---

[3] *Folha de S. Paulo*, 18 de outubro de 1965, p. 7.

Chegara o momento em que devíamos escolher com lucidez entre somente duas alternativas: aceitar as interferências externas ou recusá-las. Mas o único meio de recusá-las seria partir da universidade, não havia outro. Mesmo se quiséssemos, com cinismo, deixar de lado a moral e a dignidade, seria ilusório pensar que a aceitação de expulsões arbitrárias poderia contribuir para eliminar as tensões e restabelecer as condições normais da vida universitária. A experiência, em todos os lugares do mundo, mostra que não é assim que tais situações são resolvidas. Pessoas que exercem arbitrariedades, protegidas pelo poder, continuam a exercê-las cada vez mais, até serem excluídas de suas funções devido a injunções políticas fortes.

Os coordenadores, que conheciam detalhes do comportamento das pessoas envolvidas, como o reitor, e já tinham se exonerado de seus cargos, depois de muita reflexão concluíram que, se fossem confirmados os rumores de exclusão de colegas, não haveria mais nada a fazer, e partiriam da universidade. Informaram dessa grave intenção aos colegas, pois seria inadmissível falta de respeito não preveni-los, a eles que participavam lado a lado das dificuldades e do trabalho diário. Muitos resolveram, então, solidarizar-se com os coordenadores e também se exonerar, se eles partissem.

As cartas de demissões foram redigidas, assinadas, retidas, todos aguardando a evolução dos acontecimentos. Em 18 de outubro, fomos informados, por jornalistas amigos, que o reitor tinha divulgado à imprensa os nomes de 15 docentes que expulsara. O reitor não comunicou aos coordenadores os nomes das pessoas que seriam demitidas, foram jornalistas que tomaram contato com os coordenadores para informá-los. Em consequência dessa notícia, os professores enviaram ao reitor, no mesmo dia, os seus pedidos de exoneração. E como ele tinha transmitido sua decisão à imprensa, não diretamente aos interessados, foram enviados também a jornais os nomes de quase duzentos demissionários, publicados no dia seguinte, simultaneamente com o comunicado da reitoria que anunciava o desligamento dos 15 colegas.

Com outros professores exonerando-se a seguir, o número dos docentes que partiram espontaneamente da Universidade de Brasília chegou a 223.

Fig. 1 – A invasão da universidade em abril de 1964. Soldados fortemente armados, cercaram o *campus* (Cortesia do *Correio Braziliense*)

Fig. 2 – Fotografia publicada com a legenda: "Este foi o material de propaganda subversiva encontrado ontem na Biblioteca da Universidade de Brasília, por ocasião da batida de agentes do DFSP ali procederam". Sobre a mesa vê-se a bandeira do Japão, erroneamente considerada a bandeira da China comunista (Cortesia do *Correio Braziliense*)

Fig. 3 – Desenho caricatural, de autoria de Orlando Mattos, mostrando tempestade sobre a Universidade de Brasília, publicado na *Folha de S. Paulo* de 19 de outubro de 1965, página 4, dia em que foram noticiadas pelos jornais as demissões dos professores (Cortesia da *Folha de S. Paulo*)

Fig. 4 – Desenho caricatural, de autoria de Orlando Mattos, mostrando todos fugindo da Universidade de Brasília e o reitor isolado, sozinho, publicado na *Folha de S. Paulo* de 21 de outubro de 1965, página 4 (Cortesia da *Folha de S. Paulo*)

Fig. 5 – Desenho caricatural, de autoria de Orlando Mattos, mostrando a Universidade de Brasília em ruínas e o reitor dizendo "missão cumprida". Publicado na *Folha de S. Paulo* de 27 de outubro de 1965, página 4 (Cortesia da *Folha de S. Paulo*)

Fig. Caricatura publicada no *Correio da Manhã* de 13 de outubro de 1965, mostrando o ministro da Educação, Uplicy de Lacerda, fechando a Universidade de Brasília

Fig. 7 – A invasão da universidade em agosto de 1968. Fotografia publicada com a legenda: "Rapazes e moças foram evacuados das salas de aula e, sob a mira de metralhadoras, obrigados a se dirigir à praça de esportes da UnB, com as mãos sobre as cabeças. Ali, os estudantes foram minunciamente revistados, sendo muitos presos e conduzidos em caminhões para as delegacias" (Cortesia do *Correio Braziliense*)

Fig. 8 – Cortesia do *Correio Brazliense*

Fig. 9 – Deputados e senadores acorreram ao campus. Vêem-se os deputados Mário Covas e Martinas Rodrigues (de costas) rodeados por estudantes e policiais armados de cassetetes e munidos de máscara de proteção contra gás lacrimogêneo
(Cortesia do *Correio Brazliense*)

Fig. 10 – Fotografia publicada com a legenda: "Os policiais, em número nunca visto antes na UnB, foram os únicos que não choraram, no show de bombas de gás lacrimogêneo, pois estavam todos protegidos com máscaras apropriadas. Aqui, vê-se um aspecto da triagem a que foram submetidos professores e alunos, surpreendidos pela invasão quando estavam nas salas de aula" (Cortesia do *Correio Brazliense*)

Fig. 11 – Fotografia publicada com a legenda: "O deputado Santilli Sobrinho, que aparece na foto gritando com os policiais, foi à universidade para defender seu filho e ambos acabaram sendo espancados. O *campus* da UnB foi palco, naqueles instantes, de pânico e violência" (Cortesia do *Correio Braziliense*)

Os professores demitidos pelo reitor

No dia 19 de outubro de 1965, os jornais[4],[5] publicaram a lista dos professores demitidos, revelada pela seguinte nota oficial distribuída pela reitoria:

O reitor Laerte Ramos de Carvalho, louvando-se na recomendação do Conselho Diretor da Fundação Universidade de Brasília no sentido de que tome todas as medidas que considere necessárias à reabertura dos cursos e à normalidade da vida universitária, afetada pela greve iniciada por professores e instrutores, com posterior solidariedade dos estudantes, determinou ontem as seguintes providências:

Rescisão dos contratos de trabalho dos professores associados Roberto Pompeu de Souza Brasil, Jorge da Silva Paula Guimarães e José Reinaldo Magalhães; do professor assistente Rodolpho Azzi; dos assistentes Flávio Aristides Freitas Tavares, Carlos Augusto Callou e Luís Fernando Victor; e dos auxiliares de ensino[6] Alberto Gambirásio, José Geraldo Grossi e José Sepúlveda Pertence;

Retorno aos órgãos de origem do poder público dos professores titulares Antônio Rodrigues Cordeiro, Antônio Luís Machado Neto e Eduardo Enéas Gustavo Galvão, e do professor associado Hélio Pontes;

Cancelamento da bolsa de estudos do instrutor Rubem Moreira Santos.

Antônio Cordeiro, Machado Neto e Pompeu de Souza Brasil ocupavam cargos de coordenadores até poucos dias antes, e Eduardo Galvão também era ex-coordenador.

---

[4] *Correio Braziliense*, 19 de outubro de 1965, p. 1 e 2.

[5] *Folha de S. Paulo*, 19 de outubro de 1965, p. 1 e 14.

[6] A expressão "auxiliar de ensino" tinha sido mal escolhida na UnB, pois não designava "auxiliares", mas pessoas de experiência profissional, que não podiam dedicar-se à carreira universitária com tempo integral porque tinham encargos fora da universidade.

Além desses 15, já tinha sido promovido o retorno ao Ministério da Educação do assistente Roberto Las Casas, de maneira que o reitor Laerte Ramos de Carvalho, um mês e meio depois de ter assumido o cargo, desligou 16 docentes da Universidade de Brasília. Para completar o quadro, foi por intermédio da notícia enviada aos jornais que nossos colegas souberam que tinham sido demitidos. A carta oficial foi-lhes entregue dois ou três dias depois, em suas residências, por um funcionário da reitoria acompanhado de dois policiais, como se fossem tratar com malfeitores.

Os termos empregados pelo reitor deixam claro que a expulsão dos professores foi considerada medida disciplinar. Com efeito, quando arguido na Comissão Parlamentar de Inquérito, Laerte de Carvalho respondeu a vários deputados que "demitiu por razões de ordem disciplinar exclusivamente, e que foi por uma disposição estatutária que confere ao reitor este poder de zelar pela disciplina, foi em nome dela, que foram demitidos alguns professores".[7]

A responsabilidade do Conselho Diretor

O Conselho Diretor da Fundação Universidade de Brasília tinha um componente político, seus membros não sendo todos ligados a áreas universitárias: Luís Viana Filho, deputado federal e chefe da Casa Civil da Presidência da República; Oswaldo Trigueiro, procurador-geral da República; Plínio Cantanhede, prefeito do Distrito Federal; Antônio Couceiro, presidente do Conselho Nacional de Pesquisas; Zeferino Vaz, professor da Universidade de São Paulo; e Laerte Ramos de Carvalho. Membros suplentes: Antônio Rodrigues Cordeiro e Roberto Salmeron.

O Conselho Diretor não teve nenhuma atitude apaziguadora. Apoiou todas as atitudes do reitor, incluindo uma arbitrariedade indesculpável naquela circunstância da maior gravidade. Antônio Cordeiro e eu, como membros suplentes, não somente tínhamos o direito de participar das reuniões como tínhamos também o direito de votar, se alguém faltasse. O conselho, no entanto, foi favorável

---

[7] Ver o depoimento do reitor Laerte Ramos de Carvalho, no capítulo 18.

à proposta do reitor de não nos convidar para a reunião em que as demissões foram discutidas e aprovadas, demonstrando, assim, falta de interesse em conhecer a versão dos fatos apresentada pelos professores. Cordeiro e eu não somente não fomos convidados, nem fomos informados de que haveria aquela reunião. O conselho prestou-se ao papel de instrumento do sistema.

Os participantes daquela reunião, dando carta branca ao reitor para tomar "as medidas que considere necessárias", foram coniventes com Laerte Ramos de Carvalho, muito explícito sobre isso ao responder a uma pergunta do deputado Mário Maia, na CPI (capítulo 18):

> Respondendo à indagação de Vossa Excelência, eu queria em primeiro lugar dizer que as medidas tomadas pela reitoria da universidade foram inteiramente apoiadas pelo Conselho Diretor da Fundação Universidade de Brasília. Portanto, não me parece que sejam medidas de um indivíduo, de uma pessoa. Essas medidas foram depois examinadas, julgadas, discutidas, numa reunião do Conselho Diretor e foram então apoiadas.[8]

Essas afirmações, com as quais o reitor procurava demonstrar que não agia só, têm a virtude de não deixar dúvida quanto à responsabilidade daqueles conselheiros.

Duzentos e vinte e três docentes demissionários

Em primeiras páginas, o *Correio Braziliense* publicou a notícia da demissão coletiva, com o título:

180 PROFESSORES DEIXAM UnB[9]

e a *Folha de S. Paulo*, no mesmo dia:

---

[8] Diário Congresso Nacional, suplemento ao nº 12, 16 de fevereiro de 1966, p. 38.

[9] *Correio Braziliense*, 19 de outubro de 1965, p. 1 e 2.

UnB: 156 MESTRES DEMITEM-SE[10]

e, no dia seguinte,

CRISE NA UnB: DEMISSIONÁRIOS 199
PROFESSORES[11]

Foram os seguintes os 223 docentes que se demitiram:

Faculdade de Arquitetura e Urbanismo: Oscar Niemeyer – coordenador da Faculdade; Glauco de Oliveira Campello – coordenador do curso de Composição; Italo Campofiorito – coordenador do curso de graduação; João da Gama Filgueiras Lima – coordenador do curso de pós-graduação e do Ceplan; Abel Acioly Carnaúba, Alfonso Leiva Galvis, Armando Andrade Pinto, Armando de Holanda Cavalcanti, Carlos Machado Bittencourt, Darcy de Souza Pinheiro, Evandro Pinto Silva, Fernando Lopes Burmeister, Geraldo José Santana, Geraldo de Sá Nogueira Batista, Hilton Gerson Costa, Jayme Zettel, José de Anchieta Leal, José de Souza Reis, Lúcio Maria Pontual Machado, Luís Henrique Gomes Pessina, Márcia Aguiar Nogueira Batista, Maria Clementina da Silva Duarte, Mayumi Watanabe de Souza Lima, Oscar Borges Kniepp, Philomena Chagas Ferreira, Sérgio Pereira de Souza Lima, Shyan Janveja, Virgílio Ernesto Souza Gomes e William Ramos Abdalah.

Instituto Central de Artes: Alcides da Rocha Miranda – coordenador do Instituto; Alfredo Ceschiatti, Amélia Toledo, Ana Mae Tavares Barbosa, Athos Bulcão, Carlos R. de Azevedo Moura, Catarina Knychala, Claus Peter Bergner, Dinah Brognoli, Elvin Donald Mackay Dubugras, Esther Iracema Joffily, Fernando Machado Leal, Francisco de Assis Rezende, Glênio Bianchetti, Heinz Forthmann, Hugo Mund Júnior, João Evangelista de Andrade Filho, José Rios de Moura, Lena Coelho Santos, Leo Barcellos Dexheimer, Luís Eduardo de Mendonça, Luiz Humberto Martins Pereira, Maria José

---

[10] *Folha de S. Paulo*, 19 de outubro de 1965, p. 1 e 14.
[11] *Folha de S. Paulo*, 20 de outubro de 1965, p. 1.

Costa de Souza, Marília Rodrigues, Masiej Antoni Babinski e Paulo Ferreira Martins.

Departamento de Música: Cláudio Santoro – coordenador do Departamento; Angel Jaso, Fernando Santos, Gelsa Ribeiro da Costa, Joaquim Tomaz Jayme, Levy Damiano Cozzella, Maria Amélia Cozzella, Maria Amélia del Picchia, Moacyr del Picchia, Nise Obino, Régis Duprat, Rogério Duprat, Suzy Piedade Chagas Botelho e Sylvio Augusto Crespo Filho.

Instituto Central de Ciências Humanas: Ademar de Medeiros Neto, Akira Kono, Aleixo Luís Garcia, Allyson D. Mitraud, Ana Maria Mustello, Atsukio Haga, Boris Gheventer, Carlos Costa, Cecy Loureiro, Clotilde F. Andrade, Dicamor Moraes, Eduardo Andrade Ribeiro de Oliveira, Élbio Neris Gonzales, Ênio L. de Freitas Melo, Geraldo Laércio Rios, Gilda Maria Corrêa de Azevedo, Hélio Rocha, João Bosco Monteiro Nóbrega, José D. Pinto, José Guilherme P. Cortez, José M. Ramirez, José Maurício Pinto da Silva, Lúcia R. Câmara, Luís V. Cernichiaro, Manoel Frederico Teixeira Salles, Manuel Delgado Filho, Marcelo Mendes Ferreira, Marluce Aparecida Barbosa Lima, Maurício E. C. Cadaval, Mauro Leite M. Pinto, Narcélio Mendes Ferreira, Paulo R. Leite, Roberto Saturnino Braga, Sebastião Rios Corrêa, Sérgio Huch Coelho, Sérgio Luís Silveira de Lemos, Severo de Albuquerque Sales, Vânia Afonso de Almeida Sales, Wilmar E. Faria e Zaidé Maria Machado Neto.

Instituto Central de Letras: Mário Pereira de Souza Lima – coordenador do Instituto; Alda Baltar, Antônio Fernando Paranhos MacDowell, Aryon Dall'Igna Rodrigues, Astrid Cabral Félix de Souza, Dinah Maria Montenegro Isensec, Eunice Souza Lima Pontes, Jair Gonçalves Gramacho, João Alexandre Barbosa, Júlia Conceição Fonseca Santos, Lúcia Maria Silva, Maria Antônia S. de Porto Alegre Muniz, Maria Auxiliadora de Oliveira, Maria de Jesus Evangelista, Maria Luísa Roque, Maria Nazareh Lins Soares, Marta Madalena de Oliveira Coelho, Nádia Maria C. Andrade, Nelson Rossi, Oswaldino Ribeiro Marques, Paulino Vandresen, Wally Pinsdorf e Willie H. Gammon.

Curso de Biblioteconomia: Etelvina Lima, Gilda Maria Withaker, Myriam Gurjão de Mello e Zilda da Costa Mamede.

Curso de Jornalismo, Cinema e Extensão Cultural: Afonso Arinos de Mello Franco Filho, Afonso Celso de Ouro Preto, Décio Pignatari, Hosche Ponte, Jean-Claude Bernardet, Lucila Bernardet, Nelson Pereira dos Santos e Paulo Emílio Salles Gomes.

Instituto Central de Biociências

Setor de Botânica: Dimitri Sucre Benjamin.

Setor de Fisiologia e Citologia: Ana Margarida de Rezende Langenegger, Cleber José Rodrigues Alho, Hugo Edison Barbosa de Rezende, José Luís de Barros Araújo, Luís Paulo Ribeiro, Miriam Becker, Nélson Monteiro Vaz, Paulo Ilde e Pedro Jurberg.

Departamento de Genética: Arno Rudi Schwantes, Fernando Luís Kratz, Helga Winge, Maria Luísa Reguly, Maria Luísa Schwantes, Rosilux Paques de Barros e Walter André Zanete.

Departamento de Psicologia: Carolina Martuscelli Bori – coordenadora do Departamento; Alcides Gadotti, Isaías Pessotti, Luís Otávio Seixas de Queiroz, Maria Helena Guedes, Maria Tereza de Araújo Menezes, Mário Arturo Alberto Guidi, Mariza Antônia Gurgel Azzi, Marize Bezerra Jurberg e os professores visitantes Robert Norman Berryman, Jean Nazzaro e Russel Nazzaro.

Instituto Central de Física: Jayme Tiomno – coordenador do Instituto; Roberto Aureliano Salmeron – coordenador-geral dos Institutos Centrais de Ciências e Tecnologia; Carlos Alberto Ferreira Lima, Carlos Alberto Garcia Canal, Dione Craveiro Pereira da Silva, Elisa Frota Pessoa, Fernando de Souza Barros, José Maria Filardo Bassalo, Luís Tauhata, Marco Antônio Raupp, Miguel Taube Netto, Ramiro de Porto Alegre Muniz, Suzana de Souza Barros, Walter Cordeiro Skroch e o professor visitante Michel Paty.

Instituto Central de Geociências: Marcello José Ribeiro, Jairo Ferreira Pinto e Onildo João Marini.

Instituto Central de Matemática: Elon Lages Lima – coordenador do Instituto; Antônio Carlos do Patrocínio, Antônio Conde, Célio W. M. Alvarenga, Cesar Leopoldo Camacho Manco, Edson Durão Judice, José Ubyrajara Alves, Mauro Bianchini, Paulo R. Esteves, Plínio Quirino Simões e Sílvio Machado.

Instituto Central de Química: Otto Richard Gottlieb – coordenador do Instituto; Afrânio A. Craveiro, Alaíde Braga de Oliveira, Ary Coelho da Silva, Eldenor de Almeida Pimentel, Geovane Geraldo de Oliveira, Gouvan C. de Magalhães, Hugo Clemente de Araújo Pimentel, Jamil Corrêa Mourão, Jorge de Oliveira Meditsch, Luís Fernando de Carvalho, Maria Auxiliadora Coelho Kaplan, Mauro Taveira Magalhães, Nídia Cavalcanti França, Raimundo Braz Filho, Raimundo Guilherme Campos Corrêa, Roberto A. de Lima e os professores visitantes Jaswant Rai Mahajan e William B. Eyton.

Não especificaram seus institutos: Bento José Bugarin e Rossini Perez.

Epílogo

A Universidade de Brasília tinha 305 docentes. Foram expulsos 16 e 223 demitiram-se. Saíram, portanto, 79%.

Os estudantes, compreendendo a situação moral em que os professores se encontravam, manifestaram-lhes solidariedade com diversos atos e declarações, embora conscientes de que as demissões lhes causariam dificuldades no prosseguimento dos estudos. Não conhecemos outro exemplo, no Brasil nem no exterior, de tanta harmonia de pontos de vista e união da maioria dos professores e dos estudantes em defesa da autonomia de uma universidade.

Repercussão internacional dos acontecimentos na Universidade de Brasília

A crise da Universidade de Brasília era noticiada por jornais do exterior: professores demitidos, a universidade invadida por tropas militares, professores demissionários. Recebíamos moções de solidariedade e pedidos de informação sobre o que ocorria de universitários de muitos paises. Na Comissão Parlamentar de Inquérito sobre a UnB, o deputado Matheus Schmidt, inquirindo o reitor Laerte Ramos de Carvalho (capítulo 18), chamou a atenção para o interesse das embaixadas sobre os acontecimentos na universidade. As informações dadas pelo deputado eram verídicas. Eu mesmo fui procurado pelos adidos culturais das embaixadas dos Estados Unidos, da França e da Grã-Bretanha, que buscavam informações e demonstravam solidariedade.

Entre as manifestações de solidariedade, uma de grande nobreza merece ser conhecida. Fui procurado pelo diretor do British Council (Conselho Britânico) em Brasília, doutor Alexander Eaglestone, historiador pela Universidade de Oxford. Ele tinha contato com a universidade, onde professores do British Council ensinavam inglês, mas nós dois nunca tínhamos nos encontrado. Foi visitar-me num domingo de manhã, quando a universidade estava tomada pelas tropas militares. Durante uma longa conversa, queria saber no que poderia nos ajudar.

Na semana seguinte, ele sugeriu ao diretor-geral do British Council no Brasil, cuja sede era ainda no Rio de Janeiro, que reunisse todos os diretores das seções locais do British Council no Brasil para discutirem a situação na Universidade de Brasília. A reunião foi realizada e em consequência contataram o governo britânico por intermédio de sua embaixada. Concluíram que não podiam fazer nada. Eaglestone ficou decepcionado. Disse-me que, se suas ações eram limitadas, se num caso de tanta importância não poderiam ser úteis, então por que permanecer naquele posto? Pediu demissão do British Council e voltou para a Inglaterra para trabalhar como professor de história no Naval College.

Naqueles dias nasceu nossa amizade, que se fortaleceu com o tempo. Até hoje tenho a satisfação de tê-lo como um de meus melhores amigos.

Capítulo 15

Espionagem, delações e prisões

Se tu falas muitas palavras sutis
E gostas de senhas, sussurros, ardis,
A lei tem ouvidos pra te delatar,
Nas pedras do teu próprio lar

Chico Buarque, em "A ópera do malandro"

Durante o regime militar, as universidades brasileiras e outras instituições ligadas ao ensino superior ou à pesquisa eram controladas por oficiais das forças armadas. Naquele período, um dos presidentes do Conselho Nacional de Desenvolvimento Científico e Tecnológico – CNPq – foi um general. A Universidade de Brasília era vigiada sob a responsabilidade do comandante do Batalhão da Guarda Presidencial, coronel Darcy Lázaro, que exercia essa função abertamente, como se fosse uma prerrogativa normal, fazendo sentir a sua presença quando julgasse necessário. Os professores e os estudantes presos em abril de 1964 ficaram detidos no quartel daquele batalhão e quando as tropas ocuparam a universidade, em 1965, o coronel participava de reuniões com o reitor na própria reitoria.

O *campus* sendo aberto, os edifícios acessíveis sem fiscalização, olheiros da polícia e de serviços secretos podiam deslocar-se livremente, assistir a aulas e a conferências, frequentar o restaurante e a biblioteca, imiscuir-se em reuniões de estudantes e de docentes.

A vigilância da universidade era rigorosa. As autoridades policiais e militares ficavam a par de tudo o que ocorria: assuntos ministrados nas aulas, discussões entre professores e alunos fora de aulas, conversas de corredor, reuniões, fatos diversos. Um dia, houve no restaurante um incidente provocado por meia dúzia de estudantes irresponsáveis, que reclamavam e quebravam alguns pratos; durou poucos minutos, pois bastou a interferência de um professor para que os ânimos se acalmassem. Algumas horas depois, um oficial do Exército telefonou-me para falar de sua preocupação pelo que tinha ocorrido. Até os programas dos concertos dados pelas orquestras eram levados ao conhecimento das autoridades. Num sábado à noite, o coronel Darcy Lázaro observou a Cláudio Santoro, em conversa cordial, que naquele dia a orquestra tinha tocado uma peça de um compositor moderno originário da Polônia, país então comunista. Santoro explicou que o compositor tinha emigrado para a Inglaterra, morava em Londres. Nada, portanto, era deixado ao acaso.

Quando inquiridos na Comissão Parlamentar de Inquérito, os dois reitores, Zeferino Vaz e Laerte Ramos de Carvalho, declararam que recebiam informações não só de órgãos oficiais, como o Conselho de Segurança Nacional e o SNI, mas também de pessoas que trabalhavam na universidade (capítulos 17 e 18). Laerte de Carvalho insistiu em precisar que as informações que lhe chegavam de dentro da universidade eram *da mais absoluta fidelidade.* Entre os acontecimentos sombrios naquele período da nossa história estava a delação de civis por civis.

O problema da segurança de Charles de Gaulle

Quando o general Charles de Gaulle visitou o Brasil, em outubro de 1964, proferiu um discurso na Universidade de Brasília, como já vimos no capítulo 10. Embora sua palestra fosse dirigida aos estudantes, a solenidade era aberta ao público. Uma vez que não havia local para acolher confortavelmente muitas pessoas, foi instalado um palanque numa área livre, todos devendo ficar de pé, inclusive De Gaulle. Prevendo-se grande afluência de pessoas interessadas em ouvir o presidente da França, surgiu o problema da segurança do ilustre personagem.

Aconteceu um fato pitoresco. Alguns dias antes da visita, responsáveis da polícia comunicaram à administração da universidade que não dispunham de pessoal suficiente para assegurar a proteção do general em espaço aberto. Pensavam recorrer à ajuda de estudantes. Foi solicitado, discretamente, o auxílio de voluntários, e algumas dezenas ofereceram-se.

Quando chegaram à polícia para receber instruções sobre uma atividade que desconheciam, os estudantes tiveram a surpresa de constatar que certos policiais eram pessoas que frequentavam a universidade, com os quais cruzavam nos pátios, nos corredores, nas salas de aula.

A prisão de quatro professores

A prisão de quatro docentes, durante a crise de outubro de 1965, é outro exemplo do clima de pressões que havia na Universidade de Brasília. Antônio Rodrigues Cordeiro, Ênio L. de Freitas Melo, Jorge da Silva Paula Guimarães e José Reinaldo Magalhães, após um dia de trabalho, à noitinha, para fazer uma pausa, foram tomar um café na Avenida W3. Quando iam voltar para o *campus*, o automóvel em que estavam foi bloqueado por outro carro; deste saíram policiais em civil, que disseram ter ordens de levá-los à delegacia, para prestarem depoimento.

Os quatro protestaram, tentaram argumentar. Antônio Cordeiro e Reinaldo Magalhães contaram-me a conversa, que se passou mais ou menos nos termos que seguem. Perguntaram aos policiais:

— Depoimento sobre o que, depoimento para que? Os senhores têm ordem de prisão? Conhecem nossas identidades? Estão prendendo pessoas cujas identidades nem conhecem.

Ao que os policiais retorquiram que tinham ordem de levar *as pessoas que estavam nesse automóvel.* Cordeiro replicou:

— Mas eu não estava nesse automóvel.

Pergunta de um policial:

— Em que automóvel estava?

Resposta de Cordeiro:

— Os senhores estão vendo? Os senhores nem sabem quem estava nesse automóvel.

— Os senhores estão zombando de nós? Estamos cumprindo ordens.

Foram levados para a delegacia, imediatamente separados e interrogados individualmente. Os policiais queriam saber se eles estariam ligados a grupos subversivos e se poderiam encorajar os jovens para a subversão. Apresentavam como base dessa suspeita um argumento elementar: eram professores que conversavam muito com os alunos, até fora das aulas – o que era verdade.

O diálogo foi difícil. Os docentes tentando explicar que esse contato com os estudantes é normal em qualquer universidade, os policiais repetindo que, se os alunos escutam os professores em assuntos relativos aos estudos, também poderiam escutá-los em outros, como declarações de greve.

Os interrogatórios foram feitos com ameaças veladas. Um policial brincava com o revólver colocado sobre a mesa, girando-o com o dedo, apontando-o fortuitamente para qualquer direção; outro chegou a pegar o revólver na mão em posição de tiro, apontando-o para a cabeça de um dos professores à medida que falava.

Por causa da interferência de advogados, os professores foram liberados em alta madrugada. Nenhuma explicação foi-lhes dada. Presos e soltos como se nada tivesse acontecido.

A notícia dessas prisões teve repercussão na universidade, na cidade e no Congresso. Os deputados que participaram da Comissão Parlamentar de Inquérito sobre a UnB interessaram-se por este incidente e interpelaram o reitor. O deputado Manuel de Almeida fez um trabalho particularmente minucioso. Em sua qualidade de parlamentar, pediu informações oficiais ao Departamento da Ordem Política e Social sobre os motivos das prisões e sobre as conclusões dos interrogatórios. O documento que recebeu do Dops está reproduzido integralmente no capítulo "Depoimento do reitor Laerte Ramos de Carvalho". Repetiremos aqui somente duas partes esclarecedoras (os itálicos foram colocados por nós):

> Os *indivíduos* nele citados não foram presos pela Dops e encaminhados ao Batalhão da Guarda Presidencial à disposição do comandante daquela unidade militar, mas sim foram, por ordem do Excelentíssimo Senhor Diretor-Geral do Departamento Federal de Segurança Pública, em exercício, detidos por agente policial da Dops, para averiguações, por pesar sobre os mesmos

acusações de estarem incorrendo *em crime contra a segurança nacional.*

E o fim, atestando a inocência dos professores, nos termos técnicos:

> (o delegado) *após o procedimento das sindicâncias e diligências para a elucidação do fato, e após ouvir esclarecimento dos implicados, não encontrou ilícito na conduta dos mesmos.*

Nada de ilícito. Simplesmente uma arbitrariedade a mais; com a maior leviandade e falta de respeito pelas pessoas, sem responsável.

Antônio Cordeiro, Jorge Guimarães e José Reinaldo Magalhães foram expulsos da Universidade de Brasília na semana seguinte. Ênio Melo foi um dos professores que se demitiram.

As prisões do arquiteto hindu Shyan Janveja e do físico francês Michel Paty

O jovem arquiteto de nacionalidade indiana Shyan Janveja veio ao nosso País com o intuito de aumentar sua experiência profissional em contato com colegas brasileiros e trabalhava na Faculdade de Arquitetura. Viveu uma outra experiência, amarga: foi preso uma manhã, quando andava pelo *campus* ocupado por tropas. Os pretextos para sua prisão não foram conhecidos, mas é provável que tenha sido causada por ser ele estrangeiro, chamando atenção o seu sotaque. Por interferência de responsáveis pela Faculdade ele foi liberado à noite.

No mesmo dia, o físico francês Michel Paty foi preso, em circunstâncias dignas de um romance de aventuras. Paty e eu nos conhecemos no laboratório internacional conhecido pela sigla CERN (Organisation Européenne pour la Recherche Nucléaire), situado em Genebra, na Suíça, onde trabalhamos durante alguns anos numa experiência que deu origem à sua tese de doutorado. O governo francês permitia que jovens universitários fizessem o serviço militar dedicando-se ao ensino ou à pesquisa em países do Terceiro Mundo, num programa chamado Cooperação Técnica e Científica, em vez de passar 18 meses num quartel. Michel Paty optou pela cooperação, pedindo para trabalhar na Universidade de Brasília.

Surpreso com a presença de tropas numa universidade, nunca tendo visto nada semelhante, Michel Paty começou a fotografar cenas insólitas, ingenuamente. Um oficial interpelou-o, extraiu e inutilizou o filme da máquina fotográfica. Era de manhã. Em menos de uma hora, Paty foi preso pela Polícia Civil.

Informados por pessoas que presenciaram a prisão, telefonamos à embaixada da França e ao reitor, pedindo-lhe que entrasse em contato com a polícia e deixando-lhe claro que, tendo ele mesmo solicitado as tropas, seria responsabilizado pelo que viesse a acontecer ao professor estrangeiro. A embaixada e advogados do Instituto de Ciências Humanas entraram em ação, muitas pessoas intervieram e Paty foi liberado à noite. Fomos aguardá-lo à saída da delegacia, um grupo de amigos e sua jovem esposa estarrecida, e levamo-no para jantar num restaurante.

Muito emocionado e excitado, contou-nos alguns detalhes dos momentos por que passou. Foi interrogado por várias pessoas, que se sucederam. Ele já falava português com certa fluência, mas tinha ainda sotaque francês carregado, percebia-se imediatamente que não era brasileiro. No início do interrogatório queriam certificar-se da sua nacionalidade, onde e quando tinha nascido, onde tinha estudado, por onde tinha viajado, o que fazia no Brasil, quem conhecia em nosso País e especialmente em Brasília, e outros detalhes desse tipo que policiais querem saber em tais circunstâncias. Mas certas perguntas específicas e precisas deixaram-no perplexo. No meio da tarde, um dos agentes insistiu em saber se ele era realmente físico e, com grande surpresa sua, interrogou-lhe sobre física, pedindo-lhe que falasse sobre o movimento de rotação da Terra, a aceleração da gravidade e sua variação.

As questões inesperadas estimularam a curiosidade de Paty, que, ao narrar-nos o interrogatório a que foi submetido, perguntava o que poderia motivar um policial a se interessar por física e por que, entre tantas questões que podem ser submetidas a um físico, foram escolhidas aquelas e não outras. Os que ouviam Paty ficaram surpresos quando eu dei a explicação. O motivo daquelas questões era que eu tinha ensinado o assunto poucos dias antes. A polícia estava a par da minha aula, que provavelmente tinha sido gravada, como eram gravadas muitas aulas na universidade. A vigilância policial era tão presente, que chegava a transparecer em atos ou em conversas que traíam sua existência.

O *Correio Braziliense* publicou a notícia das prisões de Janveja (chamado de aluno pela polícia) e Paty, com o título:[1]

CHEFE DE POLÍCIA LIBERTA PROFESSOR E ALUNO DA UnB

e dizia:

Por determinação da Chefia de Polícia foram imediatamente postos em liberdade os senhores Michel Henri Lucien Paty, professor de física nuclear da Universidade de Brasília, e o aluno Shyan Janveja, de nacionalidade indiana, também da UnB, que se encontravam detidos na Delegacia Geral de Investigações, sendo submetidos a cerrado interrogatório por parte dos detetives Alencar e Schmidt e agentes do serviço secreto do Exército.

A medida liberatória, ao que apuramos, foi provocada pelo protesto da embaixada Francesa junto ao governo brasileiro, visto que o professor Michel Paty encontra-se no Brasil em missão diplomática, prestando serviço à Universidade de Brasília.

SIGILO

O interrogatório do professor e do aluno da universidade foi feito a portas fechadas, nada se ventilando a respeito. Sabe-se, porém, que as declarações foram tomadas por termo, mas a polícia *não conseguiu arrancar deles* nada que os incriminassem.

---

[1] *Correio Braziliense*, 13 de outubro de 1965, 1º caderno, p. 2.

Não houve responsáveis pelas prisões dos dois visitantes. Shyan Janveja e Michel Paty também se demitiram da UnB. Paty terminou o período de cooperação científica no Centro Brasileiro de Pesquisas Físicas, no Rio de Janeiro. Fez muitos amigos no Brasil e mantém colaboração com diversas instituições, especialmente a USP, sobre filosofia, epistemologia e história das ciências.

A prisão do químico inglês William Eyton

Alguns detalhes deste caso foram-me contados por Otto Gottlieb numa carta. Na segunda-feira da manhã em que a universidade foi ocupada militarmente, William B. Eyton, químico inglês que trabalhava com Gottlieb, dirigiu-se para o *campus* em seu automóvel, como fazia habitualmente. Havia soldados nas vias de acesso. Sem estar informado do que ocorria, o professor fez o caminho que estava acostumado a fazer, passou pela guarda sem prestar atenção e não parou. Como poderia um universitário inglês, mentalmente sadio, imaginar que tropas policiais militares tinham invadido a universidade? Os soldados atiraram em seu carro com metralhadora, furaram pneu. Sentindo repentinamente o perigo, por instinto, sem raciocinar, ele freiou. Tentou explicar que não sabia o que estava acontecendo, quem era e o que fazia lá, com quem trabalhava, tudo isso com a emoção tornando o português atrapalhado e o sotaque inglês mais pronunciado. Foi preso.

Eyton foi levado para a polícia num carro de presos comum. O motorista conduzia em alta velocidade, perdeu o controle do veículo, bateu numa árvore. Não dispondo de rádio, os soldados tiveram de procurar um telefone para pedir outro carro, ficaram à espera, e o tempo passou.

Otto Gottlieb telefonou para o Consulado Britânico. Como o cônsul não se encontrava naquele momento, foi para a polícia um professor de inglês, "fantasiado de britânico": chapéu-de-coco, guarda-chuva e pasta preta. Devido ao acidente com o carro, os soldados com o preso chegaram depois dele. O professor foi tomado como autoridade consular. Eyton foi logo solto.

O senso de humor de Gottlieb não nos deve fazer esquecer que esse incidente poderia ter tido as mais graves consequências, com o automóvel de Eyton metralhado por soldados. Outra vez, ninguém foi responsável.

Capítulo 16

A Comissão Parlamentar de Inquérito

Conhecemos outras universidades brasileiras. Sabemos que cada uma traz o seu quinhão para a construção, afinal, deste Brasil de hoje e do Brasil de amanhã. Sabemos que cada uma junta sua pedra a esse grande edifício, cada uma faz o que pode. Algumas em moldes mais antiquados; outras, modernizando-se, mas nenhuma – é preciso que se diga – nenhuma universidade tão nova quanto a de Brasília realizou tanto em tão pouco tempo. Isso é uma realidade.

Deputado Carlos Werneck, relator da
Comissão Parlamentar de Inquérito

Além das pressões externas ostensivas, contribuía para o clima de insegurança na Universidade de Brasília, em 1964 e 1965, a falta de apoio que a levou a dificuldades extremas. O financiamento previsto na lei que a criou não era cumprido, e em plena fase de instalação, com os corpos discente e docente aumentando, a verba de 1965, em vez de ser ampliada em relação à do ano anterior, foi inferior à alocada em 1964. Ficaram quase paralisadas as construções de salas de aula, laboratórios, residências de professores e de estudantes. Em vista das más condições para admissão de novos alunos no ano seguinte, os coordenadores dos cinco Institutos de Ciências chegaram a propor ao reitor Zeferino Vaz que não se realizassem exames vestibulares em 1966 e que o início das Faculdades de Medicina e de Tecnologia fosse adiado.

A situação preocupou alguns congressistas, por várias razões: ou porque consideravam importante uma universidade solidamente implantada na capital do País, ou porque eram professores universitários e sabiam avaliar o interesse de se tentar uma nova experiência no ensino superior, ou por terem filhos ou filhas estudando na UnB ou pensando em nela ingressar. Por iniciativa de alguns deputados, em 2 de setembro de 1965 foi criada uma Comissão Parlamentar de Inquérito cuja finalidade era apurar:

> [...] as causas da paralisação das obras e instalações da Universidade de Brasília;
> — as consequências desta paralisação na vida universitária brasileira e no seu sistema de pesquisas tecnológicas e científicas;
> — os reflexos sobre a consolidação do Distrito Federal e o desenvolvimento das regiões amazônica, nordestina e do centro-oeste;
> — as razões determinantes dos cortes verificados no orçamento destinado à Universidade de Brasília;
> — os motivos do não pagamento dos dividendos da Companhia Siderúrgica Nacional devidos à UnB sobre as ações da União, de acordo com a Lei.

A comissão não teve sua origem nos acontecimentos de outubro de 1965, mas, as arguições tendo sido feitas com a universidade em plena crise, os deputados interessaram-se pelo que estava ocorrendo e ampliaram sua finalidade.

As atividades da CPI foram publicadas integralmente em um número especial do *Diário do Congresso Nacional*,[1] documento importante.

Composição da comissão

A composição da comissão era pluripartidária:

Aderbal Jurema – presidente; José Carlos Teixeira e Lyrio Bértoli, deputados pelo Partido Social Democrático (PSD); Matheus Schmidt – vice-presidente – e Andrade Lima Filho, do Partido Trabalhista Brasileiro (PTB); Brito Velho e Cardoso de Menezes, da

---

[1] *Diário do Congresso Nacional*, suplemento ao nº 12, 16 de fevereiro de 1966.

União Democrática Nacional (UDN); Ítalo Fitipaldi, do Partido Social Progressista (PSP); e Carlos Werneck – relator, do Partido Democrata Cristão (PDC).

Para suplentes, foram indicados: pelo PSD, Mário Piva; pelo PTB, Flávio Marcílio; pela UDN, Laerte Vieira; pelo PSP, Ludovico de Almeida; e pelo PDC, Cid Furtado.

Os membros da CPI têm a responsabilidade de organizar os trabalhos e apresentar um relatório final, contendo conclusões e, eventualmente, recomendações. As arguições, entretanto, são abertas a todos os deputados; vários que não eram membros da comissão inquiriram os depoentes.

Com exceção de um, que atacou violentamente os professores, e de outro, que utilizava linguagem evasiva, os deputados demonstraram esforços para compreender os problemas que levaram a universidade à crise, denunciaram pressões externas exercidas sobre a UnB e mostraram claramente desacordo com atitudes ou afirmações dos dois reitores, especialmente Laerte Ramos de Carvalho. Não podemos deixar de prestar homenagem a esses homens que se exprimiram corajosamente, sabendo que suas palavras eram vigiadas e que se expunham a represálias. Quando a comissão começou seus trabalhos, 67 deputados já tinham sido atingidos pelo Ato Institucional nº 1, expulsos do Congresso com direitos políticos cassados.

Os depoentes

Foram convidados a depor: o ministro da Educação e Cultura, Flávio Suplicy de Lacerda, que não foi testemunhar; os dois reitores, Zeferino Vaz e Laerte Ramos de Carvalho; o diretor do Ensino Superior no Ministério da Educação e Cultura, professor Raimundo A. de C. Muniz de Aragão; o presidente da Companhia Siderúrgica Nacional, general Oswaldo Pinto da Veiga; e o coordenador-geral dos Institutos Centrais de Ciências, Roberto Salmeron. Veremos nos próximos capítulos os pontos essenciais de três depoimentos, os dos reitores e o do coordenador-geral dos Institutos, mas não dos dois outros depoentes, porque estes não trazem elementos para a compreensão da crise da universidade que já não estejam contidos nos que abordaremos.

Na apresentação que faremos dos depoimentos, as perguntas e as respostas foram copiadas *ipsis verbis* do *Diário do Congresso Nacional*. Foram suprimidas algumas passagens em que argumentos são reditos sem trazer nova contribuição ao assunto, assim como algumas palavras repetidas sem necessidade.

As sessões da CPI, sendo públicas, foram acompanhadas por professores e estudantes, que podiam comparar o que ouviam com o que viviam na universidade.

Os depoimentos apresentam aspectos interessantes dos pontos de vista psicológico e social. Desenrolam-se como uma novela policial, na qual os ditos e os fatos se sucedem numa ordem coerente, mostrando situações reais que surgem às vezes de situações ocultas. Os deputados, nas questões e comentários que formulam, e os depoentes, com suas respostas, revelam com impressionante nitidez não somente como se posicionam em relação aos problemas da universidade perante a situação política do País, como também aspectos de suas personalidades.

Os diálogos entre deputados e depoentes, nós os consideramos extremamente importantes, porque mostram a realidade de certo setor da sociedade brasileira, representam um verdadeiro retrato do Brasil daquele período.

Os depoimentos em si elucidam as situações evocadas. Faremos poucos comentários, mas, procuraremos, no entanto, esclarecer alguns pontos e assinalar incongruências ou afirmações inverídicas.

Capítulo 17

Depoimento do reitor Zeferino Vaz

É ver como calha sempre bem, como se aguenta entre nós o tipo do governante autoritário sem o parecer, beato mas com uma vara laica na outra mão, paternal mas distante do povo.

Miguel Torga[1]

Neste capítulo e nos dois próximos veremos depoimentos prestados na Comissão Parlamentar de Inquérito sobre a Universidade de Brasília. As perguntas formuladas pelos deputados e as respostas dos depoentes definem claramente as situações que se apresentam. Os itálicos foram colocados por nós.

19 de outubro de 1965

Por coincidência, Zeferino Vaz prestou depoimento na Comissão Parlamentar de Inquérito num dia sombrio para a Universidade de Brasília: 19 de outubro de 1965, dia em que jornais noticiaram a expulsão de 15 professores por Laerte Ramos de Carvalho e o pedido de demissão coletiva de quase duzentos outros.

O depoimento de Zeferino Vaz[2] pode ser dividido em duas partes. Na primeira, depois de resumir sua carreira, menciona os

---

[1] Miguel Torga, *Diário*, volume VI, Coimbra, Coimbra Editora Ltda., 1953, p. 66.
[2] Documento publicado integralmente no *Diário do Congresso Nacional*, suplemento ao nº 12, 16 de fevereiro de 1966, p. 4 a 17. Os trechos aqui transcritos foram copiados textualmente, sem modificações.

progressos da universidade durante sua gestão, descreve com realismo as dificuldades financeiras e as lutas que travou para sobrepujá--las em ambientes de má vontade ou franca hostilidade. Na segunda, procura defender seu sucessor na reitoria e justificar as demissões a que procedeu, tentando apontar professores e estudantes como responsáveis pelos acontecimentos. Nessa defesa, volta frequentemente a dois argumentos: um ato irreverente de alguns alunos e o que ele passa a chamar *reação à revisão de currículos*.

Naqueles dias de tensão, a universidade ocupada por tropas e paralisada, alguns estudantes fizeram uma brincadeira de mau gosto, lastimável, que ofendeu Laerte Ramos de Carvalho. Foi ela totalmente desaprovada pelos professores. Por mais deplorável que fosse, contudo, não havia razão para atribuí-la "à universidade", os corpos docente e discente não podendo responder pela atitude isolada de uns poucos jovens. Entretanto, Zeferino Vaz, que toma a iniciativa de se referir ao episódio, sem que os deputados lhe perguntem, apresenta-o como uma agressão ao reitor feita *pela universidade*. Voltando frequentemente ao incidente, amplia sua importância, classifica-o como ato *organizado*, como prova de indisciplina, de desrespeito à hierarquia, que, segundo ele, *caracteriza a subversão*. Contrariamente à sua posição anterior, quando afirmava que não havia subversão na Universidade de Brasília, muda de atitude e tenta demonstrar que a subversão existia, explorando para isso o procedimento de alguns alunos, que nada tinha de subversivo.

Ao iniciar o relato do seu período na reitoria, Zeferino Vaz define-se nos seguintes termos: "Vim para a Universidade de Brasília, colocado aqui pela Revolução de 31 de março de 1964 como *interventor* ou *reitor*". Continua:

"Encontrei sete cursos em funcionamento: Direito, Administração, Economia, Letras, Jornalismo, Sociologia e Arquitetura. Na sua quase totalidade, Ciências Humanas. Em um ano e meio de administração, 11 novos cursos foram criados: Ciências Físicas, Química, Matemática, Biologia, Geologia, Psicologia, Medicina, Engenharia, além de Artes Industriais. Quase todos os cursos eminentemente técnicos, exigindo laboratório instrumental e, sobretudo, professores de alto nível."

Os novos cursos e os primeiros passos na organização da futura Faculdade de Tecnologia na verdade foram iniciativas dos coordenadores antes da gestão de Zeferino Vaz, quando o reitor era Anísio Teixeira, os contatos com os respectivos coordenadores tendo sido feitos na gestão de Darcy Ribeiro.

A luta pelas verbas

Zeferino Vaz descreve a luta que travou pelas verbas e a má vontade que teve de enfrentar para conseguir dotações orçamentárias no nível de mera sobrevivência da universidade:

"Considerem V. Exas. que houve inflação de, pelo menos, 50%. Isso significa que, se em números absolutos a dotação orçamentária da Universidade para 1965 é mais ou menos igual à de 1964, como valor aquisitivo ela é apenas a metade."

Lembremos que, de acordo com a lei que criou a UnB, parte da sua renda permanente deveria ser constituída pelos rendimentos provenientes de uma quinta parte das ações da Companhia Siderúrgica Nacional pertencentes à União. O reitor continua:[3]

"Começou, Senhor Presidente, Senhores Deputados, o reitor da Universidade a luta para conseguir dotações orçamentárias maiores para a Universidade. Em primeiro lugar, a luta para procurar convencer a Companhia Siderúrgica Nacional, os seus dirigentes, a cumprir com seu dever, dever imposto pela lei, lei que é meridianamente clara. Respostas sempre através de subterfúgios, alegação de situação financeira precária, e a alegação mais frequente é a de que a Companhia precisa reinvestir capital para crescimento contínuo."

"...Senhores Deputados, os empregados receberam sua participação...; os dividendos de ações preferenciais foram pagos, a reserva para aumento de capital... foi feita, a participação de Diretoria... foi paga. Só não se encontra dinheiro para pagar a Universidade de Brasília... A desculpa de que precisa reinvestir não tem sentido, quando 33 bilhões foram destinados a reinvestimentos através de aumento

---

[3] Na transcrição é respeitada a colocação de letras maiúsculas do *Diário do Congresso Nacional*.

de capital. Vejam bem, senhores Deputados, que para a Universidade, como renda de ações ordinárias, destinou-se 4,5% do lucro líquido, 4,5% dos 44 bilhões de cruzeiros."[4] Não posso compreender essa sovinice, que, além do mais, é afronta à lei. As leis, não vou dizer a Vossas Excelências, são feitas para serem cumpridas. Esta não está sendo cumprida. Com isto a Universidade de Brasília tem passado as mais sérias dificuldades, porque, se dispuséssemos desta renda, poderíamos ter ampliado a construção do Instituto Central de Ciências e dado abrigo aos professores e todo o equipamento, e completado mais dois blocos de apartamentos para professores, que é outro ponto de estrangulamento fundamental da Universidade. Nesta luta, o reitor empenhou-se através de todos os meios, pela imprensa, pelo rádio, pela televisão, procurando o ministro da Educação, procurando o senhor presidente da República. Até agora, a Universidade não recebeu um tostão desse dividendo que a Companhia Siderúrgica lhe deve. Quando o fará? Não sei. Chegará a tempo? Não sei. O que é certo é que recebi comunicação, em relatório dos senhores coordenadores, que não é possível fazer exames vestibulares no próximo ano, porque simplesmente não há local físico para colocar alunos e professores."

"Se permitem, ao ex-reitor da Universidade, um apelo, eu faria agora, veemente, aos senhores deputados, todos interessados na sobrevivência desta Universidade: vamos cuidar, todos, para que ela tenha os recursos de que necessita. Não é possível fazer mais milagre do que já foi feito com os pouquíssimos recursos disponíveis. Mas por que foi possível fazer esses milagres? Por economia tremenda na administração."

Mais adiante:

"A Universidade de Brasília, por sua estrutura integrada, permite uma administração barata. Muito mais barata do que qualquer outra universidade brasileira. Sua estrutura original integrada de uma verdadeira universidade moderna, sobretudo para um país pobre, e num país pobre devemos somar pobreza, é o que se consegue com a Universidade de Brasília."

---

[4] Trata-se de cruzeiros de 1965. A expressão "destinou-se 4,5% do lucro" refere-se a 4,5% previstos na lei, que deveriam ser pagos à universidade e não foram.

O sr. relator, Deputado Carlos Werneck: "Relativo aos vencimentos do corpo docente, dos professores de Brasília, qual a comparação que se pode estabelecer entre o que ganha um professor na Universidade de Brasília e o que ganha um catedrático numa universidade federalizada?"

O sr. depoente: "Posso dizer com a minha experiência pessoal. Percebo, da Universidade de São Paulo, 1.045.000 cruzeiros mensais".

O sr. relator, Deputado Carlos Werneck: "Com tempo integral?"

O sr. depoente: "Com tempo integral".

O sr. Deputado Carlos Werneck: "Esse tempo integral compreende quantas horas semanais à universidade?"

O sr. depoente: "Não se conta em número de horas. É dedicação exclusiva, dia e noite. É uma atitude espiritual. Não se pensa noutra coisa. Mas é para aqueles que lecionam e produzem cientificamente, isto é, que publicam trabalhos originais, que são criadores de pensamento original. Este é um ponto decisivo na compreensão, também, do fenômeno de Brasília, onde os docentes estão em tempo integral – mal remunerados, mas estão em tempo integral. E o tempo integral não é feito para ensinar, simplesmente. O tempo integral, esta instituição que deve ser seguida, defendida ferozmente, só pode ser aplicado e só pode usufruí-lo o indivíduo que produz. E não é produção por palavras: é produção escrita. Em universidade não há conversas. Não há o "fulano é um imenso talento, fulano é excepcional"... Responderei a Vossa Excelência, os professores titulares da Universidade de Brasília, ... com tempo integral, percebem 700 mil cruzeiros. Têm um desconto de um IAP qualquer e o fato é que percebem 665 mil cruzeiros. E este vencimento, meu caro e ilustre Deputado Relator, é, a meu ver, ridículo".

Este é, a nosso conhecimento, o único documento atestando que os docentes da Universidade de Brasília eram *mal remunerados*. Para comparação, os salários dos colegas da USP, de mesmo nível na carreira, eram superiores em aproximadamente 50%. Os 665 mil cruzeiros mencionados pelo reitor eram os vencimentos dos poucos professores titulares, os mais elevados da UnB; a grande maioria dos docentes percebia entre um terço e dois terços dessa quantia.

O sr. Deputado Carlos Werneck: "No tempo em que Vossa Excelência foi reitor da Universidade de Brasília, crê ter havido boa vontade por parte do Ministério da Educação e Cultura para com aquela Universidade?"

O sr. depoente: "Não. Não creio que tivesse havido boa vontade, sobretudo da parte do elemento burocrático, que não compreende as necessidades de uma universidade. E pude perceber isto quando da elaboração do orçamento de 1965. A proposta foi de 2 bilhões e 800 milhões (de cruzeiros), quando no ano anterior tinha sido praticamente o dobro, isto é, de 4 bilhões e 500 milhões".

O sr. Deputado Carlos Werneck: "Em sua opinião, portanto, não existe essa boa vontade".

O sr. depoente: "Não existe. Da parte do elemento burocrático, jamais percebi essa boa vontade".

Notemos que o reitor toma a precaução de não citar o ministro da Educação.

Uma defesa da universidade feita com convicção

O sr. Deputado Carlos Werneck: "E Vossa Excelência atribui essa ausência de boa vontade a alguma causa especial?"

O sr. depoente: "A Universidade de Brasília, exatamente pelo fato de ser uma concepção nova de universidade, de uma universidade integrada, desencadeou uma tremenda agressividade exterior contra esta concepção, e, sobretudo, aqui a culpa é de ambas as partes. Porque os elementos da Universidade de Brasília faziam um grande alarde, que não precisava ser feito, de velharia que era a estrutura das outras universidades e estabeleciam comparações. Não gosto nunca de fazer comparações. Acho que devemos trabalhar naquilo que consideramos ótimo, produzir e aparecer, sem estabelecer comparações. Mas o fato é que esta atitude contribuiu também. Acrescida à natural força da rotina, da mediocridade, contribuiu para que se desencadeasse uma grande agressividade contra a Universidade de Brasília".

O sr. Deputado Carlos Werneck: "Se compararmos a Universidade de Brasília com outras universidades do País que Vossa

Excelência conhece, o que poderia Vossa Excelência dizer quanto à eficiência da Universidade de Brasília?"

O sr. depoente: "Eficiência do ponto de vista didático, ou eficiência do ponto de vista da produção científica? Do ponto de vista da produção científica, ainda não é possível falar, porque, realmente, a contribuição científica da Universidade só se pode avaliar depois de alguns anos. Não é numa fase inicial que se pode dizer que a produção científica é maior ou melhor. E a produção científica é função, sobretudo, do cientista, do elemento humano, da capacidade, do talento criador. Na Universidade de Brasília são cientistas de primeira qualidade, altamente qualificados. Estes darão produção científica seguramente; não tenho dúvida nenhuma. Estão viciados no trabalho. Mas há também elementos que não têm qualificação para o trabalho científico, para a produção original e que, todavia, são professores em regime de tempo integral. Circunstâncias obrigaram, na fase inicial, a admitir professores sem um critério seletivo rigoroso. De sorte que na Universidade de Brasília, ao lado de elementos altamente qualificados, que têm capacidade de produção científica demonstrada, há elementos que não têm essas qualidades. Estou convencido de que nas outras universidades a proporção dos elementos capazes é menor do que a dos elementos capazes da Universidade de Brasília".

O sr. Deputado Breno da Silveira: "...Estaria Vossa Excelência de acordo em que, aproveitando-se desta crise, se transformasse a Universidade de Brasília em uma entidade de ensino superior do tipo clássico?"

O sr. depoente: "Respondo ao nobre Deputado e eminente colega Breno da Silveira com a mais profunda convicção. Seria criminoso que a Universidade de Brasília voltasse, retrocedesse, para assumir a estrutura arcaica, superada, envelhecida, medieval das demais universidades brasileiras, inclusive daquela de que tenho a honra de ser professor.[5] Mas quero, por outro lado, afirmar que não posso acreditar, repugna-me acreditar, que alguém pretenda fazer isto no País".

---

[5] Refere-se à Universidade de São Paulo.

O sr. Deputado Carlos Werneck: "Seguindo o roteiro das perguntas, ilustre Professor, agora indagaria relativamente ao corpo docente da Universidade de Brasília. No seu trato pessoal e diário com esse corpo docente, no tempo em que Vossa Excelência foi reitor da Universidade, qual a impressão que lhe ficou?"

O sr. depoente: "A impressão é aquela que já tive oportunidade de transmitir: muitos professores de altíssimo padrão, dignos de figurar nas grandes universidades que merecem autenticamente este nome. E só merece autenticamente o nome de universidade aquela instituição que cumpre três objetivos primordiais: a transmissão do conhecimento através de cursos, a promoção do conhecimento através da produção original científica, literária, artística ou filosófica, e aquela que olha ao seu redor e procura equacionar e resolver os problemas da coletividade. E é por isto que a Universidade de Brasília tem importância fundamental na consolidação desta capital. Esta capital não se consolidará enquanto não produzir alguma coisa, enquanto não devolver à coletividade brasileira alguma coisa. E, a meu ver, a produção que ela pode em primeiro lugar prover é a cultura, devolver em cultura, não só ao Brasil, mas a todo o continente latino-americano, porque ela está no eixo do continente sul-americano. Ela pode devolver fartamente tudo quanto nela se despender".

Começam os ataques a estudantes e professores

Depois de ter descrito objetivamente sua administração da UnB, com ações que se esperam de um dirigente universitário, e de ter feito elogios, o reitor aplica-se a defender seu substituto, Laerte Ramos de Carvalho, muda de atitude e lança ataques repetidos a estudantes e a professores, que passam a constituir tema central em seu depoimento a partir deste ponto.

O sr. Deputado Carlos Werneck: "Qual sua impressão quanto ao corpo discente na Universidade de Brasília, quanto ao ponto de vista de aproveitamento, de dedicação ao estudo e quanto ao ponto de vista disciplinar?"

O sr. depoente: "Rigorosamente posso afirmar, pelos depoimentos que ouvi de vários professores – infelizmente não me sobrou tempo para eu mesmo ministrar aulas daquilo que posso ensinar, e gostaria muito de fazê-lo –, que há grande entusiasmo, grande dedicação da maior parte dos alunos. Mas, ao lado desses, há também alunos que são revoltados, alunos que têm sua agressividade interior tremenda e que estão organizados em grupos de pressão. Poucos, mas existem".

"Esta é a minha observação e que se consolidou praticamente no último dia em que exerci o reitorado, porque, até a véspera de minha saída, a grande maioria dos professores e dos presidentes de Centros Acadêmicos me faziam apelos para continuar na Reitoria da Universidade. Mas, no dia em que, em uma reunião de professores, se cogitou do currículo de professores e da necessidade de revisão desses currículos, instantaneamente – mas foi instantâneo – o reitor foi vaiado. E, no dia seguinte, quando saía da Universidade de automóvel para o aeroporto, um grupo de alunos gritava: Fora! Fora! ao mesmo reitor que até poucos dias antes era considerado capaz de manter e defender a Universidade de Brasília. Esta transformação instantânea, brusca, só pode resultar de uma organização. Isto não se faz de um dia para a noite, não se muda o conceito de um reitor de uma hora para outra, a não ser quando há grupo organizado. Assim, há alunos, na sua grande maioria, excepcionais, alunos que trabalham com tremendo entusiasmo, que ficam à noite, que vão aos domingos e vão aos feriados, mas, ao lado desses, *há alunos revoltados, inadaptados, alunos que promovem vaias, conflitos*. E devo dizer que estes alunos não agem por si. *Eles têm uma orientação de cabeças mais inteligentes e mais preparadas*."

"E vejam, meus caros e ilustres Deputados, chega-se a degradar uma universidade, uma universidade perde, ao menos momentaneamente, sua característica de universidade, sua grandeza, quando um reitor é acusado publicamente de bêbado – um homem que há vinte anos vem construindo sua carreira de mestre de filosofia da educação, que fez o doutorado da Universidade de São Paulo, que fez livre-docência, conquistou a cátedra de filosofia da educação, foi eleito pelos seus pares Diretor do Departamento de Educação da Faculdade de Filosofia; depois é nomeado Diretor do Instituto de Pesquisas Educacionais, um dos maiores da América Latina, por onde passam centenas de professores, onde se formam professores que saem de São Paulo e vão para o nordeste, vão para regiões pobres do País ensinar, preparados naquele Instituto."

"Esse mesmo homem é nomeado membro do Conselho Estadual de Educação pelo governador Adhemar de Barros, sabendo-se das ligações de amizade muito estreitas que ligam o reitor ao Dr. Júlio de Mesquita Filho."

"Por que o governador Adhemar de Barros, que é um homem isento, o nomeou membro do Conselho Estadual de Educação? Por sua alta capacidade de educador."

"Então esse homem, que a Universidade de São Paulo distingue, que conhece há vinte anos, é bruscamente atingido em sua dignidade, chamado de ébrio!"

"E a coisa é organizada, e penduram-se garrafas em todo o *campus* da Universidade. Por quê? Porque comparece a uma reunião de coordenadores, depois de quatro dias sem dormir, doente... Eu não posso, como universitário, admitir que uma universidade digna desse nome use recursos de favela, de marginais, porque é um recurso de favela acusar de bêbado um homem que levou vinte anos a construir sua reputação, um homem que é casado e cujos filhos lêem nos jornais essas coisas que são repetidas por toda a imprensa brasileira. E quando conseguirá esse homem, sr. Deputado, lavar-se completamente? Nunca."

"Vossa Excelência deve ter conhecido os protestos de toda a Universidade de São Paulo, do Conselho Estadual de Educação, pela unanimidade de seus membros, do Conselho do Departamento de Educação da Faculdade de Filosofia, de que é diretor, daqueles que o conhecem todos os dias."

O sr. Deputado Carlos Werneck: "Voltando ao tema aqui da nossa Comissão, ilustre Professor, eu perguntaria se acha que os planos traçados de aplicação de recursos pela Universidade de Brasília para o próximo ano estão corretos, não estão exagerados".

O sr. depoente: "Os planos de recursos?"

O sr. Deputado Carlos Werneck: "Sim".

O sr. depoente: "Da universidade?"

O sr. Deputado Carlos Werneck: "Sim".

A exposição do incidente provocado por alguns estudantes não era necessária para esclarecimento das dificuldades que a UnB enfrentava. Então, por que fazê-la? Zeferino Vaz tenta mudar o sentido do debate, para conduzi-lo a um ataque a professores e estudantes e assim justificar as medidas tomadas pelo seu sucessor na reitoria.

Deixou-se levar por emoção ao fazer aquelas declarações e ficou surpreso com a atitude do relator, que, retomando a inquirição com as palavras *voltando ao tema aqui da nossa Comissão*, demonstrava não ter intenção de levá-la para o campo das acusações que o reitor fazia. A surpresa é manifesta nas interrogações *os planos de recursos? da universidade?* A pergunta do relator sobre os planos de aplicação dos recursos parece tê-lo trazido de volta à realidade dos assuntos que interessavam à comissão.

A alusão a Adhemar de Barros e a Júlio de Mesquita Filho, diretor de *O Estado de S. Paulo*, foi feita porque os dois homens se menosprezavam; o jornal procurava não mencionar o governador e, quando o fazia, usava de artimanhas para não escrever seu nome. Zeferino Vaz queria, assim, mostrar isenção do seu amigo Adhemar de Barros, que nomeou Laerte Ramos de Carvalho membro do Conselho Estadual de Educação, embora sabendo que era muito ligado ao seu adversário político e colaborava em seu jornal.

Um deputado quer demonstrar que na Universidade de Brasília não há subversão

O sr. Deputado Andrade Lima Filho: "Senhor Professor Zeferino Vaz, permita que, de início, eu veja neste instante em Vossa Magnificência o antigo reitor da Universidade de Brasília, para assim tratá-lo neste debate que iniciamos. A hora já vai tão avançada, Senhor Professor, que poderia dizer aqui, como aquele guarda suíço a que se refere Alberto Torres, que já é amanhã. Antes de iniciar algumas perguntas que desejo fazer a Vossa Magnificência, gostaria de acentuar desde já que não pairarei em Bizâncio para discutir, numa hora tão grave como esta, o sexo dos anjos. Vossa Magnificência, eminente parasitologista que é, não ignora sem dúvida que o Brasil está hoje, de alguns meses para cá, invadido por uma nova espécie de parasitas, os parasitas da subversão contra a cultura, a que fez menção há pouco, em palavras tão belas, tão exatas e tão oportunas".

"Esse, Senhor Professor, é, a meu ver, o quadro em que se debate nesta hora a Universidade de Brasília. Sob o pretexto de subversão e de corrupção, muita coisa se tem feito neste País sob a inspiração daquele ensandecimento da paixão a que Vossa Magnificência se referiu há pouco, e tantos têm feito isso, Senhor Professor Zeferino Vaz, que amanhã, quando passar essa fase sombria de obscurantismo, nós teremos talvez de fazer uma revisão no léxico, para restaurar o sentido exato dos vocábulos, porque a semântica revolucionária já subverteu e inverteu o sentido dessas duas palavras, corrupção e subversão."

"Daí por que, ainda este ano, como sabe Vossa Magnificência, porque é professor emérito da Universidade de São Paulo, segundo li nos jornais, um ilustre mestre daquele notável centro de estudos, começando uma aula inaugural, confessava aos seus alunos que era subversivo e corrupto, e a Universidade viesse abaixo de aplausos e palmas calorosas. Vossa Magnificência, Senhor Professor Zeferino Vaz, fez há pouco uma exposição que nos impressionou, sem dúvida pelo brilho, pela inteligência, pela erudição, mas também notei isenção de Vossa Magnificência quando, de começo, elogiou a estrutura da Universidade de Brasília, num elogio sem dúvida merecido, mas que nem todos fazem, ao homem que a organizou, hoje proscrito pela Revolução e exilado do País."

O deputado referia-se a Darcy Ribeiro, que estava exilado no Chile.

"Vossa Magnificência, Senhor Reitor Zeferino Vaz, em sua passagem pela Universidade, teve oportunidade, sem dúvida, de verificar as injúrias, as injustiças que foram cometidas contra esse notável centro de irradiação cultural que se criou aqui no Planalto Central. Acompanhei muitas de suas declarações e as tenho aqui."

"Vossa Magnificência, ao depor aqui nesta Casa numa Comissão, no dia 1º de setembro de 1964, respondendo à interpelação do nobre Deputado Breno da Silveira, teve oportunidade – isso é humano, Senhor Professor Zeferino Vaz – de informar: 'A Universidade de Brasília está trabalhando sem nenhum constrangimento e não admito que ninguém ponha mais o dedo lá dentro. E são testemunhas os professores da Universidade. Tenho recebido várias denúncias do Conselho de Segurança Nacional e devolvo-as com a informação de que não são verdadeiras. Tranquilamente'."

"Vossa Magnificência, Senhor Reitor, em relatório apresentado ao Conselho Federal de Educação sobre a intervenção na Fundação Universidade de Brasília, afirmou: 'Sinto que a Universidade retomou já seu ritmo de trabalho normal e que o ambiente está desanuviado. Devo reafirmar que, para agradável surpresa do Reitor, a Universidade de Brasília não era o foco de agitações ou de doutrinação de que tanto se falava. Ao contrário disso, estou bem convencido de que em outras universidades do País havia percentagem bem maior de professores desviados da pureza e da dignidade docente, dedicando-se à atividade de doutrinação política'."

"Vossa Magnificência, Senhor Reitor, ainda, conforme está registrado em *Última Hora* de 2 de julho deste ano, denunciava pressões contra a Universidade de Brasília: 'Querem de qualquer maneira apresentar a Universidade de Brasília como um foco de agitação, mas as portas dessa unidade de ensino superior estão abertas para que todos vejam aqui um lugar onde se faz o trabalho construtivo pela cultura e pela pesquisa científica'."

"Mais adiante, acrescenta Vossa Magnificência: 'A mediocridade, a rotina e a inveja são as responsáveis pelo atraso na construção e na conclusão da Universidade de Brasília'."

"Fiz, Senhor Professor Zeferino Vaz, essas referências, ou essas remissões, para situar as perguntas que desejo formular a Vossa Magnificência, que ainda definiu tão bem, em outro trecho que tenho aqui de suas declarações na resposta ao Deputado Breno da Silveira, que ainda há pouco, por outras palavras, abordava o problema de uma liberdade tão negada no Brasil de hoje, a liberdade de cátedra."

O deputado cita as seguintes palavras do reitor:

"Liberdade de cátedra é liberdade de exposição doutrinária. O professor tem o direito de expor todas as doutrinas que queira, expor as doutrinas na sua pureza. Pode ter a doutrina de sua preferência, mas tem o dever de expor com igual meticulosidade todas as doutrinas e deixar ao aluno a seleção, o amadurecimento, a elaboração."

"Assim sendo, Senhor Professor Zeferino Vaz, animo-me a perguntar a Vossa Magnificência, que tão bem situou o problema nessas passagens de depoimentos e entrevistas a que acabo de me referir, como concilia Vossa Magnificência essa impressão, sem dúvida autorizada do mestre insigne que é Vossa Magnificência, com as impressões transmitidas a jornais pelo atual Reitor da universidade, o eminente Professor Laerte Ramos de Carvalho, quando insiste em afirmar em entrevistas aos jornais, em declarações repetidas, que a Universidade de Brasília é um foco de agitação e subversão?"

O sr. depoente: "Nobre Deputado Andrade Lima Filho, devo, em primeiro lugar, agradecer a Vossa Excelência as palavras generosas com que entendeu de classificar o ora depoente e agradecer o interesse com que Vossa Excelência se dedicou ao estudo do assunto, inclusive citando depoimentos meus feitos perante a Comissão do Distrito Federal e feitos também, publicamente, pelo rádio e pela televisão, mais de uma vez, em entrevista à imprensa. Reafirmo tudo quanto disse, a Universidade de Brasília não 'tinha' maior número de elementos subversivos do que qualquer outra universidade brasileira. Veja bem, Vossa Excelência, que o conceito de subversão é um conceito que, na ocasião da Revolução de 30, estava ligado sobretudo a atividades de agitação comunista e também ao mau uso do dinheiro público, isto é, à corrupção. Tenho a segurança – conheço bem as universidades brasileiras – de que na Universidade de São Paulo havia muito maior número de professores agitadores, no sentido de pregar doutrinas e incitar à ação, porque a simples exposição da doutrina está dentro da liberdade da cátedra e tem de ser preservada. Disse uma vez, numa entrevista a um grupo grande de jornalistas que nos deram a honra de almoçar conosco na Universidade de Brasília: 'Considero pífio – essa foi a expressão – o professor de economia que não exponha as doutrinas econômicas marxistas'. Simplesmente, o que não posso admitir é que, através da exposição doutrinária, o professor, usando aquela superioridade intelectual que tem, aquela posição psicológica de pai que ele tem com relação aos alunos, e a superioridade cultural, incite o aluno à ação, porque, quando ele incita à ação, a ação extravasa da universidade, e toda ação provoca uma reação que, quando é humana, é muito superior à ação que a provocou, e então a reação se faz, não contra o indivíduo que incitou à ação, mas contra a universidade como um todo. Então pagam todos, como aconteceu na Universidade de Brasília, pela incidência à ação de alguns poucos elementos".

"Senhor Deputado Andrade Lima Filho, Vossa Excelência pergunta como se podem coadunar essas minhas afirmações sobre a Universidade de Brasília com as afirmações do atual Magnífico Reitor, de que há subversão na Universidade de Brasília. Que se entende por subversão?"

O sr. Deputado Andrade Lima Filho: "É muito elástico o termo".

O sr. depoente: "O desrespeito à hierarquia é ou não é uma subversão? É, seguramente. No dia em que – conforme já relatei – numa reunião de professores se discutiu a questão de currículos de professores, nesse dia houve, instantaneamente, uma volta total, uma inversão total do conceito que se fazia do reitor, e, no dia seguinte, esse reitor saía de automóvel aos gritos de 'fora, fora', de alunos. Quando o atual reitor é destratado, achincalhado e enxovalhado por alunos e professores, está caracterizada a subversão, porque a hierarquia foi totalmente desrespeitada, e utilizando a calúnia, que é a mais grosseira de todas as armas".

Zeferino Vaz declara que desrespeito à hierarquia é subversão, numa época em que se faz caça a "subversivos". Qual foi o desrespeito? A reunião de professores, a que o reitor se refere várias vezes em seu depoimento, está descrita na seção "Declarações ameaçadoras do reitor em uma assembleia tumultuosa" no capítulo "O início da grande crise" e em meu depoimento, quando fui inquirido pelo deputado Carlos Werneck. Lembremos simplesmente que, contrariamente ao que disse o reitor, naquela assembleia não se discutiu revisão de currículos, houve somente um monólogo dele a esse respeito, acompanhado da qualificação de medíocres aos docentes que ele tinha demitido.

Embora alguns estudantes tenham gritado "fora" quando ele saía de automóvel, devido às palavras por ele proferidas naquela reunião, Zeferino Vaz foi sempre tratado com respeito por todos. Ele deixou a Universidade de Brasília amargurado. Definiu mal as circunstâncias, quando disse que *houve uma volta total, uma inversão total do conceito que se fazia do reitor*. O que houve é que ele se viu colocado numa situação "de fato", que ignorava ou pretendia ignorar: apesar dos esforços reais que fez pela universidade durante um ano e meio, muitos não tinham esquecido abril de 1964 e guardavam dele, efetivamente, o conceito de interventor, e, naquela assembleia, de interventor que ameaçava.

O reitor continua:

"Disse e repito: no momento em que a universidade usou a calúnia, ela, temporariamente, desceu da sua grandeza, perdeu a característica de universidade, porque, meu nobre Deputado Andrade Lima Filho, o pendurar garrafas, centenas, por todo o *campus*, o escrever na frente da reitoria 'Bar, beba Pitu, não beba cultura', depois de um órgão da imprensa do Rio de Janeiro ter publicado uma fotografia do reitor com subtítulo e notícia de que o reitor havia presidido bêbado uma reunião de coordenadores, a subversão está caracterizada."

Essa exposição de garrafas foi a brincadeira de mau gosto de alguns alunos. Mas, com a liberdade que usufruem os estudantes de escolas superiores, qual a universidade brasileira que não os teve fazendo pilhérias, críticas ou até ataques a mestres, ataques às vezes injustos e excessivos? Não são eles normalmente atribuídos à irreverência da mocidade? Nos poucos casos que conhecemos de professores hostilizados por estudantes, foi a compreensão pela impetuosidade dos moços que os levou a não guardar rancor nem exigir punições de jovens, que, mais tarde, às vezes chegaram até a ser seus admiradores.

Quando o reitor diz que *a universidade usou a calúnia*, é a universidade como um todo que é julgada. A Universidade de Brasília não usou a calúnia. Tratou-se de um ato isolado de poucos alunos, que foi explorado numa campanha contra a Universidade de Brasília, à qual Zeferino Vaz estava dando sua contribuição. O reitor insiste em fazer desse assunto um dos temas do seu depoimento. Continua:

"São poucos os subversivos. Já o disse aqui. Lembre-se Vossa Excelência de que eu disse que o que tem combatido e impedido o progresso da Universidade de Brasília são três elementos fundamentais: mediocridade, rotina e inveja. Infelizmente, a mediocridade, a rotina e a inveja não são só externas. Há também dentro da Universidade, uma parte daqueles que não produzem cientificamente, literariamente, artisticamente, filosoficamente. Esta a pressão intra--universitária da mediocridade, da rotina e da inveja. Ela age nesta Universidade, como age em todas as universidades brasileiras. Estes elementos não podem permitir que seu passado seja revisto e usam de todas as armas para desviar a atenção deste fato, para que se focalizem outros problemas e se fuja da realidade. As armas da mediocridade, eu as conheço bem. Já disse, mais de uma vez: um dia, como médico, publicarei um trabalho sobre patologia das instituições científicas e culturais brasileiras. Conheço bem essa patologia. Estudei o nascimento, a glória e a decadência do Instituto Oswaldo Cruz, como do Instituto Butantã, como do Instituto Biológico, como de algumas grandes instituições brasileiras. Procurem a causa. Visceralmente, fundamentalmente, é de dentro para fora. É o medíocre que não suporta cresça o desnível entre ele e o talento criador, o indivíduo que se projeta nacional e internacionalmente, e que morre de inveja. Tenho um documento escrito, protestando porque, em um discurso, citei professores da Universidade de Brasília, homens de alto talento, e não citei este homem, que não tem produção nenhuma. Esse homem me escreveu uma carta, é o professor Pompeu de Souza, protestando energicamente e pedindo demissão de seus cargos da Universidade de Brasília, porque eu não o havia citado no discurso que fizera, quando da inauguração da Estátua da Cultura, que a revista *Manchete* oferecera à Universidade de Brasília. Escreveu-me uma carta, dizendo que não podia suportar não ter sido citado no meio de tanta e tanta gente que eu havia citado. Que nomes havia citado eu? Um Salmeron, um Tiomno, um Cláudio Santoro, um Alcides da Rocha Miranda. Mas não havia citado o professor Pompeu de Souza, que não tem produção nenhuma. Zero, zero"... "Um universitário cita em função de produção, e é por isso que fiz o exórdio primitivo. Perdoem-me, se sou um universitário que nasceu dentro da universidade e defende ferozmente a dignidade da universidade. Que dignidade? Que tradição? A tradição da produção, única coisa que valoriza este País. Criar cultura, senão ficamos sempre caudatários de nações estrangeiras. Este é o autêntico nacionalismo. Senão, ficamos sempre repetindo livros estrangeiros, adaptando-os às nossas condições, questão diferentes, escravos, enquanto não produzirmos. Nós é que temos de encontrar em nós mesmos, em nossa inteligência, no nosso patriotismo, no idealismo, as forças para construirmos a nossa personalidade, para não ficarmos como o caipira: plantando dá, mas não plantando dão. Até quando vamos ficar nessa filosofia: não plantando dão? Essas as forças da mediocridade intra-universitária, que não é um privilégio da Universidade de Brasília. Essas são as grandes forças, as forças atuantes, que constituem grupos de pressão, de intriga contínua, porque não sabem fazer outra coisa. Intrigam todo o mundo e inventam a calúnia, a infâmia. Com que finalidade? Consciente ou inconsciente, para criar um clima psicológico onde não se possa trabalhar, porque havendo possibilidade de trabalhar, o que tem talento vai produzindo, e aumenta o desnível."

Se fosse necessário julgar Pompeu de Souza, jornalista, ele deveria ser julgado nas atividades de homem de imprensa, que exerceu durante toda a sua vida profissional, e pelos trabalhos realizados no setor da universidade que ele coordenava, sobre os quais não foi dita nenhuma palavra.

Já mostramos na seção "Os pretextos e a verdade sobre a expulsão de Roberto Pompeu de Souza Brasil", no capítulo "A grande crise", que essa investida violenta contra o professor, esse insulto vindo da autoridade máxima da universidade, numa reunião pública, na Câmara dos Deputados, era o pretexto para justificar a expulsão de Pompeu de Souza, pois o reitor não podia dizer a verdadeira razão da demissão: Zeferino Vaz tinha recebido uma carta do ministro da Educação, Flávio Suplicy de Lacerda, dizendo-lhe que, devido a manifestações dos serviços secretos do Exército, *solicitava estudos no sentido do afastamento definitivo do professor Pompeu de Souza da Universidade de Brasília.*

O reitor pergunta:

"Desculpe-me, nobre Deputado. Pensa que respondi à sua pergunta? Ou pretende mais algum esclarecimento sobre essa pergunta específica?"

O sr. Deputado Andrade Lima Filho: "Chegarei lá, Senhor Professor. Aliás, quero confessar que estou encantado com a condenação formal, absoluta e positiva que Vossa Senhoria acaba de fazer contra a filosofia do entreguismo, porque o entreguismo, que, hoje, se pratica no País à vontade, começa justamente pela submissão da cultura à cultura de outros países".

O sr. depoente: "Rigorosamente".

O sr. Deputado Andrade Lima Filho: "Estamos de pleno acordo".

"Vossa Senhoria tem razão quando afirma, no início de sua resposta, que não compreende um professor de economia que não ensine a doutrina e a teoria marxistas. Não é esse, infelizmente, o pensamento dos IPMs. Daí porque a subversão, hoje, tem sentido elástico neste País. Comunista tem sido acusado, por alguns coronéis radicais, o nosso Dom Helder Câmara, quando ele constitui justamente, na sua atuação progressista, uma barreira à infiltração das ideias que esses homens pretendem combater e apenas agravam com seu primarismo, com sua imaturidade."

"Senhor Professor, quando Vossa Excelência afirma ou reafirma essa liberdade de cátedra, referiu-se em seguida, numa tentativa inteligente de conciliar seu pronunciamento, exato e correto, sobre a Universidade de Brasília, com as, a meu ver, exageradas afirmações do atual reitor, Vossa Excelência sabe que esse termo subversão, como disse, é muito elástico."

O sr. Deputado Brito Velho: "É um termo equívoco".

O sr. Deputado Andrade Lima Filho: "Daí o meu interesse em acompanhar suas declarações sobre a Universidade, não só como modesto representante do povo pernambucano nesta Casa, também como professor da Universidade de Recife, também atingida pela ofensiva revolucionária. Lá houve um caso muito curioso: o professor Amaro Quintas, de projeção mundial como historiador, foi aposentado. Sabe Vossa Excelência por quê? Porque um capitão descobriu uma plaquete do professor Amaro Quintas, que editava nessa plaquete uma oração de paraninfo em que se referia ao tema "massificação e humanismo". A palavra massificação espanta esses censores. Nesse trabalho, o professor Amaro Quintas, que é católico, mas católico da linha progressista, defendia justamente a humanização da massa".

"Ocorreu, porém, circunstância curiosa. No ano seguinte ao dessa oração de paraninfo do professor Quintas, o eminente senador Milton Campos, professor ilustre da Universidade de Minas Gerais, fazia naquele Centro Universitário uma oração de paraninfo abordando exatamente o mesmo tema e publicou também uma plaquete. Ocorre que o boletim "El Derecho Político", da Universidade de Salamanca, na Espanha, país fascista, publicou um trabalho do professor Luís Gil Robles examinando elogiosamente e simultaneamente os dois trabalhos: o trabalho do professor Amaro Quintas e o trabalho do professor Milton Campos. Que fez a revolução contra a subversão? Aposentou o professor Quintas e nomeou o professor Milton Campos seu ministro da Justiça. Veja Vossa Excelência que ninguém se entende neste assunto. Acho que essas contradições, geradas por esse espírito de inveja, por esse espírito de mediocridade, espírito de imaturidade, também se localizou na Universidade de Brasília."

O sr. depoente: "Permita Vossa Excelência um aparte esclarecedor. Na Universidade de São Paulo, a mediocridade aproveitou-se tremendamente da revolução para acusar professores como subversivos, quando não o eram, absolutamente. Isso já declarei na televisão, em São Paulo, presente o nobre Deputado e meu amigo Evaldo Pinto. Medíocres acusaram, em documento escrito, o professor Alípio Correia Neto, uma das mais brilhantes figuras da medicina brasileira, chefe de uma escola cirúrgica das melhores que tem o continente. Esse homem foi acusado de subversivo em documento escrito. A mediocridade usa de qualquer recurso, não só taxando de comunistas, mas também taxando de fascistas. O professor Laerte Ramos de Carvalho foi taxado de fascista. Lá em São Paulo é acusado de homem de esquerda. Combateu tremendamente, ardorosamente, pela escola pública. De sorte que Vossa Excelência tem toda razão. Posso citar, em abono de sua tese, dezenas de casos que conheço pessoalmente na Universidade de São Paulo".

Mais adiante, o deputado continua, chamando o reitor de volta à sua pergunta específica:

O sr. Deputado Andrade Lima Filho: "Ainda esclarecendo a minha pergunta, gostaria de dizer a Vossa Excelência que a subversão a que alude o atual reitor não é a que Vossa Excelência admitiu, há pouco, como um processo, sem dúvida hábil, inteligente, de conciliar o pensamento do reitor Zeferino Vaz com o pensamento do professor Laerte Ramos de Carvalho, porque o atual reitor, em entrevista de 12 do corrente, a *O Estado de S. Paulo*, afirma uma coisa que contraria fundamentalmente o esclarecido e correto depoimento de Vossa Excelência. 'Como é público e notório, diz o atual reitor, vem atuando nesta universidade, com a participação inclusive de alguns professores, antigo reduto de subversão, que a revolução de 31 de março de 1964 – leia-se 1º de abril – até agora não conseguiu dissolver'."

"É essa definição de subversão ortodoxo-revolucionária a que me referi, para mostrar que Vossa Excelência tinha razão, quando afirmou que ela não existia, e o atual reitor não tem, quando afirma que ela existe."

"Perguntaria a Vossa Excelência: o IPM instaurado na universidade agiu com a desenvoltura natural com que agiu em outros setores da vida brasileira. Qual foi a conclusão desse IPM? Quantos foram punidos na Universidade de Brasília? Vossa Excelência poderia responder?"

O sr. depoente: "Como conclusão do IPM, nenhum professor. Alguns tinham sido afastados, de começo, por ato meu, e já na Comissão do Distrito Federal confessei lealmente que, em dois casos, havia errado. Procurei corrigir um deles imediatamente: o professor Jairo Simões, pedindo-lhe desculpas humildemente e solicitando que voltasse à Universidade"... "Mas ele não quis, alegando motivos de ordem sentimental e motivos também de ordem pessoal".

E mais adiante:

"Outro caso foi o do arquiteto Edgard de Albuquerque, grande figura de arquiteto. Acontece que este professor foi depois aposentado na Universidade do Rio Grande do Sul, pelo art. 7º do Ato Institucional".

E termina:

"*Quanto aos demais, não tenho na consciência nenhuma culpa*, simplesmente porque não tinham títulos para serem professores de uma universidade *como eu compreendo*."

O sr. Deputado Andrade Lima Filho: "Queria dizer a Vossa Excelência que, segundo as informações que tenho – eu, que acompanhei tudo que se relaciona com a Universidade de Brasília –, desse inquérito, que foi arquivado a pedido do Promotor Público Jorge Ferreira Leitão, resultou apenas na expulsão de um aluno, que foi considerado réu de prática subversiva. Esse aluno se chama Expedito de Mendonça. De modo que tudo mais, além disso, se enquadra perfeitamente no julgamento que Vossa Senhoria fez, quando devolveu as sugestões do próprio Conselho de Segurança Nacional, afirmando que a Universidade de Brasília não era um foco subversivo. Daí a nossa estranheza diante das acusações do atual reitor, quando insiste nessa tese de que aquele centro universitário é um foco subversivo".

"Perguntaria a Vossa Senhoria, que se referiu inclusive às dotações e às ajudas exteriores, que têm possibilitado de algum modo o crescimento e desenvolvimento daquela universidade, se os governos estrangeiros, como o inglês, o alemão e o americano, que têm, naturalmente, um bom serviço de inteligência, fariam essas doações vultosas à Universidade de Brasília se não acreditassem nela, se não cressem no esforço sério e fecundo que ali se realiza, pela diligente ação educacional e cultural do seu corpo docente?"

O sr. depoente: "Respondo a Vossa Excelência de imediato. Nenhuma instituição estrangeira dá auxílio quando não há bons professores. É em função de um bom cientista que uma instituição estrangeira dá equipamento. Ela não dá equipamento para quem não sabe usá-lo. De sorte que quero repetir e afirmar que a Universidade de Brasília tem grande número de professores excepcionais. Essa circunstância, aliada à estrutura integrada da Universidade de Brasília, estabelecida pelos seus fundadores, pelo seu reitor Darcy Ribeiro. Já tive a oportunidade de manifestar publicamente a minha opinião sobre o professor Darcy Ribeiro. Perguntaram-me em Brasília, num desses programas em que se fica sentado numa cadeira, denominado *Roda Viva*, o que pensava do professor Darcy Ribeiro. Eu disse francamente: como reitor, excelente; como chefe da Casa Civil, péssimo. Não lhe perdôo nunca o fato de ter deixado a Universidade para ir assumir função política. Se tivesse ficado na

Universidade, ela estaria isenta das pechas que se lhe assacaram, porque os conceitos que se fizeram do chefe da Casa Civil, isto é, o juízo sobre o criador, estendeu-se largamente à criatura. A fábula de La Fontaine ainda é vigente".

O sr. Deputado Andrade Lima Filho: "Veja Vossa Senhoria como peca essa mentalidade dominante no Brasil, que chegou a estender à criação essa pecha de subversão. Mesmo que se admita tudo quanto se diz do professor Darcy Ribeiro, não seria justo que a Universidade padecesse ou sofresse esse calvário e que teve em Vossa Senhoria, aliás, um opositor, quando se opôs, como disse, àquelas expressões e àquelas solicitações do Conselho de Segurança Nacional. Gostaria ainda de fazer uma pergunta a Vossa Senhoria. Alguns professores foram demitidos, 15 se não me engano, e quase duzentos são demissionários. Gostaria de saber de Vossa Excelência, que já lidou com esse corpo docente e conviveu com ele, se sabe porventura se o professor Las Casas foi atingido pelo Ato Institucional".

O sr. depoente: "Não, não. Sei apenas que ele teve um inquérito em Belém do Pará, acusado de atividades subversivas por um Juiz de Direito. Mas, por outro lado, sei também que o professor Las Casas estatutariamente e culturalmente não pode ser assistente na Universidade de Brasília. O estatuto proíbe que seja assistente, como proíbe de ser instrutor na Universidade de São Paulo. Ele é um recém-formado pela Faculdade de Filosofia de Belém do Pará, onde fez apenas três anos".

E mais adiante:

"Se não tem mestrado, condição exigida pela Universidade para ser assistente, não está inscrito para mestrado, não pode ser assistente na Universidade de Brasília, simplesmente não pode ser, sequer, instrutor na Universidade de São Paulo. Digo mais, não pode ser professor de um ginásio oficial, porque lá se exige, afora o bacharelado, um ano de licenciatura que ele não tem."

Devemos mais uma vez, mesmo nos repetindo, insistir sobre o erro da informação transmitida aos deputados. A realidade era o oposto daquilo que o reitor afirmava. O diploma de Las Casas, de bacharel, era exatamente o requerido para seguir a carreira universitária, em Brasília, em São Paulo, ou em qualquer outra universidade. A afirmação *não pode ser professor de ginásio* confundia, porque não tinha nada a ver com o que se requer para o ensino universitário e não pode ser interpretada senão como intuito de rebaixar o professor aos olhos dos deputados. Por outro lado, se houvesse motivos para objetar que Las Casas ocupasse o posto de assistente sem ter o mestrado, ele poderia passar ao nível mais baixo de instrutor, até que defendesse tese, o que não seria um caso isolado na universidade. Esses argumentos falaciosos eram pretextos para não mantê-lo na universidade, como explicamos no capítulo "A grande crise".[6] Os dois reitores nunca apresentaram aos coordenadores nenhuma objeção ao currículo de Las Casas, e foi uma surpresa para nós o que disseram em público.

O sr. Deputado Andrade Lima Filho: "Vossa Excelência referiu-se ao *curriculum vitae* do professor Las Casas. Tenho aqui esse *curriculum vitae*. Vossa Excelência impugna esse *curriculum vitae*?"

O sr. depoente: "Não impugno coisa alguma".

O sr. Deputado Andrade Lima Filho: "Pelo menos entende que ele está em discordância com o que Vossa Excelência exigiria para que fosse admitido como professor universitário".

E mais adiante:

"Vossa Excelência, que elogiou, naturalmente com justeza e merecimento, o corpo docente, em sua maioria, da Universidade de Brasília, entre os quais seus coordenadores, acha cabível que a totalidade dos coordenadores apresentasse para assistente da Universidade um professor portador de mau *curriculum*? Não seria isso uma traição à Universidade, um ato de má-fé?"

Depois de um diálogo ainda sobre o currículo de Las Casas, no qual o reitor repetia seus argumentos, o deputado conclui:

O sr. Deputado Andrade Lima Filho: "Ao concluir, eminente Professor Zeferino Vaz, me atendo a uma palavra de Vossa Senhoria, quando disse que julgava ser a verdade. Quero despedir-me deste debate dizendo, numa invocação àquela conhecida tese de

---

[6] Ver a seção "Os pretextos e a verdade sobre o veto a Roberto Décio Las Casas", no capítulo "A grande crise".

Pirandello, 'a verdade de cada um': 'que cada um fique com a sua verdade'. Mas, creio que é nosso dever, dever de todos, lutar para que se conjure esta crise da Universidade de Brasília, para que não se decepcionem, não só as expectativas de quantos neste País esperam muito da irradiação cultural desse centro universitário, como até mesmo as esperanças que nele depositam os meios intelectuais de todo o mundo, aliás, meios intelectuais que hoje estão assombrados, inquietos, com a nossa triste e sombria realidade brasileira. Eu creio nas palavras ditas à imprensa e nos depoimentos na Comissão do Distrito Federal pelo antigo reitor Zeferino Vaz. Não há agitação, não há subversão na Universidade de Brasília. Há, ali, um corpo docente formado do que melhor possuímos e de muitos elementos da melhor estirpe, que vieram de outros países, num esforço fecundo, pela criação daquela cultura brasileira a que Vossa Senhoria se referiu e que agora vejo, lamentavelmente, interromper-se pela incompreensão de um homem só".

Um deputado compreende os jovens e fala como pai

O sr. Deputado Breno da Silveira: "Havia sido, eu queria que Vossa Magnificência confirmasse ou não, firmado um protocolo para que a universidade entrasse na sua faixa administrativa – respeitando, naturalmente, aquilo que era seu pensamento –, já dentro da evolução, dentro do correr dos dias, do preenchimento de todos aqueles claros administrativos, que possibilitaria, diante do órgão que orienta a universidade, e que, esses claros preenchidos, dariam uma administração mais sem aquela tutela pessoal que vinha desde o primeiro reitor, ou seja, dividir responsabilidades num trabalho de equipe, que é o ideal em universidade – perguntaria então – se tinha conhecimento desse protocolo, feito entre os coordenadores e o atual Magnífico Reitor".

O sr. depoente: "Nobre Deputado Breno da Silveira, tinha conhecimento e tenho conhecimento, porque esse documento foi elaborado nos últimos dias de minha gestão e endereçado a mim".

O sr. Deputado Breno da Silveira: "Certo, pergunto: esse documento foi quebrado e por quem?"... "Queria recordar a Vossa

Magnificência que houve mesmo uma fase interessante: a universidade retomou os tempos em que Vossa Magnificência conseguiu unir todos e chegou a comissão a funcionar. De repente, foi isso quebrado, coincidindo estes fatos com outros de âmbito nacional. Quero firmar-me dentro da universidade, do que existe e do que existiu. Pergunto, então, houve quebra? Mas por quem?"

O sr. depoente: "Quero dizer que houve uma pretensa quebra no caso do professor Las Casas"... "O caso Las Casas é que condicionou este clima de quebra de compromisso, quando, na realidade, não houve, porque o senhor Roberto Décio Las Casas é funcionário efetivo do Ministério de Educação, posto à disposição da Universidade de Brasília".

O sr. Deputado Breno da Silveira: "Eu conheço bem".

O sr. depoente: "Então, este senhor foi requisitado pelo Ministério da Educação e devolvido por mim, através de ofício. Veja bem: eu não poderia deixar de fazê-lo. Se o ministro da Educação solicita a devolução de um funcionário, não tenho outra coisa a fazer, senão, primeiro, tentar um apelo, através de uma exposição de motivos, como fiz no caso de D. Edna,[7] por exemplo, e o ministro de Educação insiste e diz: não, não pode atender. Então este funcionário tem de ser devolvido. No caso do sr. Roberto Décio Las Casas, afora esta requisição, eu já havia exposto publicamente, e infelizmente fui obrigado a fazê-lo na frente do mesmo senhor Las Casas, as razões pelas quais ele não poderia ser assistente da Universidade de Brasília. Então o atual reitor apenas protelou o envio do ofício que eu já havia feito, devolvendo o sr. Roberto Décio Las Casas. A devolução foi feita por mim, e isto foi considerado quebra de compromisso".

Essa interpretação de Zeferino Vaz não era completa, mas ele não sabia. Quem quebrou o compromisso não foi ele, foi seu sucessor, Laerte Ramos de Carvalho, duplamente. Não cumpriu o documento elaborado pelos professores, que foi aceito pelos dois reitores e pelo Conselho Diretor da universidade; e não cumpriu a palavra dada aos coordenadores, de que Las Casas poderia continuar como professor na universidade, se quisesse. Foi por causa dessa quebra

---

[7] Ver a seção "O caso Edna Soter de Oliveira", no capítulo "O início da grande crise".

de compromisso que os coordenadores se demitiram de seus cargos. Explicamos os acontecimentos nas seções "Um documento importante elaborado pelos professores", "O documento é aceito pelos dois reitores e pelo Conselho Diretor" e "O reitor volta atrás, os coordenadores se demitem", no capítulo "A grande crise".

O sr. Deputado Breno da Silveira: "Certo, Vossa Senhoria chega, justamente, ao ponto para mim vital: o reconhecimento de que houve um protocolo, de que houve um acordo, em que pese Vossa Senhoria já ter, anteriormente, iniciado um processo. Mas, com a ascensão do Magnífico Reitor atual, houve esse entendimento que foi, de qualquer maneira, quebrado" ... "Queria perguntar se alguma vez Vossa Senhoria foi alvo de qualquer atitude de desrespeito por parte dos professores, de alguma via. Parece-me, pelo contrário, que Vossa Senhoria foi um dos homens mais respeitados. Nunca receberia vaias de professores".

O sr. depoente: "Recebi, no último dia".

O sr. Deputado Breno da Silveira: "De professores?"

O sr. depoente: "De professores".

O sr. Deputado Breno da Silveira: "Ao que me consta..."

O sr. depoente: "Nesta reunião de professores, um coordenador, o doutor Eduardo Galvão – grande figura de antropólogo, aliás, respeito-o como cientista – presentes duzentos professores, comentou o fato de estarmos no momento na universidade, o reitor que ainda não saíra e aquele que já havia sido indicado para membro do Conselho Diretor"... "Nesta reunião, o Professor Galvão tentou desmoralizar o reitor, dizendo: 'Afinal, temos no momento três reitores na Universidade de Brasília: o professor Zeferino Vaz, o professor Laerte Ramos de Carvalho e o coronel Darcy Lázaro'. Esta foi uma tentativa pública de desmoralização de autoridade. Eu estava presente".

O sr. Deputado Breno da Silveira: "Mas Vossa Senhoria confirma que a atitude do Professor Galvão foi isolada".

O sr. depoente: "Não. Porque depois, *ao fazer a análise dos currículos de alguns professores, de alguns que eu havia demitido*, quando eu falava o silêncio era total. Quando havia justificação de alguém, palmas delirantes, num flagrante desrespeito ao reitor, que se tinha prontificado a discutir e a dialogar com os professores, coisa a que nunca se negou".

"Nesse dia é que houve a mudança de atitude a que fiz a referência. Quando se começou a discutir currículo de professor, isto incendiou. Houve, portanto desrespeito à minha pessoa. No dia seguinte, no momento em que eu tomava o automóvel para ir ao aeroporto, um grupo de alunos gritou: 'Fora! Fora!' ao reitor que ainda era. Desrespeito".

A frase de Eduardo Galvão, mal recebida pelo reitor, visava a salientar a fiscalização da universidade pelo coronel Darcy Lázaro, fato conhecido em Brasília desde o golpe de Estado de 1964, quando professores e estudantes ficaram presos no batalhão por ele comandado. Vimos, no capítulo "Espionagem, delações, prisões", que o coronel era informado de tudo o que ocorria na universidade e exercia abertamente suas funções de controle.

Quanto à reunião a que o reitor se refere e à reação de alguns alunos quando ele saía da universidade, já comentamos a respeito.

O sr. Deputado Breno da Silveira: "Magnífico Reitor, quero aqui me penitenciar do estudante Breno da Silveira, quando, no sexto ano de medicina, liderou um dos movimentos mais sérios na Faculdade Fluminense de Medicina. Naquela oportunidade, o grupo de doutorandos, os quintanistas se rebelaram contra o professor Rocha Lagoa, eminente figura também, universitário de alto renome em nosso País, um cientista. Quero aqui dizer que o então estudante Breno da Silveira vaiava e foi além; porque não considero a vaia, reação da mocidade... Inclusive, aquele que jogava ovos goros, ovos podres no então professor Rocha Lagoa, se transformou num dos seus diletos alunos. E ele jamais se colocou numa posição de querer punir. Ele tinha naquela oportunidade, na direção da Faculdade Fluminense de Medicina, homens que lhe eram leais, homens que, dentro da Congregação, lhe deviam as maiores homenagens. Pois bem, a grande atitude do professor Rocha Lagoa foi não interromper o nosso currículo. Quarenta e seis doutorandos naquela época, inclusive apontados... no dia de hoje seriam subversivos. Lembro-me de que chefiavam naquela época o grupo de estudantes o na ocasião

A universidade interrompida 297

estudante Álvaro Lopes Cançado, o famoso Nariz, do Fluminense,[8] hoje um grande médico em Uberaba, um dos elementos mais respeitáveis do Triângulo Mineiro, e o político carcomido que ora lhe fala"... "Sabe Vossa Excelência que as reações da juventude, por vaias, isto tudo, que é tão normal, deveria ser levado em conta muito mais construtiva".

O deputado continua, mais adiante:

"Tenho a impressão, professor Zeferino, de que quando Vossa Excelência afirmava – inclusive com essa solidariedade que acho elogiável, dizendo que as reações na universidade se comparavam às de favelas de marginais – que era preciso que se lavasse completamente a honra, a dignidade, do Magnífico Reitor, existe esse quiproquó, em razão do qual não sabemos onde iremos parar. Lembraria a Vossa Senhoria, que tinha sido atingido por essas manifestações, caberia a seguinte pergunta: será que a solidariedade de quase 180 professores aos 14 ou 15 demitidos, será que o desassossego, a intranquilidade, a angústia de centenas de famílias, de 1.800 alunos, não poderá ser considerado de magnitude para que o problema realmente pessoal, o problema realmente de honra, de dignidade daquele que foi atingido, o atual reitor, fosse colocado numa área em que se pudesse encontrar uma solução honrosa, ao contrário de uma solução de forra? Porque o que estamos assistindo é que existe esse quiproquó, em razão do qual não sabemos onde iremos parar"... "Lembraria a Vossa Senhoria que nunca, na vida universitária do mundo, houve uma unidade tão positiva de alunos e professores. Geralmente as crises universitárias colocam alunos de um lado e professores de outro. Então assistimos na Universidade de Brasília a uma unidade absoluta, coisa que não se vê em lugar algum. Perguntaria se, para lavar a honra, a dignidade que foi atingida por estudantes – e os estudantes em todas as épocas foram rebeldes, como talvez o tenham sido o atual Magnífico Reitor e Vossa Senhoria mesmo, pois qual o estudante que não fez suas peraltices, as suas traquinadas em bom sentido, já rapazes"... "Tudo isto trago, porque não sabemos onde iremos parar. Por exemplo,

---

[8] "Nariz" era o apelido de Álvaro Lopes Cançado, conhecido jogador de futebol do clube Fluminense quando era estudante de Medicina.

eu perguntaria a Vossa Senhoria o que pensa dos coordenadores, o professor Salmeron, o professor Cordeiro, o professor Cláudio Santoro e o professor Rocha Miranda. Vossa Excelência já há pouco os exaltou. Esses homens estão todos solidários com esse movimento. É uma tristeza vermos que tal acontece com isso que Vossa Excelência considerou uma revolução na vida universitária do País, essa integração universitária, saindo do comum, saindo da rotina para alguma coisa de positivo e diferente que já assombra o mundo. Perguntaria, assim: seria possível, diante dessas demissões, recuperarmos tudo isso sem atingirmos a consolidação de Brasília? Falo em nome de Brasília, neste momento".

O sr. depoente: "Nobre Deputado e caro colega Breno da Silveira, eu, como Vossa Excelência, como o deputado Brito Velho, seguramente vaiei professores, mas, seguramente Vossa Senhoria jamais atingiu a honra e a dignidade pessoal de um seu professor. Combateu o professor, mas não o homem. Quero colocar-me um momento – que é o que devemos fazer – na figura de um pai e mestre, cujos filhos leem nos jornais do Brasil como certo: 'Reitor preside bêbado uma reunião de Coordenadores'. Esta informação, esta assacadilha, não foi só de alunos, esta assacadilha foi também de professores. E criou-se um clima de verdade em torno disto. Repetiu-se a calúnia...".

O sr. Deputado Breno da Silveira: "Queria, Senhor Professor, dizer o seguinte: somos políticos e desejaria relembrar as calúnias que os políticos sofrem. Inclusive, um dos homens mais em moda no País é um contumaz caluniador. Não preciso citar o nome. Sempre caluniou este mundo e o outro, seus maiores amigos, companheiros da área política"... "Agora, pergunto: mesmo que isso existisse, como existiu, como é fato, será que Brasília, será que o Brasil passe a sofrer esta crise tão profunda em algo que constitui motivo de orgulho, que é a sua universidade, por causa de um problema desse tipo? Não quero aqui menosprezar a honra de ninguém, mas pergunto onde irão parar 1.800 estudantes e esses professores que largaram tudo – Vossa Excelência bem os conhece – que aqui se integraram, até mal acomodados, e que adotaram uma atitude de solidariedade da qual não recuarão?"

"É preciso um trabalho de entendimento, um desarmamento, mas não nas bases em que continuamos. Quem integra o Conselho? Inclusive, na última reunião do Conselho, não compareceram dois elementos, ou seja, dois professores que sempre são suplentes, de acordo com o Estatuto da universidade, que reza no seu artigo 14: 'Os suplentes participarão dos trabalhos do Conselho Diretor e só terão direito a voto na falta dos membros efetivos à reunião'. Esses professores, que eram suplentes, não tiveram nem acesso à reunião. É verdade, ou não? Ou não foram convidados?"

O sr. depoente: "Não foram convidados".

O sr. Deputado Breno da Silveira: "Vê Vossa Excelência que o Estatuto já nessa hora foi ferido. São justamente professores a quem Vossa Excelência fez as melhores menções: o professor Salmeron e o professor Cordeiro"... "que integrariam o Conselho nos debates, representando, naturalmente a suplência e, se houvesse número, apenas participando dos debates".

O deputado faz alusão à reunião do Conselho Diretor em que a demissão dos professores foi discutida e aprovada, para a qual Antônio Cordeiro e eu, que éramos membros suplentes, não fomos convidados. Além de termos sido impedidos de exprimir nosso ponto de vista, um de nós dois poderia ter votado, porque um dos membros efetivos não compareceu. Voltaremos a esse assunto ao tratarmos do depoimento de Laerte Ramos de Carvalho (capítulo 18).

Depois de citar os nomes dos professores demitidos, continua o deputado:

"Tive nesta Casa, na fase das cassações de mandatos, uma frase que ficou mais ou menos gravada: 'a neurose da expectativa'. Essa expressão foi criada por mim, como médico, e pegou"... "Essa neurose de expectativa, essa neurose que é algo que contamina, que contagia, que hoje invadiu os estudantes, que hoje está já nos lares. Eu falo a Vossa Senhoria, por exemplo, como pai. Tenho um filho que cursa arquitetura. Vários deputados, dezenas de funcionários, todos nós temos nossos filhos na Universidade de Brasília. Viemos para aqui justamente na razão direta de termos essa garantia desse currículo fabuloso para o futuro dos que vão nos suceder no comum da vida. Pois bem, esse vazio nos invade, invade o nosso lar, invade os lares de centenas de milhares de pessoas já em Brasília".

Mais adiante, continua o deputado:

"Ainda hoje eu tinha notícias de que na embaixada Americana, como na embaixada Francesa, as conversas, os diálogos, de constrangimento, até de revolta, são a vala comum de manhã até a noite, diante daquilo que está acontecendo na Universidade de Brasília. Vossa Senhoria deve saber que foi preso um eminente físico francês, como também foi preso um bolsista hindu.[9] Vossa Senhoria deve ter conhecimento disso tudo. O nobre representante por Pernambuco já chamou a atenção para o esvaziamento do entusiasmo daqueles que têm colaborado com a Universidade de Brasília. Quando Sua Senhoria o professor Zeferino Vaz falava da crise financeira, em face da qual aparece a Fundação Rockefeller, a Fundação Ford, a Inglaterra, nos ajudando, declarou que só possibilita essa ajuda a confiança na universidade, a confiança nos elementos que irão ser responsáveis por essas faixas técnicas, para quem vem diretamente a ajuda. Pois bem, depois de tudo isso, que espetáculo estamos oferecendo ao mundo? *Pergunto ao Professor Zeferino Vaz se isso constrói, se esse ódio constrói.* Fico à vontade porque sempre combati o ódio, porque o ódio nunca construiu nada neste País, nem em nenhum, nem hoje, nem ontem, nem nos longínquos anos que passaram na vida de diferentes povos. Então eu pergunto, porque vamos manter esse diapasão, essa orientação tão prejudicial, tão destrutiva?"

"Ficam, então, as minha últimas palavras ao professor Zeferino Vaz para que se desarme essa estrutura de vindita."

Mais adiante :

"Sou muito autêntico nas minhas posições, mas não vejo outra saída, Magnífico Reitor, senão um trabalho de todos nós desta Comissão, tenho até feito críticas à minha Comissão pela sua inércia. E inclusive a posição do atual prefeito de Brasília devia ser uma posição de apaziguar, uma posição de unir, ele foi quase um verdugo no Conselho, também se orientando para uma faixa que futuramente talvez crie dificuldades à sua pessoa".

---

[9] O físico francês era Michel Paty. O bolsista hindu era Shyan Janveja, que trabalhava na Faculdade de Arquitetura. Ver o capítulo "Espionagem, delações, prisões".

O sr. depoente: "Nobre Deputado e caro colega Breno da Silveira, o apelo de Vossa Excelência e o anseio de Vossa Excelência, creia, é o anseio do Conselho Diretor e, quero afirmar a Vossa Excelência, é o anseio do reitor. Ele sofre angustiadamente à procura de uma solução. Não tem ódio, não tem paixão, ainda que haja sofrido em sua dignidade. Eu sei que o reitor não guarda ódio e não guarda rancor, nunca o fez, conheço-o há vinte anos. E creia Vossa Excelência que ele fará todas as concessões, todas, com exceção daquelas que representem uma subversão da hierarquia, da disciplina e da ordem, sem as quais não há trabalho organizado, porque, se não preservarmos a hierarquia, creia Vossa Excelência, ninguém mais ordenará a Universidade de Brasília. Falo com experiência pessoal".

"O problema da dignidade ofendida do reitor foi de extrema gravidade, porque foi feita não apenas por estudantes, mas também por professores, mas posso afirmar a Vossa Excelência que o reitor da Universidade de Brasília não é homem que guarde ódios, e que sofre. Sofre como todos nós estamos sofrendo, professores, alunos, conselheiros, habitantes de Brasília, e anseia pela busca de uma solução que a todos possa satisfazer sem sacrifício da dignidade."

Zeferino Vaz volta ao tema, acusando *também professores*.

Mais adiante, termina:

O sr. Deputado Breno da Silveira: "Espero que o bom-senso predomine".

Um deputado, também professor demissionário da UnB, denuncia as pressões

O sr. Deputado Roberto Saturnino: "Professor Zeferino Vaz, quero, desde a primeira pergunta, talvez até abusar um pouco da franqueza, da lealdade e da coragem que marcaram todo o depoimento de Vossa Senhoria, para fazer-lhe uma pergunta que, a meu ver, deva ferir o ponto central de toda essa questão. Perguntaria se, ao tempo em que exerceu as funções de reitor da Universidade de Brasília, Vossa Senhoria recebeu sugestões, solicitações, por parte de autoridades civis ou militares, no sentido de afastar certos professores da Universidade."

302 Roberto A. Salmeron

O sr. depoente: "Nunca recebi solicitação para afastar, recebia informações. Essas informações, evidentemente, tinham uma finalidade e quando elas, a meu ver, não coincidiam com aquilo que eu pensava que era verdade, tranquilamente eu as contestava. *As informações vinham também, Deputado, de denúncias, aquela mesma mediocridade, aquela mesma rotina, aquela mesma inveja, que usa de todas as armas e de todos os recursos, em todas as circunstâncias e, inclusive nesta oportunidade, na Universidade de Brasília, elementos de dentro da Universidade usam estas circunstâncias também.* Veja bem: então eu recebia informações, na grande maioria sem nenhum fundamento, e as respondia contestando, tranquilamente".

O sr. Deputado Roberto Saturnino: "Senhor Professor, acredito firmemente, todos aqui creem, na independência com que Vossa Senhoria agiu diante dessas circunstâncias, mas, formulando de maneira mais clara a minha pergunta, Vossa Senhoria, embora resistindo independentemente, como professor universitário digno desse qualificativo, Vossa Senhoria caracteriza tais informações como, digamos, pressões externas para...

O sr. depoente: "Bem, insinuações claras. Agora, houve o caso do professor Fiori, que havia sido destituído pelo Ato Institucional, e que eu havia contratado para a Universidade de Brasília, sabendo disso embora, porque admitindo, na minha boa-fé e na intenção de aproveitar um elemento realmente capaz e inteligente, que poderia contratá-lo. Depois, porém, me convenci de que legalmente eu não poderia fazê-lo e assumi uma atitude, confessando o erro da admissão e corrigindo, eu, o erro que praticara. Esse foi o caso em que recebia informações dizendo 'fulano de tal destituído pelo Ato Institucional, a universidade não poderia contratá-lo'. O deputado Brito Velho conhece esse caso com detalhes".

O sr. Deputado Brito Velho: "Jamais em público falei sobre este assunto, mas agora, neste momento, aproveito para prestar uma homenagem ao nosso amigo professor Zeferino Vaz. Jamais encontrei uma autoridade que, com tanta doçura, que, com tanta paciência, que, com tanto afeto, procurasse resolver o caso de um professor universitário, e sendo o Ernani Fiori duas vezes compadre meu, padrinho sou eu de um filho seu e ele é padrinho de um filho meu,

A universidade interrompida 303

sendo nós amigos íntimos desde a infância, tendo relações como de irmão para irmão, eu compreendo que o nobre reitor da Universidade de Brasília não tinha outra solução a tomar, outro gesto senão aquele, e o Fiori sabe e continua amigo meu da mesma maneira, compreendeu toda a grandeza do professor Zeferino Vaz. Estivemos certa vez uma manhã inteira no apartamento do professor Zeferino Vaz, discutindo a situação daquele meu amigo, e eu me rendi. Não me tivesse eu convencido de que outra solução não havia, evidentemente teria reagido, mas, o que é admirável – e este é um documento de alto valor com referência às autoridades federais que algumas vezes são apontadas como violentas e apressadas – é que elas suportaram pacientemente quase dois meses para descobrir uma solução, e tudo por quê?" ... "E por que houve uma marcha lenta? E por que foram estudadas todas as fórmulas para se salvar a situação daquele eminente professor e grande amigo meu? Porque o reitor de Brasília era o professor Zeferino Vaz, era um homem que contemporizava, não porque seja um procrastinador de soluções, mas porque, exatamente, queria descobrir uma fórmula humana, uma fórmula de acordo com aquilo que o Breno da Silveira há alguns instantes pedia: uma fórmula que não desperte odiosidades".

O sr. Deputado Andrade Lima Filho: "Em complementação ao que disse o nobre deputado Brito Velho, gostaria de declarar que o professor Ernani Fiori foi, sem dúvida, aquisição magnífica para a Universidade de Brasília, e nesse sentido quero contestar cordialmente a confissão do professor Zeferino Vaz, quando disse que errou ao nomeá-lo. O caso do professor Fiori constitui uma das barbaridades da chamada justiça revolucionária. É católico de esquerda, como sabe seu compadre deputado Brito Velho, da mesma linha de outra vítima, o professor Antônio Baltar, da Universidade de Recife, ambos integrados na linha política desse grande dominicano que é o Padre Lebret.[10] A conclusão que se tira daí é que, se o Padre Lebret fosse professor da Universidade de Brasília, também teria sido punido como subversivo e como comunista pela revolução de abril".

---

[10] Louis Joseph Lebret, padre dominicano e economista francês, que fundou em 1940 um centro de estudos e de ação econômica e humanista, chamado "Economia e Humanismo".

O sr. Deputado Roberto Saturnino: "Professor Zeferino Vaz, Vossa Senhoria, em seu depoimento, caracteriza, de um lado, o corpo docente como sendo composto de muitos professores altamente capazes".

O sr. depoente: "Em sua maioria".

O sr. Deputado Roberto Saturnino: "Vossa Senhoria se referiu até a uma porcentagem maior que nas outras universidades brasileiras".

O sr. depoente: "Exatamente".

O sr. Deputado Roberto Saturnino: "Esse corpo de professores, que, sem dúvida alguma, muito ajudou Vossa Senhoria na fase heróica da universidade..."

O sr. depoente: "Decisivamente".

O sr. Deputado Roberto Saturnino: "...que procurou exercer, pelo menos no que tange aos coordenadores, estou certo, uma função moderadora no sentido de não deixar agravar a crise que se vinha avizinhando..."

O sr. depoente: "Nem todos".

O sr. Deputado Roberto Saturnino: "Pelo menos a maioria".

O sr. depoente: "A grande maioria".

O sr. Deputado Roberto Saturnino: "Por outro lado, um corpo discente formado de alunos também extraordinariamente interessados, na sua maioria, embora haja aqueles desinteressados e mesmo agitados, como há em todas as universidades do Brasil e do mundo. Tomando esse quadro, que Vossa Senhoria tão bem descreveu e que é a minha impressão, como professor também da Universidade, não pensaria Vossa Senhoria comigo que, se os ânimos, de certo tempo para cá se exacerbaram e se agitaram de ambos os lados, não teria sido causado exatamente pela deficiência de condições materiais, que Vossa Senhoria tão bem apontou no início de seu depoimento, pela existência efetiva dessas pressões oriundas de fora..."

O sr. depoente: "E de dentro".

O sr. Deputado Roberto Saturnino: "...e de vários episódios, que começaram com aquela operação de ocupação militar da Universidade, logo após a revolução, e que culminaram domingo último com a prisão, no meio da rua, de professores, como o professor

Cordeiro, jogado numa delegacia para passar uma noite e solto às primeiras horas da manhã, como um marginal, como o professor Jorge, preso juntamente com o professor Ênio Melo, meu amigo particular, de quem posso fazer as melhores referências. Não teriam sido exatamente essas pressões de fora, com prisões de alunos, que se repetiam sucessivamente e teriam agitado de tal maneira os ânimos e exacerbado esses ânimos a ponto de provocar aqueles episódios, a meu ver injustificáveis, como esses a que Vossa Senhoria aludiu em relação ao atual reitor? Não seriam essas as verdadeiras causas de toda essa crise que abala a Universidade de Brasília? Gostaria de ouvir a sua opinião, franca e sincera, a respeito disso".

O sr. depoente: "Realmente, é um conjunto de situações e circunstâncias que criou o clima psicológico da alta agressividade. Quando se espalhou que o reitor era bêbado e que o *campus* inteiro se encheu de garrafas e se pintou na porta da reitoria 'Bar, beba Pitu, não beba cultura'; quando se chamou o reitor saindo da universidade aos gritos de 'cachaça', criou-se o conceito de que isso era verdadeiro. Generalizou-se, desviou-se uma agressividade, que deveria ser dirigida contra uma porção de circunstâncias, e canalizou-se contra um só indivíduo: o reitor da universidade. Ele foi o Cristo, o bode expiatório. Cada um de nós tem uma carga afetiva e emocional. Essas circunstâncias contribuíram decisivamente para a prisão de alunos e prisão de professores, etc. Deficiência de moradia, deficiência de condições de trabalho, aumento do preço do restaurante do SAPS..."

O sr. Deputado Roberto Saturnino: "A existência de uma pretensa ou suposta lista de professores que deveriam ser demitidos, que corria normalmente pela universidade como um boato, que depois, infelizmente, veio a ser confirmado com a demissão de 15 professores. Tudo isso, a meu ver, criou uma situação de constrangimento, absolutamente incompatível com o trabalho universitário e que gerou agitação dessa natureza, até o ponto em que chegou. Acho lamentável tudo isso, mas compreendo perfeitamente a agitação dos estudantes. O deputado Breno da Silveira referiu-se a um episódio, o que me fez lembrar de outro. Participei de um enterro do professor Maurício Joppert da Silva,[11] a quem devoto a maior admiração, quando eu era estudante de engenharia. Essa agressividade natural do estudante, exacerbada por todas essas circunstâncias, poderia ter gerado episódio lamentável como esse a que Vossa Senhoria se refere".

O sr. depoente: "Esse episódio lamentável criou uma situação de subversão. Não se respeita mais a autoridade de um indivíduo que é bêbado" ... "Esse ambiente altamente agressivo começou quando o senhor Roberto Las Casas foi devolvido, com aparente transgressão de um acordo de se estabelecerem os departamentos e que esses fizessem o julgamento dos títulos dos professores. Isso disparou um fenômeno, porque outros professores sabiam que seus currículos iam ser examinados e que alguns deles não tinham qualificação para ocupar as posições que estavam ocupando".

Zeferino Vaz volta sempre ao mesmo assunto. E, contudo, esta parte do depoimento é extremamente importante, porque o reitor, sem querer, faz uma confissão. Depois de várias horas de inquirição, diz que *outros professores sabiam que seus currículos iam ser examinados*, quando, na verdade, ninguém sabia que qualquer currículo seria examinado, porque não se cogitava disso na universidade. Como já dissemos várias vezes, esse assunto nunca foi discutido com os coordenadores, nem mencionado por nenhum dos dois reitores. E quando diz que *alguns deles não tinham qualificação para ocupar as posições que estavam ocupando*, deixa antever o pretexto que seria utilizado para outras demissões, o que foi corretamente percebido pelos professores.

O sr. Deputado Roberto Saturnino: "Determinando o Estatuto que as indicações para admissão de professores sejam feitas por órgãos colegiados, chamados Conselhos Departamentais, que ainda não estão em funcionamento por motivos que Vossa Senhoria bem apontou" ... "não seria razoável que, em casos de admissão ou demissão de professores, o reitor procurasse, embora tendo poderes ditatoriais enquanto não funciona aquela comissão, ouvir justamente os professores desses departamentos ou, na falta desses, pelo menos o conjunto de coordenadores?"

---

[11] Maurício Joppert da Silva era professor na Escola Politécnica do Rio de Janeiro.

O sr. depoente: "Não me lembro de ter admitido ninguém que não viesse indicado pelo departamento. Quanto à admissão através de exame de especialistas, ela é feita e deve ser feita quando há algo a oferecer à consideração desses especialistas. Quando não há nada a oferecer, não vejo por que se vai perguntar a um especialista. Um especialista vai julgar trabalhos publicados, vai julgar títulos".

"Há ainda o seguinte: a convivência dentro do departamento traz certa solidariedade humana e certo prejuízo no julgamento. Acho que essas comissões departamentais devem julgar, mas também devem ter a presença de alguém de fora da universidade, para que o julgamento seja objetivo."

O sr. Deputado Roberto Saturnino: "Não considera Vossa Excelência perfeitamente razoável aquela solicitação dos coordenadores, para inclusive resguardar sua própria posição, conforme Vossa Senhoria salientou, em sua grande maioria moderadora, no sentido de que nenhuma demissão fosse feita enquanto não se criassem as comissões, isso exatamente em face das propaladas listas de demissão, que estavam causando constrangimento, capazes de prejudicar seriamente o trabalho universitário? Não acha Vossa Senhoria perfeitamente razoável isso?"

O sr. depoente: "Todos acham, inclusive o atual reitor. Apenas, o caso que foi considerado como transgressão, que era o caso do professor Las Casas, não era transgressão, porque foi requisitado pelo Ministério da Educação. Era uma imposição. Quem o devolveu fui eu. Quando o atual reitor assumiu, ainda reteve o meu ofício, porque eu escrevi o ofício devolvendo o senhor Las Casas ao Ministério da Educação, cumprindo o meu dever. De sorte que foi este caso, em que não houve transgressão, que disparou todo o fenômeno, disparou toda a crise e foi considerado o caso do senhor Las Casas como caso de transgressão, de rompimento de compromisso do reitor, quando o reitor, no caso, não estava compromissado, pois já havia um ofício meu de devolução".

Novamente, o reitor dá uma explicação incompleta, não sendo tocado o ponto essencial, a dupla quebra de compromisso por Laerte Ramos de Carvalho, como já explicamos.

O sr. Deputado Roberto Saturnino: "Confesso que não conheço em detalhes o caso do professor Las Casas, a não ser por ouvir conversas de vários colegas da universidade. Três pontos, porém, gostaria de ressaltar. O primeiro é que não me parece justificável o atendimento pronto e imediato de uma requisição do ministro da Educação de um professor da universidade, para ser funcionário do Ministério da Educação, a não ser que houvesse o desejo de afastar esse professor das suas funções de professor, porque, se ele fosse um professor que estivesse sendo julgado como competente e necessário à vida da universidade, certamente se encontrariam caminhos para mantê-lo lecionando na universidade".

"O segundo ponto é que fui informado, não posso afirmar porque não estava presente, que na ocasião em que o atual reitor, professor Laerte, assumiu suas funções e também o compromisso de não proceder a nenhuma demissão antes de se criarem as comissões próprias, foi feita referência expressa ao caso Las Casas, e o reitor teria afirmado que o professor Las Casas não seria afastado enquanto não fosse criada a comissão especial para julgar."

"Finalmente, o terceiro ponto e que também fui informado, não tenho condições para afirmar seja verdade, que o professor Las Casas dispôs-se até a abrir mão do seu cargo de funcionário do Ministério da Educação para permanecer na universidade, em função de um vínculo contratual que já existia anteriormente."

O deputado Roberto Saturnino resumiu bem a situação. Os três pontos que ressaltou eram verdadeiros e essenciais.

Zeferino Vaz, e também Laerte Ramos de Carvalho, como veremos, procuram apresentar as reações dos docentes e o ato de demissão coletiva como sendo produzidos exclusivamente pela recusa do reitor em manter Roberto Las Casas na universidade, isto é, não levam em consideração tudo o que ocorreu durante um ano e meio, desde abril de 1964. O incidente Las Casas foi um entre muitos. Como poderiam os professores ignorá-los, inclusive que 29 colegas e um estudante foram expulsos durante aquele período?

O depoimento de Zeferino Vaz caracteriza-se pela defesa que fez do seu sucessor, Laerte Ramos de Carvalho, e termina sem abrir perspectivas para a solução da crise.

Contrariamente às suas atitudes construtivas durante um ano e meio de apoio aos docentes e de esforços louváveis à testa da UnB, em poucas horas de declarações na CPI, algumas semanas depois de ter deixado a reitoria, destruiu a imagem da universidade que tinha ajudado a restabelecer, atacando violentamente professores e estudantes. Porque, embora dissesse que fossem *poucos os subversivos*, *os desrespeitosos à hierarquia*, *os medíocres*, suas agressões verbais foram retomadas, generalizadas e ampliadas por pessoas interessadas em denegrir a universidade, como o ministro da Educação e certos jornalistas que aceitaram essa lamentável tarefa. Veremos isso nos capítulos "Declarações do ministro da Educação e Cultura" e "Jornais que atacavam os professores".

Apesar dos elogios que prodigava em outras partes, Zeferino Vaz tornou-se, com suas declarações na Comissão Parlamentar de Inquérito, um dos responsáveis pelo ressurgimento da ideologia sobre a Universidade de Brasília.

Capítulo 18

Depoimento do reitor Laerte Ramos de Carvalho

Na verdade, não mais deveriam ser admitidos diretores de instituições científicas não entrosados com os pesquisadores, que discriminam entre uns e outros por motivos inconfessáveis e odiosos, que estabelecem como premissa para obtenção de estágio de estudantes o beneplácito inicial de órgãos de informação policial, que impedem a pesquisa livre de obstáculos e a plena liberdade intelectual, que recusam e cancelam os auxílios de fundações internacionais de ajuda à pesquisa, ou que estimulam a mediocridade, onde se vêem como num espelho.

Herman Lent[1]

O professor Laerte Ramos de Carvalho começou a depor na Comissão Parlamentar de Inquérito sobre a Universidade de Brasília em 21 de outubro de 1965, dois dias após ter anunciado que expulsara 15 professores. Como muitos deputados desejavam inquiri-lo, o depoimento deveria ter sido retomado no dia seguinte, mas o reitor prontificou-se a continuá-lo somente em 10 de novembro.[2]

---

[1] Herman Lent, *O massacre de Manguinhos*, Rio de Janeiro, Editora Avenir, 1978, p. 36. Manguinhos é o nome pelo qual é designado usualmente o Instituto Oswaldo Cruz, do Rio de Janeiro. Herman Lent, reputado cientista desse instituto, descreve em seu livro as perseguições sofridas pelo prestigioso centro de pesquisas durante o governo militar instaurado em 1964, alguns de seus setores tendo sido destruídos por uma direção incompetente que lhe foi imposta.

[2] Depoimento publicado integralmente no *Diário do Congresso Nacional*, suplemento ao nº 12, 16 de fevereiro de 1966, p. 17 a 47. Os trechos do depoimento

A obsessão por um conceito especial de disciplina, utilizado como pretexto

Laerte Ramos de Carvalho foi para a universidade desconhecendo inteiramente seus problemas, os trabalhos, os progressos, os planos e as pessoas que lá estavam; mas foi com ideias negativas preconcebidas. Assumiu a reitoria em 1º de setembro; no dia 9 de outubro, pediu tropas para ocuparem o *campus*; no dia 18 de outubro, demitiu 15 professores, sem ouvi-los, sem lhes dar direito de defesa.

O reitor comportou-se no início de seu depoimento com a desenvoltura de quem se sentia protegido pelas autoridades que o impuseram à universidade. Ficou surpreso com a desaprovação total de seus atos por todos os deputados que o arguiram, exceto um.

Inicia o depoimento com as palavras:

"Excelentíssimo Senhor Presidente da Comissão Parlamentar de Inquérito para apurar as causas da paralisação das obras e instalações da Universidade de Brasília e seu reflexo no sistema de pesquisa tecnológica e científica e na consolidação de Brasília. Excelentíssimos Senhores Deputados, confesso que os problemas da Universidade de Brasília são tantos e tão complexos, que seria muito difícil para mim fazer uma exaustiva exposição referindo-me a todos os inúmeros aspectos destes problemas, que vêm contribuindo para criar nessa universidade, universidade que representa uma esperança para a reforma do ensino universitário brasileiro, que vêm contribuindo, repito, para que ela se torne *um fator de indisciplina, de intranquilidade, para toda a população de Brasília e, quiçá, para toda a população brasileira."*

A ideologia a respeito da Universidade de Brasília é, portanto, resumida já na primeira frase do depoimento.

E, mais adiante:

---

aqui transcritos foram copiados textualmente. Os itálicos foram colocados por nós.

"A Universidade de Brasília não pode ser compreendida apenas em função do modelo exemplar que ela representa: ela deve ser compreendida na sua realidade humana, nas suas realizações e nas suas frustrações. É preciso vê-la por dentro, com suas grandezas e suas misérias. E mais: é preciso ter também uma distância que um professor como eu, vindo de uma outra universidade, uma das mais importantes universidades brasileiras, sentiu nos primeiros contatos com a realidade da Universidade de Brasília – um choque, uma emoção, que até hoje não se desfez nas minhas impressões e na minha memória. É exatamente esta visão, ao mesmo tempo de um homem *que se sente ainda um pouco fora da realidade da Universidade de Brasília*, mas suficientemente dentro dos problemas os mais cruciais, os problemas que dizem respeito à realidade humana que é a Universidade de Brasília."

Depois da exposição inicial, lê documentos que apresentara ao Conselho Diretor da Fundação Universidade de Brasília. Um deles é intitulado "pedido de dispensa dos Coordenadores, em solidariedade ao professor Roberto Décio Las Casas".

Isso não era verdade. Como já vimos, os coordenadores exoneraram-se não por solidariedade a uma pessoa, mas porque, devido às pressões externas e ao comportamento do reitor, não viam como poderiam continuar a exercer suas funções com dignidade.[3]

Outro documento era:

Ofício nº R-001, de 9-10-65, ao Departamento Federal de Segurança Pública, solicitando o envio de tropas policiais para a manutenção da ordem e a preservação do patrimônio da FUB no *campus* universitário.

Este ofício está publicado integralmente na seção "O reitor pede o envio de tropas militares à universidade", no capítulo "A grande crise". A apresentação desse documento pressupõe a existência de desordem e possível depredação do patrimônio da universidade; é, portanto, tendenciosa. Nunca houve depredação de nada.

---

[3] Ver a seção "O reitor volta atrás, os coordenadores demitem-se de seus cargos", no capítulo "A grande crise".

O relator da CPI procura focalizar fatos

O sr. relator, Deputado Carlos Werneck (depois de algumas questões relativas à situação financeira, pergunta): "Quando o Magnífico Reitor compara o comportamento dos alunos, as reações dos estudantes que se observam em outras universidades e o que se observa nesta Universidade de Brasília, quais as suas conclusões? Eu desejaria que o Magnífico Reitor desse com mais detalhes aquela resposta que havia dado pouco antes, quando se referiu um pouco perfunctoriamente aos estudantes desta Universidade. Desejaria ouvir uma impressão sua mais extensa e mais ampla".

O sr. depoente: "O problema da Universidade de Brasília é um problema que caracterizo como sendo, na situação atual, de indisciplina generalizada. Essa indisciplina decorre, em grande parte, da não instalação dos órgãos colegiados previstos nos seus estatutos. Os problemas da universidade, portanto, ao invés de serem decididos num nível exclusivamente técnico, caminham para as assembleias, onde se reúnem muitas vezes professores e alunos, professores de diferentes categorias, e todos, num ambiente de assembleia, tumultuado, não podem ter a devida serenidade para apreciar com objetividade, com maturidade, os problemas da universidade. No ambiente dessas assembleias, a uma das quais assisti, pude constatar que se destacam aqueles mais treinados, mais ágeis nas técnicas de manipulação das assembleias; professores eminentes que se calam, e outros que sabem, habilmente, conduzir as assembleias para resultados previamente traçados".

Temos aqui mais exemplos de ideias ligadas à ideologia. Em primeiro lugar, pretender que a Universidade de Brasília fosse lugar de indisciplina e, ainda mais, de *indisciplina generalizada*. Segundo, afirmar que *os problemas caminham para assembleias, onde se reúnem muitas vezes professores (de categorias diferentes) e alunos, todos, que os apreciam num ambiente tumultuado (...) sem objetividade (...) sem maturidade*. Como poderia um professor universitário, mesmo *sentindo-se um pouco fora da realidade*, como afirmara, dizer que os problemas eram tratados assim? Se alguém levasse a sério tais afirmações, poderia pensar que éramos um grupo de inconscientes, dirigindo a universidade em estado de loucura.

Os problemas eram tratados, evidentemente, como em todas as universidades, pelos professores e demais responsáveis, em reuniões restritas, entre si ou com o reitor. Durante o tempo em que trabalhamos na Universidade de Brasília, houve, efetivamente, quatro assembleias de professores, todas concentradas no intervalo de tempo de poucas semanas, naquele período de muita intranquilidade e grande tensão. Não foram realizadas para analisar *os problemas* da universidade, como disse o reitor, mas solicitadas pelos professores, que desejavam discutir, em presença dos coordenadores, *um único problema*, preocupante para todos: os rumores crescentes de novas ingerências externas e de novas expulsões. Preocupação motivada e natural. E nenhuma teve a participação de *alunos*, embora reuniões de professores e seus estudantes, para discutirem questões de interesse comum, não tenham nada de anormal.

Laerte Ramos de Carvalho assistiu a uma única assembleia, antes de ter assumido o cargo, à qual já nos referimos várias vezes.[4] Ela foi tumultuosa, efetivamente, mas o tumulto foi provocado pelo então reitor, com sua classificação ameaçadora de professores *medíocres* e todas as consequências que essa atitude implicava.

Veremos, no decorrer do seu depoimento, que Laerte Ramos de Carvalho mostra verdadeira obsessão por disciplina e usa o conceito que formulara de *indisciplina* para atacar professores e estudantes, em tentativas de justificar suas atitudes.

O sr. Deputado Carlos Werneck: "Relativamente, Magnífico Reitor, ao seu julgamento acerca dos professores coordenadores da Universidade, qual sua impressão acerca desses professores coordenadores?"

O sr. depoente: "A minha impressão a respeito dos coordenadores é muito boa. São homens de grande categoria intelectual. Entendo, entretanto, que os coordenadores, em grande parte, foram responsáveis pela crise que se instalou na Universidade de Brasília".

O sr. Deputado Carlos Werneck: "Vossa Magnificência considera que o afastamento do professor Roberto Las Casas tenha sido o

---

4   Ver a seção "Declarações ameaçadoras do reitor em uma assembleia tumultuosa", no capítulo "O início da grande crise".

único motivo causador de toda essa desarmonia que passou a existir, ou havia outros motivos, que encontraram neste, digamos, sua expressão máxima, ou sua expressão única, para deflagrar-se um processo que estivesse já latentemente em vida há muito tempo?"

O sr. depoente: "Acredito que o caso criado com o professor Las Casas é apenas um episódio na história dessa Universidade. Creio que, realmente, os males que vêm tão gravemente comprometendo a normalização da Universidade de Brasília datam do seu início. Mas, sempre que se fala em revisão do currículo, em rescisão de contrato, a universidade reage como se fosse um corpo de professores não regido pela Legislação do Trabalho; mas como se fossem professores estáveis, professores inamovíveis. Parece-me que esta situação ficou bem patente no caso do professor Décio Las Casas. O parecer jurídico levado a uma reunião informal preocupou e inquietou vivamente a alguns coordenadores. De um deles mesmo ouvi a seguinte expressão: ele sentia-se 'tapeado'. Foi a expressão empregada. Evidentemente, não tapeado pelo atual reitor, mas, quando convidado, ele acreditava que, vindo para Brasília, teria um contrato, teria certas garantias; não lhe tinham dito que, realmente, um funcionário do setor público poderia ser a qualquer momento devolvido e não teria nenhum vínculo empregatício com a Universidade de Brasília".

Descrevemos em detalhe o caso Las Casas nos capítulos "O início da grande crise" e "A grande crise", não vamos repeti-lo.

O reitor tinha assumido seu cargo havia somente um mês e meio e não conhecia a UnB. No entanto, usa a expressão *sempre que se fala em revisão de currículo, em rescisão de contrato*, como se tivesse tratando de assunto frequente na universidade, no qual ele teria grande experiência. Na verdade, *nunca* se falou em revisão de currículo ou em rescisão de contrato, nem com Zeferino Vaz, nem com Laerte de Carvalho nas poucas semanas em que estava em função, porque isso não constituía problema na Universidade de Brasília. Como vimos na seção "Proteger as estruturas", no capítulo "O começo", os coordenadores tinham proposto a poucos docentes que seus níveis na carreira fossem rebaixados, sem prejuízo dos salários, porque ainda não tinham doutorado, o que foi aceito sem problemas pelos interessados.

A observação de que fora *tapeado* foi feita por Elon Lages Lima, coordenador do Instituto Central de Matemática, durante uma reunião com o reitor, significando que não lhe tinham jamais dito – como também não tinham dito a nenhum de nós – que a universidade não teria vínculo empregatício conosco, que nossos empregos poderiam não ser considerados estáveis e que poderíamos ser despedidos a qualquer momento.

O sr. Deputado Carlos Werneck: "Todos os professores de modo geral, ao serem contratados, o são, parece-me, por três anos. Não?"

O sr. depoente: "Lastimavelmente devo informar a Vossa Excelência que nenhum professor da Universidade de Brasília tem contrato".

Mais adiante, o deputado Carlos Werneck pergunta por que Antônio Rodrigues Cordeiro e eu, que éramos membros suplentes do Conselho Diretor da Fundação Universidade de Brasília, não fomos convidados para participar da reunião em que o conselho discutiu e aprovou a demissão dos professores, incluindo a demissão de Cordeiro. Resposta do reitor:

O sr. depoente: "Os dois representantes não estiveram presentes porque eu havia encaminhado um ofício ao senhor presidente da República, já deflagrada a crise, pedindo a indicação de novos membros, isto é, novos suplentes para o Conselho Diretor. Levei isto ao Conselho Diretor e indaguei se seria necessária a convocação dos suplentes. Eles entenderam que não havia necessidade, porque existia maioria de membros, Conselheiros Titulares".

Não nos convocar foi um ato ilegal. Éramos ainda suplentes. Além disso, soubemos depois que um dos conselheiros titulares não compareceu à reunião; por conseguinte, Antônio Cordeiro ou eu teria votado.

O sr. Deputado Carlos Werneck: "Foi o Conselho, então, que achou não existir necessidade de convocar os dois suplentes. Uma vez de posse dessa autorização para tomar medidas adequadas à normalização da vida da universidade, que fez Vossa Magnificência?"

O sr. depoente: "Levei antes ao conhecimento do Conselho Diretor a minha disposição de proceder ao desligamento de alguns professores, que eu encarava como representando os principais elementos que contribuíam para criar o ambiente de desordem e de indisciplina na universidade. O Conselho Diretor tomou conhecimento desta minha decisão e não fez nenhuma oposição. Da posse dessa autorização é que então procedi à demissão de 15 professores, dos setores sobretudo de Ciências Humanas e de Biologia".

O sr. Deputado Carlos Werneck (no término de sua exposição, faz as observações): "Esta Comissão, instalada, naturalmente, com uma finalidade específica, foi obrigada, por força das circunstâncias, a mudar um pouco de roteiro e encampar, de certa forma, a crise que ora angustia não apenas a universidade, mas a própria vida da Capital da República e que tem repercussões pelo País todo. Estamos lendo nos jornais telegramas e manifestações de universidades e outras agências de regiões bem distantes do Brasil, perguntando o que se passa com a Universidade de Brasília".

E termina assim:

"Como acha Vossa Magnificência que se possa, da maneira mais objetiva, mais prática, mais honrosa e mais eficiente, pôr um ponto-final a essa crise que já nos está cansando, e partir para a normalização da vida da Universidade de Brasília?"

O relator não esconde que a crise já nos está cansando.

O sr. depoente: "Eu não vim à Reitoria para fechar uma Universidade. O meu propósito é de consolidá-la. E isto depende muito menos do reitor e muito mais dos professores e dos alunos da Universidade de Brasília".

Um deputado denuncia as pressões sobre a universidade

O sr. Deputado Andrade Lima Filho: "Ao começar esta inquirição, não faço a Vossa Magnificência a injúria de supor que deu às suas palavras aquele sentido de Maquiavel, que as palavras servem para esconder o pensamento. Esta ressalva, Magnífico Reitor, é porque hoje, no Brasil, há uma distorção sobre o sentido das palavras" ... "Vossa Magnificência realmente acha que a Universidade de Brasília sempre constituiu um foco de subversão, como afirmou em entrevista concedida a *O Estado de S. Paulo* em sua edição de 12 do corrente?"

O sr. depoente: "Um documento escrito... Mas o texto, como é público e notório: 'Vinha atuando na Universidade, com a participação inclusive de alguns professores, um ativo reduto de subversão que a revolução de 31 de março de 1964 até agora não conseguiu dissolver'. Isto é um pouco diferente de afirmar que a Universidade de Brasília é um foco de subversão".

O sr. Deputado Andrade Lima Filho: "Vossa Magnificência há de permitir, com todo o máximo respeito que lhe devo, que, a meu ver, talvez devido a alguma insuficiência da minha parte, as coisas dão na mesma".

O sr. depoente: "Há, indiscutivelmente, na Universidade de Brasília, um grupo inconformado, *um grupo de professores e estudantes que, realmente, não tomaram conhecimento deste processo revolucionário pelo qual o País está atravessando*".

O sr. Deputado Andrade Lima Filho: "Já havia, então, Vossa Magnificência decidido, em função da incumbência em que foi investido ao ser nomeado reitor na Universidade de Brasília, enfrentar esse estado de subversão?"

O sr. depoente: "Absolutamente não pensei. O meu propósito era o de apenas admitir novos professores, da mais alta categoria, e poder neutralizar esse pequeno grupo, reduzido grupo de professores que não está de acordo com a situação política vigente".

O sr. Deputado Andrade Lima Filho: "A Universidade de Brasília tem, se não me falha a memória, no seu corpo docente, cerca de 260 professores, incluindo os professores estrangeiros e alguns que estão com bolsa de estudos no exterior; pode ser, então, considerado um pequeno grupo subversivo, 213, se não me engano, professores, entre os demitidos e os demissionários?"[5]

O sr. depoente: "Essa afirmação não tem nada com o ato praticado pelo reitor, que demitiu professores em razões de ordem disciplinar exclusivamente".

---

[5] Os números corretos eram, num total de 305 professores, 223 demissionários e dezesseis demitidos.

O sr. Deputado Andrade Lima Filho: "...quais esses professores que cometeram atos de indisciplina que motivaram essas demissões?"

O sr. depoente: "São exatamente os professores que foram demitidos".

O sr. Deputado Andrade Lima Filho: "Todos eles por ato de indisciplina?"

O sr. depoente: "Professores que, participando de assembleia, levaram-na, inteira, a declarar greve por 24 horas. Pergunto a Vossa Excelência se de fato isto não é ato de indisciplina?"

O sr. Deputado Andrade Lima Filho: "Como concilia sua opinião expressa em *O Estado de S. Paulo* com a externada em várias oportunidades, em sentido contrário, pelo ex-reitor, aliás solidário com Vossa Magnificência, o eminente professor Zeferino Vaz, que, em várias ocasiões, repito, através da imprensa, em relatórios, afirmou categoricamente que na Universidade de Brasília não havia subversão, que havia pressões a que ele não se submeteu, havia pedidos inclusive do Conselho de Segurança, insinuando atitudes contra professores e alunos, mas que não atendeu a essas pressões ou essas solicitações. Como Vossa Magnificência concilia esta sua opinião com a do professor Zeferino Vaz?"

O sr. depoente: "Tenho em alta conta as opiniões do professor Zeferino Vaz, mas me reservo o direito de ter as minhas próprias".

O sr. Deputado Andrade Lima Filho: "Mas, pergunto a Vossa Magnificência o seguinte: havendo esse foco de subversão na Universidade de Brasília, anterior à sua posse, como explica que somente tenha sido punido um estudante no rigoroso IPM ali instalado, cujo inquérito foi arquivado por iniciativa da Promotoria da República?"

O sr. depoente: "Não conheço esse fato".

O sr. Deputado Andrade Lima Filho: "Vossa Excelência desconhece o fato, mas ele é público e notório. O inquérito está arquivado pela Promotoria Pública, e foi apenas expulso da universidade, do corpo discente, um estudante, cujo nome não me ocorre agora. Foi o único considerado subversivo ou comunista, e Vossa Magnificência sabe que esses inquéritos são rigorosos, excessivamente rigorosos. Vossa Magnificência afirmou que, não havendo um estado de subversão, há, contudo, um foco de subversão. Então eu pergunto: como Vossa Magnificência caracteriza esse foco de subversão na Universidade de Brasília? Acha Vossa Magnificência, por exemplo, que uma simples greve de estudantes ou um movimento reivindicatório de professores ou até mesmo um agravo pessoal, por mais injusto que seja, pode constituir um estado ou um foco de subversão, no sentido que tem a palavra, aliás, muito elástica, à atual justiça na ordem vigente?"

O sr. depoente: "Acredito que não. Se Vossa Excelência entender que eu poderia explicar que existe, não subversão no sentido de uma atitude de total rebeldia de professores contra a ordem vigente, mas o que posso entender, e aí poderíamos caminhar para um diálogo construtivo, é que a própria universidade, pela ausência de órgãos colegiados, *pela forma com que se canalizam as reivindicações dos corpos discente e docente*, ela tem um *ambiente propício*, ela é, por assim dizer, *algo que está falhando quanto à ordem, quanto à disciplina*, ela se apresenta, portanto, como uma universidade que não atingiu a normalização das suas atividades, e por isto mesmo *todas as atividades que ali se realizam, as suas formas são sempre as mais exageradas, as mais violentas*. Os princípios de ordem, de disciplina, de hierarquia não são ali devidamente respeitados. É exatamente contra este estado de coisas que me insurjo. É preciso, para que haja efetivamente uma universidade como uma realidade humana, não apenas esquema teórico belíssimo, é preciso que haja antes disciplina, haja respeito à hierarquia na Universidade de Brasília".

É novamente expressa a ideologia sobre a Universidade de Brasília.

O sr. Deputado Andrade Lima Filho: "Vossa Magnificência afirmou que seu propósito é o de consolidar a situação da Universidade de Brasília. Como entende Vossa Magnificência que possa ser consolidada a situação da Universidade de Brasília, ou a própria universidade, diante desta crise que está espantando todo o País, com repercussão no mundo, sem que se procure, com mais compreensão mútua, com mais transigência recíproca, uma solução para este problema, que ainda hoje fazia o Sr. ministro da Educação dizer que era impossível abrir a universidade, porque não havia professores".

O sr. depoente (depois de se referir aos pedidos de demissão coletiva, diz): "Venho recebendo propostas, inclusive de Pernambuco, de professores dispostos a vir trabalhar em Brasília. Recebi recentemente, ainda esta tarde, um oferecimento de professores da Universidade de Goiás, todos dispostos a vir colaborar na universidade de Brasília. Recebi de colegas meus da Faculdade de Filosofia da Universidade de São Paulo todo seu oferecimento no sentido de colaborar para restaurar alguns cursos da Universidade de Brasília. Ainda é muito cedo para se cuidar desse aspecto. Espero que os cursos sejam restabelecidos com os professores da Universidade de Brasília".

O sr. Deputado Andrade Lima Filho: "Se não me falha a memória, Vossa Magnificência afirmou que o professor Las Casas não era realmente um elemento útil à universidade, daí porque, naturalmente, não insistiu Vossa Magnificência, ou não insistiu o reitor antecedente, no sentido de que ele ficasse prestando seus serviços à universidade. Há alguma alegação contra o professor Las Casas no sentido, porventura, de que seja subversivo?"

O sr. depoente: *"Chegou ao meu conhecimento, por exemplo, a atuação do Professor Las Casas no Pará".*

O sr. Deputado Andrade Lima Filho: "Como explica Vossa Magnificência que, havendo suspeição, aliás com fundamento, segundo as palavras de Vossa Magnificência, em fatos concretos no Pará, que, sendo o professor Las Casas funcionário do Ministério da Educação e Cultura, e tendo respondido aí a IPM, não tenha sido alcançado pelas punições sumárias ditadas pelo Ato Institucional?"

O sr. depoente: "Não sei como explicar este fato".

O sr. Deputado Andrade Lima Filho: "Pois concordo com Vossa Magnificência, este fato é inexplicável, porque estamos num País de fatos inexplicáveis. Magnífico Reitor, ainda algumas perguntas. Quando de sua entrada ou de sua chegada à universidade, como reitor, qual foi a atitude, para com Vossa Magnificência, dos coordenadores, professores e estudantes?"

O sr. depoente: "A atitude foi de apoio e de aprovação, até de moção de confiança, voto de confiança à minha atuação como reitor".

O sr. Deputado Andrade Lima Filho: "Magnífico Reitor, tem Vossa Magnificência, a exemplo do que ocorreu com o reitor anterior, professor Zeferino Vaz, recebido pressão de autoridades extrauniversitárias para demitir professores da Universidade de Brasília? Não terá o senhor agido, no caso do professor Las Casas, em função dessa pressão?"

O sr. depoente: "Absolutamente não agi em função de pressão exterior. Insisto, e acho que o professor Zeferino Vaz tardiamente compreendeu, que a pressão mais intensa que existe é a pressão interna da Universidade de Brasília, pressão que leva o reitor a ficar sem alternativa de opção, sem condições de escolher este ou aquele caminho, porque a ele se apresenta um único caminho: ou o reitor capitula, ou o reitor concorda, ou então deflagram-se greves".

Laerte de Carvalho afirma que *ou o reitor capitula, ou então deflagram-se greves*. Mais uma vez o reitor demonstra que não conhecia a UnB, quando diz então deflagram-se greves. Essa afirmação era gratuita, porque a greve de 24 horas, declarada seis semanas após sua investidura, foi a *primeira* greve de professores na Universidade de Brasília. Nos primeiros tempos, ainda quando Darcy Ribeiro era reitor, houve uma greve de instrutores, mas nunca tinha havido greve de professores.

O sr. Deputado Andrade Lima Filho: "Vou pedir a Vossa Magnificência para esclarecer melhor a esta Comissão, que quer fazer, naturalmente, um levantamento objetivo, isento, da crise da Universidade de Brasília, os motivos determinantes da demissão desses 15 professores. Se esses motivos são um só, ou se pesou na decisão de Vossa Magnificência alguma nota de corpo individual para cada um deles. Exemplo: o professor Antônio Rodrigues Cordeiro, que é geneticista de fama internacional, naturalmente faz a maior falta à Universidade de Brasília: coordenador do Instituto Central de Biologia e com altos títulos científicos, por que razão foi demitido?"

O sr. depoente: "Foi um dos professores que, na última assembleia, em que foi discutida a greve de 24 horas, defendeu a deflagração da greve".

Mais adiante, continua o reitor:

"Assisti a uma assembleia, ainda na gestão do reitor Zeferino Vaz. E eu, dessa assembleia, como disse nas minhas palavras iniciais, conservei uma impressão melancólica, muito triste, do ambiente existente na Universidade de Brasília. *Eu vi o professor Zeferino Vaz ser atacado violentamente por alguns professores;* não vi nenhum professor que resolvesse defender a reputação do professor Zeferino Vaz. Esta assembleia foi, para mim, um exemplo de como decidem e deliberam os órgãos que não existem, os órgãos colegiados da Universidade de Brasília. Na outra assembleia de professores, a que não assisti, estou informado de que, entre os elementos atuantes e que contribuíram para a deflagração da greve, estava o professor Cordeiro."

O sr. Deputado Andrade Lima Filho: "Vossa Magnificência acha, com seu alto espírito universitário, que esses professores demitidos, entre os quais tantos nomes ilustres, homens ligados à pesquisa, à ciência, à especulação, à cultura, teriam sido levados, porventura, de acordo com suas afirmações, a sugerir uma greve ou a se insurgir, sem nenhuma motivação muito séria e muito grave?"

O sr. depoente: "Exatamente. Não vejo nenhuma motivação que possa levar os professores, que devem ser educadores, a optarem por uma solução como uma greve. Acho um fato absolutamente inexplicável. É um caso, realmente, de estarrecimento, quando nós consideramos esse modelo, essa ideia de uma universidade; e, se contrastarmos este modelo com a realidade humana que é a própria universidade, é um fato inexplicável para mim".

O sr. Deputado Andrade Lima Filho: "Para nós também é inexplicável, embora não tenhamos a mesma compreensão, possivelmente, dos problemas. Mas eu insisto em perguntar: esses professores, que Vossa Magnificência afirmou há pouco que o receberam num ambiente de absoluta cordialidade; que se prontificaram a colaborar com Vossa Magnificência, que ofereceram sugestões para a normalização administrativa da vida universitária, por que esses professores, de uma hora para outra, sem nenhum motivo, como diz Vossa Magnificência, passaram a preparar ou ameaçar fazer uma greve de 24 horas, de advertência. Por que, nobre Senhor Reitor?"

O **sr. depoente**: "A única explicação é que eu me recusei a admitir o professor Las Casas. É a única explicação que encontro".

O **sr. Deputado Andrade Lima Filho**: "Só esse motivo?"

O **sr. depoente**: "Exatamente. E perguntaria se esse motivo é bastante para justificar a declaração de uma greve de professores".

O **sr. Deputado Andrade Lima Filho**: "Eu prefiro responder a Vossa Magnificência, já que Vossa Magnificência me inquire, dizendo que, se não houvesse da parte do reitor anterior, porque foi sob a gestão dele que ocorreu a hipótese, o interesse de atender àquela pressão através de vários expedientes do Ministério da Educação, mas interesse no sentido de resguardar a presença na universidade de um professor a quem todos faziam as maiores referências, talvez não houvesse saído da universidade o professor Roberto Las Casas".

E mais adiante:

"Essa pressão tem havido mesmo. E o reitor, professor Zeferino Vaz, é sabido, é público e notório que foi por pressões, pressões militares inclusive, foi obrigado; e disse aqui que havia errado em admitir o professor Ernani Fiori, que é um grande nome da cultura universitária do Rio Grande do Sul, um eminente professor, um católico. Mas, como católico de esquerda, é tido como subversivo e comunista, como subversivo e comunista seria também o Padre Lebret.[6] De maneira que essas pressões existem. Compreendo que Vossa Magnificência, como o professor Zeferino Vaz, tem uma certa delicadeza e um certo escrúpulo em responder exatamente, ou com toda a sua extensão, esses fatos, quando sobre os mesmos é arguido."

E, ao terminar, diz o deputado:

O **sr. Deputado Andrade Lima Filho**: "Quero, ao concluir, nobre Reitor, dizer também do meu espanto, espanto que é de todos os mestres do País, de estudantes, por esse estado de incompreensão que levou a Universidade de Brasília a essa crise. Certamente, como eu, Vossa Magnificência, que veio, como disse, para consolidar a Universidade, há de sentir também, há de confessar esse desgosto por ver ameaçada de esboroar-se em suas mãos uma obra a que Vossa Magnificência fez tantos elogios no início da sua exposição. Por

---

[6] Louis Joseph Lebret, padre dominicano e economista francês. Ver a referência 10 do capítulo 17.

isso mesmo, Magnífico Reitor, é que seria o momento de fazer um apelo a Vossa Magnificência, talvez que, como aqui afirmou, sensibilizado, o professor Zeferino Vaz, se sentiu tocado na sua dignidade pessoal por algum excesso de estudantes. Vossa Magnificência foi também aluno, não sei se cometeu excessos ou não; mas, se não os cometeu, talvez tenha fugido a essa contingência de todos nós, quando estivemos na universidade, o apelo para que Vossa Magnificência abra um caminho, um roteiro, que não o da incompreensão, para que se possa atingir esse ideal, esse objetivo que Vossa Magnificência confessou, o que pode abrir as aulas na universidade. Porque acho muito difícil, Magnífico Reitor, nas condições em que está presentemente a crise, esta universidade seja aberta. Porque poucos professores quererão ocupar o lugar destes mestres, que, sem dúvida por algum motivo muito forte, chegaram a este extremo. Porque não posso admitir, Magnífico Reitor, que mestres universitários de alta expressão e de tão alto valor, consagrados dia e noite ao labor fecundo da produção, da cultura, fossem abrir mão desse instrumento por qualquer cousa leviana ou inútil".

Um deputado insiste sobre a quebra de compromisso pelo reitor

O sr. Deputado Matheus Schmidt: "Veja Vossa Magnificência, Senhor Reitor, é grave o problema que ora se invoca nesta Comissão. É testemunho disso a própria assistência que lota esta sala, onde uma Comissão Parlamentar de Inquérito composta de nove Senhores Deputados, nesta hora avançada da noite, contempla um número significativo de Parlamentares".

"Veja Vossa Magnificência, aqui há a representação de professores e estudantes da Universidade de Brasília interessados na solução do problema. E, se mais professores e estudantes aqui não estão, creio que é devido até à exiguidade desta sala. Veja, Magnificência, a presença maciça da imprensa brasileira. Temos conhecimento de que os meios culturais do Brasil e do mundo se voltam, neste instante, para a Universidade de Brasília. Chegam, a todo instante, manifestações de solidariedade das mais diversas partes do mundo ao corpo docente da Universidade de Brasília. Hoje mesmo os jornais noticiavam que ilustres cientistas da Sorbonne dirigiram-se a colegas da Universidade de Brasília, prestando sua solidariedade. E, durante o dia de hoje, ao que estou informado, diversos centros de pesquisas, centros culturais de todos os países, como a Inglaterra, a França, os Estados Unidos e outros, se estão dirigindo ao corpo docente da Universidade de Brasília, prestando sua solidariedade. É que, talvez, pela primeira vez no mundo, Magnífico Reitor Laerte Ramos de Carvalho, observa-se um fato no meio universitário em que – e não vai nisto nada de desprestígio à figura de Vossa Magnificência – seria a primeira vez, talvez no mundo, em que os corpos docente e discente, numa unanimidade de pensamento, se colocam de um lado contra a direção de um centro universitário. Talvez por esse ineditismo até nos meios universitários de todo o mundo, é que estão chegando a Brasília estas manifestações tão sensíveis à cultura brasileira, de solidariedade de professores, de cientistas, de pesquisadores, de artistas de todo o mundo."

Mais adiante, o deputado continua:

"A minha primeira indagação, que desejo fazer a Vossa Magnificência, nesta oportunidade: acha Vossa Magnificência que, para nós, brasileiros, tão carentes de técnicos, de cientistas e de artistas, que recém estamos formando no País uma equipe de homens tão necessária ao estudo dos problemas brasileiros, para criar as condições tecnológicas, até para amanhã darmos a nossa arrancada para o desenvolvimento, dentro daquelas etapas de desenvolvimento referido por Rostov; acha Vossa Magnificência que um homem do saber de Antônio Cordeiro, por este fato apontado por Vossa Magnificência de abrir uma assembleia de professores, de pronunciar e até digamos – incitar uma greve, que veio a ser deflagrada – acha Vossa Magnificência que seria isso motivo para se privar a Universidade de Brasília, que tinha, como um dos centros da pesquisa brasileira, e, mais do que isso, privar amanhã o Brasil desse cientista? Saiba Vossa Magnificência que toda esta orla de países da América Latina estão de olho, a esta hora, em professores como Antônio Cordeiro, países da Europa, da América do Norte provavelmente também estão. Acha Vossa Magnificência que seria isto motivo para a demissão deste eminente professor?"

O sr. depoente: "Devo dizer, *do meu ponto de vista, o problema é um problema de indisciplina generalizada.* É este o problema que, parece-me, deve ser resolvido, para que a Universidade de Brasília possa realmente realizar-se como uma ideia, como um modelo a ser implantado e reproduzido em todo o País. *Não quero partir para o exame dos méritos deste ou daquele professor.* O que, como reitor, eu sinto é o problema da indisciplina generalizada. Poderia ser o professor Cordeiro, como poderia ser um outro professor. Este clima de disciplina eu acho que é indispensável, se nós, efetivamente, quisermos consolidar a Universidade de Brasília. E foi por uma disposição estatutária, que confere ao reitor este poder de zelar pela disciplina, foi em nome dela, que foram demitidos alguns professores. Este problema, parece-me, não deve ser colocado em termos do nome deste ou daquele professor. Por alguns deles tenho o maior respeito intelectual. *O que me impõem, como reitor, é que a universidade, qualquer universidade que seja, precisa viver, sobretudo, num regime de ordem e num regime de disciplina.* Sem este regime de ordem e sem este regime de disciplina não poderão os professores trabalhar com a necessária tranquilidade. E é exatamente neste sentido que o reitor desligou alguns professores".

O sr. Deputado Matheus Schmidt: "Vossa Magnificência, então, tem o professor Cordeiro como um indisciplinado, não?"

O sr. depoente: "Um dos elementos que contribuíram para esta indisciplina generalizada existente na Universidade de Brasília".

Depois de vários pedidos de informação sobre o caso do professor Las Casas, o deputado pergunta:

O sr. Deputado Matheus Schmidt: "Recebeu Vossa Magnificência proposta verbal da totalidade dos coordenadores no sentido de que fosse mantido na Universidade o professor Las Casas?"

O sr. depoente: "Sim".

O sr. Deputado Matheus Schmidt: "Vossa Magnificência rejeitou a proposta?"

O sr. depoente: "Sim, afirmei que não readmitiria o professor Las Casas".

O sr. Deputado Matheus Schmidt: "Teria sido por motivos políticos ou por qualquer outra circunstância?"

O sr. depoente: *"Porque, pura e simplesmente, tenho informa-ções a respeito das atividades do professor Las Casas, e também em razão de seu próprio currículo"*.

O sr. Deputado Matheus Schmidt: "Vou ler rapidamente o currículo, para ver se coincide com o que é do conhecimento de Vossa Magnificência".

O deputado lê o currículo.

O sr. depoente: "Coincide inteiramente, mas gostaria de chamar a atenção para dois aspectos que me parecem fundamentais. O professor Las Casas é bacharel e não licenciado".

Esse foi o primeiro ponto assinalado, e já mostramos que os dois reitores davam para ele uma interpretação errada. O diploma de bacharel, que Las Casas tinha, é o que dá direito a seguir carreira universitária; o de licenciado dá direito somente de ser professor de colégio. O segundo foi que Las Casas tinha sido admitido como assistente sem ter o mestrado, o que já mostramos também ser argumento falacioso.

Mais adiante, continua:

O sr. Deputado Matheus Schmidt: "Quero demonstrar minha estranheza por observar que o corpo de coordenadores deva ter tido interpretação diferente, eis que levou em conta trabalhos do professor Roberto Las Casas. Gostaria de lembrar a Vossa Magnificência que homens do Brasil e do mundo, como, por exemplo, Machado de Assis, grande expressão da literatura brasileira, ao que me consta não tinha nem o ginásio. Agora mesmo, foi conferido o prêmio Nobel de literatura a um cidadão da União Soviética, Sholokoff: lendo sua biografia, verifiquei que ele não tem maiores títulos a não ser o gênio criador da literatura"... "e Vossa Magnificência saberá, melhor do que eu, que professores da universidade do mais alto saber, como o professor Tiomno e o professor Elon, são apenas bacharéis e não licenciados".

O sr. depoente: "Mas têm outros títulos".

Mas o reitor não disse que, no início de suas carreiras, os dois cientistas tinham somente o diploma de bacharel, como Las Casas.

O sr. Deputado Matheus Schmidt: "Vossa Magnificência declarou que requisitou forças policiais para evitar depredação da universidade. Vossa Magnificência pode dizer a esta Comissão se houve no passado, ou está havendo no presente, algum caso de depredação da universidade por parte dos alunos ou professores?"

O sr. depoente: "Não estou informado a respeito dos acontecimentos do passado. Conheço recentemente a Universidade de Brasília e não vejo nenhuma estranheza em que se ocupe uma universidade por forças policiais. Posso dizer a Vossa Excelência que no *campus* da Universidade Armando de Sales Oliveira, em São Paulo, há um batalhão que zela pela ordem e isso não causa espécie a ninguém".

Havia, efetivamente, um batalhão da Força Pública, estadual, na Universidade de São Paulo, mas isso não significava que se deveria aprovar a permanência de tropas na USP ou em qualquer outra universidade. Estávamos com governo ditatorial, do qual participava o governador do Estado de São Paulo, Adhemar de Barros.

O sr. Deputado Matheus Schmidt: "Infelizmente, não posso concordar com Vossa Excelência. Repugna à minha formação democrática ver uma universidade ocupada militarmente. Infelizmente, ocorrem coisas como essa a que Vossa Magnificência se referiu".

Mais adiante, o deputado pergunta:

"O professor Zeferino Vaz referiu nesta Comissão que, durante sua gestão, houve pressões internas e externas junto à Universidade de Brasília. Perguntaria a Vossa Magnificência se há essas pressões externas."

O sr. depoente: "Pressões, no sentido de pressões externas, eu ainda não recebi. Existem informações que chegam ao meu conhecimento sobre atitudes de professores e alunos. Mas não recebi até agora nenhuma pressão no sentido de proceder desta ou daquela maneira".

O sr. Deputado Matheus Schmidt: "Vossa Magnificência poderia identificar de onde partem essas sugestões ou informações?"

O sr. depoente: "Essas informações podem vir, por exemplo, do Serviço Nacional de Informações. Todas as universidades, hoje, recebem informes do Serviço Nacional de Informações. Parece-me que é uma atribuição desse órgão, desse serviço".

O sr. Deputado Matheus Schmidt: "Vossa Magnificência, como universitário, considera-as legítimas?"

A universidade interrompida   331

O sr. depoente: "São informações que uma autoridade deve levar em conta. Ela pode acatá-las ou não".

O sr. Deputado Matheus Schmidt: "Outro ponto, Magnífico Reitor: a imprensa tem noticiado novas demissões de professores e de funcionários da Universidade. Além daquelas já efetuadas esta semana, outras demissões serão feitas por Vossa Magnificência?"

O sr. depoente: *"Se for um problema para manter a disciplina, a ordem na universidade, é evidente que eu farei essas demissões".*

O sr. deputado Germinal Feijó: "Até que o reitor também seja demitido".

O sr. Deputado Matheus Schmidt: "A base de critérios que Vossa Magnificência empregará será a de respeito à disciplina?"

O sr. depoente: "Exatamente".

O sr. Deputado Matheus Schmidt: "Vossa Magnificência assumiu ou não, perante um documento unânime firmado pelos professores e conhecido pelo Conselho Diretor da Fundação Universidade de Brasília, compromisso com os coordenadores de que não demitiria qualquer docente antes de serem postos em funcionamento os órgãos previstos nas disposições permanentes dos Estatutos?"

Trata-se do documento elaborado pelos professores, ao qual já nos referimos.[7]

O sr. depoente: "Esse documento foi oferecido, repito, ao ex-reitor Zeferino Vaz. Foi-me oferecida uma cópia; o meu assentimento foi no sentido de que era reitor ainda o professor Zeferino Vaz. Não conhecia os problemas da Universidade de Brasília. Reafirmo que esse documento foi levado ao Conselho Diretor da Fundação Universidade de Brasília e *o Conselho não tomou conhecimento desse documento*. Esse documento, num de seus itens, fala do problema da revisão dos currículos dos professores e não *há dúvida de que esse é um dos problemas mais sérios da Universidade de Brasília*. Conhecendo agora a situação de alguns casos, eu não podia, com plena consciência, aprovar um documento que impediria que realmente o corpo docente da Universidade de Brasília se estruturasse de acordo com as exigências do trabalho acadêmico universitário".

---

[7] O documento é dado integralmente na sessão "Um documento importante elaborado pelos professores", no capítulo "O início da grande crise".

Contrariamente ao que disse Laerte de Carvalho, o Conselho Diretor, ele e Zeferino Vaz não somente tomaram conhecimento, mas aceitaram o documento, e o Conselho autorizou o reitor a agir em consequência, numa reunião da qual eu participei, que descrevo em detalhe na seção "O documento é aceito pelos dois reitores e pelo Conselho Diretor", no capítulo "O início da grande crise".

O sr. Deputado Matheus Schmidt pergunta ao depoente: "Vossa Magnificência, então, não assumiu compromisso com os coordenadores de não rever esses *curriculum vitae* antes que fossem postos em funcionamento os órgãos previstos nas disposições estatutárias? Não houve compromisso com os coordenadores?"

O sr. depoente: "Esse compromisso formal não houve. Os coordenadores poderão entender como compromisso um documento que foi oferecido ao Professor Zeferino Vaz"... "Esse documento é um compromisso dos coordenadores com os demais professores e estudantes, numa assembleia; não é um compromisso do reitor com essa assembleia".

O sr. Deputado Matheus Schmidt: "Permita-me fazer essa indagação, porque, ao que entendi de toda a crise, alegam os coordenadores que houve uma quebra de compromisso de Vossa Magnificência. Devo ser sincero e franco com Vossa Magnificência, porque, ao que entendi de certos contatos que tenho mantido, alegam os coordenadores que Vossa Magnificência quebrou um compromisso que foi firmado verbalmente, embora, e no qual estava, inclusive, incluída a parte que se referia ao professor Las Casas. Não seria demitido ninguém – nem o professor Las Casas – enquanto não fossem postos em funcionamento os órgãos previstos nos Estatutos".

O sr. depoente: "Acho que existe a respeito desse assunto um mal-entendido. Já dei minha explicação a respeito desse problema".

Não houve mal-entendido. Foi precisamente por causa desse documento que o reitor, poucos dias depois de tê-lo recebido, pediu aos coordenadores que elaborassem um plano para a entrada em vigor dos dispositivos permanentes do estatuto, como já vimos na seção "O documento é aceito pelos dois reitores e pelo Conselho de Direção".

O sr. Deputado Breno da Silveira, dirigindo-se ao depoente: "Mas houve uma reunião dos coordenadores, logo após a posse de

Vossa Magnificência? Houve essa reunião? Houve encontro com Vossa Magnificência? Uma reunião com os coordenadores, quando essas reivindicações contidas no memorial de 26 de agosto foram apresentadas ao professor Zeferino Vaz. Houve esse encontro, um encontro cordial, em que Vossa Magnificência se comprometeu, inclusive num ambiente de maior cordialidade, que respeitaria esse item *b*. Lembraria, talvez para avivar a memória de Vossa Magnificência, que estava presente na ocasião o professor Jayme Tiomno, que lhe perguntou explicitamente sobre o caso do professor Las Casas e Vossa Magnificência teria respondido: 'O problema do professor Las Casas não existe. Se ele quiser voltar ao MEC, volta, se quiser, fica'. Lembra-se dessa passagem?"

O sr. depoente: "Lembro-me perfeitamente dessa passagem. O problema Las Casas é um problema que se colocou numa esfera estritamente jurídica. Se o professor Las Casas tivesse vínculo com aquela universidade, ele teria continuado".

O sr. Deputado Breno da Silveira: "Estou trazendo ao conhecimento de Vossa Magnificência esses fatos que aconteceram, e, naturalmente, houve confiança em Vossa Magnificência por parte dos professores, e desde que essa confiança foi quebrada por atitudes posteriores, teria que espocar uma crise, de maneira que se foi criando uma divisão diante daquilo que era empenhado em uma conversa cordial, mas de homens que deveriam realmente respeitar-se a si próprios, respeitando-se mutuamente. Desde que a conversa seja entre homens de alto gabarito, desde que há quebra do que foi combinado, há um hiato, um afastamento, que provocou essa série que cada vez mais cresce na crise da universidade".

O sr. depoente: "Não houve quebra. Explico: a demissão do professor Las Casas se deve ao professor Zeferino Vaz. Se o professor Las Casas tivesse vínculo empregatício com a Universidade de Brasília, ele teria continuado. O caso surgiu quando ficou claro e patente que não tinha vínculo. Então era preciso que admitisse o professor Las Casas e eu me recusei a admiti-lo".

Relembremos que Las Casas não tinha menos vínculo trabalhista que qualquer outro professor na UnB, porque ninguém tinha contrato.

Mais adiante, continua o deputado:

O sr. Deputado Matheus Schmidt: "Vossa Magnificência já confirmou que realmente o professor Las Casas, apesar de ser funcionário do Ministério da Educação, percebia exclusivamente pela Universidade de Brasília, o que me leva, assim superficialmente, no que diz respeito ao aspecto jurídico, a de certa forma concluir por algum vínculo contratual nos termos da Consolidação das Leis do Trabalho, que rege, aliás, os funcionários da Universidade de Brasília".

O deputado tinha razão. O próprio consultor jurídico do Ministério da Educação, que estava assessorando o reitor em seu depoimento, disse que receber um salário é vínculo empregatício, o único que todos nós tínhamos com a universidade.

Um deputado acusa o reitor de ajudar na implantação da ditadura

O sr. Deputado Pedro Braga: "Sou um homem de espírito e formação democrática, sou um homem habituado aos embates da vida pública, por isso mesmo não me admiro, porque jamais me admirei, que estudantes, professores, operários, soldados, participassem da mesma assembleia, e é por isto que estou aqui como representante do povo, na Câmara dos Deputados, onde há operários, professores, soldados, homens de todas as categorias sociais do meu País. Diz Vossa Magnificência, e acredito, que conhece mal a Universidade de Brasília. Tenho, Magnífico Reitor, o maior apreço, o maior respeito pela Universidade de Brasília. É uma das minhas esperanças que ela seja consolidada nos termos em que todos nós brasileiros desejamos, para que nela possa estudar meu filho".

Mais adiante, pergunta:

"O ato de demissão, ao que me parece, Vossa Magnificência deve explicar o motivo: dispensado por incompetência, dispensado por indisciplina, dispensado por incapacidade física, por debilidade mental?"

O sr. depoente: "Por uma questão exclusivamente de disciplina".

O sr. Deputado Pedro Braga: "Então, é por indisciplina que foram afastados os professores? O ilustre Deputado Brito Velho disse que não admite em hipótese alguma, e nisto acredito firmemente porque conheço seu espírito democrático, que alguém seja punido sem qualquer possibilidade de ser ouvido ou de se defender. Perguntaria a Vossa Excelência: houve um inquérito, sequer sumário, para possibilitar, para documentar a demissão desses professores?"

O sr. depoente: "Não houve inquérito sumário. Os professores são admitidos pela legislação trabalhista e são despedidos por essa mesma legislação".

O sr. Deputado Mário Maia: "Gostaria de perguntar se é verdade que em sua reunião com professores Vossa Magnificência afirmara que a universidade era Vossa Magnificência própria".

O sr. depoente: "Não afirmei. Essa é uma das distorções de minhas palavras".

Não era distorção. O reitor disse, efetivamente, numa reunião com os coordenadores, que *a universidade sou eu.*

O sr. Deputado Pedro Braga: "Estava Vossa Magnificência presente à assembleia em que os professores decidiram ir à greve?"

O sr. depoente: "Não estava presente".

O sr. Deputado Pedro Braga: "Como concluiu Vossa Magnificência que o professor Cordeiro incitou os professores à greve?"

O sr. depoente: "Por informações que me chegaram, da mais absoluta fidelidade".

O sr. Deputado Pedro Braga: "Do SNI?"

O sr. depoente: "Não, absolutamente".

O sr. Deputado Pedro Braga: "Magnífico Reitor, consta-me que o professor Machado Neto, naquela assembleia, foi contra a greve. Porque Vossa Magnificência o demitiu?"

O sr. depoente: "Demiti o professor Machado Neto porque, por seu intermédio, como coordenador do Instituto Central de Ciências Humanas, por este Instituto é que surgiu na universidade o problema: o caso com o professor Fiori, um eminente professor; o caso com o professor Kuba Rolemberg e o caso com o professor Las Casas. Assim como me recusei a admitir o professor Las Casas, o professor Machado Neto poderia tê-lo feito também, recusando uma pessoa que viria conturbar a vida universitária, como efetivamente conturbou".

A situação é apresentada de modo estranho. Ernani Maria Fiori era *eminente professor*, e Machado Neto devia ser punido por tê-lo levado para a universidade. Las Casas limitava-se a dar o seu curso aos estudantes, era acusado de *conturbar a vida universitária*. Kula Rolemberg, desgostoso, retirou-se espontaneamente da UnB – antes que Laerte de Carvalho fosse reitor – e voltou para a USP, onde era professor, acusado de ser *um caso*. Em resumo, Machado Neto foi demitido porque não demitiu pessoas que os reitores expulsaram.

O sr. Deputado Pedro Braga: "Magnífico Reitor, o professor Jorge Guimarães não se manifestou na assembleia. Sabe Vossa Magnificência disto?"

O sr. depoente: "Uma das áreas de insubordinação e de indisciplina na universidade é o setor de Biologia. Provavelmente o professor Cordeiro tenha sido levado, tenha sido conduzido em certas atitudes, mas posso informar que esse setor é exatamente o setor das ciências, um dos setores que tem contribuído para criar este estado de indisciplina na universidade".

O sr. Deputado Pedro Braga: "Magnífico Reitor, consta que o instrutor Rubem Moreira Santos não participou da assembleia também. Por que foi demitido?"

O sr. depoente: "Pelas atitudes que no próprio *campus* universitário tomou, pelas aglomerações e pelas agitações. Exatamente por isto que o Instrutor foi demitido".

O sr. Deputado Pedro Braga: "O professor Pompeu de Souza não se manifestou nem a favor, nem contra a greve. Por que foi demitido?"

O sr. depoente: "O professor Pompeu de Souza foi demitido por inúmeros atos que até não gostaria aqui de reproduzir. As suas vinculações e muito do noticiário divulgado pela imprensa saem do setor do curso de jornalismo e dos cursos de extensão".

O motivo da expulsão de Pompeu de Souza era, como já vimos, que Zeferino Vaz tinha recebido ordem do ministro da Educação para demiti-lo.[8]

---

[8] Ver a seção "Os pretextos e a verdade sobre a expulsão de Roberto Pompeu de Souza Brasil" no capítulo "A grande crise".

O sr. Deputado Pedro Braga (termina sua inquirição com as palavras): "Magnífico Reitor, vou encerrar estas minhas considerações profundamente triste, porque a esta altura da minha vida pública, Magnífico Reitor, depois de haver enfrentado com dignidade, com patriotismo, a vigência do Ato Institucional nesta Casa, onde tive a oportunidade de defender a democracia sem temores, de defendê-la com o pensamento voltado para a grandeza do meu País, lamento profundamente que nesta madrugada tenha eu, homem que cursou uma universidade em plena ditadura,[9] de dizer a Vossa Magnificência, com o maior respeito, mas devo fazê-lo em nome do mandato que exerço, em nome dos deveres que tenho que cumprir nesta Casa, que Vossa Excelência passará à História, depois de tantos serviços prestados ao País, como um agente que confunde comando com liderança, que confunde disciplina com pusilanimidade, que confunde, infelizmente, um espírito livre, como deve ser livre o espírito dos pesquisadores, dos professores e dos políticos do mundo ocidental, com uma diretriz traçada por Vossa Magnificência, talvez por ordem superior, não para consolidar a Universidade de Brasília, mas para destruí-la, para aniquilá-la, para sufocá-la, porque é este, infelizmente, o desejo de muitos homens que no momento exercem o poder neste País, porque a Universidade de Brasília, como as universidades brasileiras, é um símbolo de resistência, um símbolo de resistência, repito, a uma nova ditadura que se quer instalar neste País, agora, Magnífico Reitor, com sua ajuda, com este terror cultural que se quer implantar na capital da República. Lamento dizer isto a Vossa Excelência, e o digo, Magnífico Reitor, como representante do povo, dos brasileiros".

Devido à hora avançada, os trabalhos da Comissão de Inquérito foram interrompidos. Deveriam continuar no dia seguinte, mas somente três semanas mais tarde o reitor prontificou-se a retomar o seu depoimento.

---

[9] O deputado referia-se à ditadura de Getulio Vargas.

Um deputado duvida da capacidade do reitor para dirigir uma universidade e insinua que ele deveria demitir-se

O sr. Deputado Mário Piva: "Indagarei inicialmente, Magnífico Reitor, que experiência tinha, quando veio para Brasília, sobre administração de universidades".

O sr. depoente: "Minha experiência em matéria de administração de assuntos universitários se relaciona com a direção do Departamento de Educação da Faculdade de Filosofia, Ciências e Letras da Universidade de São Paulo, que tem um contingente de aproximadamente mil alunos nos cursos de licenciatura. Dirigi também, durante quatro anos, o Centro Regional de Pesquisas Educacionais Professor Queiroz Filho, de São Paulo"... "Acredito que (essas duas funções) me dão certa experiência para o trato das questões universitárias. De resto, como jornalista especializado em assuntos educacionais, estou um pouco familiarizado com problemas relacionados com ensino primário, ensino secundário e ensino superior do País".

O sr. Deputado Mário Piva: "Obrigado, Magnífico Reitor. Vossa Magnificência teve, aliás, o cuidado e a habilidade de informar que, em assuntos universitários, e não em administração de universidade, tinha essa experiência. Eu acredito sinceramente que a direção do Departamento de Educação, embora seja, sem dúvida, um cargo da mais alta relevância – porque também diretor fui do Departamento de Economia da Faculdade de Ciências Econômicas da Bahia, com cerca de 2.500 alunos – não traria, por si só, tirocínio para dirigir uma universidade que não é do tipo tradicional como em que nós lecionamos".

Mais adiante, continua o deputado:

"Quero perguntar a Vossa Magnificência se tem preferência pelo tipo de universidade como a de Brasília, ou se prefere o tipo de universidade tradicional."

O sr. depoente: "A minha preferência é por um tipo de universidade como a de Brasília. Tive oportunidade de afirmar, até em meu discurso de posse, que realmente encontro na estrutura da Universidade de Brasília um modelo viável de grande economia como solução para o problema universitário brasileiro. A minha opinião

A universidade interrompida 339

se reforça exatamente pelas minhas convicções quanto ao problema da instituição de cursos básicos nas universidades. Isso, que é sem dúvida um problema fundamental para a estruturação e reforma das universidades brasileiras, encontra-se hoje perfeitamente resolvido na Universidade de Brasília, com seus Institutos Centrais ministrando cursos básicos. Nós encontramos aqui um caminho muito mais fácil para a realização de um trabalho universitário em termos de ocupação integral dos alunos durante o período letivo, e, ademais, permitindo aos alunos que eles possam melhor orientar suas vocações para outro curso, e ainda mais, podendo também, através das disciplinas de integração, completar a formação universitária".

O sr. Deputado Mário Piva: "Eu indagaria se é verdade que já foi realizado, antes da gestão de Vossa Magnificência, um inquérito policial militar na Universidade de Brasília".

O sr. depoente: "Foi".

O sr. Deputado Mário Piva: "Conhece Vossa Magnificência os resultados desse inquérito?"

O sr. depoente: "Conheço muito superficialmente. Não é da minha gestão".

O sr. Deputado Mário Piva: "É da gestão anterior? Eu faço esta indagação porque há outra versão, talvez não seja também a versão real... no sentido de que Vossa Magnificência considerava, como ainda consideram algumas autoridades, o próprio ministro da Educação, e, aliás, alguns deputados, a Universidade de Brasília como um centro de subversão. Eu pergunto se Vossa Magnificência concorda com esta versão".

O sr. depoente: "Eu já tive oportunidade de dizer perante esta Comissão de Inquérito que, inegavelmente, *existem focos de professores inconformados*. Se Vossa Excelência me perguntar *se a universidade é ela, na sua totalidade, um foco de subversão, eu não tenho elementos para responder à pergunta de Vossa Excelência.* O que entendo é que os acontecimentos demonstraram patentemente que ela é uma universidade convulsionada e que esta universidade internamente *apresentou um quadro que pode ser perfeitamente identificado com um quadro subversivo*, em que professores, dezenas, centenas de professores se insurgem contra a autoridade do reitor, porque o reitor manteve um ponto de vista de não admitir um professor, de recusar-se à admissão de um professor. Eu entendo que a resposta à recusa do reitor, de não admitir um professor, eu entendo que esta resposta poderia ter outros meios, meios esses que, segundo sei por depoimentos de coordenadores, foram até sugeridos por Sua Excelência o Senhor Presidente da República. Ao invés de responderem com manifestos de solidariedade em que dezenas, centenas de professores apresentaram seus pedidos de demissão em listas coletivas, o que eles poderiam muito bem ter feito era recorrer à autoridade do ministro da Educação e do Presidente da República ou do Conselho Federal de Educação. Haveria um outro caminho, um outro caminho que não o da greve de professores, que não o caminho das demissões em massa, que foi exatamente o caminho adotado por grande número do corpo docente da Universidade de Brasília".

O sr. Deputado Mário Piva: "Então eu indagaria a Vossa Magnificência: percebe e sente que há nesse movimento algo de subversivo; então, como Vossa Magnificência interpreta as manifestações de solidariedade chegadas a esses professores do exterior?"

O sr. depoente: "Eu interpreto essas manisfestações pelo desconhecimento dos acontecimentos da Universidade de Brasília e, em parte, por solicitação partida de elementos, não digo da universidade, para o exterior. O que posso informar a Vossa Excelência é que no exterior estão muito mal informados. Gostaria que Vossa Excelência ouvisse a respeito o senador Eurico Rezende, que percorreu recentemente algumas cidades dos Estados Unidos e proferiu algumas conferências, e ele poderá dizer a Vossa Excelência o ambiente de hostilidade que encontrou nos meios universitários americanos, com notícias inteiramente deformadas a respeito da situação da Universidade de Brasília. Não sei se esses professores, assim agindo, estão contribuindo para a Universidade de Brasília ou se estão comprometendo seu prestígio junto a instituições brasileiras e estrangeiras. Parece-me que esses professores estão longe de contribuir para reforçar e complementar a Universidade de Brasília. O que eles estão fazendo é prejudicar, e gravemente, o trabalho dessa instituição".

O sr. Deputado Mário Piva: "É extraordinária, Magnífico Reitor, a leviandade que Vossa Magnificência sobreleva neste instante, tendo em conta que alguns destes homens que prestaram solidariedade foram consagrados com o Prêmio Nobel há pouco tempo. Agora, pergunto a Vossa Magnificência se as provas de solidariedade que Vossa Magnificência recebeu estavam marcadas pelas mesmas notícias falsas levadas a outros Estados da confederação".

O sr. depoente: "As provas de solidariedade que recebi não foram encomendadas, de forma alguma encomendadas".

O sr. Deputado Mário Piva: "Não foram encomendadas?"

O sr. depoente: "Não foram encomendadas. Foram manifestações espontâneas de diversas naturezas, partidas inclusive de reitores de universidades, e eu não fiz nenhuma divulgação dessas ocorrências".

O sr. Deputado Mário Piva: "Vossa Magnificência não fez, como também não fizeram os professores, mas os jornais se incumbiram de publicar. Vossa Magnificência, sobretudo, teve as manifestações que recebeu com bastante destaque em *O Estado de S. Paulo*.

Mais adiante, está registrado:

O sr. Deputado Mário Piva: "Então eu pergunto a Vossa Magnificência. Se porventura as providências adotadas por Vossa Magnificência, com as melhores das intenções, não chegarem a um ponto em que encontre a solução desejada para a universidade, Vossa Magnificência deixará a Universidade de Brasília?"

O sr. depoente: "Tenho suficiente consciência do meu trabalho intelectual para, quando reconhecer isso, me demitir. Mas, enquanto eu tiver o apoio do Conselho Diretor da Fundação, enquanto contar com o apoio do Conselho Federal de Educação, que acabou de reunir-se ontem com uma resolução importante sobre o problema, enquanto contar com o apoio do presidente da República e do ministro da Educação, eu acredito que não chegou a hora de abdicar do cargo que venho ocupando".

Essas declarações estão em contradição com a crítica que o reitor tinha feito aos docentes, numa resposta anterior ao mesmo deputado Mário Piva, por não recorrerem ao presidente da República e ao ministro da Educação. Os professores, conscientes do apoio forte que ele recebia daquelas autoridades, sabiam que não encontrariam solução aos problemas recorrendo a elas, pois o ministro, também homem de confiança do presidente da República, era uma das pessoas que mais causavam dificuldades à Universidade de Brasília, como veremos com detalhes no capítulo "Declarações do ministro da Educação e Cultura".

Um deputado defende professor demitido por Zeferino Vaz e não aceita que não se dê o direito de defesa aos demitidos

O sr. Deputado Wilson Martins: "Inicialmente, quero dizer a Vossa Excelência que tive a oportunidade, no ano de 1963, de frequentar a Universidade de Brasília. Fiz um curso de economia e também frequentei, durante algum tempo, aulas de inglês. Durante esse período, mais de um ano, não me vinculei aos estudantes, mas conheci alguns professores, especialmente aqueles que ministravam as aulas a que eu assistia. Entre esses professores, desejo mencionar aqui o professor Jairo Simões. Foi um dos professores demitidos da universidade. Aliás, eu gostaria, nesta altura, de dividir a crise da Universidade de Brasília em duas fases. Aquela que se seguiu imediatamente ao 31 de março (de 1964) e a presente, que Vossa Excelência diz que se iniciou a 9 de outubro (de 1965). Em ambas as crises, vimos professores demitidos. Primeiramente, um pequeno número, e agora, 15. Entre os primeiros demitidos, logo após o 31 de março, estava o professor Jairo Simões, que foi meu professor de economia política".

"Devo dizer a Vossa Excelência e a esta Comissão que assisti a um curso completo do professor Jairo Simões, de Economia. Creio que não terei faltado a uma só aula ou, se faltei, foi a uma apenas. As aulas se realizavam cedo. Eram as chamadas aulas maiores da universidade. Estas aulas eram tão atraentes, tão interessantes, ele se mostrava tão competente, tão exímio professor, tal era sua capacidade de exposição, e tão vasta era sua cultura, que eu às vezes me levantava antes do Sol nascer e ia assistir às suas aulas. Comigo geralmente ia o senador Bezerra Neto, que morava próximo ao meu bloco, eu o convidava frequentemente. Pois bem, ilustre Senhor Reitor, não assisti jamais a uma aula, não ouvi jamais uma preleção, a uma só expressão desse professor, segundo a qual se pudesse concluir que ele fosse um homem subversivo. Ele, como disse, era um professor competente, exímio, mas não fazia absolutamente nas suas aulas referências políticas, não fazia aliciamento de espécie alguma e não procurava trazer seus alunos para qualquer doutrina ou escola econômica, e muito menos política. Surpreendi-me, assim, quando ele foi demitido da cátedra, após o advento da revolução. Tempos depois estive com ele, e ele me disse que estava convidado a retornar à universidade como professor, mas não retornaria, primeiro, porque o convite tinha sido feito apenas a ele e não aos demais colegas, que ele considerava injustiçados como ele próprio fora, e além disso ele já havia escrito uma tese, aliás brilhante, "O regional no subdesenvolvimento", para conquistar, como conquistou em primeiro lugar, a cátedra na Universidade da Bahia, onde se encontra lecionando."

"Esse episódio serve, Senhor Reitor, para mostrar o que significa a demissão de alguém, de um professor, sem processo e sem defesa. Outros professores naquela fase não terão sido igualmente injustiçados como ele? É uma pergunta que bem podemos fazer nesta hora e que bem pode ter uma resposta afirmativa."

"Agora, vem a segunda crise da universidade. Vossa Excelência diz que foram demitidos mais 15 professores. E Vossa Excelência diz mais a esta Comissão – que, ouvindo dois membros do Conselho Federal de Educação, Vossa Excelência se dispunha a readmitir esses 15 professores demitidos. Vossa Excelência está implicitamente dizendo que eles não tinham cometido falta grave alguma."

O sr. depoente: "Perdão. Eu não disse que me propunha a readmiti-los. Eu disse que poderia considerar o problema numa futura ocasião".

O sr. Deputado Wilson Martins: "Pois bem, mas se Vossa Excelência se propõe a examinar o problema numa futura ocasião, Vossa Excelência está implicitamente admitindo a possibilidade de readmiti-los e está implicitamente admitindo que eles não são culpados".

O **sr. depoente**: "O problema dessas demissões hoje não está na alçada da reitoria. O presidente da República, em conversa com coordenadores, ele se propôs, desde que, individualmente, os professores encaminhem pedidos de reconsideração, não só a examinar, caso por caso, mas também, se for o caso, ele adotará medidas para punir o próprio Reitor. Esta foi a atitude que eu sei, por intermédio de coordenadores, numa das entrevistas que mantive. O problema da demissão dos 15, hoje, portanto, escapa à alçada da reitoria. O presidente da República, acredito, esteja aguardando essas representações individuais".

O **sr. Deputado Wilson Martins**: "Mas esses 15 professores foram também demitidos sem processo e sem defesa".

O **sr. depoente**: "Como é da legislação da própria Fundação. Na última reunião a que estive presente na Comissão, eu tive oportunidade de falar, de insistir, de reiterar, que esses professores foram demitidos exclusivamente por motivos disciplinares. Uma assembleia em que professores decretam greve por 24 horas, num ambiente tumultuado da universidade em que todo o corpo estudantil logo a seguir entra em greve permanente, não havia condições de acesso do próprio reitor à universidade. Foi diante de uma situação excepcionalmente grave que eu resolvi tomar essas medidas, que são medidas de caráter realmente drástico".

A declaração de Laerte de Carvalho de que *não havia condições de acesso do próprio reitor à universidade* é uma daquelas em que o mundo é apresentado em sentido inverso. Quando o *campus* foi tomado pelas tropas policiais, os professores e os estudantes é que foram proibidos de ter acesso. Jamais houve nenhum entrave ao acesso do reitor à universidade.

O **sr. Deputado Wilson Martins**: "Mas se Vossa Excelência admite desde logo a possibilidade de reexaminar, portanto, de readmitir professores, ainda que não sejam os 15, seja um, Vossa Excelência está admitindo que houve injustiça nas demissões".

O **sr. depoente**: "Absolutamente não estou admitindo que houve injustiça nas demissões".

O **sr. Deputado Wilson Martins** termina assim: "...portanto, eu vejo, do lado de Vossa Excelência, que Vossa Excelência se enfraquece a cada dia, lamentavelmente, no episódio da universidade.

Vossa Excelência dá razão à unanimidade dos professores e dos estudantes que se colocam nesta hora numa situação de adversidade a Vossa Excelência. Lastimavelmente, essa é, não a minha opinião, mas a opinião que ganha terreno nesta Casa, ganha terreno nesta cidade e ganha terreno em nosso próprio País. Infelizmente, ganha terreno também à custa da nossa própria cultura fora do nosso País, com a avalanche de telegramas que estão chegando aqui, condenando as demissões dos professores da nossa universidade".

Laerte Ramos de Carvalho disse ao deputado Wilson Martins e a outros, posteriormente, que o problema das demissões, ou readmissões, dos 15 que expulsou, não dependia mais dele, estava na alçada do presidente da República. Essa afirmação, que o eximiria das responsabilidades de seus próprios atos, faz parte do retrato de nosso País naquele período. O que houve é o que se segue.

O presidente da República, marechal Castelo Branco, tinha convidado três coordenadores para conversarem com ele, individualmente, a respeito da crise na universidade, na seguinte ordem: Roberto Salmeron, Mário de Souza Lima e Otto Gottlieb. Queria saber em que condições os professores poderiam retirar seus pedidos de exoneração, para que a universidade voltasse ao funcionamento normal. Somente alguns dias depois da entrevista, cada um de nós soube que os outros dois tinham sido convidados, de maneira que não houve combinação prévia sobre o que diríamos. Mas, como tínhamos os mesmos pontos de vista, exprimimos ao presidente as mesmas opiniões.

Na entrevista com o presidente da República, não estávamos autorizados a falar em nome dos colegas, mas pensávamos que a maioria dos professores reconsideraria seu pedido de exoneração se o reitor procedesse a dois atos. Primeiro, anular a demissão dos 15 docentes e, se julgasse que eles teriam cometido faltas, acusá-los formalmente, com um processo no qual teriam possibilidade de defesa. Segundo, o reitor deveria revogar sua aceitação de 34 exonerações, entre as 223 que tinham sido solicitadas.

Na conversa com Otto Gottlieb, o presidente da República irritou-se ao ouvir os mesmos argumentos pela terceira vez, perdeu a calma e levantou a voz.

Nessas entrevistas, o presidente sugeriu que os professores demitidos apelassem a ele, cada caso devendo ser julgado individualmente. Aceitar essa proposta significaria aceitar a submeter-se a uma triagem.

Contamos a sugestão do marechal Castelo Branco ao reitor, que, aparentemente, não foi comunicado oficialmente pela Presidência da República, pois não divulgou nenhuma informação a respeito, a não ser o que disse aos deputados durante a arguição. No entanto, o reitor afirmou várias vezes que o problema das demissões não era mais de sua alçaca, mas da alçada do presidente da República, como se ele não fosse mais responsável pelo que tinha feito.

Um deputado denuncia a fiscalização do Congresso e do Brasil

O sr. Deputado Mário Maia: "Admiramos a conceituação de Vossa Magnificência sobre disciplina. Entretanto, queremos ponderar se Vossa Magnificência não acha temerário a um homem só assumir essa grande responsabilidade, colocando-se em posição de juiz, que realmente é uma posição delegada, terminando por julgar tantos outros companheiros de Vossa Magnificência, que, de resto, são professores como Vossa Magnificência e que também tiveram suas razões para seu comportamento e que se comportaram como professores, dentro da autoridade limitada que tinham de professores. Vossa Magnificência comportou-se, dentro da autoridade que tinha, com os limites ampliados por Vossa Magnificência, em que se coloca o cargo que exerce naquela universidade".

Mais adiante:

"Vossa Magnificência se colocou num ponto de, como um homem só, ser detentor da verdade e arbitrariamente julgou seus companheiros diante de um fato, que, como Vossa Magnificência chamou a atenção, foi uma greve de advertência. Essa greve, na prática, poderia ser muito bem considerada, antes de se tomar providência mais drástica, uma vez que temos informação de que essa greve de advertência foi tomada num sábado, com prejuízo prático de apenas quatro a seis horas. Se fosse colocado o problema em termos de boa vontade e de comportamento condicionado e preconcebido, acredito que se teria chegado a um bom termo, antes de se tomar aquela atitude drástica, diante, admitimos, do que fosse um erro. Acho que se usou uma estaca para matar um mosquito."

"Vossa Magnificência vai perdoar a minha sinceridade, mas, no meu julgamento, acho que a justiça capitulou neste episódio, diante da intransigência de Vossa Magnificência."

"Vossa Magnificência, em declaração passada, afirmou que achava muito natural uma força policial cercar uma universidade; que não achava nada demais uma universidade ser cercada por uma força pública policial. Queremos, com todo respeito, dizer a Vossa Magnificência que, apesar de sermos médico de província, acostumados às coisas simples e naturais das províncias, estranhamos profundamente que, num meio de cultura, de intelectualidade da juventude, fosse necessário, para se conter, não aquilo que seria natural, o amor, a compreensão, a palavra de afeto, de carinho, mas a força bruta e ostensiva do cassetete, da farda, que já pela configuração causa uma pressão, exercida negativamente sobre aqueles que estão debaixo da incidência dessas forças."

O sr. depoente: "Respondendo à indagação de Vossa Excelência, eu queria, em primeiro lugar, dizer que as medidas tomadas pela reitoria da universidade foram inteiramente apoiadas pelo Conselho Diretor da Fundação Universidade de Brasília. Portanto, não me parece que sejam medidas de um indivíduo, de uma pessoa. Essas medidas foram depois examinadas, julgadas, discutidas, numa reunião do Conselho Diretor, e foram então apoiadas".

O reitor deixa claro que os membros do Conselho foram também responsáveis pelas medidas que ele tomou. Foram coniventes, como já mostramos.

O sr. Deputado Mário Maia: "Vossa Magnificência, no seu depoimento passado, fez referências aos antecedentes que lhe foram fornecidos da vida do professor Las Casas. Gostaria de saber, se fosse possível, o seguinte: como obteve essas informações? Quem lhes deu? Quais as recomendações que lhe fizeram sobre o professor Las Casas? Essas recomendações foram orais? Essas recomendações foram escritas? Se foram de fontes oficiais, de fontes oficiosas, ou de fonte diferente das duas? Se há documentos que possam corresponder a alguma representação contra o professor Las Casas? Por fim, se são de origem civil, de origem militar, no caso da existência delas".

O sr. depoente: *"No tocante ao professor Las Casas, devo dizer que isso é de rotina na vida das universidades.* Eu fiz esta informação aqui, e ela foi objeto de manchete de um dos jornais de categoria da imprensa nacional, que deu outro sentido às minhas palavras. *Eu sei que as universidades recebem relatórios permanentes a respeito das atividades não só das próprias universidades, mas atividades das mais variadas que possam interessar às universidades, pelo Serviço Nacional de Informações. Parece que isso está entre as atribuições do SNI.* Isso não significa que, em função de informações sobre este ou aquele assunto, necessariamente uma autoridade deva agir neste ou naquele sentido, são informações para conhecimento das autoridades que têm responsabilidade na vida administrativa de uma unidade, de uma universidade ou de um setor da administração pública".

"Entendo exatamente que o reconhecimento dessa situação *não quer dizer, de forma alguma, que haja uma intromissão desses serviços na vida da universidade.* As minhas informações foram transformadas no sentido de que eu teria afirmado que o SNI vigia as universidades; parece-me que, da própria lei que o organizou, isso deve estar entre suas atribuições, não conheço a lei, mas acredito que assim seja. Tive oportunidade de observar, em outras reitorias, muito antes de ser reitor, que, constantemente, a respeito dos mais variados problemas que possam interessar às universidades, são levados ao conhecimento da reitoria, se possível dos órgãos colegiados de direção universitária, informes os mais diversos, por intermédio do SNI. Era o que tinha a dizer."

O sr. Deputado Mário Maia: "Mais uma vez quero discordar de Vossa Magnificência, como um homem que naturalmente não tem a cultura e o conhecimento professoral de Vossa Magnificência, mas que também cursou uma escola superior e que foi para o interior do País, onde, naturalmente, se tem pouco tempo para estudar, mas

A universidade interrompida

onde se conservam aqueles sentimentos não só da técnica que se adquire no currículo médico, o conhecimento científico que se adquire através do estudo das matérias regulares, como também aqueles sentimentos de independência e de humanismo que se costuma comunicar àqueles que sofrem um processo de cultura. Então, eu acho assim um tanto odioso, por mais oficial que seja, e quero dizer que é uma opinião minha, pessoal, que existam órgãos a agir dentro dos nossos meios universitários para saber das particularidades da vida de professores e alunos".

E o deputado continua, mais adiante:

"Nós, por exemplo, estamos nesta Casa, atualmente, na situação de não saber quais as palavras que podemos empregar, temos de ser fiscais das nossas próprias palavras, porque não sabemos qual o sentido que poderão ter na interpretação daqueles que nos ouvem, e sermos mal interpretados, embora tenhamos boas intenções"...

"Então, a situação que está ocorrendo no Brasil não é diferente da que está ocorrendo aqui dentro desta Casa, e Vossa Magnificência fica sabendo que nós estamos interpelando sob esses cuidados, que não sou eu quem está pregando, são recomendações do Senhor Ministro da Justiça, que recomendou ao povo brasileiro e a nós outros representantes do povo, que tivéssemos cuidado de agora por diante com as nossas palavras, e é o que estou tentando aqui neste momento."

Discorrendo sobre o conceito de liberdade, o deputado fala de sua aversão ao emprego da força contra professores e estudantes. O reitor responde:

O sr. depoente: "Nas instituições modernas, são órgãos que existem e que têm sua função. Se eu convoquei a polícia para o *campus* da universidade, foi com o objetivo exclusivo não de ferir a liberdade exercida com senso de responsabilidade, mas foi para evitar que houvesse depredações, foi para garantir um patrimônio, por cuja manutenção, como Reitor, sou responsável".

O sr. Deputado Mário Maia: "Vossa Excelência há de me perdoar, mas eu não faria dos professores e alunos tal juízo, que eles fossem capazes de depredar o patrimônio da universidade".

O deputado tinha razão, tinha bom senso.

Um deputado defende o reitor e ataca os professores

O sr. Deputado Abel Rafael: "Nos depoimentos vários que encontrei, inquirições, etc., uns falam em 1.800 alunos e há quem fale até em 3 mil alunos. Nas informações que tive, temos 1.400 alunos, ou seja, 1.100 na universidade e 300 no Ciem.[10] De forma que eu queria um número exato, porque lá fora, quando se fala em universidade, elas têm 10, 20, 30, 50, 100 mil alunos, e aqui no Brasil se faz um cavalo de batalha por uma universidade que está nascendo e que tem apenas mil alunos e que não é tão difícil de arrumar assim".

O sr. depoente: "Em 1965, o total de matrículas, no quadro que tenho aqui, é de 1.586 alunos" (nos cursos universitários de graduação).

O sr. Deputado Abel Rafael: "Não é crível que haja uma crise numa universidade que tem matrícula inferior a muito ginásio ou a muito departamento de outras universidades, e que esta crise se prolongue, sem encontrar uma solução, e se faça um cavalo de batalha nesta Câmara. Eu conheço a importância da universidade de Brasília. Já em 1963, eu dizia ao reitor Darcy Ribeiro, segundo essa plaquete, aqui na Comissão de Educação, que eu não era contra a universidade. Eu quero que a universidade preencha suas finalidades, desde o princípio estão distorcendo a universidade. Isso é que é preciso. De forma que o dia em que a universidade tiver 5 mil, 10 mil alunos, como dizia aqui o senhor Darcy Ribeiro, que todo ano teria um acréscimo de 2 mil alunos, no dia em que ela chegar a 5 mil, 10 mil alunos, ninguém mais aguenta a universidade. Não haverá mais possibilidade de controle, se não se tem possibilidade de controle agora, no nascedouro".

Respondendo a uma pergunta do deputado, o reitor confirma que os professores são admitidos pelo regime da Consolidação das Leis do Trabalho.

O sr. Deputado Abel Rafael: "Mas sempre sob o regime da Consolidação das Leis do Trabalho?"

---

[10] Ciem era a sigla de Centro Integrado de Ensino Médio; era o colégio anexo à UnB.

O sr. depoente: "Sempre sob este regime".

O sr. Deputado Abel Rafael: "E há contratos com prazo certo?"

O sr. depoente: "Eu já tive oportunidade de expor o problema dos contratos. Na realidade, o corpo docente da universidade se encontra quase que na sua totalidade sem contrato. Alguns desses que deveriam ter um contrato formalizado foram levados ao próprio Conselho Diretor e submetidos ao Conselho. Mas o contrato, embora haja até um exemplar impresso desse contrato, até hoje, até agora, não foi posto em execução".

Na realidade, não era *quase* a totalidade do corpo docente que não tinha contrato, era a totalidade. Explicamos essa anomalia na seção "Sem contrato", no capítulo "O começo".

O sr. Deputado Abel Rafael: "Desse ponto eu já tinha conhecimento. Eu estou querendo chegar a uma conclusão. Se não há contrato com prazo certo, o que é que estão reclamando esses professores? Indenização? Aviso prévio? Não houve indenização devida? Se eles foram contratados, e sabiam que o eram, pela Consolidação das Leis do Trabalho, o que é que eles estão reclamando?"

O sr. depoente: "A universidade, no caso de demissão de professores, tem agido de acordo com determinação legal. Tem rescindido os contratos e os professores fazem jus às indenizações a que têm direito".

O sr. Deputado Abel Rafael: "Foram todos pagos?"

O sr. depoente: "Todos os professores com contrato. Que estão submetidos à Consolidação".

Como não havia contratos, a universidade não pagou indenização à maioria dos professores demitidos, como também não pagou a mudança de volta com suas famílias às suas cidades de origem no Brasil.

O sr. Deputado Abel Rafael: "Se me permite, Magnífico Reitor, dava uma sugestão. Logo que se normalizar a vida da universidade, Vossa Magnificência deveria instituir um curso de extensão a respeito das leis trabalhistas, matriculando compulsoriamente todos os professores, a fim de que eles saibam o que é a Consolidação das Leis do Trabalho e que há um contrato sob a Consolidação das

Leis do Trabalho, a fim de que depois não venham reclamar aquilo a que não têm direito. Porque eu me lembro, neste momento, de que, quando discutíamos aqui a criação da Universidade de Brasília, ninguém queria o concurso de provas ou títulos, porque diziam que professor vitalício, professor catedrático, era um absurdo. Então queriam que a admissão fosse apenas de acordo com a simpatia ou antipatia, porque iam recrutar os melhores professores do Brasil inteiro. Então, eu não sei o que é que estão reclamando agora, se muitos desses mesmos, que agora estão protestando, batiam-se naquela época, sob a batuta do senhor Darcy Ribeiro, para que a Consolidação das Leis do Trabalho é que presidisse a Universidade de Brasília e agora estão fazendo um cavalo de batalha porque aplicaram sobre eles a Consolidação das Leis do Trabalho".

Sem comentário.

O sr. Deputado Matheus Schmidt: "Apenas o meu aparte é no sentido de lembrar a Vossa Excelência que, ao que eu entenda, os professores não estão reclamando nada. Apenas eles se demitiram e estão demitidos. Não reclamam nada. Não estão fazendo onda. Absolutamente. Há uma crise que se gerou e que vem repercutir aqui na Câmara e nesta Comissão. Mas acho que Vossa Excelência não está muito acertado quando coloca o problema nestes termos, quando indaga: 'O que é que querem os professores, o que é que eles reclamam, se eles estão enquadrados na Consolidação das Leis do Trabalho?' Ao que eu sei, nenhum deles contesta o fato. Não estão reclamando nada".

O sr. Deputado Abel Rafael: "Então o que é que estão reclamando?"

O sr. Deputado Mário Piva: "Vossa Excelência pergunta o que é que eles estão querendo. Eles estão querendo aquela coisa que muita gente, gente mesmo da Comissão, não está querendo, que é o ressurgimento, o fortalecimento de uma unidade cultural que pertence ao Brasil. O que eles querem é que a universidade se reabra e que seus filhos tenham aqueles cursos. Não estão pedindo coisa alguma e nem estão reclamando nada. Eles não estão pedindo as minhas indagações e nem as indagações de Vossa Excelência. Eles estão esperando que o Magnífico Reitor tome uma decisão que permita o restabelecimento da vida normal da universidade. Estão esperando o mínimo que podem esperar professores universitários. Não são professores apenas, mas também estudantes como os meus filhos e os filhos de Vossa Excelência".

Mais adiante, o deputado continua:

O sr. Deputado Abel Rafael: "Nós, deputados, recebemos trabalhos de todas as universidades. Mas, não temos recebido nenhum da Universidade de Brasília. Ora, quando se canta tanto a competência do corpo docente da Universidade de Brasília, eu continuo a perguntar pelos resultados. Não duvido do alto gabarito de muitos professores. Já disse isto da tribuna. Seria uma injustiça ressaltar meia dúzia, porque escapariam nomes, e isto seria uma injustiça para com aqueles que fossem omitidos. A universidade tem grandes professores; teve-os desde o início. Mas a universidade caiu numa mediocridade tremenda, naquela mesma mediocridade a que se referia o senhor Darcy Ribeiro aqui, quando acusava as outras universidades do tipo comum, como ele dizia".

O deputado pergunta ao reitor:

"Vossa Excelência atribui essa solidariedade dos professores que se demitiram aos professores demitidos como uma solidariedade na desgraça, ou como um movimento organizado de cúpula, um movimento adrede organizado que estourasse num momento azado?"

O sr. depoente: "Eu posso estar enganado, mas a impressão que eu tenho é de que foi realmente um movimento preparado. Digo que posso estar enganado, é uma opinião pessoal minha. Mas, parece-me que esta solidariedade maciça de professores aos coordenadores, a situação criada para o Reitor era uma situação realmente insustentável".

O sr. Deputado Mário Piva: "Magnífico Reitor, Vossa Magnificência acaba de dizer, sem ser uma afirmativa, que lhe parece que o movimento era um movimento organizado".

O sr. depoente: "Organizado não, eminente Deputado. Minha impressão".

O sr. Deputado Abel Rafael: "Eu tenho para mim que foi organizado. Quem o diz é o próprio reitor Zeferino Vaz. Diz o depoimento dele aqui: foi organizado".

O sr. depoente: "Apenas um esclarecimento. A minha impressão não foi uma impressão *a priori*. Eu cheguei a essa impressão diante dos fatos, da resistência, da solidariedade. Foi depois dos acontecimentos, das intransigências. Eu só posso supor que exista um plano, houve algum plano a respeito disso. É *a posterori*. Falei por determinação inclusive do presidente da República".

Não houve nenhum movimento organizado, nem de dentro, nem de fora da universidade. Os coordenadores foram os primeiros a decidir demitir-se, quando chegaram à conclusão de que não havia mais condições para continuar trabalhando com dignidade. Sendo eles as pessoas com cargos de direção, se não tivessem reagido seriam implicitamente cúmplices das arbitrariedades e das violências. E, quando comunicaram sua intenção aos colegas, muitos destes decidiram que também se demitiriam.[11] Algumas pessoas, entre elas Zeferino Vaz e Laerte de Carvalho, surpresos com a unanimidade de pontos de vista e de comportamento de tantos professores e estudantes, nunca vista anteriormente, tinham dificuldade em crer na espontaneidade da ação. Porque tinham dificuldade em crer que os docentes, com a determinação de até abrir mão dos seus empregos, pudessem recusar ações de arbitrariedade e de repressão de um reitor que lhes era imposto.

Depois de uma série de considerações de várias pessoas sobre professores com bom currículo ou não, diz o deputado:

O sr. Deputado Abel Rafael: "Tanto que a greve surgiu quando o reitor anterior reclamou os currículos. E não puderam apresentar. Está aqui no depoimento dele, e não foi contestado. O que tem que sanar é cada um, se quer voltar para a universidade, apresente o seu currículo. Se a universidade não tem aquele critério antigo de o professor fazer prova, de o professor fazer estágio, de o professor fazer seu concurso, deve, no entanto, exigir, como exige do aluno um vestibular, exigir do professor um mínimo da capacidade para que ele possa educar os nossos filhos. Pelo fato de se fazer uma universidade nova, padrão inteiramente novo, não se quer dizer que se vá tirar um

---

[11] Ver a sessão "Solidariedade dos docentes aos coordenadores em uma decisão grave", no capítulo "Demitidos e demissionários".

menino que saiu da universidade ontem, lá em Belo Horizonte, em Recife ou em Salvador, para vir dar aula numa universidade padrão. É um absurdo, Excelência. E, quando se encontra um homem de autoridade, de atitude, que quer sanar o mal, vão em cima dele como a um cão danado. Muitos professores podem ter na universidade o cargo de bedel, mas não de professores".

O sr. Deputado Abel Rafael diz, mais adiante: "É que, quando foi recusada a admissão do professor Las Casas, está aqui a ficha dele fornecida pelo Dops de Belo Horizonte, eu consegui lá, comunista militante, velho, antigo, quando foi recusada a admissão dele na universidade, se levantou o vespeiro. Qualquer outro que tivesse sido demitido da confraria, da maçonaria, como diz o Maia, seria a mesma coação, era um enxame de marimbondos. Iriam todos, porque era a confraria que não podia perder um membro".

E, respondendo a pergunta que o deputado Mário Piva lhe fez com certa ironia, sobre quantas fichas tinha, fornecidas pelo Dops de Belo Horizonte, responde: "Tenho 13, faltam duas... Dos 15 demitidos, tenho 13 fichas aí".

O sr. Deputado Abel Rafael (terminando sua inquirição, dirige as seguintes palavras ao reitor): "Vossa Excelência está fazendo uma obra de bem, uma obra de limpeza e deve ter firmeza até o fim. Ninguém tem coragem nesta terra. Todo mundo murmura nos corredores, acha que está errado, e ninguém tem coragem de tomar uma providência. Se o professor é incompetente, rua com ele. Se é subversivo, rua com ele. Nada de fazer acusações atrás das portas. Diga, dê os nomes aos bois. Pôs na rua porque é comunista, porque está fazendo agitação aqui"... "Eu queria dizer que Vossa Excelência não precisa ter grande prática, ter passado por grandes universidades, para vir para a de Brasília. Nunca ninguém perguntou ao senhor Darcy Ribeiro onde é que ele havia administrado universidades ou Faculdades. O senhor Darcy Ribeiro nunca teve título nenhum. O título dele lhe foi dado pelo guarda-livros do Serviço de Proteção aos Índios. Nunca teve título nenhum. Nunca concluiu curso nenhum. Nunca administrou coisa nenhuma. Depois veio e administrou, e bem, a despeito das ideias dele, que eu sempre combati, administrou bem a Universidade de Brasília. Criou uma obra. E o senhor

Pedro Calmon, Reitor Magnífico da Universidade do Brasil, nunca administrou coisa nenhuma na vida dele e foi para a Universidade do Brasil. De modo que Vossa Excelência pode fazer e está fazendo uma grande administração. Continue assim, porque a Universidade de Brasília precisa de autoridade, de quem não tem medo de careta"... "Estou gostando do que Vossa Excelência está fazendo. Está limpando a universidade"... "Eu lhe dou, mais uma vez, meus parabéns".
Sem comentário.

Um deputado, professor da UnB, que viveu as crises, sabe que há pressões externas e que há informantes

O deputado Roberto Saturnino ensinava na Universidade de Brasília em regime de tempo parcial.

O sr. Deputado Roberto Saturnino: "Vossa Magnificência declarou, por várias vezes, que o motivo principal da demissão daqueles 15 professores foram atos de indisciplina, que chegaram ao seu conhecimento através de informações. A minha dúvida é a seguinte: tendo Vossa Magnificência chegado à universidade em data relativamente recente, mais recente ainda naquela época, custa a crer Vossa Magnificência, em tão pouco tempo, possa ter um corpo de informantes da sua mais estrita confiança, capaz de lhe levar essas informações, sem que passasse pela sua mente pelo menos a possibilidade de que tais informações tivessem sido distorcidas, ou exageradas, quando não falsas. Não lhe passou pela mente esta possibilidade de estar recebendo informações influenciadas por outros fatores, que não estritamente a verdade?"

O sr. depoente: "Procurei tomar informações. Gostaria, porém, de lembrar que esse problema das admissões hoje se encontra na alçada do senhor presidente da República".

O sr. Deputado Roberto Saturnino: "Hoje. Mas naquela época, foi atitude tomada drasticamente por Vossa Magnificência, na base de informações. Custa-me crer Vossa Magnificência tivesse um corpo de informantes. Vossa Magnificência poderia dizer a esta

Comissão quais essas informações? Quais as pessoas que disseram: fulano fez isso, fulano fez aquilo?"

O sr. depoente: "Eu não poderia, de fato, sem autorização expressa das pessoas que me informaram, citar seus nomes. Seria uma deslealdade da minha parte apresentar seus nomes. Compreendo realmente o problema, mas o ambiente ainda é muito conturbado, e seria expor esses elementos que deram informações a possíveis represálias, que pretendo evitar".

O sr. Deputado Roberto Saturnino: "Compreendo perfeitamente. Vossa Magnificência, há poucos dias, teve uma entrevista com o presidente Castelo Branco. Foi notificado pela imprensa que Vossa Magnificência estaria acompanhado pelo coronel Darcy Lázaro".

O sr. depoente: "Pelo coronel Darcy Lázaro, pelo general Paes e pelo general Golbery".

O coronel Darcy Lázaro, um dos próximos do presidente Castelo Branco, era o comandante do Batalhão da Guarda Presidencial e o oficial encarregado do controle da universidade, como já vimos; o general Paes era o comandante do Exército estacionado em Brasília; o general Golbery era o chefe do Serviço Nacional de Informações, o SNI.

O sr. Deputado Roberto Saturnino: "Vossa Magnificência poderia dar a esta Comissão as razões da presença dessas autoridades militares, numa entrevista em que Vossa Magnificência ia discutir com o presidente da República assuntos relativos à universidade?"

O sr. depoente: "Não tenho explicações a dar a respeito disso. Só posso dizer que fui convidado por essas autoridades, que me levaram até o presidente da República. Mas eles estavam com o presidente da República, tratando de outros assuntos, quando eu estava presente no palácio, e fui então levado ao presidente da República. Não posso nem mesmo informar se nessa reunião foi tratado problema exclusivamente da universidade".

O sr. Deputado Roberto Saturnino: "Mas eles presenciaram a sua entrevista com o presidente da República?"

O sr. depoente: "Sim".

O sr. Deputado Roberto Saturnino: "Vossa Magnificência não é capaz de atinar com os motivos da presença deles nessa reunião?"

O sr. depoente: "Eles ouviram apenas. O presidente da República fez várias indagações a respeito do problema da universidade e, nessa ocasião, ele reiterou o apoio que dava ao reitor, porque encara, como presidente da República, que o problema seja, antes de tudo, de manutenção da autoridade".

O sr. Deputado Roberto Saturnino: "Vossa Magnificência, em resposta ao deputado Mário Piva, ao que me parece, procurou refutar fazer qualquer comentário a respeito de uma alegação que havia nas palavras daquele deputado, sobre a existência de uma interferência, ou ingerência militar nos problemas da universidade. Vossa Magnificência acha que há interferência militar na universidade?"

O sr. depoente: "Não tenho realmente a impressão de interferência na vida da Universidade de Brasília. Entendo do interesse dessas autoridades militares mais pela própria localização da universidade em Brasília. Pode Vossa Excelência ter conhecimento do que representa uma universidade em Brasília, próxima dos três Poderes, como órgão de pressão, seja junto à Câmara, seja junto ao Senado, junto ao Judiciário, ou seja junto à própria Presidência da República? Ouvi do professor e inspetor Cyro dos Anjos, da universidade, que o presidente Juscelino Kubitschek relutou muito em aceitar a ideia da criação de uma universidade em Brasília, precisamente porque ele pretendia evitar pressões sobre o Congresso, enfim, sobre os Poderes da República. Só no fim do seu governo, quando esse professor e inspetor, que vem dando colaboração à reitoria da Universidade de Brasília, numa viagem de avião, convenceu o ex-presidente Juscelino Kubitschek, dizendo que o fato de não criar uma universidade oficial ou não governamental, como é o da universidade de Brasília, não impediria que aqui se instalassem outras universidades, e que, por isso mesmo, essas pressões não seriam evitadas. Esta informação que, acho, os fatos presentes confirmam. Possivelmente em outros Estados, em outras regiões, um problema como esse de Brasília não alcançasse as repercussões que alcançou, não estivesse a universidade sediada na capital da República".

"Evidentemente, essas razões não são decisivas, mas são problemas a serem pesados. Por isso, não estranho que as autoridades militares, no ângulo em que se situam, acompanhem os movimentos e as atitudes e os problemas da Universidade de Brasília. Posso garantir, porém, que nada me foi imposto por nenhuma autoridade militar. Isso posso garantir."

O sr. Deputado Roberto Saturnino: "Senhor Presidente, apenas observações finais muito breves. A primeira diz respeito a uma observação feita pelo Magnífico Reitor de que, na sua opinião, a atitude dos professores demissionários estaria vinculada a um gesto de solidariedade aos companheiros demitidos, seja a um gesto de temor pelas pressões de ordem psicológica, que nascerem de posições diferentes. Quero afirmar, como professor demissionário que também sou, a minha certeza de que o gesto dos professores, evidentemente, é de solidariedade, pois essa solidariedade inegavelmente nasce da convivência entre colegas. O que motivou a crise, no meu entender, porque motivou também o meu gesto, foi exatamente a incompatibilidade existente entre a função de professor e a falta de dignidade com a qual o professor comparece perante seus alunos. Parece-me que essa dignidade não se pode casar com a existência, que Vossa Magnificência procura refutar, mas de que nós, professores, estamos convencidos, de olheiros nas nossas aulas, tomando nota de tudo quanto se diz, de tudo quanto se faz, num ambiente que, no meu modo de entender, caracteriza a ingerência de autoridades militares, particularmente do Serviço Nacional de Informações, dentro da universidade, o que torna o trabalho do professor incompatível com a existência desses mecanismos de apuração de conduta de professores, como se houvesse uma desconfiança. Daí nasce o que Vossa Magnificência bem caracteriza de falta de tranquilidade. O professor não pode exercer seu papel de professor se não tiver absoluta tranquilidade quanto ao papel que está desempenhando, quanto à aceitação daquilo que ele diz aos alunos, quanto aos seus atos, gestos, etc."

"Ouvi, de vários colegas, apelo para que Vossa Magnificência pedisse demissão. Não faço esse apelo. Essa decisão é íntima de Vossa Magnificência, e acho honestamente que não resolveria crise alguma, porque poderia vir outro reitor, e nova crise tornaria a surgir."

"Estamos vivendo crise desde a revolução de abril. Esta é a verdade. Enquanto houver este ambiente de desconfiança, de olheiros na universidade, tomando nota, aparecendo listas de professores que vão ser demitidos, não será possível um trabalho tranquilo. Vossa Magnificência, como civil, como professor universitário, posto nesse cargo pela revolução, por conseguinte, de confiança das autoridades, deveria fazer ver a essas autoridades militares que isto que estão fazendo na universidade é absolutamente incompatível com um trabalho universitário sério"... "Eu participei desse clima. Todos os dias chegava alguém e dizia: 'Olha, o professor fulano está na lista. Você está com o nome na lista'. Vossa Magnificência, como professor, há de entender que não é possível. A origem de toda essa crise é exatamente esta, ao lado das deficiências materiais que o professor Zeferino Vaz muito bem apontou em seu depoimento. Essas as verdadeiras crises da universidade, não é o afastamento do atual reitor que vai solucionar, o que vai solucionar é exatamente o fim desse clima, o fim de toda essa apreensão, que domina os atuais professores, bem como aqueles que para cá se transferirem sob vigilância das autoridades militares, vendo na Universidade de Brasília um foco de subversão capaz de constituir ameaça aos três Poderes da República."

O deputado e professor Roberto Saturnino definiu a situação com precisão.

Um deputado fala como pai de alunos da universidade e mostra contradições nas palavras alarmantes do reitor

O sr. Deputado Manuel de Almeida: "Senhor Presidente, Senhores Deputados, Magnífico Reitor, uso da palavra hoje não apenas como deputado, mas como pai de dois filhos que estudam na Universidade de Brasília, sentindo pois o problema que sentem outros pais, que não têm a oportunidade de dialogar com Vossa Magnificência. O nosso trabalho em favor da Universidade de Brasília se iniciou ainda no velho Palácio Tiradentes,[12] quando, depois de uma visita

---

[12] O Palácio Tiradentes era a sede da Câmara dos Deputados quando a capital do Brasil era o Rio de Janeiro.

feita a Brasília, tivemos oportunidade de, ocupando a tribuna, lançar algumas palavras aos pais que para cá deveriam vir"... "Foi assim que começamos a nos bater pela universidade, e essa luta nos vincula ao problema e nos dá responsabilidade para hoje aqui tratar do assunto com Vossa Magnificência"... "Como pai de dois filhos, eu aqui deponho para Vossa Magnificência, neste momento: nunca ouvi na minha casa, dos meus filhos, qualquer manifestação a respeito de qualquer assunto que pudesse denunciar vinculação a esquerdismo ou qualquer processo de agitação dentro da universidade. Converso com meus filhos como se fossem irmãos, aprendo com eles, troco ideias a respeito de todos os problemas, e qual não foi a minha surpresa quando tive conhecimento de que a Universidade de Brasília estava sendo causa de intranquilidade nas famílias de Brasília. Ora, eu que vivo em Brasília desde o início – cheguei aqui antes da inauguração –, que tenho convivência fraterna com meus filhos, com filhos de outros companheiros e de funcionários que frequentam nossa casa, não pude entender a veracidade dessa expressão, que teria vindo de Vossa Magnificência, de que a universidade teria sido ocupada para evitar a intranquilidade nas famílias de Brasília. Os jornais disseram isso fartamente, no dia seguinte ao da ocupação".

O sr. depoente: "Devo dizer a Vossa Excelência, Deputado, que o meu propósito e *as medidas, que reconheço enérgicas*, que tomei, foram com o objetivo de impedir fatos de ocorrências piores. *Talvez não deva divulgar certas informações* que me chegam ao conhecimento, *porque não posso responder pela veracidade delas*, mas ainda continuo preocupado, porque surge uma informação de que se vai tentar uma agressão a um professor, surgem informes os mais variados, que podem ser boatos, mas que são elementos que causam intranquilidade, pelo menos àqueles professores que não se demitiram e que chegam até a pedir garantias à reitoria e responsabilizar a reitoria por quaisquer danos nos seus departamentos".

Sem comentário.

O sr. Deputado Manuel de Almeida: "Eu desejava fazer algumas perguntas que anotei, e pedia a colaboração de Vossa Magnificência. Porque demitiu os professores Antônio Cordeiro, Jorge Guimarães e Reinaldo Magalhães?"

O sr. depoente: "Eu já informei, numa reunião anterior, que esses professores foram demitidos por motivos exclusivamente disciplinares. Foram apontados como elementos que tiveram uma participação maior ou menor no ambiente de agitação e na deflagração da própria greve da Universidade de Brasília".

O sr. Deputado Manuel de Almeida: "Vossa Magnificência poderia individualizar os fatos em relação aos três?"

O sr. depoente: "O que posso dizer – evidentemente é um fato – é que procurei me informar se por acaso alguns desses professores teriam sido detidos por palavras que teriam sido pronunciadas no *campus* da própria universidade, e se fora em função de afirmações feitas".

O sr. Deputado Manuel de Almeida: "Palavras que teriam sido..."

O sr. depoente: "Proferidas em termos de planejamento com atos de represália para com os militares que estavam no *campus* universitário".

O sr. Deputado Manuel de Almeida: "Vossa Magnificência conhecia esses professores antes?"

O sr. depoente: "Conheci o professor Cordeiro como coordenador, em contatos que mantive com ele em reuniões com Coordenadores".

O sr. Deputado Manuel de Almeida: "E considerava esse professor capaz de uma atitude dessas?"

O sr. depoente: "Seria inimaginável que eu pudesse admitir que esses professores universitários, exclusivamente em assuntos universitários, tomassem atitudes como tomaram. O professor Cordeiro foi um dos professores, na assembleia, favorável a uma greve de 24 horas na universidade. A respeito desse assunto eu quero insistir em que, se houve injustiça, o problema hoje está na alçada da própria Presidência da República que chamou a si o exame desses fatos".

O sr. Deputado Manuel de Almeida: "Vossa Magnificência não ouviu esses professores antes de demiti-los?"

O sr. depoente: "Não ouvi. As demissões a que procedi, procedi em termos apenas invocando atribuição estatutária, que me confere a faculdade de zelar pelo regime disciplinar da universidade. Isso não significa, em nada, um desapreço à posição ideológica desses professores ou às atividades científicas por eles exercidas. Eu entendo que minha atitude é uma atitude que resguarda até esses professores, de certa forma, porque amanhã não se poderá dizer nas repartições a que servem, nas universidades a que servem, que foi uma demissão por motivos ideológicos ou por motivos de agitação, ou disso, ou de qualquer outra razão que não acadêmica".

O sr. Deputado Manuel de Almeida: "Vossa Magnificência, quando se referiu a esse movimento, talvez quisesse fazer referência a um complô que se preparasse, arquitetado lá não sei contra quem, contra professores de lá de dentro ou pessoas estranhas à universidade?"

O sr. depoente: "As informações são várias. Para que não aumentassem esses motivos de inquietação, eu pediria ao eminente Deputado que me excusasse de responder a essa pergunta. Pessoalmente, eu poderia responder a Vossa Excelência".

O sr. Deputado Manuel de Almeida: "Apenas eu desejava saber desde já se foi esse o motivo, essa informação, que determinou a demissão".

O sr. depoente: "Foram várias as informações que eu recebi, informações de elementos da universidade e de elementos de fora".

O sr. Deputado Manuel de Almeida: "Vossa Magnificência tem isso por escrito?"

O sr. depoente: "Não tenho aqui, mas tenho, por exemplo, os depoimentos prestados pelos professores presos. É um dos elementos por escrito que tenho".

O sr. Deputado Manuel de Almeida: "Professores presos?"

O sr. depoente: "Que foram presos".

O sr. Deputado Manuel de Almeida: "Qual foi o motivo dessa prisão?"

O sr. depoente: "Exatamente esse o motivo".

O sr. Deputado Manuel de Almeida: "Essa suspeita?"

O sr. depoente: "Não. Foram palavras proferidas no *campus* por professores, de incitamento a uma atitude de represália contra os militares que lá estavam, que deveria provocar uma reação desses soldados, e, a partir daí, estudantes e professores, solidários, se encaminhariam ao Congresso, a esta Casa, para mostrar estudantes espancados e agredidos. Essa a informação que chegou ao meu conhecimento. Se isso foi dito por brincadeira, se isso foi dito simplesmente para aumentar a agitação, é outro problema, mas essa informação chegou ao meu conhecimento".

"A segunda parte da operação efetivamente se realizou, houve uma interferência de professores no Supremo Tribunal, no Departamento Federal de Segurança Pública e, depois, a presença nesta Câmara. Isso é público e notório."

O sr. Deputado Manuel de Almeida exprime sua incredulidade com a pergunta: "Desejavam os professores expor os alunos ao espancamento por parte das autoridades, para depois virem a esta Casa mostrar os alunos machucados? Era essa a ideia?"

O sr. depoente: "As minhas informações chegam até esse ponto, mas Vossa Excelência pode dirigir-se às autoridades militares, que podem esclarecer".

Essas respostas mostram que Laerte Ramos de Carvalho estava circundado por um ambiente de delírio, onde ele, seus auxiliares e seus informantes não distinguiam mais a realidade, pois seria necessário que professores estivessem atingidos de insanidade para pensar em fazer com que estudantes fossem atacados, espancados, feridos e exibidos como vítimas.

A chamada *segunda parte da operação* referia-se a visitas que professores fizeram a membros do Supremo Tribunal Federal, para pedir auxílio na solução da crise, e ao general comandante do Departamento Federal de Segurança Pública, para tentar dissipar ideias falsas a respeito da universidade. O reitor poderia ter incluído também visitas a deputados, a senadores, ao prefeito do Distrito Federal e ao general Golbery do Couto e Silva, chefe do Serviço Nacional de Informações, com o intuito de mostrar o que era realmente a Universidade de Brasília. E as audições da Comissão Parlamentar de Inquérito, sendo públicas, abertas a todos os cidadãos, nada mais natural que professores e estudantes assistissem a elas, pois não podiam ficar insensíveis a acontecimentos que afetavam suas vidas.

O deputado passa a ler um documento, que surpreende o reitor.

O sr. Deputado Manuel de Almeida: "Magnífico Reitor, eu tenho em mãos um documento que desejava ler, para que conste do inquérito e certamente para conhecimento também de Vossa Magnificência, que não sei se conhece a folha de registro que se refere à passagem desses professores pela Delegacia. O documento é o seguinte:

Raimundo Regal Pereira, escrivão substituto do Cartório da 2ª Vara Criminal de Brasília, Distrito Federal, em pleno exercício de seu cargo, na forma da lei, certifica, atendendo a pedido verbal da parte interessada que, revendo em seu Cartório o processo de *habeas-corpus* nº 249 impetrado por D. Marcos Ruiz Neto e Luís C. M. Clérot em favor de Antônio Cordeiro, Jorge Guimarães, Reinaldo Magalhães e Ênio Melo, dele à fl. 5 verificou constar o seguinte: "Armas da República, Ministério da Justiça e Negócios Interiores, Departamento Federal de Segurança Pública, sem número. Em 31-10-65. Do Delegado do DOPS ao Meritíssimo Dr. Juiz de Direito e Plantão.

Assunto – Informação. Presta.

MM. Juiz de Direito: Em atenção ao ofício sem número do Juizado de Plantão datado de 11 de outubro de 1965, informo a Vossa Excelência que os indivíduos nele citados não foram presos pela DOPS e encaminhados ao Batalhão de Guarda Presidencial à disposição do Comandante daquela unidade militar, mas sim, foram, por ordem do Excelentíssimo Senhor Diretor-Geral do Departamento Federal de Segurança Pública, em exercício, detidos por agente policial da DOPS, para averiguações, por pesar sobre os mesmos acusações de estarem incorrendo em crime contra a segurança nacional. Encaminhados à Delegacia-Geral de Investigações, aguardaram a chegada da autoridade ora informante que, após o procedimento das sindicâncias e diligências para elucidação do fato, e após ouvir esclarecimento dos implicados, não encontrou ilícito na conduta dos mesmos. Submetida esta opinião à Direção-Geral do Departamento Especial de Segurança Pública – DOPS – com sua orientação foram os elementos já citados de pronto liberados pela autoridade informante.

Aproveita o ensejo para renovar a Vossa Excelência, etc.

As respostas que o reitor tinha dado ao deputado: *O que posso dizer – evidentemente é um fato – é que procurei me informar se por acaso alguns desses professores teriam sido detidos por palavras que teriam sido pronunciadas no* campus *da própria universidade e se fora em função de afirmações feitas*, assim como, *tenho, por exemplo, os depoimentos prestados pelos professores presos. É um dos elementos por escrito que tenho* ... Essas respostas, e as declarações do reitor sobre fatos que conheceria, não concordam com a conclusão da Direção-Geral da DOPS, que *não encontrou ilícito* na conduta dos professores. Nada, no documento lido pelo deputado, deixa transparecer as palavras que o reitor tinha atribuído aos professores. O documento oficial da Dops, órgão que não podia ser suspeito de complacência ou de favoritismo, estava em desacordo com as afirmações de Laerte Ramos de Carvalho.

A prisão daqueles quatro professores está descrita no capítulo "Espionagem, delações e prisões".

O sr. Deputado Manuel de Almeida: "Queria saber a opinião de Vossa Magnificência a respeito deste documento".

O sr. depoente: "Estou tomando conhecimento agora deste documento. Mas posso informar que não foi apenas por este motivo que eu decidi pela demissão desses professores. Eu insisto em que o problema não está hoje na minha alçada, que o problema o presidente da República o chamou a si e que ele poderá receber representações individualizadas, quando os fatos poderão ser inteira e devidamente apurados".

Tendo o deputado Mário Piva perguntado por que motivo as admissões estariam nas mãos do presidente da República, o reitor responde:

"Eu não sei quais as razões do presidente da República para que ele tenha resolvido chamar para a alçada da Presidência da República este problema."

O sr. Deputado Manuel de Almeida: "Do ponto de vista da autoridade de Vossa Magnificência mesmo, Vossa Magnificência verifica hoje que foi improcedente, conforme se vê desse documento, onde houve investigações, onde houve trabalho no sentido de elucidação por parte de autoridade, mesmo depois verificado que não houve nada. Se houvesse, estava na hora de apurar. Porque se esses homens estavam presos por este motivo, então as diligências deveriam se processar até o fim, até a elucidação completa. E eles foram postos em liberdade, o que revela a Vossa Magnificência o fato".

O sr. depoente: "Mas, apesar disto, ainda resta, por informações que tenho, a participação grande e intensa no movimento que deflagrou a greve".

O deputado Manuel de Almeida, com muita elegância, tinha mostrado as contradições nas afirmações do reitor. Termina fazendo-lhe apelo para que levasse ao conhecimento do presidente da República que aqueles quatro professores tinham sido inocentados pela Dops e que fizesse sentir ao presidente que, como eles eram inocentes, talvez também não houvesse nada incriminável a nenhum dos outros demitidos.

O depoimento de Laerte Ramos de Carvalho mostra que ele assumiu a reitoria com a mentalidade de alguém que tem por missão combater malfeitores e caracteriza-se pela insistência em banalizar ações repressivas, em todos os níveis. Não abre nem deixa antever nenhuma via para a solução do conflito.

Fazendo declarações à imprensa e na Comissão Parlamentar de Inquérito em que ataca repetidamente professores e estudantes, apresentando a UnB como lugar de indisciplina generalizada e foco de subversão, Laerte Ramos de Carvalho foi outro grande responsável pelo ressurgimento da ideologia sobre a Universidade de Brasília, retomada por certos jornais. E, em respostas que deu no fim do depoimento, pretende não ser mais responsável pelos atos que praticara. Dirigia a Universidade de Brasília como representante do governo, como homem de confiança do presidente da República e do ministro da Educação e Cultura. Permaneceu na reitoria dois anos mais, até 3 de novembro de 1967.

Capítulo 19

Depoimento do coordenador-geral dos Institutos Centrais de Ciências e Tecnologia, Roberto A. Salmeron

O depoimento começa com uma descrição de críticas que faziam à Universidade de Brasília.[1]

O sr. depoente: "Senhor Presidente, gostaria, inicialmente, de apresentar uma descrição da Universidade de Brasília. Gostaria de fazer isso pela razão seguinte. Estive presente nos depoimentos do ex-reitor, professor Zeferino Vaz, e do atual reitor, professor Laerte Ramos de Carvalho. Quero confessar que fiquei bastante decepcionado, porque tanto o ex-reitor como o atual reitor apresentaram os professores e os estudantes da Universidade de Brasília como um grupo de indisciplinados, de indivíduos rebeldes, de indivíduos quase nocivos à sociedade. Nenhum dos dois disse qualquer palavra sobre aquilo que é a Universidade de Brasília, como se trabalha na Universidade de Brasília, como trabalham os professores e os estudantes".

"Estou convencido de que, para se compreender a situação atual da Universidade de Brasília, inclusive a presente crise, é necessário que se compreenda a organização, suas realizações, os projetos em andamento e os projetos de execução futura e, principalmente, as dificuldades encontradas e o modo de trabalho da universidade."

---

[1] Depoimento feito em 10 de novembro de 1965, publicado integralmente no *Diário do Congresso Nacional*, suplemento ao nº 12, 16 de fevereiro de 1966, p. 47 a 59. As transcrições foram feitas textualmente, sem nenhuma modificação.

"Uma vez ou outra ouvimos e lemos críticas destrutivas à Universidade de Brasília. De certo modo é confortador verificar que tais críticas não são numerosas e diminuem com o tempo, em vista das realizações da Universidade de Brasília, que saltam aos olhos de quem queira ver. Por outro lado, ouvimos também palavras ponderadas, às vezes até elogiosas, a respeito da universidade. Mas como é muito mais fácil destruir do que construir, na memória de muitas pessoas que estão fora dos acontecimentos, que não têm a possibilidade de inteirar-se da verdade, prevalecem as críticas destrutivas."

"Assim, ouvimos críticas que se contradizem, como, por exemplo: há quem diga que a Universidade de Brasília é ambiciosa demais, enquanto outros alegam que tem poucos estudantes; de um lado dizem que os professores são medíocres, que a Universidade de Brasília é uma colônia de férias, enquanto de outro lado dizem que os cursos são dados em nível muito elevado, fora da realidade nacional; de um lado, julgam que a universidade deveria limitar-se a atender aos interesses do Distrito Federal somente; de outro lado, dizem que deveria atender aos interesses das regiões centro-oeste, norte, etc. do País."

"O que há de verdade em toda essa campanha contra a Universidade de Brasília? Como professores universitários, artistas, cientistas, estamos habituados à crítica; a própria natureza do nosso trabalho obriga-nos a fazer crítica e a receber crítica diariamente, durante toda a nossa vida. Mas estamos habituados à crítica no sentido exato dessa palavra, isto é, uma análise dos fatos baseada em fatos, com a finalidade de se chegar a alguma conclusão objetiva, para corrigir erros e progredir. No entanto, não é com esse espírito que se têm feito críticas destrutivas à Universidade de Brasília. Não podemos, portanto, aceitar essas opiniões expressas por pessoas que não têm a serenidade de examinar os fatos como são e emitem opiniões abstratas, usando, premeditadamente, adjetivos e frases de sentido destrutivo, sem se inteirar dos assuntos que comentam."

"Desejo salientar o seguinte: nenhuma das pessoas de quem pessoalmente ouvi fazer críticas pejorativas ou destrutivas à Universidade de Brasília veio conversar conosco para inteirar-se do que estamos fazendo ou planejando, ou jamais visitou a universidade para saber como lá se trabalha. Jamais."

A universidade interrompida   371

O leitor de hoje talvez tenha dificuldade em crer que se pudessem fazer tais críticas. E, no entanto, nós as ouvíamos, e às vezes, com surpresa, de pessoas que ocupavam cargos de alta responsabilidade. Eram críticas formuladas durante os anos de funcionamento normal da universidade, não somente no período da crise. Depois desta, alguns jornais retomaram, não críticas, mas agressões de violência inimaginável à Universidade de Brasília.[2]

"Desejo começar meu depoimento abordando esse assunto. Proporia a Vossa Excelência, Senhor Presidente, se concorda comigo, dividir o meu depoimento em duas partes. Numa primeira parte, falaria sobre as realizações e projetos da universidade. Numa segunda parte, daria a minha versão sobre a crise atual."

As verbas insuficientes e as dificuldades

São narradas as dificuldades maiores causadas pela insuficiência das verbas, que não transcreveremos, porque a precariedade da situação financeira foi apresentada com detalhe no depoimento do reitor Zeferino Vaz. A evolução dos cursos e, principalmente, dificuldades enormes previstas para o futuro são realçadas:

"Embora iniciada há tão pouco tempo, três anos e meio, a UnB já era considerada um dos centros de pós-graduação do País, tendo convênios firmados com o Conselho Nacional de Pesquisas e com a Capes"... "A UnB tem 156 estudantes de pós-graduação, talvez o maior número de estudantes de pós-graduação entre as universidades nacionais."

Mais adiante:

"Como foi possível, com tão pouco dinheiro, passar de sete ou oito cursos que havia em 1964, para 19 em 1965? Foi possível devido ao nível e ao entusiasmo dos professores e à estrutura da universidade, que permite uma integração."

O entusiasmo dos docentes tinha consequências práticas importantes. Naquele período, alguns ministravam vários cursos diferentes

---

[2] Ver o capítulo "Jornais que atacavam os professores".

no mesmo semestre, esforço que não poderia ser prolongado por muito mais tempo.

"Desejava neste ponto declarar que a deficiência de instalações da universidade para o próximo ano preocupava a todos nós, professores, no começo deste ano"... "Este assunto, já em começos deste ano, preocupava tremendamente os coordenadores, que repetidas vezes chamaram a atenção do então reitor professor Zeferino Vaz. No setor de ciências, a situação era tão alarmante, que a 26 de maio (de 1965) passado os coordenadores dos cinco Institutos Centrais de Ciências escreveram uma carta ao então reitor."

A carta, assinada por Antônio Cordeiro, Elon Lages Lima, Otto Gottlieb, Jayme Tiomno e Roberto Salmeron, verdadeiro grito de alarme, termina assim:

"Nessas condições, é nossa opinião que, se até o fim do presente semestre, isto é, até o fim do mês de julho próximo, a universidade não conseguir um número suficiente de apartamentos e não conseguir do governo federal o acréscimo de verba de que necessita, não será possível continuar a receber estudantes no próximo ano, nem assegurar o funcionamento dos cursos de medicina e engenharia em 1967."

"Solicitamos, então, ao Magnífico Reitor, que suspenda, nesse caso, a realização de exames vestibulares para 1966, especialmente para as carreiras de medicina e engenharia, e transfira para 1968 o início do ciclo profissional desses cursos."

"Solicitamos também a Vossa Magnificência levar ao conhecimento de todas as autoridades que julgar conveniente os nossos pontos de vista, além de expor os mesmos aos membros do Egrégio Conselho Diretor da universidade."[3]

Os trabalhos na universidade

A descrição de como se trabalhava na UnB, as realizações, os apoios internacionais e os planos para o futuro constituem grande parte do testemunho. Não vamos transcrevê-los, porque estão

---

[3] Arquivo pessoal do autor.

contidos nos capítulos 8 e 9, relativos ao trabalho nos Institutos e Faculdades. A primeira parte do depoimento termina com as observações:

"Procurei, com essa exposição, fazer um resumo das conquistas da Universidade de Brasília, porque acho que isso é fundamental para que a Comissão Parlamentar de Inquérito compreenda realmente as dificuldades da universidade e a crise atual. Quis também, nessa parte da exposição, fazer justiça aos meus colegas. Mais uma vez, digo: foi profundamente decepcionante verificar que o ex-reitor e que o atual reitor não tiveram, durante horas e horas de debate, uma palavra, mas nenhuma palavra mesmo, a respeito do trabalho que os professores e os estudantes fazem na Universidade de Brasília."

"Com isso quero mostrar aos senhores Parlamentares por que nós, professores, lutamos pela Universidade de Brasília. Lamento que, neste momento, não estejam presentes alguns dos Parlamentares que fizeram perguntas hoje à tarde ao senhor reitor, porque eu gostaria de respondê-las. Acho – e isto deve ficar claro – que se um grupo de homens se propõe a participar de uma obra dessas, esse grupo de homens tem o direito de ser tratado com dignidade. É isso que queremos. Também queremos declarar, com profunda tristeza, que todos esses projetos podem ruir, pelas atitudes que os responsáveis pela universidade vêm tomando ultimamente. Sei que vou fazer uma afirmação de extrema gravidade, mas posso defendê-la: o próprio Reitor Laerte Ramos de Carvalho desconhece por completo todos os projetos e realizações que aqui descrevi."

"Encerro, com isso, a primeira parte do meu depoimento. Poderei, em seguida, ou responder a perguntas, ou passar a falar sobre a crise atual, como os senhores desejarem."

O sr. relator, Deputado Carlos Werneck: "Senhor Presidente, professor Roberto Salmeron, foi com a mais viva atenção que ouvimos o relato sincero, franco, que o ilustre professor acabou de prestar perante esta Comissão. Na realidade, para nós brasileiros, e principalmente para aqueles que labutam na seara do ensino, da educação, um relato desse é claro que nos conforta, que nos enche de orgulho. Em verdade, não supúnhamos que a Universidade de Brasília tivesse realizado aquilo que já realizou. Embora nós, pessoalmente, há mais de um ano tenhamos tido contato com essa universidade, com alguns de seus professores, com alguns de seus coordenadores, perante um relato sintético como esse que Vossa Excelência acaba de proferir, na realidade não fazíamos ideia que a universidade tivesse realizado tanta coisa proveitosa, útil e construtiva como realizou. De modo que isso aumenta mais ainda a nossa responsabilidade como membros desta Comissão Parlamentar".

"Aumenta a responsabilidade, porque, nesta noite, após seu relato, mais do que anteriormente, sentimos que esta Comissão deve concorrer decisivamente para que haja um ponto-final nessa crise tão desagradável quanto cheia de consequências terríveis para a vida universitária de Brasília. Conhecemos outras universidades brasileiras. Sabemos que cada uma traz seu quinhão para a construção, afinal, deste Brasil de hoje e do Brasil de amanhã. Sabemos que cada uma junta sua pedra a esse grande edifício, cada uma faz o que pode. Algumas em moldes mais antiquados; outras, modernizando- -se, mas nenhuma – é preciso que se diga – nenhuma universidade tão nova quanto a de Brasília realizou tanto em tão pouco tempo. Isso é uma realidade. E, quando o ilustre professor, ao final da exposição que fazia de cada Instituto ou Departamento, citava os trabalhos executados por cada Instituto ou Departamento, víamos que algo de positivo estava aqui sendo apresentado aos parlamentares e aos que acompanham esses trabalhos. A começar pelo que se fez na parte referente a artes musicais e terminando com a Faculdade de Tecnologia. E, por meio de todos os Institutos, víamos a dedicação com que os professores se integraram ao trabalho, visando, em último lugar, a remuneração a que fariam e fazem jus, mas visando, em primeiro lugar, construir algo de duradouro, de definitivo, alguma coisa que, na realidade, marque a presença dessa universidade, não apenas na vida universitária brasileira, mas, de modo geral, servindo até de piloto, como disse o nobre professor, a universidades de outros países e de outros continentes."

"A exposição deve ter impressionado não apenas a mim, como Relator da Comissão, mas aos demais parlamentares presentes a esta reunião. Seu relato tão sincero, tão minucioso em algumas partes e procurando não esconder coisa alguma, será, por certo, completado nas respostas que o nobre professor vai apresentar às indagações que faremos."

O deputado inicia a inquirição com a pergunta:

O sr. relator, Deputado Carlos Werneck: "À sua chegada em Brasília, qual a impressão primeira da vida universitária que se processava em Brasília?"

O sr. depoente: "Minha primeira impressão foi de grande entusiasmo. Chama a atenção de todos os que chegam pela primeira vez na Universidade de Brasília o entusiasmo reinante. Também fiquei profundamente impressionado com as possibilidades práticas que a universidade estava oferecendo para sua organização. Refiro-me à flexibilidade. Já tinha lecionado na Universidade de São Paulo e na Universidade do Brasil, antes de ir para a Europa, e a diferença de flexibilidade da Universidade de Brasília, para quem tem experiência, é impressionante. Apesar de todas as dificuldades econômicas, os problemas são encarados muito mais incisivamente, mais diretamente. Não há barreiras para se chegar até o problema".

O sr. Deputado Carlos Werneck: "Do seu contato com os estudantes, qual sua impressão da classe estudantil que frequenta a universidade?"

O sr. depoente: "Muito boa".

O sr. Deputado Carlos Werneck: "Como o senhor estabeleceria uma comparação entre os estudantes daqui, primeiro, com os do Rio e São Paulo e, depois, com os estudantes europeus em cursos que o nobre professor tenha lecionado?"

O sr. depoente: "O que chama a atenção, acho, de todos nós professores, relativamente aos estudantes da Universidade de Brasília, é o seguinte: o estudante da Universidade de Brasília tem consciência absoluta, assim como nós, de que estamos fazendo uma universidade nova. E ele se amolda às condições com grande entusiasmo. Quero dizer a Vossa Excelência que, às vezes, nós exigimos tais condições de trabalho, de adaptação, de nossos estudantes, que me dá até pena. Eles estão aqui,[4] e isso não deveria ser dito. Exigimos deles o máximo, e eles enfrentam as questões com grande entusiasmo.

---

[4] Muitos estudantes assistiam às reuniões da CPI.

Submetem-se à orientação que traçamos, porque têm consciência de que é uma coisa nova, e, por, isso, participam com alma".

"Agora, como, evidentemente, a universidade ainda tem muito menos estudantes do que São Paulo ou Rio, é claro que, nos primeiros meses, o nível dos estudantes é mais baixo. Mas eles recuperam rapidamente".

O sr. Deputado Carlos Werneck: "Como aqui estamos ouvindo depoimentos francos, todos são chamados para expor sua opinião. Tendo ouvido os depoimentos do ex-reitor e do atual reitor, que se referiram ao corpo docente e discente da universidade, cada qual com a maior franqueza e a maior liberdade, de forma que esta Comissão estivesse informada acerca do pensamento desses dois ilustres professores, gostaríamos, agora, de ouvir sua opinião como Coordenador e como professor universitário que tem labutado não apenas em Brasília, mas em outros centros nacionais e estrangeiros, acerca dos três reitores com que o nobre professor já lidou: o professor Anísio Teixeira, o professor Zeferino Vaz e o professor Laerte Ramos de Carvalho".

O sr. depoente: "A minha opinião é a seguinte. O professor Anísio Teixeira certamente é um dos homens que mais entendem dos problemas de educação, entre os homens que tenho encontrado em minha vida. É um entusiasta fervoroso da educação. Vive os problemas educacionais 24 horas por dia. Tenho a impressão de que, quando estava aqui, o professor Anísio Teixeira não pensava ser reitor da Universidade de Brasília durante muito tempo. A minha impressão era de que, em consequência disso, ele tinha certa relutância em se lançar em projetos de longo termo. Eu o considero uma pessoa extremamente competente, extremamente dedicada aos problemas de ensino e um homem que realmente sabe o que é uma universidade".

"Quanto ao professor Zeferino Vaz, acho que é também um homem extremamente competente e que sabe o que é uma universidade. A grande dificuldade que encontramos, durante o tempo em que foi reitor, foi o fato de ele ficar em Brasília somente dois dias e meio por semana. De maneira que uma série de responsabilidades, que normalmente o reitor assume, ele não podia assumir. Não tenho dúvidas de que muitas das crises atuais são consequências desse fato. Não tínhamos tempo de resolver um problema até o fim. Por exemplo, a minha função. Meu cargo era um dos cargos de maior responsabilidade na universidade. Cabia-me coordenar cinco Institutos diferentes. Mas, além dos cinco Institutos, eu me ocupava também da organização da Escola de Engenharia, até que se conseguisse um coordenador para engenharia; ocupava-me também das relações internacionais dos Institutos de Ciências com a Unesco, com o Fundo Especial das Nações Unidas e do Centro de Computação Eletrônica. Tudo isso era de minha responsabilidade. Mas, às vezes, não podia ver o professor Zeferino Vaz mais do que meia hora por semana. Isso criava dificuldades muito grandes. Atribuo a isso o fato de até hoje, por exemplo, o Estatuto da Universidade não estar em funcionamento, assim como o fato de, até hoje, os professores não terem contrato assinado. Não sei se Vossa Excelência sabe, mas não temos nenhum contrato com a Universidade de Brasília."

O sr. Deputado Carlos Werneck: "Já era do meu conhecimento, e achei uma anomalia muito grande".

O sr. depoente: "Quanto ao professor Laerte Ramos de Carvalho, acho que ele não entendeu a Universidade de Brasília. Não entendeu, não. Disse isso a ele, com muita franqueza. Vossa Excelência pediu franqueza, e eu estou sendo franco. Disse ao professor Laerte Ramos de Carvalho, diretamente, várias vezes, que estou convencido de que ele não entendeu a Universidade de Brasília".

"O senhor pode perguntar: não entendeu no quê? Ele não entendeu, por exemplo, a organização interna da Universidade em Institutos. Ele não viu o alcance que isso tem para o ensino e para a pesquisa. Tenho certeza de que não viu isso. Ele também não entendeu o tipo de relações que temos com nossos estudantes. Fico admirado quando ele fala em indisciplina. Nunca tivemos problemas de disciplina. Não tenho queixa de indisciplina de qualquer estudante. Não encontrei nenhum professor que tivesse queixa."

"No entanto, o professor Laerte Ramos de Carvalho chegou a Brasília nos últimos dias de agosto e nem tomou contato conosco. É um fato curioso: um homem que tem a responsabilidade de ser reitor não procura um professor para saber o que os professores estão fazendo."

"De maneira que, por esses fatos, eu vejo que ele não entendeu a universidade. Por exemplo, ele nunca entrou num laboratório, numa biblioteca, nunca convocou uma reunião de qualquer professor, de qualquer coordenador. Todas as reuniões com os coordenadores foram pedidas pelos coordenadores, nunca por ele. Nós chegamos a fazer exposição dos nossos planos durante duas horas, e ele não fazia uma pergunta sequer, nenhuma curiosidade."

"Depois, quando ele começou a agir, então suas atitudes, como todos sabem, não foram construtivas, foram atitudes disciplinares, atitudes punitivas."

O relator faz perguntas sobre a crise

O sr. Deputado Carlos Werneck: "Como coordenador, que medidas sugeriria Vossa Senhoria para a normalização da vida universitária em Brasília?"

O sr. depoente: "Falarei por mim, pois, embora tenha a impressão de que a maioria dos professores pense como eu, não posso estar respondendo por todos. O reitor aceitou a demissão de 34 professores de um total de 210 que haviam pedido demissão. Então, a meu ver, o primeiro ponto seria revogar esse ato. Segundo ponto: o reitor demitiu 15 professores, sem lhes dar nenhuma possibilidade de defesa, sem que esses professores fossem acusados de coisa alguma. Então, esse caso dos 15 professores deveria ser revisto por uma comissão, que não poderia ser indicada pelo reitor, poderia ser indicada, por exemplo, pelo Conselho Federal de Educação".

O sr. Deputado Carlos Werneck: "Vossa Senhoria fez parte do grupo de coordenadores que esteve com o presidente da República?"

O sr. depoente: "Sim".

O presidente da República tinha convidado, individualmente – não em grupo como disse o deputado –, três coordenadores, Mário de Souza Lima, Otto Gottlieb e Roberto Salmeron. As entrevistas estão resumidas no capítulo sobre o depoimento do reitor Laerte Ramos de Carvalho, ao fim da arguição pelo deputado Wilson Martins.

A universidade interrompida 379

O sr. Deputado Carlos Werneck: "Qual foi sua impressão do diálogo que mantiveram com Sua Excelência? Pergunto, caso haja possibilidade de esse fato ser trazido ao conhecimento desta Comissão".

O sr. depoente: "Eu acho que há possibilidade. Eu notei, em primeiro lugar, uma verdadeira preocupação para resolver essa crise. Em segundo lugar, vi que Sua Excelência o presidente da República está se atendo a certas ideias fixas, o que me convence de que Sua Excelência está muito mal informado e mal assessorado sobre a Universidade de Brasília. Em terceiro lugar, quando o presidente da República disse que os professores demitidos podiam apelar para ele, ele estava dando uma demonstração de interesse em resolver, mas também acho que essa solução é muito arriscada para os professores, porque estou convencido de que o presidente está mal assessorado. Então, é claro que o julgamento não vai ser feito por ele, mas pelos assessores dele, e por isto estou convencido de que os assessores dele, não conhecendo a universidade, podem perfeitamente fazer uma injustiça ao julgar um professor".

O deputado Carlos Werneck, pergunta que causas, na opinião do depoente, fizeram deflagar a crise na universidade. O depoente faz um histórico, começando com o caso Ernani Maria Fiori até o pedido de demissão coletiva dos 223 docentes, que está contido nos capítulos "O início da grande crise" e "A grande crise" – não vamos repeti-lo.

Depois de ler o documento que os professores endereçaram ao reitor Zeferino Vaz, pedindo a instalação urgente da estrutura permanente da universidade,[5] o depoente continua:

"Vejam bem que os professores nunca disseram que não querem revisão de currículo. Nunca disseram isto. O que os professores disseram é que não querem uma revisão arbitrária feita pelo reitor sozinho. É isto que o documento quer dizer. Mas uma vez instituído o Estatuto da Universidade, onde está lá especificado qual o órgão que tem atribuição de fazer revisão, então este órgão pode fazer revisão em qualquer currículo de qualquer professor. Agora,

---

[5] Ver a seção "Um documento importante elaborado pelos professores", no capítulo "O início da grande crise".

por que motivo nós colocamos este item *b*? Gostaria de fazer uma digressão sobre este ponto. O professor Zeferino Vaz e o professor Laerte Ramos de Carvalho fazem uma tremenda injustiça aos professores da Universidade de Brasília quando declaram, e declararam publicamente várias vezes: primeiro, que os professores começaram a protestar quando o professor Zeferino Vaz falou em revisão de currículo; segundo, quando eles dizem que os professores chegaram até a ir à greve para impedir a revisão de currículos. Ora, não se passou nada disso, não. O que se passou foi o seguinte: nessa assembleia de 24 de agosto... os professores iam discutir o que fazer em vista do reenvio de Dona Edna para o Ministério da Educação; da ameaça de reenvio do professor Las Casas para o Ministério da Educação; e dos rumores de que outros professores seriam retirados da universidade, porque a nossa experiência é que, quando ficam vários meses circulando rumores que um professor vai ser retirado da universidade, ele acaba sendo tirado mesmo."

"O professor Zeferino Vaz se ofereceu para ir presidir a assembleia, era uma assembleia, em princípio, de professores. Durante toda a gestão do professor Zeferino Vaz, durante um ano e meio, foi a primeira vez que ele conversou com os professores da Universidade de Brasília. Nunca tinha tido contato, a não ser de vez em quando com os coordenadores, e em geral quando os coordenadores o procuravam. Repito: foi a primeira vez, em um ano e meio, que o professor Zeferino Vaz teve contato com os professores da Universidade de Brasília. E, naquele dia, para pessoas como nós, que já temos bastante vivência do contato entre os homens e de como os grupos agem, ficou muito claro para nós o seguinte: que o professor Zeferino Vaz provavelmente leva na consciência uma grande culpabilidade pelo fato de ele ter demitido no ano passado 13 professores e jamais se ter conseguido provar nada contra eles. Então o professor Zeferino Vaz, sem que ninguém tivesse tocado no assunto, sem que ninguém tivesse sugerido, nem de longe, ele, espontaneamente, sentiu uma necessidade dele, interior, psicológica, de justificar perante todos os professores os atos que ele tinha cometido há um ano e meio, e ninguém tinha perguntado isto a ele. Ora, é perfeitamente natural que, entre muitas dezenas de colegas daqueles

A universidade interrompida 381

13 demitidos sem serem acusados de nada, demitidos assim: "A bem da administração" – isto não se faz para um professor, mesmo com lei trabalhista – alguns protestassem. Então o professor Zeferino Vaz teve a ideia muito infeliz de dizer que aqueles professores foram despedidos porque eram medíocres. Ora, é claro que havendo lá os colegas que não os consideram medíocres, alguns tomaram a palavra para defender os colegas demitidos, protestando contra essa acusação de mediocridade."

O sr. Deputado Mário Maia: "O reitor Laerte Ramos de Carvalho chamou isso de indisciplina".

O sr. depoente: "Exatamente. Também é perfeitamente natural que, quando o professor Zeferino Vaz faz essa acusação, não seja aplaudido pelos professores. Então, quando ele diz que foi vaiado, ele quer dizer que não foi aplaudido. Peço muita atenção dos Senhores Parlamentares, eu estava presente durante o depoimento do professor Zeferino Vaz, quando estava falando e disse que foi vaiado. Mas, depois que um dos senhores fez uma pergunta sobre se realmente foi vaiado, ele voltou atrás e não disse mais que foi vaiado. Aí ele confessou que, quando os professores tomavam a defesa dos demitidos, eram aplaudidos, e que quando ele falava, ele não era aplaudido. Acho isto perfeitamente natural. De maneira que quero aqui publicamente afirmar que o professor Zeferino Vaz, naquela assembleia, não foi vaiado. O que posso afirmar é que o professor Zeferino Vaz não foi aplaudido. Isto é verdade. É diferente".

"Pois bem. O professor Laerte Ramos de Carvalho estava presente a essa assembleia e considerou indisciplina e ataque ao professor Zeferino Vaz a defesa que os professores faziam dos seus colegas demitidos, no papel, "a bem da administração", o reitor chamando, em público, aos professores de medíocres. É muito importante que isto seja compreendido pelos srs. Parlamentares. O professor Zeferino ficou preso no seu próprio mecanismo psicológico e a saída que encontrava era chamar os professores de medíocres. Foi nessa assembleia que ele disse que ainda há muitos medíocres cujos currículos têm de ser revistos. Ora, ele tinha acabado de dizer que despediu 13 por serem medíocres. Se diz que ainda há medíocres presentes, que conclusão Vossas Excelências tirariam? De que ele estava querendo despedir mais professores com a alegação de serem professores medíocres."

"Foi pelo fato de o professor Zeferino Vaz não ter sido aplaudido que ele disse que então os professores começaram a se levantar contra ele, quando ele falou em revisão de currículos. Não. Nenhum de nós tem medo de revisão de currículo. Temos todo o nosso passado, toda a nossa vida profissional, limpo. O que sabemos é que havia, ali, um eufemismo: *medíocre*, na Universidade de Brasília, passou a ser *candidato ao listão*. Por causa disso, sabíamos que se os reitores fossem, eles, rever currículos, isso significaria que iam dizer: 'Seu currículo não presta, o senhor está demitido a bem da administração'. Foi por causa disso que colocamos este item *b*: 'Não admitir qualquer dispensa ou revisão de categoria docente dos atuais professores, durante a vigência do referido art. 89'."

Cria-se frequentemente, nas instituições, um jargão inspirado pela vivência dos problemas. Na Universidade de Brasília, "listão" designava a lista com os nomes dos professores que deveriam ser demitidos.

As relações tensas entre os coordenadores e o reitor

A reunião em que Laerte Ramos de Carvalho mudou radicalmente sua posição relativa à permanência de Las Casas na universidade, na qual os coordenadores pediram exoneração dos seus cargos,[6] foi descrita assim:

"Aí, então, todos os coordenadores presentes tentaram mostrar ao professor Laerte Ramos de Carvalho o seguinte: primeiro, que ele estava em Brasília somente há quatro semanas; que ele não tinha sofrido como os professores da universidade têm sofrido; que ele não tinha vivido neste ambiente de intranquilidade e de insegurança; que ele não sabia das crises passadas, tinha ouvido falar nelas, mas não as tinha vivido como nós; e que ele não podia avaliar as consequências daquilo que estava fazendo naquele momento.

---

[6] Ver a seção "O reitor volta atrás, os coordenadores demitem-se de seus cargos", no capítulo "A grande crise".

Então, todos nós, coordenadores, fizemos a ele um apelo para que contratasse o professor Las Casas, para evitar o descumprimento da cláusula pelo reitor, o que criaria uma crise óbvia na universidade."

"O professor Laerte Ramos de Carvalho tomou a nossa atitude como coação e nos insultou, dizendo: 'Os senhores não deveriam estar tendo uma reunião com o reitor da universidade. Os senhores deveriam ter aqui, presidindo a reunião, o presidente da Feub (a Feub é a Federação dos Estudantes da Universidade de Brasília)'. Quer dizer, nos chamava de estudantes, e achava que deveríamos estar reunidos com o presidente da Federação dos Estudantes. Apesar disso, nós nos mantivemos com a mais absoluta calma. Vou deixar aqui, para que constem dos autos deste depoimento, todos os documentos. E Vossas Excelências poderão julgar os termos respeitosos e serenos com que todos os documentos foram escritos pelos coordenadores. Posso garantir que o nosso cuidado era tão grande, que há certas cartas, aqui, que tomaram, às vezes, dez ou vinte horas do nosso tempo, para que não houvesse uma vírgula fora do lugar, nenhuma palavra a mais ou a menos, que pudesse ser interpretada pelo reitor como ofensa ou como qualquer desatenção para com ele."

"O professor Aryon Rodrigues, aqui presente, foi o primeiro dentre nós que tomou a palavra, para explicar ao reitor que não se tratava de nenhuma coação. Que nós fazíamos um apelo, porque sabíamos perfeitamente quais iriam ser as consequências da demissão de mais um professor. Pode-se dar a tecnicidade jurídica que se quiser, mas o fato foi uma demissão mesmo."

"Pois bem, o reitor disse aos coordenadores: 'Os senhores precisam refletir bem sobre a gravidade do que estão fazendo, porque eu sou reitor, nomeado pelo presidente da República, e sou, aqui, o representante do governo'. A isso, dissemos: 'Sabemos que o senhor é representante do governo, sabemos que o senhor é nomeado pelo presidente da República e temos o máximo respeito e toda a confiança, tanto que já lhe entregamos um documento assinado por todos os professores, depositando em Vossa Magnificência um voto de confiança pela gestão da universidade'."

"Tentamos explicar ao reitor que, se ele não cumprisse o documento, uma crise na universidade seria inevitável. Nós, coordenadores, não poderíamos controlá-la."

"Eu me lembro de que eu mesmo disse ao professor Laerte Ramos de Carvalho as seguintes palavras: 'reitor, sou um homem que sempre me entusiasmo muito por aquilo que faço, porque, se não me entusiasmo, não faço. Só faço o que gosto de fazer. O meu entusiasmo por esta universidade tem sido tão grande, que tenho procurado não enxergar que há interesse em acabar com ela. Há pessoas interessadas nisso. E quando eu digo acabar, não quero dizer fechar as portas. Quero dizer mudar completamente a estrutura, o que, para mim, é acabar. Mas, tantas coisas já se passaram que eu estou, agora, convencido de que há pessoas interessadas em acabar (na minha concepção de 'acabar') com a Universidade de Brasília. Digo aqui a Vossa Magnificência que, se Vossa Magnificência fizer isso que diz, estou convencido de que será o fim da universidade, porque nós não poderemos controlar mais ninguém. Os professores preferirão demitir-se daqui, e ir para outro lugar, a se submeter a uma coisa destas. E eu, que fui presidente de uma assembleia de professores, que depois disse aos professores que eu estava presente a uma reunião do Conselho Diretor na qual o Conselho aceitou isso (o documento), e os dois reitores também, como é que, agora, vou aparecer diante dos professores e dos estudantes para dizer que não, que a coisa não foi assim, ou que o reitor não vai cumprir a palavra. Nunca mais terei autoridade moral para olhar para a cara de um colega ou para a cara de um de meus alunos. Nestas condições, não posso continuar como coordenador, porque estaria traindo a confiança dos meus colegas e dos meus estudantes. Este não foi só o meu pensamento, foi o de todos os coordenadores."

Os coordenadores pediram demissão de seus cargos, mas se prontificaram a responder pelo expediente até que fossem substituídos. O depoimento continua:

"Para que a nossa atitude ficasse documentada, redigimos, naquela noite mesmo, este documento (exibe) que aqui está, dirigido ao reitor Laerte Ramos de Carvalho, no qual fizemos o histórico dos acontecimentos anteriores à sua chegada a Brasília e terminamos com as seguintes palavras, contando essas reuniões que acabei de descrever: 'Acham-se, assim, os coordenadores incompatibilizados para as funções de representar a reitoria junto aos corpos docente e discente da universidade, pois se consideram impossibilitados de cumprir seu dever de defensores da autonomia universitária, condição inseparável da dignidade intelectual de professores e de estudantes. Devem acrescentar que permanecem respondendo pelo expediente de seus cargos respectivos, apenas no cumprimento do dever de assegurar a continuidade existencial da universidade, pela qual estão dispostos, como sempre, a todos os sacrifícios, menos aos que importarem na quebra dos padrões intelectuais, éticos e legais que constituem sua razão de ser'. (ass.:) Roberto Salmeron – Cláudio Santoro – Elon Lages Lima – Aryon Rodrigues – João Filgueiras Lima – Italo Campofiorito – Mário de Souza Lima – Antônio Cordeiro – Antônio Luís Machado Neto – Otto Gottlieb – Roberto Pompeu de Souza e Jayme Tiomno."[7]

"Vou entregar aos senhores os currículos desses coordenadores, para que Vossas Excelências julguem se somos ou não somos homens responsáveis."

"Desejo aqui apontar uma contradição com o depoimento do Senhor Reitor, hoje à tarde. O reitor disse que fez um apelo para que nós nos mantivéssemos nos cargos. Não foi assim que a coisa se passou. Fomos nós que nos oferecemos para nos mantermos na posição, como está provado aqui, como está escrito, assinado por todos nós."

"Como consequência dessa reunião, ou melhor, o senhor reitor interrompeu a reunião em torno de 7 horas, dizendo que tinha de tomar um avião para o Rio, mas que no dia seguinte nos procuraria, isto é, no sábado. O reitor ficou ausente de Brasília cinco dias. Voltou do Rio e não nos procurou. Então, nós o procuramos, como sempre."

"Mas aqui desejo contar mais dois detalhes. O primeiro detalhe é o seguinte. Quando o senhor reitor voltou do Rio e não nos procurava para uma reunião, eu lhe telefonei e disse que os coordenadores queriam continuar a reunião. Ele, então, me convidou a mim, sozinho, para discutir o problema em sua casa. Ficamos discutindo toda uma manhã. Naquela conversa, várias vezes fiz um apelo ao

---

[7] A carta de demissão dos coordenadores está transcrita no capítulo "A grande crise".

reitor, nos seguintes termos: 'Senhor reitor, se Vossa Magnificência continuar a tratar o caso do professor Las Casas do ponto de vista em que está tratando, uma crise na universidade será inevitável. A universidade não suportará uma nova crise, porque os professores e estudantes não aguentam mais viver nessa intranquilidade. O senhor tem de arranjar uma solução qualquer que não seja uma quebra de compromisso para conosco'. Disse isso repetidas vezes. Depois, o reitor chamou à sua casa quatro ou cinco coordenadores, na tarde do mesmo dia. Estiveram lá o professores Tiomno, Souza Lima, Cordeiro e Otto Gottlieb. Esses professores passaram a tarde toda tentando convencer o reitor de que não podia tratar o caso Las Casas da maneira como estava tratando, por causa desse compromisso, pois a nossa palavra estava empenhada."

"Quero aproveitar a oportunidade para mostrar com clareza a Vossas Excelências que, para nós, o fato de ser Las Casas ou não Las Casas não tem importância. Nunca defendemos o professor Las Casas, nem a vida dele, nem o futuro dele, nem o currículo dele, nem o seu trabalho. Defendemos um princípio. O fato de ser o professor Las Casas, ou não, é completamente secundário nesta história. Tanto é que, nos documentos, nem mencionamos o nome dele. Falamos em 'um professor', para ficar caracterizado que é um princípio que defendemos. Se o professor Las Casas não fosse competente, então a Comissão adequada do Instituto Central de Ciências Humanas iria julgá-lo. Insistimos nesse ponto, mas não demovemos o reitor desse propósito."

Sugestão de uma acareação

O sr. depoente: "É óbvio que está havendo contradição entre o que estou dizendo e o que disseram o professor Zeferino Vaz e o professor Laerte Ramos de Carvalho. Quero dizer a Vossas Excelências que estou à disposição para qualquer acareação".

O sr. Deputado Matheus Schmidt: "Senhor Presidente, peço a palavra pela ordem".

O sr. Presidente: "Tem a palavra Vossa Excelência".

O sr. Deputado Matheus Schmidt: "Sr. Presidente, essas declarações finais do ilustre professor Roberto Salmeron vêm exatamente ao encontro do que estava, neste instante, pensando. Venho notando, ao ouvir o depoimento do professor Roberto Salmeron, profunda contradição com o depoimento principalmente do Magnífico Reitor Laerte Ramos de Carvalho, de tal modo que esta Comissão, que procura a verdade, que procura, através dos seus trabalhos, alcançar a verdade dos fatos, fica meio perplexa em suas razões de decidir, porque ouve o depoimento de uma pessoa da mais alta responsabilidade, eis que é reitor da universidade, e ouve o depoimento de um professor digno, honrado, de alto gabarito, como é o professor Roberto Salmeron. Por isso, Senhor Presidente, vindo agora até, de certa forma, ao encontro do que se propõe o professor Roberto Salmeron, desejo propor à Comissão, já agora formalmente, esse pensamento que estava fermentando em minha mente, ao ouvir os trabalhos de hoje à noite. Considerando que o Código de Processo, subsidiariamente, serve para reger os trabalhos das Comissões Parlamentares de Inquéritos, proponho que, na forma regimental, se determine a acareação entre o professor Roberto Salmeron e o Magnífico Reitor Laerte Ramos de Carvalho".

"Penso que só assim, Senhor Presidente, Senhores Deputados, Senhor Relator, cuja atenção pediria, porque acho fundamental a esta altura, no meu entender, é que estaremos mais capacitados para focar a verdade dos fatos. Era esta, Senhor Presidente, a proposta que desejava fazer."

O sr. Presidente, Deputado Aderbal Jurema: "Recebo a proposta do deputado Matheus Schmidt e a transfiro para o Senhor Relator dar parecer, a fim de que seja submetida à votação. Neste momento, a Comissão não está habilitada para deliberar, porque agora estamos sem número suficiente para deliberações dessa natureza. Precisaríamos de cinco membros para deliberar e só se encontram presentes três ou quatro membros. De maneira que o Senhor Relator terá tempo para estudar a proposta do deputado Matheus Schmidt, que, aliás, é uma figura jurídica admitida nas Comissões de Inquérito. Já tivemos, em outras Comissões, oportunidade de assistir a acareações. Mas como se trata de assunto relevante e que interessa não somente aos Senhores Membros da Comissão, mas sobretudo ao Relator, Sua Excelência é que dará a última palavra. Quero esclarecer que todos esses depoimentos são subsídios ao relatório final que o Senhor Relator oferecerá à Comissão. Por isso é que o Senhor Relator terá de opinar se, de fato, há necessidade dessa acareação ou não. De maneira que, na forma regimental, transfiro a proposta do deputado Matheus Schmidt para apreciação do Senhor Relator, para apreciação na próxima reunião em que tenhamos número para deliberar".

Apesar do pedido oficial do deputado Matheus Schmidt, apoiando a sugestão de uma acareação com o reitor, ela não foi realizada.

A questão do respeito mútuo

O sr. depoente: "Gostaria de fazer alguns comentários sobre a questão do respeito mútuo. Por exemplo: quando 14 coordenadores dizem que o reitor assumiu um compromisso e o reitor diz que não assumiu, não acho que ele tenha qualquer respeito pelos coordenadores. Tive oportunidade de fazer uma pergunta, assim à queima-roupa, ao professor Laerte de Carvalho: 'Mas professor, por quê, na Comissão de Inquérito, o senhor disse que não assumiu compromisso, quando, na verdade, assumiu?' Ele respondeu: 'Foi no dia da posse. Eu estava muito perturbado com o meu discurso. Então, a coisa se passou assim, não percebi bem'. Acho que não é falta de ética fazer essa declaração, porque estamos jogando com o futuro de mais de duzentos professores demissionários e, talvez, o futuro de toda uma universidade".

"Outra coisa. O professor Laerte Ramos de Carvalho fala muito em respeito mútuo. Não entendo que respeito ele tem, como reitor, aos professores, quando declara, em público, que chama a polícia para defender a universidade. Também não entendo como ele demite professores sem ouvi-los, sem acusá-los de alguma coisa, sem dar direito de defesa. E não sei se Vossas Excelências estão a par de que os 15 professores demitidos souberam que estavam demitidos pelos jornais e pelo rádio. Um ou dois dias depois é que receberam a carta comunicando a demissão, levada por um funcionário da reitoria acompanhado por um ou dois policiais. Também não posso compreender como uma pessoa que não conhece a universidade, que estava aqui apenas há quatro semanas, acusa professores e estudantes de indisciplinados, sem ter conhecimento do que está acontecendo ou sem querer ter conhecimento do que está acontecendo. Assim como também não posso concordar com esse conceito de respeito mútuo, quando, sem conhecer a Universidade de Brasília, o reitor publica pela imprensa comunicado dizendo que a universidade, desde abril, era uma reduto de subversão, etc. Ora, tenho impressão de que, pelo trabalho na universidade que descrevi neste relatório, acho que fica óbvio que pessoas interessadas em subversão não vão ter tempo para esse trabalho. Espero que, com isso, tenha explicado uma série de fatos sobre a crise atual."

O relator, mais adiante:

O sr. Deputado Carlos Werneck: "Uma outra pergunta, que também decorre da exposição aqui feita pelo professor Zeferino Vaz, não só o atual reitor, mas pelo ex-reitor, e a que Vossa Excelência não aludiu na sua exposição. Desejaria apenas uma confirmação para o fato. Declarou o professor Zeferino Vaz que no dia que se seguiu a essa agitada reunião, que, de certa maneira, deu motivos para que o professor Laerte Carvalho considerasse ter havido indisciplina, rebeldia e uma agitação fora do comum, inclusive com a acusação que alguns órgãos da imprensa veicularam acerca do procedimento do atual reitor e o estado em que se apresentara na reunião,[8] o *campus* da universidade apareceu coberto ou cheio de garrafas vazias penduradas, alguns cartazes, alguns letreiros e dísticos espalhados. O professor Zeferino Vaz explicava esse fato como fazendo parte de um movimento preparado, refletido e, de certa maneira, talvez tivesse sido estimulado não apenas por estudantes, mas também por professores. Gostaria que Vossa Senhoria falasse a respeito desse episódio".

O sr. depoente: "Realmente, na manhã seguinte, quando cheguei à universidade, vi muitos cartazes, mas isso foi certamente

---

[8] O deputado estava confundindo duas reuniões, que ocorreram em dias diferentes: uma foi a assembleia de professores, presidida por Zeferino Vaz, a outra foi uma reunião dos coordenadores com Laerte de Carvalho.

iniciativa dos estudantes, absolutamente os professores não têm nada a ver com isso, estou certo. Todos nós fomos estudantes e sabemos como os estudantes brincam com as coisas, mas, absolutamente, não foi incentivado por professores, não havia nenhuma razão para que tivesse sido incentivado por professores".

O sr. Deputado Carlos Werneck: "É verdade que houve, nos dois ou três últimos dias, apelo do reitor aos coordenadores para uma retomada de posição?"

O sr. depoente: "Houve um apelo a vários coordenadores, a mim por exemplo. Mas um apelo muito esquisito, porque um apelo para que a gente aceite os fatos como eles estão agora e volte atrás, não é um apelo para encontrar uma solução, é um apelo assim: 'Vocês esqueçam os 15 colegas demitidos, vocês esqueçam os 34 que pediram demissão e cujas demissões eu aceitei, e voltem a trabalhar porque você terá um bom laboratório, a universidade irá para a frente, etc. Isso não é apelo'."

O sr. Deputado Carlos Werneck: "E a esse apelo – de qualquer forma foi um apelo – como responderam os coordenadores?"

O sr. depoente: "Posso dizer o que eu respondi. Eu respondi que, em primeiro lugar, os 15 professores demitidos foram demitidos sem serem acusados de nada, sem serem ouvidos, sem direito de defesa. Disse ainda que não era contra – já disse hoje aqui também – demissão de professores; se um funcionário de um organismo qualquer pode ser demitido quando comete falta, então um professor que comete falta também pode ser demitido. Eu poderia responder a Vossa Excelência com as mesmas palavras com que respondi ao presidente da República, que me fez idêntica pergunta. Vamos admitir – o que não é o caso – o caso extremo de que alguns desses professores tenham cometido até falta contra a segurança nacional. Então, o governo tem autoridades competentes para lidar com o problema, e isso não é problema do reitor, porque aí então o reitor não pode tomar uma atitude política e querer justificar com argumentos universitários, pois ele fica numa contradição da qual não se pode defender".

"E o que eu disse ao reitor foi o seguinte: só voltarei à universidade se aos 15 colegas demitidos for dado o direito de defesa, e eles têm que ser acusados de alguma coisa para isso, e se as 34 demissões que o senhor aceitou forem revogadas e todos voltarem."

O sr. Deputado Carlos Werneck: "Quantos professores não acompanharam um movimento que os coordenadores, de certa maneira, não digo que encabeçaram, mas fizeram deflagrar na universidade?"

O sr. depoente: "Duzentos e dez professores pediram demissão, mais 15 que haviam sido demitidos, são 225. É preciso tomar cuidado, porque há muitos professores que não são de carreira, por exemplo, há auxiliares docentes como professores adjuntos, auxiliares de curso, auxiliares de ensino, são professores contratados para dar aulas, e são, por exemplo, juízes ou advogados, em geral professores de direito. Então é claro que a maioria deles não pediu demissão, a maioria deles continuou. Há também talvez 15 ou vinte estrangeiros na universidade, que também não pediram demissão. Então, entre os professores, digamos, de tempo integral, de carreira, brasileiros, incluindo os instrutores, aproximamente 250 pediram demissão. Então cerca de 25 não pediram demissão, mais ou menos 10%".[9]

Durante os trabalhos da Comissão Parlamentar de Inquérito não se sabia o número exato de docentes que pediram demissão: foram 223.

O sr. Deputado Carlos Werneck: "E são esses que estão voltando a dar aulas na universidade?"

O sr. depoente: "São esses, mais parte desses auxiliares docentes que eu mencionei e, no curso de direito, parece que mais uns quatro ou cinco professores, que foram contratados agora".

"Eu gostaria de acrescentar alguma coisa. Vossa Excelência disse: 'Movimento que, de certo modo, foi deflagrado pelos coordenadores'. Eu não vejo a coisa assim. Vossa Excelência precisa compreender – vamos tomar o meu caso – que há bem um grupo de jovens que vieram para Brasília trabalhar comigo. Então, se eu

---

[9] Eu me referia ao número total de docentes que saíram da universidade em consequência da crise. Números aproximados, porque eu não me detivera em procurar saber os números exatos: 223 pediram demissão, e 16 foram demitidos (15, mais Las Casas) o total dos que saíram sendo, portanto, 239.

me vou embora de Brasília, eles vão comigo. Agora, eu não fui pedir a ninguém que pedisse demissão, ao contrário; vários desses vinte e poucos professores que não se demitiram, um bom número deles têm problemas pessoais, problemas de família, de emprego dedicado a outros lugares, e então insistimos para que eles não se demitissem. Eu mesmo pedi pelo menos a cinco ou seis que não se demitissem, e insisti mesmo."

Assim termina o depoimento.

Capítulo 20

A tormenta política

Quando os países que tu conquistas estão acostumados a viver segundo suas leis e em liberdade, para subjugá-los há três processos. O primeiro, destruí-los; o segundo, ir morar neles pessoalmente; o terceiro, deixá-los viver segundo suas leis, extraindo deles um tributo e criando um governo oligárquico que te conserve a sua amizade.

Maquiavel[1]

Os episódios da História não acontecem isolados. A Universidade de Brasília viveu a crise de 1965 num período de grande tensão no País, com fatos importantes concentrados nas poucas semanas em que se jogava com o destino de muitos professores e estudantes. A recusa à arbitrariedade e à violência manifestada com determinação na UnB foi então amalgamada com acontecimentos políticos de âmbito nacional, que não tinham nada a ver com a universidade, mas acabaram por arrastá-la na tormenta política. Ataques violentos aos seus corpos docente e discente passaram a fazer parte do zelo que certas pessoas, em níveis diferentes, mostravam na defesa do regime ditatorial, como veremos no capítulo "Reações da imprensa – jornais que atacavam os professores".

O ambiente político daquele período pode ser apreciado com alguns exemplos que daremos. Houve, em outubro – mês da invasão da UnB por tropas militares e da demissão dos professores –, eleição

---

[1] Maquiavel, *O príncipe* (tradução francesa de Yves Lévy), Paris, Flammarion, 1992, p. 85.

de governadores em 11 estados, com resultados que contrariaram os adeptos do sistema político em vigor e provocaram sua cólera e sua reação; retorno do exílio do ex-presidente Juscelino Kubitschek e fortalecimento do poder do presidente da República e dos militares, com a promulgação de novo Ato Institucional. E, em meados de novembro, houve um incidente, provocado por manifestação de conhecidos intelectuais, em frente ao Hotel Glória, no Rio de Janeiro, que teve grande repercussão.

Eleições para governadores em 11 estados

Estavam previstas, para 3 de outubro de 1965, eleições para governadores em 11 estados. A ala mais dura das forças armadas, do governo e dos que o apoiavam, receosa de que membros da oposição saíssem vitoriosos, não queria que as eleições fossem realizadas e exercia enorme pressão para que o marechal Castelo Branco suprimisse todos os pleitos durante muito tempo. O presidente da República, no entanto, resistiu e os manteve, o que causou dissensão entre os partidários do regime, tanto militares quanto civis.

As atenções estavam voltadas principalmente para os estados da Guanabara e Minas Gerais, onde os candidatos pró-governo eram fortemente apoiados, respectivamente, por Carlos Lacerda e Magalhães Pinto, os dois mais importantes líderes civis do golpe de Estado de março de 1964, o primeiro chegando a declarar que haveria uma revolução caso seu candidato não fosse eleito. Nesses estados, venceram os representantes da oposição: na Guanabara, Negrão de Lima, e, em Minas, Israel Pinheiro, o ex-administrador da construção de Brasília, um dos próximos de Kubitschek. O resultado, que representava um teste para o governo, surgiu como bomba, pois foi a primeira demonstração direta de que uma parte significativa da população, em regiões politicamente importantes, era contra a ordem vigente.

A reação da ala dura foi imediata. Não tendo podido impedir que se realizassem as eleições, começou intensa campanha para impedir que os novos governadores fossem investidos em seus cargos. Alguns jornais publicavam até declarações de militares contra a posse dos eleitos. A tensão aumentava, havia rumores de que um novo golpe estava sendo preparado, oficiais foram presos. Concentrando críticas acerbas ao presidente da República, por ter ele "permitido" o voto, os elementos mais radicais chegaram a acusar o marechal Castelo Branco de "trair a revolução de 31 de março", de "assinar o atestado de óbito da revolução", de "transformar uma revolução autêntica em golpe de Estado". Carlos Lacerda, para não passar o cargo a um adversário político, abdicou a favor do vice-governador um mês antes da investidura do seu sucessor.

Os 11 governadores vitoriosos, finalmente, foram empossados em todos os estados. Mas esse episódio deixou marcas profundas, pois ficou claro, poucas semanas depois, que a linha dura venceu: impôs um novo Ato Institucional, o número 2.

O retorno do exílio de Juscelino Kubitschek

Juscelino Kubitschek esteve exilado em Paris durante 16 meses e embarcou de volta para o Brasil em 3 de outubro, chegando no dia seguinte ao das eleições. Disse que não regressou antes porque não queria ser acusado de influenciar os eleitores. Personalidade popular, sua chegada ao Rio causou alvoroço, cerca de 3 mil pessoas o acolheram no aeroporto. Seu retorno foi muito malvisto pelo governo, que de início quis deixar claro que o ex-presidente seria vigiado: dois oficiais superiores da Aeronáutica o esperaram à saída do avião, junto à escada, e lhe entregaram ordem para depor em dois inquéritos policiais militares. No mesmo dia foi inquirido durante duas horas.

A preocupação com sua volta ao País aumentou quando, em três ou quatro dias, a apuração dos votos confirmava a vitória da oposição no Rio e em Minas, onde um seu amigo tinha sido eleito governador, mesmo ele estando a 10 mil quilômetros de distância. O marechal Castelo Branco queria que houvesse eleições (indiretas) para presidente da República em 1966. Para que Kubitschek não pudesse participar, seus direitos políticos já tinham sido cassados por dez anos, havia mais de um ano, em 8 de junho de 1964. Mas, devido à sua popularidade e à influência que tinha em setores importantes da vida nacional, a sua presença constituía mais um problema para o governo federal.

O Ato Institucional nº 2

Durante o período de 1964 a 1978, foram promulgados 16 Atos Institucionais,[2] ao quais eram adicionados Atos Complementares.

O primeiro, o AI-1, foi assinado a 9 de abril de 1964 pelos três ministros militares, brigadeiro Correia de Melo, da Aeronáutica, almirante Augusto Rademaker, da Marinha, e general Artur da Costa e Silva, da Guerra. Esse Ato instituiu eleição indireta do presidente da República, pelo Congresso, e autorizou a suspensão dos direitos políticos por dez anos de centenas de pessoas, governadores, parlamentares, militares, intelectuais, líderes sindicais e estudantis, além dos ex-presidentes Juscelino Kubitschek, Jânio Quadros e João Goulart.

O Ato Institucional nº 2 foi assinado pelos mesmos três ministros militares em 27 de outubro de 1965, três semanas após as eleições dos 11 governadores e oito dias após as demissões dos professores da Universidade de Brasília. Foi apresentado pelo presidente da República, marechal Castelo Branco, com a introdução:

"Sobreleva em nossa ação a finalidade de empreender o movimento de 31 de março, consolidar a ordem política, financeira e econômica. E leio para a nação brasileira os fundamentos da decisão revolucionária, que hoje firmamos."[3]

O AI-2 contém 33 artigos, alguns com vários parágrafos. Os principais artigos precisam ser conhecidos, pois regeram a vida política do Brasil durante vinte anos. São eles:

---

[2] Definimos Ato Institucional na seção "O caso Fiori", no capítulo "O início da grande crise".

[3] Ver jornais de 28 de outubro de 1965, por exemplo, o *Diário de S. Paulo*, p. 1.

1 – Reforma do Poder Legislativo.

2 – Reforma do Poder Judiciário.

3 – Extinção de fôro privilegiado e impossibilidade de elementos com direitos políticos cassados de concorrerem a eleições sindicais.

4 – Julgamento de civis pela Justiça Militar.

5 – Extinção dos partidos políticos, que deverão proceder a sua reorganização segundo normas fixadas pelo novo Estatuto dos Partidos e novo Código Eleitoral.

6 – Incompetência do Poder Judiciário para apreciar as decisões do Comando Revolucionário.

7 – Direito de o presidente da República, por meio de Atos Complementares, decretar o recesso do Congresso, das Assembleias Legislativas e das Câmaras Municipais.

8 – Decretação de estado de sítio pelo presidente da República ou prorrogá-lo pelo prazo máximo de 180 dias.

9 – Direito de o presidente da República decretar a intervenção nos estados.

10 – Direito de o presidente da República legislar por decreto durante o recesso do Parlamento.

11 – Direito de o presidente da República cassar mandatos e direitos políticos.

12 – Eleições indiretas do presidente e do vice-presidente da República, em data a ser fixada pelo presidente da República e comunicada ao Congresso Nacional, não posterior a 3 de outubro de 1966, e para as quais o presidente atual é considerado inelegível.

As reações às eleições de 3 de outubro foram, portanto, violentas, originando o AI-2, que foi muito além que o AI-1 na restrição das liberdades e na violação da Constituição.

O marechal Humberto de Alencar Castelo Branco permaneceu na Presidência até 15 de março de 1967; seu sucessor foi o general Artur da Costa e Silva.

O incidente com os "intelectuais do Hotel Glória"

No dia 17 de novembro de 1965, três semanas após a promulgação do Ato Institucional nº 2, inaugurou-se no Hotel Glória, no Rio de Janeiro, a Segunda Conferência Interamericana Extraordinária da Organização dos Estados Americanos, com a participação dos chefes dos governos.

Havia diante do hotel algumas dezenas de pessoas, separadas da entrada por agentes de segurança e soldados da Polícia Militar. Quando o marechal Castelo Branco chegou no rolls-royce do presidente da República, alguns se manifestaram aos gritos de "queremos liberdade" e "abaixo a ditadura", abrindo faixas, que traziam escondidas, com dizeres semelhantes. Foram presos nove manifestantes: os jornalistas Antônio Calado, Carlos Heitor Cony e Márcio Moreira Alves, os cineastas Gláuber Rocha, Joaquim Pedro de Andrade e Mário Carneiro, o diplomata cassado Jaime de Azevedo Rodrigues, ex-secretário-geral-adjunto do Itamaraty para assuntos econômicos, o diretor de peças teatrais Flávio Rangel e o poeta Thiago de Melo, que foi entregar-se espontaneamente à polícia posteriormente. Foram todos recolhidos ao quartel da Polícia do Exército.

Sendo essas personalidades conhecidas, a notícia da manifestação e das prisões foi publicada pela imprensa de todo o País, provocando a ira de alguns responsáveis do governo. Entre esses, o que mais se exprimiu foi o ministro da Justiça, Juracy Magalhães, em várias entrevistas à imprensa. No mesmo dia, afirmou que os presos estavam incursos na Lei de Segurança Nacional e que poderiam ser condenados de um a três anos de prisão, e *aplicarei a lei*. Procurou, no entanto, minimizar o impacto, dizendo que "foi uma confusão realizada por pequeno número de pessoas, num gesto ridículo".[4]

O incidente não terminou aí, teve prorrogação. Em 20 de novembro, somente três dias depois, 350 pessoas assinaram um manifesto de solidariedade aos detidos. Os signatários, intelectuais e artistas dos meios liberais brasileiros, eram arquitetos, pintores, jornalistas, escritores, cantores, compositores, universitários, teatrólogos, artistas de teatro e de cinema.[5] Citaremos, como exemplo, Lucio Costa, Oscar Niemeyer, Otto Maria Carpeaux, Mário Martins, Djanira, Carlos Scliar, Glauco Rodrigues, Sérgio Porto, Cacilda Becker, Maria Della Costa, Aracy de Almeida, Maria Bethânia,

---

[4] *Diário de S. Paulo*, 19 de novembro de 1965, p. 3.
[5] Ver, por exemplo, o *Correio Braziliense* de 21 de novembro de 1965, p. 1 e 5.

integrantes do conjunto MPB-4, Walmor Chagas, Norma Benguel, Jardel Filho, Sérgio Cardoso, Gianfrancesco Guarnieri, José Wilker Almeida, Chico Buarque, Vinicius de Moraes, Baden Powell, Ferreira Gullar, Roberto Freire, Augusto Boal, Carlos Lira, Carlos Diegues, Oduvaldo Viana, Oduvaldo Viana Filho, entre os 350. O acontecimento teve repercussão nacional e internacional. Entre os telegramas ao governo brasileiro, pedindo a libertação dos intelectuais presos, chamou atenção especialmente um enviado da Itália, assinado pelos prestigiosos cineastas Federico Fellini, Michelangelo Antonioni e Francesco Rossi, e pelo renomado escritor Alberto Moravia.

Juracy Magalhães fez, então, uma campanha com entrevistas ameaçadoras. O *Diário de S. Paulo* publicou uma, com o título:[6]

MINISTRO DISPOSTO A PRENDER 350 INTELECTUAIS

O ministro da Justiça disse que prenderá os 350 intelectuais que anunciam um manifesto de solidariedade aos oito[7] companheiros presos no quartel da Polícia do Exército. Disse que serão todos presos, apesar das dificuldades para acomodá-los na prisão. Os adversários do governo, frisou o ministro, devem se convencer de que somente pela força poderão alterar o regime vigente e, se não dispõem de condições para isso, não devem insistir com a prática de atos semelhantes ao do Hotel Glória, porque, toda a vez que puserem as mangas de fora, encontrarão o governo pronto para reprimi-los, como fez agora. Disse ainda o ministro que o procedimento do governo em relação aos manifestos de desacato será uniforme, punindo com rigor a quem quer que seja.

A *Folha de S. Paulo* noticiou:[8]

---

[6] *Diário de S. Paulo*, 21 de novembro de 1965, p. 5.
[7] Na verdade eram nove.
[8] *Folha de S. Paulo*, 21 de novembro de 1965, p. 1.

JURACY EXIGIRÁ COMPROMISSO PARA LIBERTAR INTELECTUAIS

O ministro da Justiça disse que o governo dispõe de instrumentos legais para enquadrar na Lei de Segurança Nacional os oito intelectuais presos na Polícia do Exército, mas pode evoluir uma solução que os libere nos próximos dias, mediante um compromisso de evitarem doravante qualquer manifestação de hostilidade ou de provocação ao governo, como a realizada diante do Hotel Glória.

E o *Correio Braziliense*:[9]

DEPOIMENTOS DECIDIRÃO SORTE DOS INTELECTUAIS

A libertação dos oito intelectuais presos por ocasião da manifestação antigovernista defronte do Hotel Glória somente será decidida pelo ministro da Justiça após depoimentos dos acusados nas próximas horas, no Inquérito Policial Militar mandado instaurar pelo ministro da Guerra, a quem caberá, por outro lado, resolver sobre a suspensão da incomunicabilidade em que se encontra o grupo.

O ministro Juracy Magalhães, ao dar estas informações aos jornalistas, em seu gabinete, voltou a afirmar que "o comportamento das pessoas é que dita a ação do governo, e que este não prende ninguém, mas as pessoas é que se prendem".

Afirmando que o ministro da Justiça não exige atestado de bom comportamento de ninguém, disse que "a grande verdade desta hora – que todos precisam compreender – é que ninguém desafiará a autoridade impunemente", e que, "quando o governo se armou de poderes, ao decretar o Ato Institucional número 2, foi para usá-lo em benefício da tranquilidade coletiva".

---

[9] *Correio Braziliense*, 23 de novembro de 1965, p. 1.

O senhor Juracy Magalhães disse que não vale a alegação de que os transgressores da lei usaram de um legítimo direito de reunião permitido em qualquer parte. Frisou que em nenhum país do mundo se permite o desacato à autoridade do chefe da Nação, sob qualquer pretexto. Esclareceu que nos Estados Unidos, onde há uma liberdade consagrada para os protestos individuais ou coletivos, jamais se permitiria que essas manifestações descambassem para o desrespeito à autoridade.

Convém salientar – disse – que a lei existia anteriormente à Revolução de 31 de março. Não é, portanto, uma lei arranjada para aplicação contra os adversários do atual governo. Esses chamados "intelectuais de esquerda", que se prestaram ao degradante papel de tentar menosprezar a dignidade nacional, na pessoa do honrado e eminente presidente da República, pregam a quebra de todos os privilégios, mas agem, por si mesmos, ou através de manifestações de simpatia de outros compatrícios e de estrangeiros também, como querendo gozar de um privilégio que os imunize contra a ação penal a que fizeram jus. Se fossem simples trabalhadores, a lei existiria para eles. Mas, como se trata de intelectuais, a lei deve ser descumprida, para que eles possam continuar a desrespeitar a autoridade pública, num processo de deterioração que serve admiravelmente à ideia comunista.

Alertando que a ação subversiva da esquerda se faz, sempre, com a tentativa de destruição das estruturas e das instituições que formam a sociedade, frisou que "a ação do governo, serena, mas enérgica, prosseguirá sem desfalecimento, sendo inúteis quaisquer tentativas de demovê-lo do cumprimento do seu dever".

Negou o ministro o noticiário de um vespertino, segundo o qual iria pedir ao presidente da República a libertação do grupo. Disse que a ação do governo "é una e indivisível", que "já é tempo de certos indivíduos pararem suas pretensões de agir no País e de não permitirem que o povo trabalhe para produzir, pois é de riqueza que a população brasileira carece, para diminuir as tremendas dificuldades em que vive".

402 Roberto A. Salmeron

Não é de gritos de protesto – concluiu – nem de ataques, nem de faixas subversivas que o povo precisa para matar sua fome. Os agitadores terão que deixar o povo trabalhar em paz, pois serão contidos em sua sanha subversiva.

A *Folha de S. Paulo* publicou, em grandes letras:[10]

SOLIDÁRIOS AOS INTELECTUAIS PODEM SER ENQUADRADOS EM IPM

E deu a notícia:

Fontes militares consideram impraticável a prisão de todos os que assinaram manifestos de solidariedade aos oito intelectuais detidos por ocasião da instalação da II Conferência Interamericana Extraordinária. O enquadramento dos signatários dos manifestos, no IPM instaurado, será definitivamente decidido até o fim desta semana, através de contatos que serão mantidos pelo coronel Andrade Serpa com o comandante do I Exército e o ministro da Justiça.

Como reação a essas entrevistas intimidadoras, novo manifesto foi assinado por 700 artistas e intelectuais de São Paulo, em solidariedade aos nove presos, numa iniciativa de Jorge de Andrade, Helmino Gonçalves, Bráulio Pedroso, Jorge Marcheler, Jô Soares, Sérgio Buarque de Holanda e Jorge Wilhen.[11] Três dias depois, mais um documento de apoio foi assinado por cerca de 400 pessoas, encabeçado por Vinicius de Moraes, Tônia Carrero, Odete Lara, a ex--miss Brasil Ângela Vasconcelos, Maria Clara Machado, Roberto Farias, Ziraldo, Lígia Clark e Ester Mellinger.[12]

---

[10] *Folha de S. Paulo*, 26 de novembro de 1965, p. 3.
[11] *Correio da Manhã*, 25 de novembro de 1965, p. 3.
[12] *Correio da Manhã*, 28 de novembro de 1965, 2º caderno, p. 10.

Depois de terem sido enquadrados em IPM e ouvidos pelas autoridades militares, os nove intelectuais foram finalmente libertados, em 28 de novembro. Não houve IPM para os 350 que assinaram o primeiro manifesto. Mas esse episódio permaneceu como uma reação de intelectuais à implantação da ditadura, que se acelerava.

Semanas críticas

Mês de outubro de 1965: domingo, dia 3, eleições para governador em 11 estados; segunda-feira, dia 4, retorno de Juscelino Kubitschek; quinta-feira, dia 7, certeza da vitória de alguns candidatos importantes da oposição; segunda-feira, dia 11, a Universidade de Brasília é ocupada por tropas, a pedido do reitor; dia 18, segunda--feira, 15 professores são expulsos da Universidade de Brasília e 223 outros se demitem; quarta-feira, dia 27, promulgação do Ato Institucional nº 2.

Mês de novembro de 1965: quarta-feira dia 17, prisão de nove intelectuais em frente ao Hotel Glória; sábado, dia 20, manifesto assinado por 350 intelectuais em solidariedade aos nove presos; quinta-feira, dia 25, é anunciado outro manifesto de solidariedade, assinado por 700 artistas e intelectuais de São Paulo; domingo, dia 28, publicação de terceiro ato de apoio, assinado por mais 400 intelectuais e artistas.

Era no Brasil desses acontecimentos onde estávamos lutando pela autonomia acadêmica na Universidade de Brasília.

Capítulo 21

Declarações do ministro da Educação e Cultura

Eu tenho pesadelos todas as noites – disse a mulher – agora dei para saber quem é essa gente desconhecida que encontramos nos sonhos.

Gabriel Garcia Marquez[1]

Além das invasões por tropas militares, das prisões e das expulsões de professores, a Universidade de Brasília foi atacada por autoridades e por alguns jornais, com violência jamais vista contra universitários no País. Seus adversários tinham-se acalmado durante um ano e meio, depois de abril de 1964, mas, com a crise provocada pelas demissões, a ideologia deturpadora a respeito da UnB foi reavivada, como vimos nos depoimentos prestados pelos dois reitores na Comissão Parlamentar de Inquérito.

Logo após o golpe militar de 31 de março de 1964, foi nomeado ministro da Educação e Cultura o professor Luís Antônio da Gama e Silva, da Faculdade de Direito da Universidade de São Paulo, substituído duas semanas mais tarde pelo professor Flávio Suplicy de Lacerda, então reitor da Universidade do Paraná.

Ao passar o cargo, Gama e Silva lembrou "seu trabalho de limpeza do Ministério, em seus curtos dias à frente daquela Pasta". Ao recebê-lo, Flávio Suplicy de Lacerda declarou:

---

[1] Gabriel García Marquez, *El coronel no tiene quien le escriba*, Buenos Aires, Editorial Sudamericana, 1976, p. 68.

Os responsáveis pela instrução devem assumir o comando da educação da juventude, a esta altura desviada, por culpa das elites, para o comunismo. Isso se verificou porque nós não transmitimos à juventude, com a ênfase necessária, a nossa filosofia cristã da vida. Tudo – disse ainda o novo titular da Pasta da Educação – deve voltar aos seus lugares: os professores, que devem lecionar, e os alunos, que devem estudar.[2]

Como veremos em declarações que fez posteriormente, essas palavras transmitiam o fundo do pensamento do novo responsável pela Educação pois, além de significarem que em sua opinião os professores não ensinavam e os alunos não estudavam, significavam também que eles não precisavam pensar, os ministros pensariam por eles.

Entre as autoridades civis do regime, o novo responsável pela Educação e Cultura foi o mais violento opositor à Universidade de Brasília. O que surpreendia na atitude do ministro, encarregado precisamente da Educação, não era a falta de objetividade em suas entrevistas, mas as mentiras que inventava. Fazia discursos de ficção. Descrevia situações que não existiam, para desacreditar os professores e os estudantes e assim justificar as intervenções na universidade. E não podia evitar que transparecessem as manobras por ele mesmo articuladas no processo de perseguição e de expulsão de professores.

Veremos neste capítulo como a universidade era apresentada ao público pelo ministro e, nos dois capítulos seguintes, pela imprensa. Não poderemos deixar de assinalar as afirmações falsas, as deturpações e a má-fé, mesmo com o risco de oferecer leitura fastidiosa devido à frequência com que aparecerão. A perversão do discurso, a oficialização da linguagem totalitária, muito comum naquele período de nossa história, ficará evidente.

Os itálicos foram colocados por nós, também nas transcrições das publicações em jornais.

---

[2] Ver jornais de 17 de abril de 1964, por exemplo, o *Correio Braziliense*.

Outubro de 1965

Em 23 de outubro, cinco dias após a demissão de 15 docentes, jornais divulgaram entrevista concedida pelo ministro. O *Correio Braziliense* publicou:

SUPLICY: UnB SERÁ REABERTA 2ª –FEIRA

A reabertura da Universidade de Brasília na segunda-feira próxima, com o funcionamento de todos os cursos, a contratação de novos professores para substituírem os 15 dispensados *por subversão* e os que vierem a pedir demissão, e a ausência de qualquer punição aos estudantes, foram as medidas anunciadas hoje à tarde pelo ministro da Educação, numa entrevista coletiva, que disse ter convocado *para acabar com o noticiário falso e tendencioso que está sendo publicado na imprensa.*

O que houve na Universidade de Brasília, afirmou o professor Suplicy de Lacerda, foi a declaração de uma guerra psicológica ao governo do marechal Castelo Branco, por parte de grupos interessados em apresentar ao exterior o retrato de um regime ditatorial, de terrorismo cultural, que não existe no Brasil. Essa atitude subversiva será devidamente investigada por uma Comissão de Inquérito, enquanto a UnB volta às suas atividades normais.

A *Folha de S. Paulo* escreveu, na mesma data:

CRISE NA UnB: SUPLICY DIZ QUE REITOR PODE ADIAR O ANO LETIVO

O ministro Suplicy de Lacerda, da Educação, desmentiu hoje em entrevista coletiva, no Palácio da Cultura, existência de crise nas universidades do Brasil, pois *o que os jornais estão publicando são notícias fantasiosas e falsas.*

O que se propalou, tentando fazer crer numa suposta instabilidade provocada por um *inexistente terror cultural*, é inteiramente falso. As universidades estão funcionando na mais perfeita ordem e, por sinal, aumentando cada vez mais seu rendimento. A única crise está localizada na Universidade de Brasília, que é a menor e a mais nova de todas.

HISTÓRIA

O ministro da Educação, explicando as causas dos recentes acontecimentos na Universidade de Brasília, fez um histórico da criação da UnB, acentuando que a experiência não foi inventada pelos seus organizadores, que se limitaram a fazer funcionar uma universidade dentro dos moldes da Lei de Diretrizes e Bases da Educação. A experiência está sendo realizada também em outras universidades, que estão em fase de reorganização de acordo com a Lei de Diretrizes e Bases.

E prosseguiu:

Com a vitória da Revolução de 31 de março de 1964, encontramos a UnB na mais completa agitação. Foram logo demitidos vários professores, mas alguns passaram apenas a ser vigiados, pois não era prudente desfalcar demais a universidade. Foi uma concessão feita pela Revolução, ditada pela prudência.

No entanto – frisou – os professores não compreenderam bem e cometeram um erro. Imaginaram que a administração tivesse medo deles e passaram a agir abertamente. E cito os exemplos: um professor, aposentado no Rio Grande do Sul em virtude do Ato Institucional, foi admitido na Universidade de Brasília como se esta tivesse a faculdade de rever os atos do marechal Castelo Branco. Trata-se do professor Fiori, do curso de ciências sociais. Pois bem, para afastá-lo levamos três meses.

O tom que o ministro emprega para descrever a Universidade de Brasília é claro: os professores demitidos são acusados de *subversivos*, a revolução encontrou *na mais completa agitação* a universidade, que declarou *guerra psicológica ao governo*, alguns professores passaram *apenas* a ser vigiados. Eram essas afirmações

A universidade interrompida

oficiais, apesar de nada ter sido encontrado contra qualquer professor, lembremos, nos inquéritos policiais militares.

Há, nessas declarações, também a intenção evidente de negar as inovações introduzidas na Universidade de Brasília. Contrariamente ao que disse o ministro, não era verdade que aquela experiência em ensino superior estava sendo realizada *também* em outras universidades brasileiras; naquela época, somente a UnB a fazia.[3] O responsável pela Educação não podia ignorar isso.

Quanto ao caso Fiori, que já descrevemos no capítulo "O início da grande crise", voltaremos a ele mais adiante. Assinalemos, no entanto, que as palavras do ministro *para afastá-lo levamos três meses* é uma confissão das pressões que exercia sobre a universidade.

Novembro de 1965

O ministro da Educação, em entrevista coletiva à imprensa, anunciou cinco ações para a educação no Brasil, qualificadas de essenciais: na Universidade de Brasília, na União Nacional dos Estudantes (UNE), no Instituto Benjamin Constant (para surdos e mudos), um Estatuto do Magistério e em recurso financeiro. A Universidade de Brasília foi, portanto, apresentada como um dos problemas *essenciais* da educação no País.

O *Correio Braziliense* publicou a entrevista em 26 de novembro, com o título:

SUPLICY: CORRUPTOS SERÃO AFASTADOS DA UNIVERSIDADE
UnB

A Universidade de Brasília, declarou ontem o ministro Suplicy de Lacerda, continua sendo *saneada* e, mesmo considerando-se demissionário, "não estou parado".[4]

---

[3] Ver o capítulo "As inovações introduzidas na Universidade de Brasília".
[4] Havia rumores de que o ministro tinha pedido exoneração do seu cargo ao presidente da República.

A Universidade de Brasília continua sendo saneada, à proporção que *seus casos secretos estão sendo conhecidos*. Todos os *corruptos, agitadores e subversivos* serão afastados, quer sejam professores, medíocres ou sábios, quer sejam alunos ou funcionários.

UNE

Solicitei ao senhor procurador-geral da República a anulação do registro dos Estatutos da UNE, feito na Guanabara, em completo desrespeito ao Decreto-Lei nº 4.105, de 11 de fevereiro de 1942. Pedirei em seguida ao senhor ministro da Justiça que seja decretada a extinção definitiva da União Nacional dos Estudantes, que, como entidade civil, continua sendo *um antro de subversão política e social, de alta periculosidade para a segurança nacional.*

A UNE foi extinta pelo ministro. Lembremos que o Decreto-Lei ao qual o ministro se refere foi promulgado em fevereiro de 1942 o Brasil estava sob a ditadura de Getulio Vargas.

ESTATUTO DO MAGISTÉRIO

Está para ser sancionado o Estatuto do Magistério, obra revolucionária que visa a estruturar a universidade brasileira, de modo definitivo e de acordo com a realidade nacional. Em vista de tal fato, estamos providenciando a reunião do Fórum de Reitores, em Porto Alegre, reunião que ficará na história de nosso ensino superior, porque se vai dar forma à política educacional no campo do ensino universitário, fixando-se normas que não se ficarão perdendo no ar, mas que serão consubstanciadas em decretos, portarias e anteprojetos de lei que irão ao Congresso. Toda a política revolucionária governamental do ensino superior será definitiva e solidamente implantada.

A próxima parte da entrevista descreve dificuldades que realmente existiam no financiamento da educação pela União, pelos estados e pelos municípios, mas termina com a argumentação seguinte:

RECURSO FINANCEIRO

Como a educação é assunto de segurança nacional, vou sugerir ao senhor presidente da República medidas tendentes à interferência da União nos sistemas estaduais que não estiverem cumprindo os planos nacionais de educação, até que se restabeleçam a normalidade e a eficiência.

Para o ministro, *educação era assunto de segurança nacional.*
O ministro introduziu mais um qualificativo para os professores da Universidade de Brasília: *corruptos.* A acusação grave de existência de *casos secretos*, prestando-se às mais fantasmagóricas interpretações, completava a imagem da universidade dada ao público.

O ministro no programa de televisão *Pinga-Fogo*

O ministro da Educação participou de emissão comemorativa do segundo aniversário do programa de televisão chamado *Pinga--Fogo*. Suas declarações foram publicadas no *Diário de S. Paulo*, com o título em letras garrafais:[5] NÓS TEMOS QUE FAZER TRANSFORMAÇÕES RADICAIS.
Iniciando o programa, diz o ministro:

Quero manifestar a satisfação e a honra de que sou possuído neste momento, ao participar deste programa cívico de tanta repercussão no Brasil. A minha saudação especial, hoje, porque a faço com a maior emoção, tirando do recesso do meu coração os sentimentos mais puros e mais delicados, é para Assis Chateaubriand, esse homem contraditório que não há o que derrube;

---

[5] *Diário de S. Paulo*, 28 de novembro de 1965, 2º caderno, p. 16.

contraditório porque, sendo um homem telúrico, tem também o privilégio da verticalidade, privilégio que Deus reserva aos homens que têm vocação de grandeza. Dirigindo esta saudação a Assis Chateaubriand, eu peço a Deus que nos conserve este homem por muito tempo, para o bem e para a grandeza do Brasil. Assis Chateaubriand estava em tratamento em hospital quando o ministro fez essa declaração.

Assis Chateaubriand tinha expresso sua opinião sobre os professores e os estudantes da Universidade de Brasília em artigo publicado no *Diário de S. Paulo*, que transcrevemos no capítulo 23.

"Universidade de Brasília não será fechada"

Pergunta: "O ministro confirma ou desmente os rumores de que a Universidade de Brasília seria fechada em 1966?"

Resposta: "Existe uma campanha dirigida, e dirigida pelos comunistas, que tem por objetivo denegrir a revolução brasileira, e entre suas incumbências está essa de se espalhar pelo mundo que aqui se falou em terror intelectual, a tal ponto levado, que chegará a fechar as universidades brasileiras. Isto tudo é obra planejada de comunistas. Não se pretende, absolutamente, fechar a Universidade de Brasília, *nem será fechada, embora não haja dúvida alguma: se fosse necessário fechar, nós a fecharíamos.* Mas não vai ser necessário. Nós estamos apenas saneando a Universidade de Brasília, para que ela possa existir com verdadeira autenticidade. As famílias, portanto, podem ficar inteiramente tranquilas. A Universidade de Brasília não será fechada. Para o ano, queremos todos os cursos funcionando, mas queremos com eficiência de uma *verdadeira universidade, e não como era até aqui.*

Sem comentário.

Pergunta: "É intenção do Ministério manter a mesma estrutura da Universidade de Brasília ou transformá-la nesse tipo ortodoxo das outras universidades brasileiras, como a de São Paulo?"

Resposta: "Em primeiro lugar, não há hoje no Brasil universidades de tipo ortodoxo. A Universidade de Brasília e todas as outras universidades são autônomas e se organizam como bem entendem. Levantou-se essa balela de que a Universidade de Brasília era uma universidade única no mundo, porque estava fazendo uma experiência-piloto. A Universidade de Brasília tem uma organização um pouco diferente, uma organização administrativa um pouco diferente, mas funciona como quase todas as universidades brasileiras, que estão funcionando dentro do princípio de instituições departamentais dentro da universidade. A Universidade de São Paulo está funcionando em regime de institutos. É isso que existe na Universidade de Brasília, e várias estão fazendo as matrículas parceladas, *de modo que lá não há nenhuma novidade*. Apenas, a Universidade de Brasília está em seu período de formação. Os diretores das faculdades ainda não existem. Chamam-se coordenadores. A experiência está demonstrando que precisará de uma reforma administrativa, de tal sorte que esses coordenadores se transformem de fato em diretores, para que haja mais disciplina e mais autoridade. Em todo caso, se ela é uma fundação, esse problema é dela. Se ela quiser tirar resultado da experiência, *que agora está demonstrando que a estrutura não é boa*, ela tirará. Mas, se não quiser, adotará o sistema que bem entender".

Ora, desde os primórdios da organização da Universidade de Brasília, nunca ninguém disse que ela era *única no mundo*. No entanto, a diferença com as outras universidades brasileiras daquela época não era simplesmente em *organização administrativa*, era em estrutura. Nem a Universidade de São Paulo, nem qualquer outra, funcionava em regime de institutos, como vimos nos capítulos "O que precisava ser mudado nas universidades brasileiras" e "As novidades introduzidas na Universidade de Brasília"; todas funcionavam com as diferentes escolas completamente independentes umas das outras, sem qualquer integração. Essas frases revelam a intenção de diminuir a importância da iniciativa.

Pergunta: "Quais foram as causas reais da crise?"
Resposta: "As causas da crise da Universidade de Brasília vêm de muito longe. Em primeiro lugar, ela se estabeleceu sem que houvesse a preocupação de dar dimensões à universidade. Toda universidade serve a uma determinada zona, e a Universidade de Brasília, pretensiosamente, pretendeu presidir, do planalto central, todo o desenvolvimento cultural daí afora, quando isso não é incumbência sua. Em vista disso, foi crescendo desordenadamente e chegou a um ponto que foram criados tantos cursos que não havia aparelhamento. Basta dizer que ela tem atualmente 19 cursos instalados. Não vão os senhores pensar que são 19 cursos de nível superior. Não; há cursos de datilografia, de cinema e até de flores artificiais. Isso tudo à custa de um povo pobre, que paga, por cada mil alunos da Universidade de Brasília, cem bilhões de cruzeiros por ano, quando lá em Brasília morrem crianças de fome e há outras que se alimentam nas latas de lixo do Hotel Nacional, para que meia dúzia de privilegiados possam se alimentar de um ensino universitário. Professores, que estavam sendo *acompanhados*[6] há muito tempo, foram relacionados como *incapazes de pertencer ao curso universitário, e assim foram separados 15 professores.* Alguns *não tinham curso nenhum;* outros *não podiam lecionar nem em um curso secundário.* Eram professores da Universidade de Brasília, ganhando 700 mil cruzeiros por mês, mais o 13º salário. Selecionados esses que deviam se afastar, imediatamente os coordenadores dos cursos protestaram, e os professores fizeram a greve de advertência de 24 horas. Imediatamente os estudantes, que, quando não têm motivo, fazem estudantadas, por esse motivo fizeram uma enorme e declararam a greve por tempo indeterminado. Logo a seguir começaram *a pichar e a destruir a universidade. Foi preciso ocupá-la pela polícia*, porque não era possível deixar que se destruísse o patrimônio. Demitidos os 15 professores, ficaram muitos ainda. E hoje está em pleno funcionamento.

---

[6] Por "professores acompanhados" o ministro quer dizer vigiados por órgãos da polícia e dos serviços secretos.

A universidade interrompida 415

O Curso de Preparação, que é um curso secundário, não teve crise absolutamente nenhuma. A Faculdade de Direito está funcionando perfeitamente, o curso de Biblioteconomia está funcionando, não parou nunca."

Há nessa longa resposta uma série de afirmações não verdadeiras. Em primeiro lugar, nunca pretendemos *presidir, do planalto central, todo o desenvolvimento cultural daí afora*, embora uma universidade, qualquer que ela fosse, instalada em Brasília naquela época, obviamente poderia influenciar grande extensão ao redor, desprovida até então de atividades intelectuais ou culturais.

O responsável pela Educação, que deveria conhecer a situação financeira das universidades, disse pela televisão que a Universidade de Brasília gastava *cem bilhões de cruzeiros por ano para cada mil alunos*, isto é, 180 bilhões para seus 1.800 estudantes. A realidade era bem diferente dessa orgia orçamentária apresentada pelo ministro. Apesar de os corpos discente e docente terem dobrado de 1964 para 1965, e da necessidade de se recuperar o atraso nas construções, as dotações orçamentárias nos dois anos foram aproximadamente as mesmas, e a de 1965 foi de apenas 4,2 bilhões, isto é, *43 vezes menor* do que aquela autoridade declarou. Nossos salários, apresentados como exagerados, eram entre os mais baixos das universidades brasileiras. Além de um salário de 700 mil cruzeiros ser baixo para um professor universitário na época, somente poucos professores titulares tinham esse salário, pois a maioria deles recebia um terço e dois terços dessa quantia.

A referência a cursos de *datilografia* e *flores artificiais*, em tom depreciativo, revela ausência de curiosidade pela situação real, assim como falta de solidariedade. A UnB oferecia à população alguns cursos elementares, todos gratuitos, seguindo ideias lançadas já nos inícios de Brasília, antes de a universidade existir, por Alcides da Rocha Miranda, em seu generoso interesse por educação. Ensinava-se datilografia e português, em geral a moços e moças, que poderiam depois empregar-se como secretários, e um curso de artesanato, ministrado por membros do Instituto Central de Artes. Custava-nos praticamente nada essa pequena contribuição a algumas dezenas de pessoas. Era dupla má-fé insinuar que assimilaríamos esses cursos aos de nível superior e que implicavam grandes despesas, *isso tudo à custa de um povo pobre.*

O mais inaceitável, o mais indigno, no entanto, foi o apelo à imagem de crianças famintas, com a agravante de atribuir à universidade uma responsabilidade nessa tragédia de nosso País, fazendo a comparação *em Brasília morrem crianças de fome e há outras que se alimentam nas latas de lixo do Hotel Nacional, para que meia dúzia de privilegiados possam se alimentar de um ensino universitário.*

O ministro, que já tinha classificado anteriormente os 15 professores demitidos como corruptos, disse mais: que eles foram relacionados como incapazes de pertencer ao curso universitário, que alguns não tinham curso nenhum, outros não podiam lecionar nem em um curso secundário! Reconhecemos aqui uma ampliação das acusações tendenciosas lançadas em seu depoimento na Comissão Parlamentar de Inquérito por Zeferino Vaz, que assim se tornou um dos responsáveis pela propagação da ideologia deturpadora a respeito da Universidade de Brasília.[7]

Assim eram descritos, pela autoridade máxima em Educação no País, os professores afastados da Universidade de Brasília, que na verdade estavam entre os ilustres representantes da comunidade intelectual brasileira em suas áreas respectivas.

Finalmente, as afirmações inteiramente inverídicas de que *começaram a pichar e a destruir a universidade,* e *não era possível deixar que se destruísse o patrimônio,* foram feitas para tentar justificar a presença de tropas policiais militares no *campus.* Não houve pichação nem destruição de coisa alguma. Vimos no capítulo "A grande crise" que essa calúnia de pichação e destruição do patrimônio foi lançada pelo reitor Laerte Ramos de Carvalho para tentar justificar seu pedido de tropas para invadirem a universidade.

O ministro continua:

"A crise foi criada por uma razão muito simples: eles perceberam que nós estamos decididos a pôr ordem na Universidade

---

[7] Ver o capítulo "Depoimento do reitor Zeferino Vaz".

de Brasília. E esta ordem a eles não interessava. Descobrimos que há fugitivos, fugitivos que andavam perseguidos pela polícia: eram professores da Universidade de Brasília. Estudantes que andavam sendo procurados pelos IPMs estavam lá, matriculados, fazendo agitação. Não é possível que essa revolução concorde com coisas dessa natureza, só porque os redatores do *Le Monde*[8] *andam dizendo que aqui há terror cultural. Um professor que teve aposentadoria decretada no Rio Grande do Sul, em virtude do Ato Institucional, de repente surge em Brasília, como professor da universidade."

Pergunta: "Ele foi para a universidade depois de 31 de março?"

Resposta: "Foi".

Pergunta: "Mas, já não era o governo que dirigia a universidade?"

Resposta: "O governo não dirige a universidade: é uma Fundação".

Pergunta: "Mas dirige através da nomeação de seu reitor".

Resposta: "O reitor é eleito pelo Conselho: é uma Fundação inteiramente autônoma, e *eles* deram essa organização para poder fazer o que estavam fazendo".

Pergunta: "Por exemplo, o professor Zeferino Vaz foi reitor lá".

Resposta: "Ele foi eleito presidente do Conselho: o presidente é o reitor. Apenas, o presidente da República nomeia os membros do Conselho".

Pergunta: "E o Conselho elege o reitor?"[9]

Resposta: "Foi isso o que aconteceu".

Pergunta: "Mas isso ocorreu durante a gestão do professor Zeferino Vaz?"

---

[8] *Le Monde*, o conceituado jornal francês, tinha utilizado a expressão "terror cultural" em notícia sobre a invasão da UnB por tropas militares e a demissão de professores.

[9] Tecnicamente, o reitor era um membro do Conselho Diretor, eleito reitor pelos outros conselheiros. Na prática, ele era escolhido antecipadamente pelo presidente da República e depois posto como membro do Conselho, para ser eleito formalmente.

Resposta: "Ocorreu".

Pergunta: "E ele não tinha conhecimento desse professor gaúcho?"

Resposta: "Não tinha; não iria cometer esse erro. Naturalmente, foi envolvido nessa nomeação e quem demitiu o professor, depois que tudo isso foi trazido à luz, foi o próprio professor Zeferino Vaz".

Onde foi o ministro buscar que havia professores da Universidade de Brasília *fugitivos, que andavam perseguidos pela polícia*? E *estudantes que estavam sendo procurados pelos IPMs*? Como podia um ministro, homem responsável por setor importante da vida do País, fazer essas declarações falsas da maior gravidade? A obsessão de apresentar a UnB como um foco subversivo estava levando algumas pessoas ao delírio. Falavam a respeito dos seus professores e estudantes com a maior leviandade, como se estivessem referindo-se a bandidos.

Apesar de já termos descrito em detalhe o caso Fiori no capítulo "O início da grande crise", não podemos deixar de comentar as afirmações do ministro de que *o reitor não tinha conhecimento desse professor gaúcho, foi envolvido*. Lembremos que Ernani Maria Fiori foi contratado por Zeferino Vaz abertamente, claramente, em contato franco entre os dois homens, sem nada oculto. E que o professor, ao ser convidado pelo reitor, *antes de ser contratado*, escreveu-lhe uma carta, na qual dizia:

> Embora não faça proselitismo de espécie alguma em minhas aulas, mas, dada a situação de professor atingido pelo recente expurgo ideológico, na URGS, interessa-me saber, previamente, se isso não criará dificuldades de ordem política, seja para Vossa Excelência, seja para mim.[10]

O reitor, portanto, não foi enganado por ninguém, não foi envolvido por ninguém, contratou o professor com perfeito conhecimento de sua situação. Os três meses mencionados pelo ministro

---

[10] A carta de Ernani Maria Fiori a Zeferino Vaz está transcrita no capítulo "O início da grande crise".

A universidade interrompida

anteriormente foram aqueles durante os quais os coordenadores tentaram manter Fiori na UnB.

"Crise fictícia"

O ministro continua:

"A crise não permanece. É fictícia. O que acontece é que alguns professores seguiram os demitidos. O reitor procurou demovê-los. Alguns não concordaram. Então foram demitidos, porque não querem permanecer, e nós não estamos num regime de escravidão: quem não quer ser professor não é professor: vai embora."

"Projeção internacional"

Pergunta: "A revolução obrigou a sair do País brasileiros de projeção internacional, como Celso Furtado e Josué de Castro".

Resposta: "Não vamos permitir que continue a crise a ponto de obrigá-los a deixar o País".

Pergunta: "Elementos de projeção como os senhores Celso Furtado e Josué de Castro eram subversivos, nesta hipótese. Não será estranho que países de sólidas tradições democráticas os tenham acolhido e lhes oferecido condições para o magistério e para cursos vinculados a suas especialidades?"

Resposta: "Ninguém mandou esses homens embora. Eles foram porque quiseram, depois andaram espalhando que a polícia andava nos calcanhares deles. Não é verdade. Alguns já voltaram e voltaram muito encabulados, porque pensaram que ao voltar seriam presos. Ninguém deu a menor importância. Estão soltos e podem continuar soltos, que ninguém precisa prender essa gente. Fizeram um barulho medonho para se dar importância e para desmoralizar a revolução. Ninguém quis prender, ninguém tem o interesse de prender. Eles podem ir e podem voltar. Agora, voltando, eles não farão mais aquilo que fizeram, porque nós não permitiremos".

"Liberdade de cátedra"

Pergunta: "Gustave Leblanc[11] teve de enfrentar, na França, depois da Primeira Guerra Mundial, uma crise na universidade

---

[11] O jornal escreveu "Leblanc", mas provavelmente se tratava de Gustave Le Bon, médico e sociólogo francês, considerado o fundador da Psicologia Social.

francesa e dizia que a única maneira de combater essa crise seria conciliar a disciplina universitária, como base da educação, com a mais ampla liberdade intelectual e de cátedra. O que diz desse dualismo?"

Resposta: "A liberdade de cátedra, é preciso que seja compreendida nos seus justos termos. Um professor tem liberdade, mas não pode subverter. Um professor tem liberdade para escolher doutrinas da sua cátedra e ministrar ensinamentos colhidos na convicção doutrinária. Mas não pode fazer política de cátedra e também não pode, professor nenhum, incitar os moços a trair a Pátria. Isso não é permitido em lugar nenhum do mundo. E, aqui no Brasil, se usou a liberdade de cátedra para dar cátedras e dizer aos estudantes que o professor era um latifundiário. Para dizer aos alunos, nos corredores e até da cátedra, que todos os professores eram vendidos ao capitalismo americano. Isto não é permitido. Isto não é liberdade de cátedra. Isto é liberdade de crime, e não há país no mundo que dê liberdade para o exercício do crime, e muito menos numa universidade, onde o professor lida com moços inexperientes, lida com moços cheios de ilusões e de esperanças, que querem, de alguma forma, extravasar, no tesouro dos seus anos, é verdade, o excesso de vida que têm. Excesso de vida que se usou, no Brasil, para fazer traição ao Brasil".

Eram palavras do ministro da Educação e Cultura.

Pergunta: "Gustave Leblanc diz que a educação é a arte de passar o consciente para o inconsciente".

Resposta: "É um erro de educação. Estou convencido de que não há universidade no Brasil. As escolas, no Brasil, se formaram isoladamente, porque nós seguimos o liberalismo francês do século passado. Quando essas escolas isoladas não puderam mais se manter, porque não havia meios, elas se uniram em universidades. Em alguns casos, as escolas isoladas tinham muito mais tradição que a própria universidade. Não precisamos ir longe. A Faculdade de Direito do Largo São Francisco[12] tem muito mais tradição do que a própria Universidade de São Paulo".

O ministro continua sua dissertação incoerente.

"A Escola de Direito de Recife tem a mesma tradição da Escola do Largo São Francisco, são as duas de 1827. Evidentemente, as universidades não podiam se constituir assim. Então nós temos escolas sob uma cúpula, mas não temos escolas como organismos universitários, e é isto que estamos querendo formar. É o que a Revolução está fazendo no Brasil. Nós tínhamos o binômio, dentro da universidade, professor e aluno; *eles não se entendem, porque nem o aluno é educado para isso, nem o professor, de modo geral, tem essa educação e instrução.* O aluno assistia a uma aula, e o professor dava uma aula, quando dava, e ia embora para seu escritório, ou consultório, e deixava vazios os laboratórios. O aluno assistia a uma aula e também ia embora, para a esquina, tratar da autodeterminação do povo. Isto não é universidade. É necessário, então, fazer com que haja uma convergência para dentro da universidade, para que ela exista. A primeira coisa foi restituir dignidade à vida estudantil, dignidade que tinha sido perdida."

"Daí a Lei 4.464, que os estudantes apelidaram 'Lei Suplicy': fizemos uma reorganização do ensino superior, que está em pleno processo. Um estudante de medicina no Brasil, sendo bom estudante – não contando os feriados, nem as semanas da Pátria, nem as semanas para as Olimpíadas – tem seis meses de férias por ano. Isto num país pobre, que importa todo o material que se usa nas Faculdades de Medicina. Positivamente, isto não é possível. Fizemos, então, os cursos em cada horário; hoje podemos ter qualquer curso no Brasil com melhor eficiência do que antigamente, diminuindo um ano em cada curso. O professor ficará mais tempo na Faculdade, e o aluno também.

---

[12] A Faculdade de Direito da USP é situada no Largo São Francisco, na cidade de São Paulo.

E nós vamos procurar criar, nesta vivência universitária que não existe, nós procuraremos criar o tal diálogo que os comunistas inventaram. Deve ser feito dentro da universidade, amplo, fraternal."

Essas palavras desarticuladas, com frases desconectadas, além de parecerem pronunciadas por alguém em estado de delírio, demonstram a ignorância do ministro em relação às nossas universidades. O nível dessa assustadora preleção deixava pressagiar o rumo que tomariam certos setores da educação em nosso País nos anos seguintes.

Assim falavam e agiam pessoas que, sob a proteção do poder, sabiam que não seriam punidas, nem contestadas, nem mesmo admoestadas. Assim dirigiam setores importantes da atividade social, alicerces do futuro. E tinham poder absoluto de decidir quem podia e quem não podia ser professor na Universidade de Brasília.

Capítulo 22

Reações da imprensa
jornais que apoiavam os professores

> Ponhamos o exemplo na verdade, que é a virtude contrária da mentira.
>
> Vieira[1]

Na repercussão nacional dos acontecimentos ocorridos na Universidade de Brasília, os jornais podiam ser nitidamente identificados em três grupos. Os que defendiam os docentes; os que, apoiando o ministro da Educação e os reitores, atacavam os professores e os estudantes, às vezes até com injúrias; e os que não escreviam nada sobre as crises, como se elas não existissem.

Entre os que defendiam a UnB, os principais eram a *Folha de S. Paulo* e *Última Hora*, em São Paulo; o *Correio da Manhã*, o *Jornal do Brasil* e o *Diário Carioca*, no Rio de Janeiro. Os que mais a agrediam eram o *Diário de S. Paulo* e *O Estado de S. Paulo*.

Vejamos neste capítulo a defesa e, no capítulo seguinte, os ataques.

---

[1] Antônio Vieira, no Sermão da Quinta Dominga da Quaresma, Maranhão, 1654, *Trechos escolhidos*, Eugênio Gomes (org.), Rio de Janeiro, Livraria Agir Editora, 1970, p. 67.

Roberto A. Salmeron

Artigos publicados por *Última Hora*

Última Hora, *12 de outubro de 1965, página 4, na coluna "Opinião de UH"*

(No dia seguinte ao da invasão da UnB por tropas militares.)

UNIVERSIDADE PERSEGUIDA

Provoca-se, mais uma vez, a paralisação das atividades da Universidade de Brasília. Não são os estudantes; nem muito menos os professores. As próprias autoridades do Ministério da Educação tomam a iniciativa de perturbação dos trabalhos, insistindo na perseguição a membros do corpo docente daquele estabelecimento de ensino superior.

Alega-se o que, desta vez? Fala-se, há 18 meses, em subversão nos meios universitários. Nada se provou até o momento. No entanto, continuam os afastamentos arbitrários de mestres, as pressões, a inquietação.

Está claro que, atrás de tudo, anda muita politiquice de gente interessada; e é muito estranho que as autoridades do ensino continuem a permitir esse jogo sujo, que está destruindo o pensamento brasileiro.

Última Hora, *18 de outubro de 1965, página 2, na coluna "Opinião de UH"*

(Com a UnB ocupada por tropas militares e paralisada, um dia antes da notícia de demissão dos 15 professores.)

PROFESSORES OU ALGOZES?

Pode ser previsto, desde já, o desfecho desse novo caso surgido na Universidade de Brasília: os inimigos da cultura sairão

A universidade interrompida 425

vitoriosos, mais uma vez, com novas demissões de professores e novas pressões sobre o corpo discente daquela escola superior.

Quem está perdendo, em tudo isso? Evidentemente, é a nação que perde; primeiro, desestimulando seus mestres e pesquisadores; depois, impossibilitando os jovens de realizar um estudo sério. O estranho, nisso, é a colaboração que falsos professores oferecem a semelhantes golpes contra a cultura.

Que professores são esses, que se prestam a servir de algozes a seus próprios colegas? Que aceitam o papel de policiais?

A liberdade tem nas escolas seu último reduto. No dia em que, também ali, não haja condições de debate, a democracia morreu. E tais "professores" (assim mesmo, entre aspas) surgirão na História com o labéu infamante de autores de tal crime.

Última Hora, 20 de outubro de 1965, página 4, na coluna "Opinião de UH"

(Um dia após o anúncio da expulsão dos 15 professores e dos primeiros quase duzentos pedidos de demissão.)

PROFESSORES DEMITEM-SE

Parece completada a obra de destruição da Universidade de Brasília. A demissão coletiva dos mestres daquele estabelecimento de ensino dá bem a medida do terror cultural que ali se estabeleceu.

Ninguém, sobretudo nessa época de dificuldades, deixa, sem razões muito graves, o emprego que tem. Se tais professores, em número de duas centenas, tomaram tal decisão extrema, claro está que o clima era de tal ordem insuportável que não permitia outra espécie de solução.

Que se vai fazer agora? Espere-se e se verá que os lugares serão ocupados não pelo critério da competência, mas de acordo com o velho e condenável costume dos protegidos. Ficará assim provado que, pelo menos neste setor, as coisas não mudaram muito; ou mudaram – mas para bem pior.

Última Hora, *5 de novembro de 1965, página 4, na coluna "Opinião de UH"*

(Depois de jornais terem anunciado que o presidente da República estava preocupado com a crise da UnB e queria que se encontrasse uma solução para ela.)

A UnB E O PRESIDENTE

Voltou o presidente a se preocupar com a questão da Universidade de Brasília. Decidiu ouvir os professores, anotando seus protestos e suas críticas. É o recomeço do diálogo entre as autoridades e aquele estabelecimento de ensino.

Esse diálogo nunca deveria ter cessado; e, possivelmente, não cessou por conta do desejo do chefe do Executivo.

Sabe-se como são essas coisas: os escalões médios pretendem prestar serviço, geralmente indo além das ordens – para demonstrar poder de iniciativa ou coisa que o valha. Foi o que aconteceu na UnB. A reitoria foi além do razoável; pôs os pés pelas mãos. E, como seria de esperar, ao invés de resolver a crise, piorou a situação.

Agora que o presidente faz reverter às suas mãos o poder decisório, a expectativa é otimista. A nação espera que o impasse seja resolvido. Ele compromete as tradições culturais brasileiras.

Artigo publicado pelo *Correio da Manhã*

Correio da Manhã, *20 de outubro de 1965, página 6*

(No dia seguinte ao da divulgação das demissões.)

VERGONHA

De crise em crise, chega agora a Universidade de Brasília ao colapso total, a demonstrar como, na mentalidade de alguns dos nossos governantes, a questão de ensino consiste num caso de polícia e como também – na plenitude da força de expressão – constitui um caso de polícia a mentalidade desses mesmos governantes. O atual reitor, Laerte Ramos de Carvalho, começara a perseguir alguns professores sem explicar bem por quê. O ministro da Educação prestigiava essa inquisição, alegando obedecer a pressões militares, sem, no entanto, nomear os opressores. Depois, sob a batuta conivente do ministro interino da Justiça,[2] reuniu-se o Conselho Diretor da Fundação da UnB e apoiou o reitor em seus desmandos. Este último, com tantas garantias, demitiu incontinenti mais 15 professores, alguns deles associados da própria Fundação. Nessa altura, com todos os alunos já em greve, mais 165 professores pedem demissão em massa,[3] acusando as arbitrariedades e injustiças, incompatíveis com a dignidade do ensino universitário, dizendo que as suas condições de trabalho se deterioraram a tal ponto que inexiste tranquilidade para o ensino, pesquisa ou qualquer outro trabalho intelectual.

E, enquanto chegavam mensagens de protesto de professores estrangeiros, das universidades de Arizona, Columbia e Virgínia, através do University Committee in Latin American Policy, o Conselho Federal de Educação decretou intervenção na UnB, em face das "informações" do sr. Suplicy, e foi nomeada mais uma comissão de sindicância, formada de duas pessoas.

Este, o panorama da vergonha – nacional e internacional. O ministro da Educação não pode continuar a dizer que há subversão naquela universidade. Serão subversivos todos os alunos? Serão subversivos todos os professores, demitidos ou demissionários, entre os quais figuram inúmeros dos mais respeitáveis e acatados técnicos e intelectuais, a representarem, inclusive, várias correntes e doutrinas do pensamento político, estético, filosófico ou científico? Ou, por acaso, serão também subversivos aqueles professores norte-americanos que expressaram seu protesto?

---

[2] Referência ao ministro da Justiça Juracy Magalhães.
[3] Relembremos que o número total dos docentes demissionários foi 223.

A Universidade de Brasília visava a reformular os métodos e mentalidade do nosso sistema universitário, mas, afinal, esbarrou nos métodos e mentalidade única do professor Suplicy. Eis os resultados dos seus relevantes serviços: um centro de ensino e pesquisa tornou-se um saguão deserto, habitado por dois inquisidores.

Artigos publicados pela *Folha de S. Paulo*

Folha de S. Paulo, *21 de outubro de 1965, página 4.*

(Dois dias após a divulgação das demissões.)

ATENTADO À CULTURA

A resposta dada pelo ministro da Educação aos vereadores de São Paulo, preocupados com o desserviço que à cultura brasileira prestam fatos como os que se desenrolam na Universidade de Brasília, revela a nenhuma sensibilidade daquele ministro em relação aos problemas da cultura. É lamentável ter de se registrar isso num professor que dirige hoje o Ministério da Educação e Cultura. Mas não constitui surpresa esse registro, tantos equívocos tem cometido aquela autoridade no setor da educação.

A guerra movida, desde o início da Revolução, pelo sr. Flávio Suplicy de Lacerda contra a Universidade de Brasília, foi uma guerra sem quartel, que de saída procurou caracterizar aquela organização como foco de subversão. Submetida aos expurgos julgados necessários, tomada por forças armadas como se fosse uma praça forte nos primeiros momentos da ação revolucionária, houve um ano e meio para reorganização daquela importantíssima instituição. Mais de uma vez, durante esse período, foram noticiadas tentativas de interferência na universidade. E, nos observadores desapaixonados, se consolidou a convicção de que o que se achava programado, na ação do Ministério quanto à universidade, era mesmo a extinção, a desmontagem, o desmantelamento. A estrutura da Universidade de Brasília representou enorme progresso em nosso sistema de ensino superior. Progresso que, todavia, nunca foi visto com bons olhos pelos falsos universitários, acirrados defensores das universidades constituídas pura e simplesmente da agregação de escolas independentes, nas quais tudo se organiza exclusivamente para o trabalho de transmissão do conhecimento, em aulas formais, que, com o tempo, mesmo quando ministradas pelos professores de melhor categoria, tendem a transformar-se numa comunicação de ideias inertes.

A nomeação do atual reitor[4] surpreendeu os que se acham informados dos fatos ostensivos e subterrâneos do ensino em São Paulo. Entendia-se que, se houvesse verdadeiro propósito de reorganizar a Universidade de Brasília, mantendo-lhe a estrutura e corrigindo-lhe eventuais distorções, teria sido preciso recorrer a alguém com maior experiência de vida universitária. Não faltam no Brasil pessoas com essas características, e mesmo dentro da Universidade de Brasília se teriam encontrado professores à altura da difícil tarefa. Em vez disso, surgiu um reitor que, apesar de professor da Universidade de São Paulo e diretor, há pouco tempo, do Centro Regional de Pesquisas Educacionais – criado e organizado por educadores hoje postos à margem – não tinha condições para enfrentar tão grave situação como a da Universidade de Brasília.

A primeira entrevista por ele concedida distinguiu-se como documento ambíguo, nada próprio de professor encarregado de dirigir uma universidade. Depois, acentuaram-se as divergências com o corpo docente e chegou-se ao que se viu, um pedido de demissão praticamente unânime dos professores da universidade em desacordo com o procedimento do reitor, cuja inabilidade e insegurança se tornaram patentes em alguns comunicados por ele expedidos.

Entre esses mestres que assim se solidarizaram, num gesto raramente visto em instituições brasileiras, encontram-se alguns

---

[4] Refere-se ao reitor Laerte Ramos de Carvalho.

dos nossos maiores cientistas, cujos nomes e trabalhos não mais pertencem ao Brasil, porque se tornaram patrimônio universal. Essa unanimidade, englobando figuras de tão alto padrão, mostra o abismo criado na Universidade de Brasília. Mas também revela sintoma dos mais importantes da real vida universitária. Foi a prova provada de que Brasília, longe de ser o apregoado foco de subversão (o que não se provou nunca), é de fato uma universidade autêntica, que vive como um todo, na comunhão do ensino e da pesquisa, e não na fragmentação de aulas dadas por professores apressados, que nem podem atender bem aos alunos, porque mais do que isso os preocupam os empregos ou as atividades que desempenham fora da universidade.

O episódio da renúncia coletiva dos professores da Universidade de Brasília desmente o ministro da Educação e mostra que a cultura brasileira está realmente sofrendo duro atentado. Mais um, aliás. É tempo de o presidente da República considerar com mais atenção esse problema. Maus ministros podem perder um governo.

Folha de S. Paulo, *25 de outubro de 1965, página 4*

(Seis dias após a divulgação das demissões, o *campus* estando ocupado por tropas.)

DESSERVIÇO À CULTURA

Pouco adianta, no caso da Universidade de Brasília, focalizar aspectos de ordem pessoal. O que importa é a crise em si mesma, e o desserviço que à cultura e ao renome do Brasil presta a má condução dos problemas universitários.

Temos conhecimento da péssima repercussão causada nos Estados Unidos pelo fechamento, ou que outro nome lhe deem, da universidade mais progressista de nosso País, do ponto de vista de sua organização. Não é pequeno o escândalo nas universidades norte-americanas, o que sem dúvida vai dificultar até mesmo a contratação de professores de valor para aquela e outras universidades.

A universidade interrompida 431

Em qualquer país onde se compreenda o valor e o sentido da universidade, causa estupefação a notícia de um dissídio tão profundo como o que se observou em Brasília, entre o reitor e a totalidade do corpo de professores e alunos. E mais estupefação causa ainda a notícia de que o *campus* universitário se acha ocupado por tropas, submetida a universidade a uma tal situação policialesca que a entrega de um comunicado de dispensa, a um professor, se fez por um funcionário qualquer acompanhado de um agente do Dops, como constou de informações divulgadas em nossa imprensa.

Diversos dos professores de Brasília, cujos nomes se acham na lista dos que pediram demissão coletiva, por não concordarem com as interferências não universitárias na vida universitária, são muito conhecidos no estrangeiro, tendo pelo menos um deles exercido importante cargo de orientação científica no Centro Europeu de Pesquisa Nuclear. É natural que os cientistas estrangeiros, conhecedores dos brasileiros e dos princípios éticos que os orientam, se encham de dúvidas quanto à realidade democrática de nosso regime político e quanto à compreensão que os mais altos responsáveis pelos destinos do Brasil tenham do valor da ciência e da importância das universidades.

Várias manifestações estrangeiras já foram divulgadas a esse respeito. Tudo leva a crer que fora do Brasil existe maior respeito e interesse pela ciência e pelo progresso universitário brasileiro do que em nossas classes dirigentes. Entre os que assim já se manifestaram, destacam-se eminentes pesquisadores que aqui trabalharam e sentiram de perto o imenso valor de nosso potencial humano.

Tão grave é a situação criada, e tão ameaçadora para o conceito do Brasil como nação civilizada e democrática, que já não se pode mais limitar ao ministro da Educação, ao reitor da Universidade de Brasília e a algumas autoridades menores a responsabilidade pelo que está ocorrendo. Sem embargo do respeito que nos merece, por sua prudência na administração do País e pela habilidade com que tem evitado o predomínio dos radicalismos na condução dos negócios e interesses brasileiros, é preciso dizer claramente que o presidente da República tem também culpa pela situação criada.

Compreende-se que, até certa altura dos acontecimentos, o presidente pudesse aceitar a palavra de seu ministro contra a palavra de quase todos os que se preocupam com a educação no País. Era uma questão de confiança e divisão de trabalho. Mas os agravos criados pela má política do ministro, que culminou no que se está vendo, já devem ter alertado o presidente da República para a possibilidade de o seu ministro estar errado.

Folha de S. Paulo, *16 de novembro de 1965, página 4*

POLÍTICA EDUCACIONAL

Anuncia o presidente da República, para o próximo ano, vários projetos ou atos destinados a realizar algumas das reclamadas reformas que o País está a exigir. A notícia é auspiciosa, especialmente depois que, em seus últimos discursos, deixou a impressão de que a situação econômico-financeira caminha efetivamente para um clima de desafogo e estabilidade.

Refere, entre outras reformas a empreender, a administrativa, que deverá desemperrar a grande máquina que, no fundo, executa todas as demais reformas. Não virá sem tempo esse necessário ato, devendo-se prever que venha adequado à situação do serviço público federal, que vaza por quase todas as juntas, se assim se pode dizer.

Menciona também o presidente Castelo Branco a reforma educacional, e nesse ponto as esperanças de êxito não podem ser muitas, por alguns motivos. Em primeiro lugar, a própria prestação de contas em que se converteu o discurso de Niterói é magra no que tange à educação. Não se nota rumo seguro, filosofia clara, e muito menos atuação satisfatória do ministro da Educação, salvo exceções. Em segundo lugar, há a perturbadora declaração do discurso pronunciado sábado último, sobre o novo plano econômico, a respeito das despesas com educação.

A universidade interrompida 433

Gastar-se-ia demais com ensino gratuito, no entender do presidente, o que permite talvez situar a posição do governo federal, nesse terreno, na superada escola que considera a educação um simples bem de consumo e não um investimento básico, talvez o maior investimento nacional. Finalmente, há o doloroso caso da Universidade de Brasília, todo ele a revelar, desde o início, uma filosofia universitária difícil de sustentar hoje.

Em seu depoimento perante a CPI que investiga os problemas da Universidade de Brasília na Câmara Federal, o professor Roberto Salmeron diz estar convencido de que "o presidente da República vem sendo mal informado sobre a Universidade de Brasília e está muito mal assessorado sobre assuntos universitários".

Todo o depoimento do professor Salmeron é uma demonstração gritante daquilo que afirma. E a conclusão que se pode tirar, especialmente quando o País recebe com satisfação a notícia dos êxitos da política econômico-financeira do governo, é a de que o inadequado encaminhamento dos problemas educacionais, e universitários em particular, decorre mesmo da escolha de conselheiros impróprios. Onde o ministro é competente e atualizado, o programa funciona. Onde o ministro não corresponde a essas expectativas, ocorre o contrário.

Por muitos motivos, a Universidade de Brasília tornou-se uma verdadeira pedra de toque da política educacional do governo federal. Ali se joga a sorte do ensino federal. Mais do que isso, ali se decide o destino da ciência no País. Ali está a encruzilhada que mostra se as relações entre mestres e alunos devem ser as das verdadeiras universidades ou as dos institutos de ensino onde não existe vida interior, onde os professores são ruminadores de aulas, onde a pesquisa é descurada e onde se acha satisfatório repetir cada qual o que aprendeu a fazer no livro ou com o mestre, sem o esforço de aperfeiçoar-se e progredir, melhorando o conhecimento e enriquecendo o patrimônio cultural da humanidade.

Não é difícil imaginar que o nó do problema reside mesmo na teimosia em não aceitar o estudante como efetivo participante da vida universitária, reduzindo-o à antiga posição de simples recebedor de lições. Para muitos, a aceitação daquela atitude, que é normal em toda universidade autêntica, significa renegar ideias incutidas como únicas possíveis por muitos anos de mau ensino e má filosofia educacional. Representa negar o velho e arraigado conceito de educação como treinamento, para em seu lugar instituir a educação como diálogo e participação. É uma difícil parada, não há dúvida. Mas de tal gravidade, que justifica se detenham as autoridades responsáveis pela Revolução na análise profunda do problema e na mudança completa dos rumos até agora seguidos, que fazem supor esteja o governo aceitando o assessoramento inadequado e menos capaz, como salienta o prof. Salmeron.

Folha de S. Paulo, *27 de novembro de 1965, página 4*

(Após a divulgação das conclusões do relator da Comissão Parlamentar de Inquérito.)

UnB – DIAS DIFÍCEIS

As conclusões a que chegou o relator da CPI que investiga o caso da Universidade de Brasília são melancólicas. Entende ele que aquela instituição não poderá funcionar no ano próximo, revelando ao mesmo tempo a impossibilidade daquilo que o reitor afirmava fácil: substituir em pouco tempo o corpo de professores. Ao mesmo tempo, sabe-se que vultosas somas, na maioria doadas por insuspeitos órgãos estrangeiros, ficarão desaproveitadas.

Tudo isso, que preocupa seriamente todas as pessoas interessadas nos problemas educacionais, e para as quais reforma universitária não é mero chavão para despistar o propósito de fazer a organização universitária retroceder, parece não perturbar o ministro da Educação. Para ele, determinado a demitir tudo quanto seja subversivo e corrupto, pouco interessa o que pensam de nós "os intelectuais do *Le Monde*". Que se movam, ele e outras autoridades, contra a subversão e a corrupção, isto ninguém impugna. O que se deseja é que por essas palavras não se entendam outras coisas, ou que não sejam usadas leviana- mente contra gente séria que procura elevar o nível do ensino e da pesquisa no Brasil.

A maciça prova de solidariedade recebida na Universidade de Brasília por alguns professores, de tal modo que de seu corpo docente se afastaram alguns dos mais eminentes cientistas do Brasil, que não são conhecidos apenas do *Le Monde*, mas do mundo científico todo, deveria servir como elemento de refle- xão aos que detêm em suas mãos os poderes supremos do Bra- sil. O descomedimento com que fala o ministro bastaria para despertar mais atenção do presidente para suas ações. Não tem ele, positivamente, estatura para o cargo que ocupa. Uma prova provada aí está, na Universidade de Brasília, até hoje paralisa- da, que tudo leva a crer será destruída pela incompreensão do sr. Suplicy de Lacerda.

Infelizmente, a Revolução tem perdido tempo e oportuni- dades para realizar uma grande obra no setor do ensino. Ha- vendo partido do pressuposto de que a mocidade estudantil é subversiva, e de que os mestres progressistas são agitadores, hostilizou as universidades e valorizou, contra o espírito da boa ciência e do bom ensino, o espírito da mediocridade.

Notícias desencontradas circularam sobre a Pontifícia Universidade Católica de São Paulo. Um pequenino grupo de alunos e uma meia dúzia de professores levantaram contra ela a pecha de subversão. Veio a público a maioria dos professo- res e demonstrou que a alegada subversão outra coisa não era senão o esforço para tornar mais dinâmico o ensino e desen- volver os trabalhos de pesquisa. A comparação entre o que se conseguiu em poucos anos e o que se fizera em todo um passa- do de conformismo, se assim podemos dizer, é impressionante. Apesar disso, a denúncia partida de uns poucos, incapazes de compreender o sentido de uma universidade e interessados em manter, dentro dela, o sistema de "dar aulas", ruminando-as to- dos os anos da mesma forma, quase resultava numa intervenção, não fosse a luta travada por alguns espíritos mais inconformados no Conselho Federal de Educação. Assim mesmo despachou-se para aqui uma comissão de investigação ou coisa parecida. A inteligência está efetivamente vivendo dias difíceis. O destino da Universidade de Brasília, contra a qual tanto se empenha o ministro da Educação, preocupa com razão o *Le Monde* e o mundo. Preocupa todos aqueles que reconhecem o nosso atraso educacional e sabem que, enquanto não o vencermos, não teremos efetivo progresso nem desenvolvimento. Preocupa todos aqueles que sabem ser a universidade o investimento humano de mais alta importância. Igualmente preocupa o destino de todas as outras instituições científicas e educacionais onde a força passa a ser a única autoridade que possam invocar os respectivos reitores.

Folha de S. Paulo, *5 de dezembro de 1965, página 4*

PERSEGUIÇÃO À UnB

A entrevista concedida a este jornal[5] pelo prof. Roberto Salmeron esclarece de vez uma das maiores violências, senão a maior jamais praticada no Brasil, em matéria de educação: a perseguição à Universidade de Brasília, em nome da luta contra a subversão e a corrupção, e pela defesa dos ideais universitários. Parece indiscutível que o propósito do ministro da Educação nunca foi outro senão o de extinguir aquela organização, valendo-se para isso, como instrumento final, de um professor da Universidade de São Paulo, que ninguém sabe por que aceitou tão melancólica tarefa.[6]

Não disse o prof. Salmeron muito mais do que tem dito este jornal em reiteradas ocasiões, desde que denunciou, logo no início da Revolução, com a esperança de alertar os mais altos poderes da República, a violência que, até com armas, se praticou

---

[5] Entrevista à *Folha de S. Paulo*, publicada no dia 3 de dezembro de 1965.
[6] Refere-se ao reitor Laerte Ramos de Carvalho.

A universidade interrompida 437

contra aquela universidade – a mais bela experiência de ensino superior até hoje feita no Brasil. Mas sua palavra tem condições para provocar forte e merecido eco. Talvez desperte consciências. Talvez explique o que a muitos espíritos, afastados da vida universitária, pareça inexplicável.

É que o professor Salmeron não se acha preso a Brasília por nenhum interesse de emprego ou de carreira. Demitindo-se espontaneamente da universidade, onde percebia apenas 700 mil cruzeiros para ministrar vários cursos e coordenar todo o Instituto de Ciências, pode regressar à tranquilidade de seu laboratório no o Centro Europeu de Pesquisa Nuclear – CERN – em Genebra retomando seu lugar de pesquisador. Não tem vinculações políticas, não podem apontá-lo como subversivo nem incompetente. Têm de respeitá-lo e ouvir as amargas verdades que denunciou, porque nem podem contestá-lo nem podem contrapor-lhe, à autoridade científica ou de mestre, as autoridades do reitor e do ministro da Educação no mesmo terreno.

É pasmosa a ignorância com que se fala da Universidade de Brasília para denegri-la, aqui dentro do País, quando no estrangeiro, nos meios científicos e universitários, ela sempre foi respeitada. E lamentável é que o reitor tome decisões políticas e as justifique com argumentos universitários. São afirmações do professor Salmeron que bem revelam o clima que se criou em Brasília, para destruí-la. Em nome de quê? De uma luta contra a subversão? Nada provado. De uma luta contra a ineficiência do ensino? Nada provado. De uma luta contra a mediocridade do corpo docente? Nada provado.

Fez-se a luta pura e simplesmente, tanto quanto se pode penetrar nesse tenebroso caso, em nome da própria mediocridade, para destruir um novo padrão e para que seja possível continuar a falar em termos ocos a respeito de reforma universitária. Não adianta repisar as palavras do professor Salmeron a respeito do que representa a ciência como fator de desenvolvimento, nem o que significa a falta de universidade para a baixa qualidade da mão-de-obra e do trabalho diferenciado de qualquer país, o que basta para explicar os percalços que sofre o Brasil nos mercados internacionais cada vez mais competitivos. Disso devem as autoridades ter ouvido falar. Quem sabe mesmo já discursaram a esse respeito?

Resta a esperança de que o presidente da República se inteire, ele mesmo e pormenorizadamente, desse gravíssimo caso de lesa-pátria. E tente recuperar a universidade, dela banindo os que ali penetraram para destruí-la, indiferentes a todos os grandes problemas de interesse nacional que o professor Salmeron destacou em sua entrevista. Pode o físico brasileiro voltar tranquilo aos seus átomos e às suas partículas nucleares em Genebra. O dever que tinha para com a Pátria, especialmente esse máximo dever de advertir, ele o cumpriu até o fim.

Terminamos a transcrição desses artigos com a observação de que a defesa da Universidade de Brasília e as críticas desses jornalistas aos reitores, ao ministro e ao governo, embora severas, eram formuladas em termos moderados, com linguagem serena. Essa linguagem deve ser comparada com a utilizada pelos jornais que atacavam os professores e os estudantes, nos artigos que serão também copiados textualmente no capítulo seguinte.

Capítulo 23

Reações da imprensa - jornais que atacavam os professores

Tudo isso era naturalmente a capa do velhaco. E um dos mais crédulos chegou a murmurar que sabia de outras coisas, não as dizia, por não ter certeza plena, mas sabia, quase que podia jurar.

Quanto a mim, tornou o vigário, só se pode explicar pela confusão das línguas na torre de Babel, segundo nos conta a Escritura; provavelmente, confundidas antigamente as línguas, é fácil trocá-las agora, desde que a razão não trabalhe...

Machado de Assis[1]

A parte da imprensa comprometida com o regime, que existe em todas as ditaduras, passou a atacar violentamente professores e estudantes da Universidade de Brasília com verdadeira falta de pudor, deformando os fatos, não se preocupando com a verdade, nem com o vocabulário que empregava.

Entre os jornais de maior circulação no País, os que mais se distinguiam na campanha contra a UnB estavam o *Diário de S. Paulo* e *O Estado de S. Paulo*. Seus artigos tinham sempre o mesmo tom. Veremos uma amostra. Limitaremos nossos comentários, deixando que o leitor forme sua própria opinião, pois, como já dizia Voltaire, o leitor inteligente e atento completa o texto.

A análise do que escreviam os jornais é importante, revela aspectos profundos daquele período de nossa história. De modo geral, o estudo do comportamento da imprensa em regimes ditatoriais

---

[1] Machado de Assis, *O alienista*, São Paulo, Editora Ática, 1979, p. 23 e 13.

pode dar boa contribuição à sociologia e à história política. Os itálicos foram colocados por nós.

Artigos publicados no *Diário de S. Paulo*

Artigo de Assis Chateaubriand,[2] fundador e diretor da cadeia dos "Diários Associados", que estava internado no Hospital Beneficência Portuguesa

O NERVO DA GUERRA

São Paulo (Beneficiência Portuguesa), 25 de outubro de 1965.

Já se demoraram os leitores a examinar este caso da Universidade de Brasília?

Dediquei-me a um estudo, tão minucioso quanto me é possível, acerca do deboche que por ali anda.

Não haverá outra página igual de ausência sistemática da vergonha e do caráter brasileiros.

O Brasil inteiro afunda dentro do mais abjeto esterquilínio.

Nem se tem ideia, até hoje, de outro monturo de tanta sânie e fezes.

O serviço público jamais se viu submerso em tão vasto lodaçal.

Não estamos em face de um dissídio entre colégio de professores e alunos das academias que compõem a universidade. Nesta hipótese, podia ocorrer um desencontro de opiniões.

Congregações estariam desentendidas com a reitoria ou com o ministro. Neste caso, estaríamos diante de um conflito de pontos de vista divergentes. Isto ocorre em toda a parte onde os homens de estudos discrepam da autoridade do governo.

---

[2] Assis Chateaubriand era muito elogiado por Flávio Suplicy de Lacerda, como vimos no capítulo "Declarações do ministro da Educação e Cultura".

Mas, na Universidade de Brasília, não é propriamente isto o que se identifica. Trata-se de uma sem-vergonhice generalizada.

Em sua grande maioria, corpos docente e discente se recusam a trabalhar.

A crise que ali domina é o horror a toda atividade mental. Os universitários brasilianos, seja corpo de professores, ou seja corpo de alunos, quase ninguém quer curvar-se à prestação de serviço.

A ordem de trabalho é simplesmente esta: todo mundo de braços cruzados. Ou pior do que isto. Não se trabalhando em lugar nenhum, ainda se decreta a prática de atos de hostilidade ao serviço da universidade.

Precisa e deve a universidade viver como uma usina de fogo morto, com todos os focos científicos apagados.

Não se fala em nenhuma cátedra, laboratório algum funciona.

A deserção resume a ordem geral do colégio de professores e dos órgãos discentes.

Qual a origem desta greve contra a reitoria e o ministro da Educação? A execução de um ato de demissão de um professor pelo atual reitor. A ordem já havia sido dada pelo ex-reitor, professor Zeferino Vaz, ao se afastar do cargo.

No seu depoimento perante a CPI da Câmara, afirmou o professor Vaz: "Se hoje fosse preciso, demitiria novamente o professor Las Casas, que é um incompetente e não tem condições legais nem de ser professor de ginásio oficial".

O ministro Suplicy e o reitor Ramos de Carvalho são mestres e administradores comprovados. Não se encontra uma falha na conduta dos dois à testa dos negócios da universidade. São chefes exemplares, tanto em competência profissional, como em zelo nos negócios administrativos entregues aos seus cuidados.

Há hoje, em Brasília, na beleza do seu parque universitário, um mal a diagnosticar: a sem-vergonhice quase coletiva.

De um lado, professores abomináveis e subversivos, que querem ganhar dinheiro sem dar aulas; de outro, estudantes

que organizam a vadiagem crônica como disciplina universitária.
O que o governo teria de fazer, desde o começo desses acontecimentos?
Suspender, simplesmente, o pagamento aos professores que decretaram a greve do ensino universitário da capital da República.
O que vem alimentando, até hoje, o abominável procedimento da grande maioria do professorado de Brasília é o pagamento, pelo governo, de toda a música de pancadaria da universidade.
Cortem-se os salários dos professores grevistas e ter-se-á morto o nervo da guerra.

Era com esse calão que se exprimia, a respeito dos professores e dos estudantes da Universidade de Brasília, Assis Chateaubriand, o maior magnata da imprensa brasileira, proprietário de jornais em vários estados, *fazedor de opiniões*. Ao referir-se aos professores e aos estudantes, empregava palavras que não eram utilizadas nem para designar malfeitores relegados ao fundo da escala social. Sendo ele o dono de jornais, suas ideias não podiam deixar de orientar os artigos dos seus colaboradores.

Além dos insultos, esse artigo procura apresentar uma Universidade de Brasília de baixo nível, com a pretensa existência de professores incompetentes ou sem diploma necessário para ensinar em universidades ou até em ginásios. Como vemos, foram retomadas pelo autor, e serão repetidas com ênfase também nos artigos que seguem, quase palavra por palavra, as acusações a docentes feitas por Zeferino Vaz,[3] que durante um ano e meio como reitor estava perfeitamente a par da qualidade dos trabalhos e dos progressos realizados, e no fim da sua gestão desempenhou o triste papel de denegrir a universidade.

---

[3] Ver as acusações lançadas por Zeferino Vaz em seu depoimento, quando arguido pelo deputado Andrade Lima Filho.

A universidade interrompida   443

Editorial não assinado do Diário de S. Paulo, *21 de outubro de 1965, 1º caderno, página 4*

(Três dias após a demissão de 15 professores.)

A CRISE DA UNIVERSIDADE DE BRASÍLIA

A crise da Universidade de Brasília, que atinge seu ponto culminante com a demissão de dez professores, a devolução à repartição de origem de quatro docentes e o cancelamento da bolsa de estudos de um instrutor, está sendo frequentemente mal compreendida, provocando o aparecimento de análises apoiadas em fatos deturpados.

O que efetivamente ocorre é que o reitor da instituição, professor Laerte Ramos de Carvalho, com o apoio integral do Conselho Diretor da Fundação da UnB, está tentando *extirpar os focos de permanente agitação política em que tem vivido a Universidade de Brasília*, bem como *reexaminar os currículos e a situação funcional dos professores*, a fim de criar condições que permitam o funcionamento normal dos trabalhos didáticos e de pesquisa, sem que pressões externas continuem a interferir no seu rendimento.

Situada na capital da República – e, por conseguinte, repercutindo seus problemas em toda a nação –, a Universidade de Brasília *tem sido o ponto preferido para agitações de toda a sorte*, que não dizem respeito ao trabalho universitário, e que, precisamente, impediram até agora à instituição o pleno gozo da autonomia universitária.

Essa universidade, concebida segundo padrões modernos e da qual tanto se espera em benefício do País, *não conseguiu* até agora, em virtude da permanente crise em que se debate, *provocada exatamente por maus universitários, fazer-se digna das justificadas esperanças* que nela todos depositam. Para pô-la a funcionar efetivamente, não resta às autoridades universitárias outro caminho, senão o de uma *severa revisão de seus quadros, afastando os docentes não qualificados* e os que fazem da universidade *mero pretexto para provocação de crises políticas, que nada têm a ver com os objetivos da instituição*. É o que está tentando fazer o reitor: extirpar da universidade a estéril e ruinosa agitação política e afastar professores que, encastelados em privilégios que a lei não lhes concede, mas que teimam em defender, não se têm revelado, por razões diversas, à altura dos cargos que ocupam.

Não se trata, de maneira alguma, de perseguição a comunistas, de "caça às feiticeiras", como alguns querem fazer crer. Pelo contrário, trata-se, precisamente, de *eliminar da universidade as paixões da política partidária, substituindo o emocionalismo e o faccionismo pela razão*, no trato das questões educacionais. Nesse sentido, é o reitor o verdadeiro defensor da autonomia universitária, que não pode ser confundida com a irresponsabilidade ou deturpação dos fins de uma instituição de ensino, e é apenas o instrumento eficaz a serviço de um ensino honesto e livre e da pesquisa da verdade, em todos os domínios da cultura.

O jornalista apresenta os mesmos argumentos vazios apresentados pelo seu patrão no artigo anterior, com a mesma desonestidade. Apesar de a universidade ser aberta, como qualquer outra, para quem quisesse ver o que nela ocorria; apesar de rigoroso inquérito policial militar nada ter encontrado contra qualquer professor; esses homens de imprensa, sem nunca ter ido à UnB, repetiam, quase com as mesmas palavras, que era preciso "...extirpar os focos de permanente agitação política em que tem vivido a Universidade de Brasília...", "...que tem sido o ponto preferido para agitações de toda sorte...". E, apesar do nível que se estava imprimindo, com progresso jamais realizado em tão pouco tempo por nenhuma outra universidade brasileira, ressurgia a acusação de "necessidade de reexaminar os currículos e a situação funcional dos professores" e assim por diante. Emaranhamento de palavras, tentando mostrar que a universidade não obedecia a critérios acadêmicos na escolha de seus docentes, mas a injunções políticas, que justificariam as intervenções militares e policiais e as demissões.

Editorial *não assinado do* Diário de S. Paulo, *23 de outubro de 1965, página 4*

UMA CORREÇÃO INDISPENSÁVEL

A campanha que atualmente se está movendo contra o novo reitor da Universidade de Brasília é um modelo de má-fé e de levantamento de cortina de fumaça. Felizmente, ao que parece, a verdade começa a impor-se.

A Universidade de Brasília é produto da improvisação. Partiu-se da estranha ideia de que a nova capital, embora não fosse ainda nenhuma metrópole, tinha de ter um conjunto de escolas de ensino superior como as que demoraram um século para se formar em outras cidades muito maiores. Do dia para a noite, sem instalações, sem bibliotecas, sem laboratórios, criou--se uma dezena de faculdades, com centenas de professores.

Mas isso não é tudo. *O pior é que a escolha dos mestres, salvo raras e honrosas exceções, fez-se por verdadeira seleção às avessas. Jovens recém-formados,* que ainda não tinham dado nenhuma prova de capacidade científica ou pedagógica, *torna-ram-se, pelo capricho de autoridades irresponsáveis, regentes de cátedra, cercados de assistentes e instrutores.* Seu número é excessivo; há seções da jovem universidade em que o número de docentes excede em muito o dos alunos. *E já ficou bem claro que muitos foram contratados exclusivamente por sua vocação para o proselitismo político.*

O professor Zeferino Vaz começou no ano passado, com a maior seriedade, a corrigir alguns desses defeitos.[4] O professor Laerte Ramos de Carvalho assumiu seu posto com disposição de continuar a operação. Aí começou o que chamamos de início do levantamento da cortina de fumaça. Os professores, em sua maioria, *sabem que não têm credenciais para ocupar os cargos que entre eles foram generosamente distribuídos.* Resolveram que a melhor defesa é a ofensiva. Antes que começasse a vir à luz tudo o que há contra eles, iniciaram terrível campanha contra o

---

[4] Refere-se à expulsão de professores por Zeferino Vaz, em maio de 1964.

novo reitor. A dispensa de *um rapaz que não tinha terminado seu curso e já ensinava na universidade* foi apontada como atentado contra a liberdade de cátedra. Todas as calúnias foram poucas, desde que servissem para desmoralizar o educador que estava tentando pôr um pouco de ordem no caos. E mais de uma centena de professores, alguns, pessoas capazes, sem dúvida, mas na maioria *ilustres desconhecidos ou conhecidos desordeiros*, renunciaram, simultaneamente, para impressionar pelo número.

Nenhuma dessas manobras deve impressionar a opinião pública. Uma análise serena revelará, a qualquer pessoa de bom-senso, que a justiça está do lado do professor da Universidade de São Paulo, que, com o sacrifício de seus interesses, aceitou ir a Brasília ajudar a construir uma universidade decente com o mau material que lá havia. É preciso que os bons mestres o apoiem, dentro da instituição, e que, fora dela, todas as vozes se levantem em sua defesa.

O tom deste artigo é o mesmo dos transcritos anteriormente. Mas, além do pensamento arcaico de estranhar que se quisesse fazer em Brasília *um conjunto de escolas de ensino superior como as que demoraram um século para se formar em outras cidades muito maiores*, contém novas mentiras. Entre elas, as mais graves eram as afirmações de que os cargos tinham sido generosamente distribuídos entre os docentes, que jovens recém-formados regiam cátedras, que um rapaz que não tinha terminado seu curso ensinava na universidade e que havia seções da universidade em que o número de docentes excedia em muito o de alunos.

Ausência absoluta de preocupação pela verdade, como seu patrão no jornal, Assis Chateaubriand.

Artigo de Theophilo de Andrade no Diário de S. Paulo, *24 de outubro de 1965, 1º caderno, página 4*

A VOLTA DA BADERNA

Há um ano e seis meses que os homens responsáveis pelo governo saído da Revolução de 31 de março afirmam ao povo brasileiro, com todas as letras, em todos os tons e até em música de baião, que os subversivos e os corruptos, que aquele movimento pretendeu alijar da vida pública, não voltarão. Acontece, porém, que uma boa parte não foi sequer incomodada. O facão das listas de cassação cegou aos primeiros cortes. Não teve fio bastante para cortar cabeças duras, que resistem a todas as tempestades. E alguns dos escrachados subversivos e corruptos, que os dignos oficiais dos IPMs entenderam, patrioticamente, de enquadrar, logo obtiveram o famoso chorrilho de *habeas-corpus* a que me tenho referido frequentemente, indo parar em embaixadas estrangeiras, onde receberam os "salvo-condutos" que os levaram, sob garantia diplomática, ao estrangeiro.

Isto, quanto aos subversivos. Porque, quanto aos corruptos, tivemos esse caso monstruoso do Instituto Brasileiro do Café (IBC), que fora o palco das maiores maroteiras – muitas delas já apuradas ainda no governicho Jango Goulart, por uma Comissão Parlamentar de Inquérito –, e onde a Revolução não fez sequer uma investigação. Tudo ficou como dantes, no quartel de Abrantes. O crime dos trinta milhões de dólares roubados pela "Comal" à economia nacional ficou impune. Como impunes ficaram os responsáveis pelos seis navios que desapareceram no horizonte com 125 mil sacas de café do IBC, no valor de sete milhões de dólares. Nada aconteceu aos ladrões, e nada aconteceu aos seus cúmplices dentro da autarquia, como se ali os papéis tivessem pés mágicos, andassem sozinhos, e as assinaturas que os fizeram caminhar fossem dadas por fantasmas.

Por fim, veio o caso das eleições de 3 de outubro, que foi a desmoralização final do próprio movimento de 31 de março, porque os acólitos do Planalto ajudaram no que puderam os aliados dos subversivos e dos corruptos, com o intuito – absolutamente conseguido – de derrotar os *leaders* civis da Revolução, Carlos Lacerda e Magalhães Pinto.

Em face de tal calamidade, alguns revolucionários acordaram assustados. Viram aquilo que todo o mundo já sabia: os banidos voltaram.

Começou-se a berrar, novamente, que não voltariam. Mas o próprio governo sentiu o falso tom da afirmação, que já não rima com coisa alguma. E tratou de fazer, timidamente, com um ano e seis meses de atraso – e já agora sem o ambiente favorável da opinião pública –, o que deveria ter sido feito em abril do ano passado.

O grave, porém, é que *já não se trata apenas da volta dos subversivos e dos corruptos, mas da volta da baderna*, que os comunistas iniciam, preferentemente, *nos meios estudantis e sindicais*.

Não estão a ver o que se passa na Universidade de Brasília? Há um reitor em luta contra uma conspiração de *estudantes mal aconselhados com professores vermelhos*, que estão a usar o expediente muito conhecido de fazer baderna e depois colocar-se na posição de vítimas, solicitando, então, a solidariedade dos professores e intelectuais do resto do País e do mundo.

É grato ser-se solidário com professores e estudantes perseguidos, *como se estivéssemos na época do fascismo*. E os comunistas, com sua rede de agitação em todo o mundo, com os *desks* dos jornais e das agências telegráficas nas mãos, podem transformar qualquer baderneiro em um herói.

Quando virem *professores estrangeiros*, daqui e dali, *especialmente da França*, a protestar, desconfiem. Há gato na tuba. Então, Brasília é tão importante que as agitações no pátio de sua universidade possam encontrar eco nas universidades europeias ou americanas, *quando não houve violência alguma*, mas apenas medidas disciplinares, tomadas de acordo com as leis e os regulamentos?

Dentro em pouco, poderão começar as greves de solidariedade. E se deixarmos que os vermelhos tomem conta das universidades, logo tomarão conta das ruas, dos sindicatos e das associações de classe. É este o método comprovado que utilizam. E o Brasil poderá voltar, sem o perceber, aos dias de Jango Goulart, Darcy Ribeiro e Brizola.

Vejam o que está a acontecer na Indonésia. Os comunistas – ali, os da linha chinesa – tomaram conta dos postos de governo, das universidades e dos sindicatos. E tentaram o golpe de assalto ao poder, que somente não teve êxito porque o exército reagiu. E agora já é o exército que está a fechar universidades assaltadas pelos vermelhos, porque a esmagadora maioria do povo é muçulmana, e o islamismo não se coaduna com o comunismo. *O nosso governo está a acordar tarde, muito tarde. E quer resolver tudo "legalmente", com leis aprovadas pelo Congresso.* A missão pacificadora e ao mesmo tempo consolidadora da Revolução foi confiada à habilidade e à simpatia pessoal do capitão Juracy Magalhães, um velho revolucionário de 1930, que ainda não perdeu a chama do amor à Pátria e a fé nos destinos do Brasil.

É mister, porém, andar muito depressa. Porque não foram só os subversivos e os corruptos que voltaram. Pior que isso: a baderna já grassa novamente nos meios estudantis.

O espírito desse artigo é o mesmo dos demais publicados por esse jornal: desmoralizar perante a opinião pública os estudantes e os professores da Universidade de Brasília, para justificar as medidas de repressão; contudo, foi ainda mais longe que os outros numa certa direção. Além de nos apresentar como *subversivos, corruptos, baderneiros*, as referências a nós eram misturadas com as referências a *...comunistas que tentaram golpe de Estado na Indonésia, ...com o caso monstruoso do Instituto Brasileiro do Café, ...com ladrões de milhões de dólares e de milhares de sacas de café.* O objetivo do artigo, obviamente, era fazer nos associar com essas imagens, até de ladrões, ao leitor desprevenido, que não estivesse a par de como se trabalhava e do que ocorria na Universidade de Brasília.

Editorial não assinado do Diário de S. Paulo, *24 de novembro de 1965, 1º caderno, página 4*

OS MAUS COMEÇOS DE UMA UNIVERSIDADE

Durante séculos, o Brasil não teve universidades. Tinha escolas superiores isoladas, das quais as mais antigas, como todos sabem, são as Faculdades de Direito de São Paulo e do Recife. Depois surgiram as de Medicina, na Bahia e no Rio. A ilustre Escola Politécnica da Rua Três Rios[5] ainda não fez um século. E assim por diante. Da década de 1920 para cá, começaram a reunir-se as escolas situadas em uma mesma cidade para constituir as nossas primeiras universidades: a do Brasil, na Guanabara; a de Minas Gerais, em Belo Horizonte; a de São Paulo, fundada em 1934, é, graças a Deus, um modelo para o resto do Brasil.

Mas, de uns vinte anos para cá, a ideia se perverteu. As cidades grandes e as capitais de estado passaram a pleitear universidades, como as povoações incipientes pleiteiam a elevação a município e as maiorzinhas querem ser sede de comarca. Está completamente errado. Devia-se fazer planejamento e criar blocos de escolas de ensino superior por regiões. Não precisariam, talvez nem deveriam mesmo, estar situadas nas cidades maiores. Quem não sabe que, durante séculos, a Inglaterra teve suas universidades só em duas pequenas cidades, Oxford e Cambridge, e que Portugal se contentou com uma, na modesta Coimbra?

Quando, do dia para a noite, se construiu uma nova capital para a República, pensou-se logo em instalar uma universidade. *Não havia alunos. Mas não se deu importância a isso.* Não ter universidade seria, para a sede dos três Poderes da Federação, uma *capitis diminutio*. Assim, na paisagem ainda um pouco lunar do planalto *surgiu, como um meteorito, a Universidade de Brasília, completamente desligada da realidade que a cerca.*

Jovens recém-saídos das Faculdades tornaram-se professores improvisados. Claro está que, por exceção, para lá foram alguns mestres de valor. Mas *a regra é a que apontamos.* O próprio primeiro reitor[6] não era um catedrático por concurso, como seria natural. Em breve, como já tivemos ocasião de afirmar várias vezes, a coisa tornou-se ainda pior: *os jovens instrutores eram contratados não por seu currículo científico e sim pela suas fichas como agitadores políticos.*

---

[5] A Escola Politécnica da USP, situada na praça Fernando Prestes, no prolongamento da Rua Três Rios, na cidade de São Paulo.
[6] Referência a Darcy Ribeiro.

Felizmente, não há mal absoluto. Do fato já citado de ter a Universidade de Brasília nascido isolada decorre que a agitação se restringiu ao seu *campus* e não atingiu a cidade em que ele se situava. O trabalho de emendar o mal feito, empreendido pelos dois reitores[7] vindos depois da Revolução, encontrou resistência. Foi o que se convencionou chamar a "crise da Universidade de Brasília". Mas a obra de saneamento está quase vitoriosa, *sem que a população, em sua maioria, tenha sequer tomado conhecimento de que alguma coisa grave se estava passando.* Hoje, na mais jovem capital do mundo, procura-se tirar o melhor partido possível daquilo que começou como não devia ter começado.

A semelhança com os artigos anteriores dispensa comentários. Porém, não podemos deixar de assinalar a mediocridade das ideias a respeito de universidades e escolas superiores, assim como do tempo que se deveria demorar para construir uma universidade; o desconhecimento do que estava ocorrendo no mundo, naquele período, com construção de novas universidades em países de níveis econômicos bem diferentes; a crítica absurda e retrógrada à existência de uma universidade na capital do País; e a ignorância de que Lucio Costa já tinha proposto a cidade universitária, em seu Plano Piloto de Brasília.

Declarações do diretor de *O Estado de S. Paulo*, Júlio de Mesquita Filho, no programa de televisão *Pinga-Fogo*

O título do artigo é:

MEU PONTO DE VISTA COINCIDE COM O
DA LINHA DURA

Por que nos interessarmos por essa entrevista do diretor do jornal? Porque o reitor Laerte Ramos de Carvalho era seu colaborador

---

[7] Zeferino Vaz e Laerte Ramos de Carvalho.

e partilhava de suas ideias, fazia parte do mesmo círculo, apresentava com orgulho sua ligação com o conhecido jornalista. No primeiro contato com os professores da universidade, falou com entusiasmo do apoio que dele recebia.[8] As ideias expostas eram aquelas dos meios que combatiam a Universidade de Brasília.

O jornalista inicia a entrevista com a afirmação:

> Eu tomei uma posição decidida em face dos acontecimentos. De resto, é da minha profissão. Como diretor do *O Estado de S. Paulo* e autor do primeiro comentário político desse jornal, eu sou obrigado a analisar os fatos todos os dias e de acordo com a evolução dos mesmos: sou, portanto, um *condutor de opinião*, ou, pelo menos, procuro dar as minhas impressões sobre a conjuntura momentânea, e isso me impõe certas obrigações.

Mais adiante, continua o artigo:

> O jornalista afirmou divergir quase totalmente da orientação que o presidente da República, e, principalmente, seu ministro da Justiça, vêm imprimindo à evolução dos acontecimentos no País.
>
> A Revolução derrubou, positivamente, o regime que vigorava até 31 de março. Ora, se ela derrubou e se ela, portanto, feriu na sua própria essência a Constituição, *deveria seguir a essa deliberação o fechamento do Parlamento*, porque o Parlamento era, dos órgãos do Estado brasileiro, exatamente o que estava mais afetado pela corrupção, e não foi absolutamente o que foi feito.
>
> Nas três ou quatro conversas que pude ter com o presidente Castelo Branco, sempre quis fazê-lo compreender a distinção que se deve fazer entre revolução e golpe de Estado.

---

[8] Ver o início da seção "Declarações ameaçadoras do reitor em uma assembleia tumultuosa", no capítulo "O início da grande crise".

Embora elevado à chefia do movimento de 31 de março pelo concurso geral dos revolucionários, o presidente Castelo Branco preferiu manter o Congresso e fazer eleger um presidente. Transformou, assim, uma revolução autêntica num golpe de Estado, *por não entender o que se passava*, sob alegação de que, por princípio, não poderia ser presidente da República senão daquela maneira, assinalando ainda que ninguém o convenceria a implantar uma ditadura.

Lembrei-lhe então – prosseguiu – que quando ele tivesse uma ditadura para combater, já me encontraria entre os combatentes, na linha de frente, pois sou coerente com o meu passado de defensor da democracia.

O sr. Júlio de Mesquita Filho disse ainda ter ponderado que lhe parecia indispensável um governo de emergência, mas nunca uma ditadura.

Esse regime seria mantido enquanto não se concretizassem todos os postulados da Revolução. Feito isso, uma nova Constituição poderia resolver os problemas dos governos futuros.

Entretanto – continuou – não conseguimos entrar num acordo, embora tivéssemos conversado sobre esses pontos três ou quatro vezes. Creio que *a compreensão de um assunto de filosofia política escapava ao presidente Castelo Branco*. Hoje, eu continuo no meu ponto de vista a respeito do problema, que *coincide com o da linha dura*.

ATESTADO DE ÓBITO

Declarou o jornalista que suas divergências com o presidente da República se acentuaram quando o marechal Castelo Branco decidiu convocar eleições nos 11 estados da Confederação, o que, a seu ver, significava séria ameaça às bases do movimento revolucionário de 31 de março, com a volta ao poder de elementos comprometidos com o governo deposto. Afirmou que os resultados dos pleitos realizados na Guanabara e em Minas Gerais, onde foram eleitos, respectivamente, os srs. Negrão de Lima e Israel Pinheiro, comprovaram as advertências que os revolucionários da *linha dura* fizeram ao chefe da nação, no sentido de não convocar a coletividade para comparecer às urnas antes que o governo revolucionário executasse a última etapa do plano de recuperação econômico-financeira do País.

Júlio de Mesquita lembrou que nos contatos que manteve com o presidente Castelo Branco *procurara convencê-lo a não permitir a realização de eleições*, por entender que uma coletividade trabalhada pela demagogia e com pouca cultura política não poderia compreender que as medidas impopulares adotadas pelo governo para combater a inflação visavam beneficiá-la.

A seu ver, o governo precipitou-se ao convocar as eleições, com as quais *assinou seu próprio atestado de óbito*.

O jornalista a seguir apresenta seu ponto de vista de que o governo federal sabotou as bases políticas de Carlos Lacerda, para impedir que este se tornasse presidente da República. E, mais adiante, continua:

CHAVÕES

Considerou mais adiante que, quando se faz uma revolução autêntica, *não tem sentido falar-se em direito do povo, de legalidade e outros chavões*. O momento brasileiro é caracterizadamente de revolução: nos quartéis, nos meios políticos, nos círculos responsáveis da nação. Ainda estamos em plena revolução. Se não a completarmos agora, outros a farão, porque a revolução é como uma torrente que se forma no alto da montanha e tudo leva de roldão, arrastando qualquer barreira que seja colocada para detê-la.

Dessa forma – aduziu – *não há o que explicar a ninguém, e nem o que discutir*.

Entra a seguir o jornalista novamente na defesa de Carlos Lacerda, numa parte da entrevista publicada com o subtítulo "O grande líder barrado".

A universidade interrompida

GABINETE NEGRO

Prosseguindo, afirmou que no Palácio da Alvorada há um "Gabinete Negro", que sub-repticiamente orienta politicamente o presidente Castelo Branco. Disse não poder assegurar, mas que, pelas informações que lhe chegam, o principal membro desse gabinete seria o general Golbery do Couto e Silva, chefe do Serviço Nacional de Informações.

O general Golbery do Couto e Silva era considerado um dos importantes mentores do golpe de Estado de 31 de março. Exprimiu suas ideias em detalhe no livro *Geopolítica do Brasil*.[9]

A seguir, aludiu ao dispositivo do Ato Institucional nº 2 que determina a eleição do futuro presidente da República pelo voto indireto, dizendo que esse é o resultado nefasto da ação exercida pela Sorbonne militar – a Escola Superior de Guerra.

A crítica, aqui, não é ao fato de determinar eleição *indireta*, mas ao fato de determinar *eleição*, sob qualquer forma.

FLÁVIO E LAERTE – Este é o subtítulo da parte referente ao ministro da Educação e ao reitor da Universidade de Brasília: Embora afirmando *não conhecer em profundidade* o problema da Universidade de Brasília, para ter uma opinião a respeito, disse confiar integralmente no critério de duas pessoas. Citou, então, o ministro da Educação, sr. Flávio Suplicy de Lacerda, a quem chamou de uma das maiores figuras que já passaram pelo Ministério, e o atual reitor da universidade, o professor Laerte Ramos de Carvalho. Quanto a este, lembrou que trabalha ao seu lado há 15 anos, acrescentando que pode responder por ele, pois acha que está agindo como perfeito mestre e cidadão.

---

[9] Golbery do Couto e Silva, *Geopolítica do Brasil*, Rio de Janeiro, Livraria José Olympio Editora, 1967.

Era assim que se exprimia o proprietário e diretor de um dos jornais de maior circulação no País, confessando com orgulho que era partidário da linha-dura, criticando com arrogância o presidente da República, ao dizer que *a ele escapava a compreensão de um assunto de filosofia política*, e com total falta de respeito ao nosso povo dizendo que não há o que explicar a ninguém, nem o que discutir.

Artigos publicados em *O Estado de S. Paulo*

O Estado de S. Paulo, *12 de outubro de 1965, 1ª página*

(Entrevista do reitor no dia seguinte ao da invasão da UnB, a seu pedido, por tropas militares.)

REITOR DA UnB FAZ DENÚNCIAS

O reitor da Universidade de Brasília, professor Laerte Ramos de Carvalho, referindo-se ontem aos motivos que o levaram a suspender as atividades dos cursos daquele estabelecimento de ensino, declarou que o que vem perturbando a UnB, em alguns de seus setores, *é o sectarismo ideológico*. Acrescentou: *Professores sectários não oferecem opção ao estudante, mas procuram moldar-lhe a mentalidade segundo seus próprios pontos de vista.*

O professor Laerte Ramos de Carvalho explicou que não concordara em contratar determinado professor – fato que provocou a greve dos professores, instrutores e estudantes – porque, *entre outros motivos*, ele *não possui os títulos necessários* para exercer suas funções e porque *sempre agitou os ambientes escolares por onde passou.*

INTOCÁVEIS

O reitor disse ainda que, aparentemente, o motivo da greve é o da solidariedade ao mencionado professor, mas que, na realidade, *o que há na UnB é uma situação de professores intocáveis*, embora todos eles trabalhando sob regime da Consolidação das Leis do Trabalho, quer dizer, *sem garantia de estabilidade*.

O estado de *intranquilidade e indisciplina aqui na UnB é estarrecedor*, disse o reitor, e acrescentou que os responsáveis pela situação são os remanescentes do grupo que fez na UnB *um ativo reduto da subversão, que a Revolução de 31 de março de 1964 até agora não conseguiu dissolver*.

As ideias do reitor, algumas definidas claramente nessa entrevista, foram amplamente expostas, por ele mesmo, em seu depoimento na Comissão Parlamentar de Inquérito. Não há necessidade de comentá-las aqui.

O Estado de S. Paulo, *13 de outubro de 1965, 1ª página*

REITOR: HÁ SUBVERSÃO NA UnB

que continua, adiante, com o título:

REITOR DA UnB REFUTA ACUSAÇÕES INSIDIOSAS
O reitor Laerte Ramos de Carvalho divulgou declaração...

A ÍNTEGRA

Foram as seguintes as declarações do reitor da Universidade de Brasília, lidas na Câmara Federal pelo deputado Pinheiro Brizola: "Moralmente traumatizado pelas difamações veiculadas contra minha pessoa, através de malicioso e dirigido noticiário jornalístico, manifesto publicamente minha mais veemente indignação e repulsa pela tentativa de desmoralização da autoridade de reitor da Universidade de Brasília em que estou investido, partida de uma facção inescrupulosa, empedernidamente empenhada em, através dos mais excusos, solertes e condenáveis processos, denegrir minha honra e minha reputação, com o evidente e único propósito de comprometer, perante a opinião pública, os alicerces morais das medidas da minha gestão à frente desta universidade, as quais tanto pânico tem causado aos interessados na manutenção do clima de intranquilidade, desordem e subversão que conseguiram implantar paulatinamente nesta universidade.

Visando a obter, pelos meios legais ao meu alcance, o desagravo de que, como homem de retilínea e austera formação moral, me considero credor, estou solicitando, com todo o empenho, ao Exmo. Sr. ministro da Educação e Cultura que, através dos instrumentos mais idôneos e adequados, determine as sindicâncias e apurações indispensáveis ao pleno reconhecimento e à pública proclamação da verdade dos fatos, através daquele Ministério.

Não houve sindicância nem apurações, nem por parte do ministro, nem por órgão algum.

O Estado de S. Paulo, *19 de outubro de 1965, página 3, na coluna "Notas e Informações"*

(No dia em que foi divulgada a expulsão de 15 professores.)

A SUBVERSÃO NA UNIVERSIDADE DE BRASÍLIA

Escrevendo sobre a crise na Universidade de Brasília, em noticiário publicado em nossa edição de sábado, afirmava o nosso enviado especial: "Quando se fala, atualmente, em subversão, imediatamente se acrescenta mentalmente o adjetivo 'comunista'." Ora, não se trata apenas de subversão comunista: no caso, trata-se de *subversão da ordem universitária*, pouco importando os *motivos políticos* que a inspirem.

Obviamente, *nem todos os docentes envolvidos na manipulação da crise atual são comunistas*, e, efetivamente, pouco importa o que sejam. Mas são *subversivos por incitarem à greve, à indisciplina, por impedirem o funcionamento normal da instituição.* Há, por outro lado, professores de convicções nitidamente esquerdistas, mas que possuem verdadeira qualificação universitária e que estão dedicados integralmente a seus trabalhos, nada tendo a ver com a manipulação da crise e que, em tais condições, não podem ser qualificados de subversivos *e nem terão, certamente, nada a temer, em face de medidas disciplinares*, que visam apenas à consolidação da Universidade de Brasília. Tais observações nos parecem extremamente judiciosas, e é preciso tê-las em mente para examinar adequadamente a crise desencadeada na Universidade de Brasília. *O problema dessa Universidade*, cuja estrutura é, nas suas linhas gerais, muito boa, está em encontrar um clima de *autêntico trabalho universitário e remodelar parcialmente, ao mesmo tempo, seu corpo docente, a fim de pô-lo inteiramente à altura das tarefas* que a instituição deve desempenhar na vida brasileira. Ora, uma e outra coisa não serão conseguidas, se perdurarem *a indisciplina, a desordem, a falta de respeito humano que até agora imperaram* naquela universidade, permanentemente assolada por crises.

Mais adiante:

Mas na fabricação dos incidentes participam também, *com outros propósitos, indivíduos de outras tendências políticas*, janguistas ou juscelinistas, igualmente *interessados na repercussão política da questão*, ao lado, ainda, de outros que *estão apenas tratando de defender posições pessoais*, que certamente seriam abaladas por uma revisão de suas *situações funcionais, obtidas sabe Deus como*, em desacordo com as normas que regem aquela universidade. ...Com isso, pretendem também desviar o debate, *impedindo que a Universidade de Brasília seja substancialmente melhorada, diríamos mesmo realmente posta em funcionamento*, o que não será possível *sem que a situação de um grande número de professores e assistentes seja revista*. De início, pretenderam os fautores da crise desviar as atenções, fazendo girar os debates em torno da pessoa do reitor. Para isso, não hesitaram em lançar mão da *calúnia e da infâmia*. Desmascarados, modificam agora a estratégia. ...isto é, abandonam a tecla em que primeiro bateram e procuram agora condenar as "pressões externas" e denunciar o que seria uma espécie de "macartismo" das autoridades governamentais e das forças armadas brasileiras. Ora, voltemos a dizê-lo, *essa é uma forma de falsear a questão: os manipuladores da crise metem-se na pele de patriotas e cientistas perseguidos pela incompreensão e pela intolerância de autoridades*, que estariam a descobrir "comunismo" em qualquer atitude "progressista". Acontece, entretanto, que essa pele não lhes assenta bem, *sendo inadequada para cobrir a nudez da indisciplina, da desordem, da falta do autêntico espírito universitário, que não se compadece com a infâmia, a mentira, a defesa do privilégio injustificado*. ...Apenas sabem as autoridades governamentais que o caminho para atingir esse fim não é o que apontam os manipuladores da crise; não é o caminho da desordem, da falta de respeito humano, da "intocabilidade" de *pretensos inimigos das "cátedras", que reclamam privilégios muito maiores do que mesmo estas consentem*.

No dia, que esperamos próximo, em que *a Universidade de Brasília deixe de imiscuir-se na política partidária*, o que tem feito por *intermédio de muitos de seus docentes*, alguns envolvidos até nos recentes acontecimentos de Goiás; em que *a ordem e a disciplina, o trabalho universitário fecundo e autêntico reinem na instituição*, nesse dia, então, a autonomia universitária, compreendida na sua significação verdadeira, poderá existir, em sua plenitude, na jovem universidade da capital da República. Em uma palavra, ela existirá quando aqueles que agora a reclamam, *com dissimulados propósitos*, não impeçam, pela sua ação subversiva, sua efetiva implantação.

Sempre a mesma martelagem. Sem comentário. Os jornalistas de *O Estado de S. Paulo* seguiam a orientação do proprietário do jornal, Júlio de Mesquita Filho.

A universidade interrompida

Artigo transcrito em O Estado de S. Paulo, *24 de novembro, inicialmente publicado em* O Estado de Minas *de 20 de novembro de 1965*

Sem perigo de engano, pode-se dizer que *a crise política* da Universidade de Brasília constitui um desses fatos *historicamente inevitáveis*. Mais cedo ou mais tarde, ela teria que ocorrer, *provocada pelos erros de origem* de um centro de estudos que nasceu, não sob o signo do ensino, mas debaixo de uma *inspiração nitidamente ideológica. Entregue, a partir de sua criação, à orientação de um dos mais destacados "filósofos" do janguismo*, a Universidade de Brasília imediatamente foi transformada numa das entidades *mais fechadas* do País. O ingresso em seus quadros – a princípio o docente, depois também o discente – *tornou-se, então, uma espécie de prêmio só atribuído aos adeptos de determinada confraria de pensamento*. Simultaneamente, o isolamento geográfico e demográfico de Brasília permitiu a formulação ortodoxa da vida econômica da universidade, trabalhada também apenas pelos iniciados capazes de defender a *"ideia simpática" da época, mistura confessada de materialismo histórico, carreirismo, xenofobia e arrivismo*, ao lado de uma comprovada competência na manipulação de *slogans*.

Um dos resultados dessa *política global é o custo extraordinariamente elevado do ensino*. De acordo com *dados oficiais* do Ministério da Educação, o aluno da Universidade de Brasília *é o mais caro – não só do Brasil, mas de todo o Ocidente*. Para 1.806 alunos, a universidade aplica, no ano corrente, a soma de *quatro bilhões de cruzeiros*. Cada universitário brasiliense está, portanto, custando à nação a importância anual de *três milhões, seiscentos e setenta mil e duzentos cruzeiros*. A propósito, recorde-se que a Universidade do Brasil, com mais de sete vezes o número de alunos, conta com verba exatamente igual à sua congênere do Distrito Federal. A manutenção dessa verba pelo atual governo dá bem a ideia de seu interesse na implantação de um sistema universitário de alto gabarito no Planalto Central.

Como resultado de um de *seus erros infraestruturais*, o organismo universitário de Brasília se caracterizou sempre por uma *formação esdrúxula*, construída de cima para baixo. *Antes de contar com a presença do aluno*, os donos da universidade cuidaram de *forrar a ideologia da casa*, superlotando-a de professores *escolhidos pelo já referido critério não pedagógico*. Numericamente, a Universidade de Brasília *bate todos os recordes na América Latina em matéria de média por aluno*, dispondo de um professor para cada grupamento de 3,8 alunos. Há, mesmo, *alguns de seus cursos nos quais o total de professores é superior ao de discípulos*, como se dá em *cursos especiais de pós-graduação*. Dentro dessa *legião*, grande parte fora recrutada *sem que se cogitasse, sequer, de preenchimento de determinadas e indispensáveis formalidades legais*. Como se revela agora, um dos causadores da crise nem licenciado em Filosofia é, não podendo, por conseguinte, lecionar nem mesmo em cursos secundários.

Custando uma fortuna aos cofres públicos, é de se notar que a Universidade de Brasília passou a constituir, desde sua fundação, *uma ilha* na capital do País. *Fechada sobre si mesma, cultivando seus próprios dogmas e preconceitos, ela não participa, de nenhuma maneira, da vida comunitária de sua cidade--sede*. Criada como um colégio de iniciados, assim prosseguiu, de tal maneira que *a crise atual não teve o menor reflexo sobre a vida urbana*. Segundo o testemunho geral, *essa crise só alcançou a repercussão no exterior que lhe foi imprimida pelos jornais. Em Brasília, poucos foram os que dela chegaram a tomar conhecimento*.

Hoje, está o Brasil diante do *fato concreto das modificações radicais* que se processam na Universidade de Brasília. *Pagando um preço elevadíssimo pelo ensino brasiliense*, nada mais natural que a nação se julgasse no direito de dele participar, conhecendo-o e acompanhando-lhe os progressos. *Erigido sob bases falsas*, o mundo universitário da capital *estava antecipadamente condenado*, condenado *duplamente*, por ter criado uma *autofigura mitológica de sérias dimensões* e por não ter atendido às exigências mínimas daquela realidade brasileira com a qual seus inspiradores pareciam tanto se preocupar. Presa em *sua intolerância*, foi por ela derrotada, na mais previsível das derrotas – aquela determinada pelo fato de que, na história da humanidade, a novas exigências do meio social correspondem novas instituições. E, no Brasil atual, a *recentíssima Universidade de Brasília já se tinha transformado numa organização arcaica e anacrônica.*

O conteúdo deste artigo pode ser considerado a caricatura típica que faziam da Universidade de Brasília em certos meios. Contém os principais ingredientes da ideologia denegridora. Já se torna cansativo e enfadonho rebater tanta mentira, tanta má-fé e tanta ignorância. Os professores da Universidade de Brasília tinham recebido vários qualificativos: subversivos, corruptos, indisciplinados, baderneiros, incompetentes, medíocres, criadores de ambiente de esterquilínio, de sânie e fezes, e de lodaçal, sem-vergonhas, sectários, usurpadores de cargos sem terem diplomas, tendo obtido situações funcionais Deus sabe como, e a imagem misturada com a de ladrões. O autor deste artigo conseguiu ser original e introduziu mais um: *xenófobos!*

Evidentemente, seria demais exigir, de um autor com tanta imaginação, dotado para a literatura de ficção, também honestidade ou curiosidade de se informar. Deixemos de lado as acusações de fundamento ideológico, grotescas, e vejamos alguns dados concretos. Então, o aluno da Universidade de Brasília *era o mais caro de todo o Ocidente!* Se essa pessoa tivesse procurado dados oficiais no Ministério da Educação, como pretendia, saberia que, entre os orçamentos das universidades brasileiras, o da UnB era um dos menores. E se tivesse tido a prudência de verificar seus próprios cálculos, veria que o custo que atribuiu a cada aluno, multiplicado pelo número de alunos, é 66% superior ao orçamento global que citou para a universidade. Devemos, no entanto, reconhecer que o artigo contribuiu para elevar a cultura nacional, ensinando que a cidade de Brasília, além de isolamento geográfico, estava em isolamento *demográfico*, o que permitiu, aliás, a formulação *ortodoxa* da vida econômica da UnB, que esta universidade sempre se caracterizou por uma *formação esdrúxula* e que o mundo universitário da capital tinha criado uma *autofigura mitológica*, que, por sinal, era de *sérias dimensões.*

Tudo isso, os brasileiros aprendiam lendo esses jornais.

Comparação necessária

As notícias que acabamos de ver transmitiam as mesmas imagens da UnB, com as mesmas palavras. Seus autores e os proprietários dos jornais em que escreviam nunca tinha visitado a Universidade de Brasília e nunca tinham conversado com os professores responsáveis pelos seus diversos setores. Não procuravam informações corretas, escreviam artigos abstratos, que deviam satisfazer a um objetivo determinado, cumpriam uma missão. Tecnicamente, essa missão chama-se lavagem de cérebros.

Para avaliar a extensão da má-fé, basta fazer uma comparação. Colocar, de um lado, esse noticiário e as declarações do ministro da Educação e Cultura; de outro, as condições expostas no capítulo "O começo" e as atividades descritas nos capítulos 8 e 9, a respeito do trabalho nos institutos e faculdades.

Fica patente um caso único em nossa História: as mentiras e as difamações que se divulgavam a respeito de uma universidade, seus professores e seus estudantes, a fim de apoiar os responsáveis de um regime político ditatorial e seus acólitos.

Capítulo 24

Nova invasão, trágica - agosto de 1968

São glórias desta cidade
Ver a arte contando história,
A religião sem memória
De quem foi Cristo em verdade,
Os chefes nossa amizade,
Os estudantes sem textos,
Jornalismo no cabresto,
Tolos cantando vitória,
Isso é glória?

Mário de Andrade[1]

A Universidade de Brasília foi novamente invadida por tropas policiais e militares em 29 de agosto de 1968. Violência e tragédia, um estudante foi atingido por bala na cabeça, quando ele, professores e colegas interromperam os trabalhos para olhar soldados que penetravam na Faculdade de Tecnologia e estes, bruscamente, começaram a disparar suas armas.

Embora os fatos tenham ocorrido depois do período tratado neste livro, não podemos deixar de dar algumas informações a respeito. Elas não somente constituem um complemento a tudo o que escrevemos nos capítulos anteriores como também revelam que o

---

[1] Mário de Andrade, *Lira paulistana*, *Poesias Completas*, São Paulo, Livraria Martins Editora, 1974, p. 286.

desrespeito por instituições como universidades, no Brasil daquele período, podia chegar ao extremo de gerar situações incontroláveis até pelas próprias pessoas que as haviam provocado.

A invasão

A invasão foi verdadeira operação de guerra, meticulosamente preparada com a experiência de profissionais. O *Correio Braziliense*, um dos jornais que a noticiaram com minúcia, publicou com letras garrafais, na primeira página,

DEPUTADOS E ESTUDANTES APANHAM
NA UNIVERSIDADE

e na última página,

UnB OUTRA VEZ TOMADA DE ASSALTO

e a descreveu assim:[2]

A Universidade de Brasília foi invadida, na manhã de ontem, por tropas da Polícia Militar do DF, Polícia Civil, Polícia Federal, Polícia do Exército e agentes à paisana do Dops, que, utilizando bombas de gás lacrimogêneo, metralhadoras, bazucas, revólveres e cassetetes, cercaram o *campus* universitário e retiraram das salas de aula todos os professores e alunos, sendo estes levados, de mãos levantadas, à quadra de esportes da UnB, para se submeterem à triagem.

Utilizando cerca de cinquenta viaturas e choques policiais, as tropas penetraram na universidade exatamente às dez horas, ao mesmo tempo em que bloqueavam todas as suas vias de acesso, impedindo a entrada e a saída dos estudantes, que cor-

---

[2] *Correio Braziliense*, 30 de agosto de 1968, p. 1 e 12.

reram para todos os lados, quando foram surpreendidos, durante as aulas, pela invasão.

Não se sabe ao certo o número de estudantes presos, mas, entre eles, está o presidente da Federação dos Estudantes da Universidade de Brasília, Honestino Monteiro Guimarães, que juntamente com mais outros estudantes estão com prisão preventiva decretada pela Auditoria da 4ª Região Militar.

Imediatamente após a invasão da UnB por todo o dispositivo policial do Distrito Federal, cerca de 15 parlamentares, entre senadores e deputados, se dirigiram ao recinto da universidade, protestando contra o ato, mas a maioria deles foi proteger seus próprios filhos, que seriam submetidos à triagem da polícia.

Comunicados oficiais

O Departamento de Polícia Federal distribuiu à imprensa a seguinte nota:[3]

O Departamento de Polícia Federal recebeu, durante os últimos cinco dias, mandado de prisão expedido pela 4ª Auditoria da Justiça Militar contra os seguintes elementos: Honestino Guimarães, Paulo Sérgio Ramos Cassis, Paulo Speller, Samuel Yoguru e Mauro Mota Burlamaqui. Tendo sido localizados no interior da Universidade de Brasília, foi apresentado ao Magnífico Reitor pedido de busca, informado negativamente por aquela autoridade, após colocação de ciente no documento.

O Departamento de Polícia Federal está ciente de que as autoridades da Universidade de Brasília cederam salas para reuniões altamente subversivas na semana corrente.

Os Poderes Públicos, já cansados da repetição do fato, não permitirão que reuniões de tal natureza se repitam na capital da República.

---

[3] *Correio Braziliense*, 30 de agosto de 1968, p. 1.

O Departamento de Polícia Federal agirá com rigor e já prendeu o pretenso líder estudantil subversivo Honestino Guimarães, dentro da Universidade de Brasília, o que vem comprovar a passividade e a complacência do reitor, permitindo, no interior de um órgão federal, conclave de anarquistas e perturbadores da ordem.

Esclarecemos ainda que os agentes federais, ao se dirigirem à universidade, pacificamente, a fim de cumprir sua missão, foram recebidos com pedradas e vários objetos lançados contra eles, pela "turma de segurança" daqueles baderneiros, tendo inclusive uma viatura do Departamento de Polícia Federal sido virada e queimada, provocando sério ônus à Fazenda Nacional.

A polícia falava em nome dos *Poderes Públicos*.

O reitor que reagiu com dignidade, recusando o pedido da polícia de buscar pessoas na universidade, era o professor Caio Benjamin Dias, da Universidade de Minas Gerais, que ocupava o posto desde 3 de novembro de 1967, sucedendo a Laerte Ramos de Carvalho.

Honestino Guimarães, apresentado pela polícia como *pretenso* líder estudantil, era o presidente da Federação dos Estudantes da Universidade de Brasília. Foi preso novamente alguns anos depois e nunca mais foi encontrado, nem vivo, nem morto; foi um dos *desaparecidos* durante a ditadura.

O Departamento de Polícia emitiu outro comunicado:[4]

O Departamento de Polícia Federal distribuiu ainda a seguinte nota, complementar à anterior: Vários disparos de armas de fogo foram efetuados contra policiais, partindo do interior e cercanias da Universidade de Brasília. Diversos policiais estão feridos, inclusive um oficial da Polícia Militar.

---

[4] Idem, p. 1.

Nota distribuída pelo Hospital Distrital de Brasília

Às 17 horas do dia 29 de agosto de 1968, o Hospital Distrital de Brasília (HDB) distribuiu a seguinte nota:[5]

Às 11 horas de hoje, 29/8/68, deu entrada no pronto-socorro do HDB o universitário Waldemar Alves da Silva Filho, com traumatismo crânio-encefálico, produto causado por um projétil de arma de fogo. Foi submetido a tratamento cirúrgico pela equipe da Unidade de Neurocirurgia. O paciente encontra-se sob cuidados médicos especiais, sendo seu estado considerado grave. A cirurgia foi concluída às 16h20, e o projétil foi extraído do crânio às 13 horas. O paciente permanece na sala de recuperação do centro cirúrgico, onde está sendo assistido por uma equipe de médicos, devendo permanecer naquele centro até amanhã, 30/8/68, quando irá ser transferido para a enfermaria.

FERIDOS

O HDB atendeu ainda Marcos Borges, Antônio Carlos Pedroso, Márcio José dos Santos, José Ferreira Filho, que sofreram pancadas na cabeça, e o agente federal Manoel Alves Batista, que recebeu pedrada na face.

O único policial atendido pelo hospital foi esse atingido por uma pedra; não apareceu nenhum policial e nenhum oficial da Polícia Militar ferido por bala, contrariamente ao que tinha sido divulgado pelo Departamento de Polícia Federal.

Repercussão – deputados do MDB descrevem os fatos para o partido

Essa nova violência contra a UnB teve muita repercussão no País e no Congresso. Senadores e deputados – alguns até do partido

---

[5] Idem, p. 1.

governista Arena – tomaram a palavra para condenar a invasão e pedir que os responsáveis fossem punidos. Além dos parlamentares que tinham ido à universidade nos momentos em que se processava a invasão, outros foram mais tarde para se informar, descrevendo depois aos colegas o que viram e ouviram. Uma delegação do MDB[6] fez um relatório ao partido.[7]

Sobre as ocorrências na universidade, os deputados Amaral Peixoto, Martins Rodrigues, Hermano Alves, Chagas Rodrigues, Doin Vieira e Caruso da Rocha encaminharam à liderança do MDB o seguinte relatório:

"Às 13 horas, aproximadamente, do dia 29 de agosto de 1968, o deputado Ernani do Amaral Peixoto, o deputado Chagas Rodrigues e eu, na companhia do professor Carlos Galvão Lobo, coordenador da Faculdade de Medicina da Universidade de Brasília, visitamos as instalações do Instituto Central de Ciências daquela universidade, para verificar *in loco* os danos causados pela intervenção policial ocorrida pela manhã. Um dos professores da Faculdade, a pedido do coordenador, fotografou toda a vistoria por nós realizada, comprometendo-se a fornecer--nos cópias dessas fotografias, no prazo mais curto possível.

Visitamos, em primeiro lugar, os laboratórios da Faculdade de Medicina, onde pairava ainda uma tênue camada de gás lacrimogêneo, cujos efeitos prontamente sentimos. A porta traseira do laboratório fora arrombada, a pontapés, pelos policiais, no momento em que os alunos trabalhavam em estudos de anatomia, com cobaias. A marca de uma das botas estava nítida na porta arrombada. Observamos que os vidros que existem na parte superior de todas as salas do laboratório tinham sido destruídos pelos estudantes, que, em pânico, tentavam fugir aos efeitos do gás lacrimogêneo.

---

[6] O Movimento Democrático Brasileiro, MDB, era o nome inicial do Partido Movimento Democrático Brasileiro, PMDB.

[7] *Correio Braziliense*, 30 de agosto de 1968, p. 3.

Comprovamos a destruição, por bomba de efeito moral, de um equipamento de alta sensibilidade, um espectrofotômetro de valor aproximado de 4.600 dólares, segundo as estimativas dos professores que nos acompanharam. A marca da explosão ainda estava muito nítida e a granada – de gás lacrimogêneo – foi encontrada no chão. O fato foi registrado fotograficamente, tendo eu recolhido a granada, que ora entrego à Liderança do MDB na Câmara dos Deputados. Depois de percorrermos todos os laboratórios da Faculdade de Medicina, visitamos a coordenação dessa mesma faculdade. A sala do coordenador apresentava sinais evidentes de ter sido vistoriada, de modo violento, pelos policiais. Os móveis estavam desarrumados, os papéis removidos, e sobre um sofá os policiais chegaram a derramar a areia de uma caixa, que, no chão, servia de cinzeiro. A porta da sala apresentava, também, sinais de violência, pois fora forçada pelos policiais.

Em seguida visitamos o andar superior, em que funciona a Faculdade de Tecnologia. No terraço havia manchas de sangue do estudante Waldemar da Silva Filho, baleado pela polícia. Também na parede que dá para o patamar inferior e no próprio patamar inferior havia manchas de sangue. No gabinete de Engenharia Mecânica, para onde fora o rapaz recolhido por seus colegas e por professores, registramos uma grande mancha de sangue sobre a mesa onde o corpo fora colocado. Na mesa também estavam os documentos do estudante, também ensanguentados.

Posteriormente, o professor Laélio Ladeira de Souza, diretor do Departamento de Engenharia Civil, declarou-me que estava em reunião com os professores e com alunos, aproximadamente às 10h30 da manhã, na sala de reuniões da Faculdade de Tecnologia do Instituto Central de Ciências, quando recebeu a notícia de que a polícia invadia o *campus* universitário. O professor Ladeira pediu o encerramento da reunião e determinou que constasse em ata o fato de que a polícia invadia o *campus*.

O professor Ladeira mandou que as aulas da Faculdade de Tecnologia fossem suspensas, e que todos os alunos se recolhessem aos gabinetes dos seus respectivos professores, em ordem, para que não houvesse desordem ou pânico. A polícia iniciou a invasão do ICC atirando bombas de gás lacrimogêneo e disparando a esmo com fuzis e pistolas. Os fuzis estavam com baionetas armadas. Na confusão, vários alunos e professores que espiavam a invasão policial ouviram um estampido forte e um silvo de bala. O professor Ladeira estava ao lado do estudante Waldemar, que caiu atingido por uma bala. Os estudantes correram, deixando o colega, mas logo voltaram quando souberam que tinha sido atingido. O ferido foi levado por eles e por professores para o gabinete de Engenharia Mecânica.

O professor Ladeira entrou, com vários estudantes, no gabinete. Fecharam as portas, temendo os efeitos das balas. Quando o professor acreditou que já se fizera a calma, saiu para examinar a situação. Foi então que viu um pelotão da polícia, que calcula em vinte homens, de fuzis e baionetas armadas. Os policiais apontaram os fuzis na sua direção. O professor refugiou-se em seu gabinete, que fica ao lado do gabinete de Engenharia Mecânica.

A partir desse instante, os policiais começaram a invadir os gabinetes, espancando alunos e professores, indiscriminadamente, com insultos e palavrões. Alguns usavam cassetetes, de madeira e de borracha, outros utilizavam as coronhas do fuzis. Os policiais diziam que os alunos e professores deviam correr, deixando os gabinetes. O professor Ladeira, com estudantes, saiu por uma das escadas laterais. Outros alunos foram conduzidos pelos policiais para o subterrâneo do ICC. Os professores ficaram retidos no corredor do patamar inferior.

O estudante Waldemar, ferido já há coisa de meia hora, segundo os cálculos do professor Ladeira, não tinha sido removido para os devidos socorros. Alguns professores tentaram convencer os policiais a prestar os socorros ao ferido, sem êxito. Os policiais alegavam que não tinham ordens superiores para fazer tal coisa. Os professores, então, sob a orientação do professor Itamar Viana, professor de Engenharia Civil, coronel do Exército, reformado, resolveram desobedecer às

A universidade interrompida 473

determinações dos policiais e retiraram o ferido. Não foram molestados. O professor e o coronel Itamar, e outros, levaram o estudante Waldemar para o Hospital Distrital, no carro do coronel. Os demais professores e funcionários da administração continuaram sob a custódia da polícia por mais meia hora, quando foram liberados por determinação de um soldado que dizia obedecer a ordens superiores. Recomendou o soldado que não podiam sair de carro da universidade. Deveriam sair a pé, pelo cerrado — o que fizeram cerca de trinta professores e funcionários. O professor Ladeira lembra-se de que viu soldados, cabos e sargentos da Polícia Militar, mas não viu, sequer uma vez, um oficial".

Manifesto dos professores, alunos e funcionários

Os professores, os alunos e os funcionários da UnB reagiram e fizeram em conjunto o manifesto seguinte:[8]

Os corpos docente, discente e administrativo da Universidade de Brasília, inteiramente coesos na missão de defendê-la e no intuito de salvaguardar a verdade dos fatos, deturpados por alguns órgãos de informação, vêm de público trazer seu protesto e repúdio ante a brutal agressão perpetrada hoje contra sua integridade.

Em operação militar, lembrando um país em guerra, tropas policiais invadiram o *campus* universitário, armadas com cassetetes e rifles com baionetas caladas, jogando bombas de gás lacrimogêneo, atirando e ferindo alguns estudantes e espancando vários outros, inclusive professores, e depredando as instalações, com sérios prejuízos materiais. Surpreendidos em seus locais de trabalho, foram expulsos com gás lacrimogêneo, presos e revistados como se fossem criminosos comuns ou prisioneiros de guerra.

---

[8] *Correio Braziliense*, 30 de agosto de 1968, p. 6.

Como saldo de tão bárbaro ataque, encontram-se hospitalizados dois estudantes vítimas das balas das forças invasoras. Não havendo razão que justifique tal agressão, revoltante não só pela sua brutalidade, como também, e sobretudo, por ter sido dirigida contra uma comunidade em trabalho pacífico e produtivo, não pode esta universidade ficar alheia ou inerte diante de tal demonstração de selvageria.

Ressalta-se em particular, neste documento, o testemunho responsável do corpo docente, que faz questão de levar aos senhores pais a informação do estado de insegurança em que se encontram seus filhos, solicitando sua coparticipação na luta pela obtenção de garantias mínimas para o prosseguimento da tarefa educacional em que ambos estão empenhados.

Os signatários advertem a nação de que as atividades desta universidade não poderão ser retomadas sem a punição dos responsáveis e a obtenção das garantias necessárias, que se consubstanciam na libertação de estudantes e funcionários presos, na cessação de IPMs e na segurança da manutenção da integridade do *campus*, do que se espera seja dada ampla divulgação pela imprensa.

Mães protestam

Cerca de 170 mães assinaram manifesto de protesto, a seguir apresentado, contra as violências:[9]

As mães e esposas de Brasília sentem chegada a hora de tornar públicos sua aflição e seu repúdio pelas cenas de selvageria e inominável violência que mais uma vez ensaguentaram a Universidade de Brasília. Além das costumeiras prisões, foi gravemente atingido a tiros o estudante Waldemar Alves Filho, terceiranista do curso de Engenharia Mecânica.

O que nós, mães e esposas, sempre desejamos, é somente ver nossos filhos e maridos estudando e trabalhando em paz e

---

[9] *Correio Braziliense*, 1 de setembro de 1968, p. 1.

segurança, dentro de um Brasil capaz de atender aos reclamos de uma juventude idealista e inteligente. No entanto, o que vemos neste grave instante nacional é justamente o oposto, isto é, todas as formas de brutalidade e violência utilizadas contra jovens desarmados, em massacre que contraria nossas mais caras tradições.

Exigimos, para a pacificação dos espíritos, a abolição definitiva de qualquer forma de agressão contra nossos filhos e maridos, a eliminação do estado de insegurança, que também nos atinge – denunciado ao País em manifesto, pelos próprios professores da UnB, aos quais somos muito gratas – e a realização de um inquérito minucioso para a apuração das responsabilidades. Nossa luta é pela construção de um Brasil melhor, mais humano e mais justo.

Seguem-se as assinaturas.

Consequências

O reitor Caio Benjamin Dias entrevistou-se com o presidente da República, naquela altura o marechal Artur da Costa e Silva, que designou o general Emílio Garrastazu Médici, chefe do Serviço Nacional de Informações, para investigar os acontecimentos. O general Médici foi o sucessor do marechal Costa e Silva na Presidência da República.

Um jovem foi atingido por bala na cabeça, ferimento da maior gravidade. Estudantes, funcionários e professores foram espancados, estudantes e funcionários foram feridos e presos, direitos humanos foram violados, material da universidade foi destruído.

Vemos que as várias invasões da Universidade de Brasília, que começaram em abril de 1964, foram cada vez mais violentas, culminando com esta de 1968, verdadeira operação de guerra. Não houve processo nem acusação, ninguém foi apontado como responsável. Tudo aconteceu como se não tivesse acontecido.

Capítulo 25

Por quê? Quem é responsável?

Não estou falando, não, mas o Capitão Custódio está aí, me dá grito, me chama de ladrão. É só porque não tem mando de verdade.

Olha, Bento, se eu fosse como tu, sabendo ler e escrever, já estava longe desta gente.

José Lins do Rêgo[1]

Os fatos que ocorreram na Universidade de Brasília constituem um "caso" daquele período de nossa História. Quantos outros "casos" não houve pelo Brasil afora?

Por que podiam eles ocorrer? Fundamentalmente, porque o País foi submetido a um regime político instaurado com base na *doutrina da segurança nacional*, em nome da qual é espezinhada a lei e aberta a via da arbitrariedade. E, uma vez aberta a via da arbitrariedade, instala-se uma perversão no funcionamento de órgãos sociais, os critérios de julgamento e de comportamento e os valores são alterados. Podemos citar muitos detalhes, muitos exemplos, mas essa é a razão principal, da qual decorrem as outras. Naquele período de obscurantismo da nossa História, nenhum setor da vida pública foi poupado. Os problemas universitários foram tratados com argumentos políticos. O próprio ministro da Educação e Cultura chegou a dizer que *educação é problema de segurança nacional*, e esse pensamento,

---

[1] José Lins do Rêgo, *Cangaceiros*, Rio de Janeiro, Livraria José Olympio Editora, 4ª edição, 1970, p. 167 e 170.

com todas as deturpações que comportava, guiava-o na direção de seu Ministério.

Cargos de responsabilidade foram confiados mais pelo credo das pessoas ao regime do que por suas capacidades, e muitos se atribuíram funções policiais, a par de suas funções administrativas. A perversão estabeleceu-se no discurso e nos atos. E, fato desastroso, suprimiu-se o diálogo, um dos elementos mais importantes da vida em sociedade.

Esse quadro propagou-se pelo País. As arbitrariedades perpetradas na Universidade de Brasília foram as mais gritantes, mas não foram as únicas no meio universitário. Ocorreram muitas outras, em muitos lugares. As pessoas que não participam da vida acadêmica não sabem que, em certos lugares, em algumas disciplinas, o esvaziamento de pessoas competentes foi tão grande que se formou o vácuo de uma geração de profissionais durante vinte anos.

Quem foi responsável?

Vimos, nominalmente, algumas das pessoas responsáveis pelo que aconteceu na Universidade de Brasília. Mas não foram elas as únicas. A responsabilidade começou com os que dirigiram o golpe de Estado e os que o apoiaram, militares e civis, os quais permitiram a instalação do sistema. Foram muitos, em diferentes setores da atividade social, os responsáveis conhecidos ou anônimos, em vários níveis da escala, os que comandavam e os que obedeciam – indo às vezes além da obediência programada ou exigida –, assim como aqueles que não tinham mando de verdade. Autoridades civis e militares que se esmeravam em mostrar-se mais zelosos do que seus superiores hierárquicos esperavam.

Mas ninguém foi julgado, ninguém foi punido.

Índice

Abdalah, William Ramos, 248
Abramo, Perseu, 185
Alemanha, 100, 190
Alencar, Francisco Heron de, 185
Alho, Cleber José Rodrigues, 250
Almeida, Aracy de, 398
Almeida, José Wilker, 399
Almeida, Ludovico de, 267
Almeida, Manuel de, 258, 360 a 367
Alvarenga, Célio W. M., 251
Alves, Hermano, 470
Alves, José Ubyrajara, 251
Alves, Márcio Moreira, 398
Andrade Filho, João Evangelista de, 248
Andrade Lima Filho, 186, 227, 229, 266, 279 a 303, 318 a 325
Andrade, Clotilde F., 249
Andrade, Doutel de, 234
Andrade, Joaquim Pedro de, 398
Andrade, Jorge de, 402
Andrade, Mário de, 58, 114, 115, 465
Andrade, Nádia Maria C., 249
Andrade, Theophilo de, 446
Anjos, Cyro dos, 21, 41 a 48, 70, 71, 75, 76, 77, 104, 358
Antonioni, Michelangelo, 399
Aragão, Raimundo A. de C. Muniz de, 267
Araújo, José Luís de Barros, 250
Artes Gráficas, 93, 116
Assis, Machado de, 329, 439
Associação Brasileira de Educação (ABE), 55, 58, 114
Athayde, Tristão de, 46
ato institucional (definição), 193

Ato Institucional no 1, 193
Ato Institucional no 2, 395, 396, 397, 403
Ávila, Geraldo, 141
Azevedo, Fernando de, 56, 91, 98
Azevedo, Gilda Maria Corrêa de, 249
Azevedo, Juan Llambias de, 194
Azzi, Mariza Antônia Gurgel, 250
Azzi, Rodolpho, 137 a 140, 245

Babinski, Masiej Antoni, 249
Baden Powell, 399
Baltar, Alda, 249
bandeira da China comunista, 182
Barbosa, Ana Mae Tavares, 248
Barbosa, João Alexandre, 249
Barreto, Lima, 159
Barros, Adhemar de, 159, 160, 183, 278
Barros, Fernando de Souza, 156, 250
Barros, Rosilux Paques de, 250
Barros, Suzana de Souza, 156, 250
Bassalo, José Maria Filardo, 156, 250
Batista, Geraldo de Sá Nogueira, 248
Batista, Manoel Alves, 469
Batista, Márcia Aguiar Nogueira, 248
Bauhaus, 116
Beck, Guido, 75
Becker, Cacilda, 398
Becker, Miriam, 250
Benguel, Norma, 399
Benjamin, Dimitri Sucre, 133, 250
Bergner, Claus Peter, 116, 248
Bernardet, Jean-Claude, 250
Berryman, Robert Norman, 250
Bértoli, Lyrio, 266

Bethânia, Maria, 398
Beuve-Méry, Hubert, 164
Bezerra Neto, 342
Bianchetti, Glênio, 96, 116, 248
Bianchini, Mauro, 251
Bittencourt, Carlos Machado, 248
Boal, Augusto, 399
Bomeny, Helena Maria Bousquet, 46
Borges, Marcos, 469
Bori, Carolina Martuscelli, 22, 109,
    137 a 139, 156, 250
Botânica, laboratório de, 133
Botelho, Suzy Piedade Chagas, 249
Braga, Pedro, 127, 334 a 337
Brandão, Yulo, 119
Brasil, Roberto Pompeu de Souza ver
    Pompeu de Souza, Roberto
Braz Filho, Raimundo, 251
Brito Velho, 266, 287, 298, 302, 303,
    335
Brizola, 448
Brizola, Pinheiro, 457
Brognoli, Dinah, 248
Buarque de Holanda, Sérgio, 58, 402
Buarque, Chico, 255, 399
Bugarin, Bento José, 251
Bulcão, Athos, 96, 116, 248
Burlamaqui, Mauro Mota, 467
Burmeister, Fernando Lopes, 248

Cadaval, Maurício E. C., 249
Calado, Antônio, 398
Caldas, José Zanini, 185
California Institute of Technology,
    101
Callou, Carlos Augusto, 127, 245
Calmon, Pedro, 65, 356
Camacho Manco, Cesar Leopoldo,
    251
Câmara, Dom Helder, 287
Câmara, Lúcia R., 249
Camões, 175

Campanha Nacional de Aperfeiçoa-
    mento de Pessoal de Nível Supe-
    rior ver Fundação Coordenação
    de Aperfeiçoamento de Pessoal
    de Nível Superior
Campello, Glauco de Oliveira, 128,
    248
Campofiorito, Italo, 128, 199, 223,
    248, 385
Campos, Francisco, 56
Campos, Milton, 288
Cançado, Álvaro Lopes, 297
Cantanhede, Plínio, 183, 223, 246
Capanema, Gustavo, 46, 59, 60, 61, 79
Cardoso de Menezes, 266
Cardoso, João Christovão, 65
Cardoso, Sérgio, 399
Carnaúba, Abel Acioly, 248
Carneiro, Mário, 398
Carpeaux, Otto Maria, 398
carreira universitária, 81, 83, 84
Carrero, Tônia, 402
Carrien, Francisco Machado, 193
Carvalho, Laerte Ramos de, 106, 107,
    112, 127, 136, 183, 188, 206,
    208, 211, 212, 213, 217, 218,
    219, 224, 225, 226, 227, 235,
    236, 237, 243, 245, 246, 247,
    252, 256, 258, 267, 269, 270,
    276, 279, 282, 288, 289, 294,
    295, 299, 307, 308, 311 a 367,
    369, 373, 376, 377, 378 a 392,
    416, 427, 429, 436, 441, 443,
    445, 451, 455, 456, 457, 468
Carvalho, Luís Fernando de, 145, 251
Cassis, Paulo Sérgio Ramos, 467
Castelo Branco, marechal, 122, 159,
    162, 167, 345, 346, 357, 394 a
    398, 407, 408, 432, 452, 453,
    454, 455
Castro, Almir de, 65, 75, 178, 179,
    180, 182, 211

A universidade interrompida 481

Castro, Francisco de Oliveira, 58
Castro, Josué de, 419
catedrático, 83, 84, 89, 94
Cavalcanti, Tito, 75
Cavalcanti, Armando de Holanda, 248
Centro Brasileiro de Pesquisas Educacionais (CBPE), 47, 56
Centro Brasileiro de Pesquisas Físicas (CBPF), 89, 94, 151, 154, 262
Centro de Extensão Cultural, 92, 113, 122 a 123
Centro Educativo de Arte Teatral, 56
centro olímpico, 97
Ceplan, 22, 128, 131, 132
Cernichiaro, Luís V., 249
Ceschiatti, Alfredo, 96, 116, 248
Chagas, Walmor, 399
Chalmers University of Technology de Göteborg, 101
Chateaubriand, Assis, 411, 412, 440, 442, 446
ciclotron, 170, 171
Cidade Universitária, 40, 43, 52, 65, 69, 115
Ciem, 350
Cinema, 93, 116
Citologia, laboratório de, 133, 250
Clark, Lígia, 402
Clérot, Luís C. M., 365
Coelho, Marta Madalena de Oliveira, 249
Coelho, Sérgio Huch, 249
Comissão Parlamentar de Inquérito sobre a Universidade de Brasília (CPI), 30, 34, 107, 112, 127, 136, 171, 184, 186, 217, 226, 227, 232, 246, 252, 256, 258, 265 a 392
Comissão Parlamentar de Inquérito sobre o Distrito Federal, 186

Companhia Siderúrgica Nacional, 69, 184, 266, 267, 271, 272
Companhia Urbanizadora da Nova Capital (Novacap), 40, 41, 63, 69, 71
Conde, Antônio, 251
Conselho de Segurança Nacional, 256, 281, 290, 291, 320
Conselho Diretor da Fundação Universidade de Brasília, 31, 136, 139, 150, 179, 183, 210, 221, 237, 245, 246, 247, 313, 317, 331, 347
Conselho Nacional de Desenvolvimento Científico e Tecnológico (CNPq), 82, 89, 255
Consultoria-Geral da República, 199, 201
contratos, 84, 107
Cony, Carlos Heitor, 398
coordenador, 22, 30, 31, 33, 68, 69
Cordeiro, Antônio Rodrigues, 75, 109, 133, 134, 135, 136, 149, 150, 152, 156, 157, 198, 212, 223, 226, 245, 246, 247, 257, 259, 298, 299, 305, 317, 323, 324, 327, 328, 335, 336, 361, 362, 365, 372, 385, 386
Corrêa, Raimundo Guilherme Campos, 251
Corrêa, Sebastião Rios, 249
Correia Neto, Alípio, 288
Correio Braziliense, 160, 162, 179, 182, 245, 247, 261, 400, 406, 407, 409, 466, 467, 470, 473, 474
Correio da Manhã, 402, 423, 426 a 428
Cortez, José Guilherme P., 249
Costa e Silva, general Artur da, 396, 397, 475
Costa, Carlos, 249

Costa, Gelsa Ribeiro da, 249
Costa, Hilton Gerson, 248
Costa, Lúcio, 32, 37 a 42, 43, 44, 46, 52, 56, 63, 69, 115, 119, 398, 453
Costa, Vanda Maria Ribeiro, 60, 79
Couceiro, Antônio, 75, 183, 246
Couto e Silva, Golbery do, 224, 364, 455
Cozzella, Levy Damiano, 249
Cozzella, Maria Amélia, 249
Craveiro, Afrânio A., 251
Crespo Filho, Sylvio Augusto, 249
"cursos troncos", 104

Danon, Jacques, 75
De Gaulle, general Charles, 159, 161, 163, 165, 166, 167 a 171, 256
Declaração Universal dos Direitos do Homem, 217
Del Picchia, Maria Amélia, 249
Del Picchia, Moacyr, 249
Delgado Filho, Manuel, 249
Della Costa, Maria, 398
Departamento de Genética, 133 a 137
Departamento de Música, 105, 113, 117 a 121
Departamento da Ordem Política e Social (Dops), 228, 229, 258, 355, 365, 366, 367, 431, 466
Departamento de Psicologia, 133, 137 a 140
Departamento Municipal de Educação do Rio de Janeiro, 54, 57
Desenho Artístico Industrial, 93, 116
Dewey, John, 54
Dexheimer, Leo Barcellos, 116, 248
Diário Carioca, 123, 124
Diário de S. Paulo, 206, 396, 398, 399, 411, 412, 423, 439 a 464
Dias, Caio Benjamin, 468, 475
Dias, Cândido Lima da Silva, 75, 89
Diegues, Carlos, 399

disciplinas de integração, 97
Djanira, 398
Dobzhansky, Theodosius, 134
Dois Candangos (anfiteatro), 104, 116, 117, 146
Drummond de Andrade, Carlos, 241
Duarte, Maria Clementina da Silva, 248
Dubugras, Elvin Donald Mackay, 116, 248
Dumas, Georges, 60, 61, 79
Duprat, Régis, 249
Duprat, Rogério, 249

Educação pela Arte, Projeto, 56
Eidgenosse Technische Hochschule (ETH) (de Zurique), 101
Einstein, Albert, 27
Ernesto, Pedro, 57
Escola Média Compreensiva, 63-64
Escola Nova, 55
Escola Politécnica da USP, 88
Escola Politécnica do Rio de Janeiro, 55, 58
estação de rádio e televisão, 97
Estados Unidos, 49, 54, 58, 89, 92
estatuto, 68, 106, 107, 109, 196, 198, 200
Esteves, Paulo R., 251
estrutura única, 99
Evangelista, Maria de Jesus, 249
Exposição de Motivos, 49, 62, 69, 71, 92
Eyton, William B., 145, 251, 262, 263

Faculdade de Arquitetura e Urbanismo, 71, 92, 93, 104, 105, 111, 128 a 132
Faculdade de Educação, 104, 116
Faculdade de Filosofia, Ciências e Letras da Universidade de São Paulo, 87

A universidade interrompida 483

Faculdade de Filosofia, Ciências e Letras da Universidade do Brasil, 60, 61, 64
Faculdade de Medicina de Ribeirão Preto, 150, 183
Faculdade de Medicina, 92, 100, 137, 150, 265, 470, 471
Faculdade de Tecnologia (Engenharia), 94, 150, 151, 271, 374, 465, 471
Faria, Wilmar E., 249
Farias, Roberto, 402
Federação de Amparo à Pesquisa do Estado de São Paulo (Fapesp), 83, 88
Feijó, Germinal, 331
Fellini, Federico, 399
Ferreira Filho, José, 469
Ferreira, Alfredo Gui, 133
Ferreira, Marcelo Mendes, 249
Ferreira, Narcélio Mendes, 249
Ferreira, Philomena Chagas, 248
Ferreira, Ricardo, 75
Fialho, Gabriel de Almeida, 75, 151
Figueiredo, Djairo Guedes de, 141
Figueiredo, João, 159
Filgueiras Lima, João da Gama, 22, 128, 132, 199, 248, 385
Financiadora de Estudos e Projetos (Finep), 82
financiamento (da Universidade), 69
Fiori, Ernani Maria, 192 a 202, 204, 217, 226, 232, 302, 303, 325, 335, 336, 379, 396, 408, 409, 418, 419
Fisiologia, Laboratório de, 133
Fitipaldi, Ítalo, 267
Folha de S. Paulo, 160, 161, 162, 242, 243, 245, 247, 248, 399, 402, 407, 423, 428 a 438
Fonseca, Edson Nery da, 122
Forthmann, Heinz, 248

Fotografia, 93, 116
França, 60, 79, 100, 101, 129, 130, 190
França, Nídia Cavalcanti, 251
France-Soir, 166
Freire, Luís, 58
Freire, Roberto, 399
Freyre, Gilberto, 58
Frota Pessoa, Elisa, 154 a 156, 250
Fundação Coordenação de Aperfeiçoamento de Pessoal de Nível Superior (Capes), 57, 82, 89, 141, 371
Fundação Ford, 169, 300
Fundação Rockefeller, 135, 156, 157, 169, 300
Fundação Universidade de Brasília, 49, 62, 63, 69, 77, 78
Fundo Especial das Nações Unidas, 94, 128, 150, 151, 377
Furtado, Celso, 419
Furtado, Cid, 267

Gadotti, Alcides, 250
Galvão, Eduardo Enéas, 125 a 127, 245, 295, 296
Galvis, Alfonso Leiva, 248
Gama e Silva, Luís Antônio da, 183, 405
Gama, Lélio, 58, 89
Gambirásio, Alberto, 125, 245
Gammon, Willie H., 249
Garcia Canal, Carlos Alberto, 156, 250
Garcia Marquez, Gabriel, 405
Garcia, Aleixo Luís, 249
Gheventer, Boris, 249
Golbery do Couto e Silva ver Couto e Silva, Golbery do
Gomes, A. Ferreira, 75
Gomes, Virgílio Ernesto Souza, 248
Gonçalves, Helmino, 402

Gonçalves, J. Moura, 75
Gonzales, Élbio Neris, 249
Gottlieb, Otto Richard, 74, 75, 76, 109, 113, 142 a 147, 152, 156, 157, 198, 223, 251, 262, 263, 345, 372, 378, 385, 386
Goulart, João (Jango), 77, 106, 124, 164, 178, 396, 447, 448
Grã-Bretanha, 100
Graciano, Clóvis, 114
graduação (cursos de), 112-114
Graeff, Edgard de Albuquerque, 128, 185, 289
Gramacho, Jair Gonçalves, 249
Gross, Bernard, 58
Grossi, José Geraldo, 127, 245
Guarnieri, Gianfrancesco, 399
Guedes, Maria Helena, 250
Guidi, Mário Arturo Alberto, 250
Guimarães Rosa, João, 177
Guimarães, Djalma, 58
Guimarães, Honestino Monteiro, 467, 468
Guimarães, Jorge da Silva Paula, 245, 257, 259, 336, 361, 365
Gullar, Ferreira, 399

Haga, Atsukio, 249
Hildebrand, Armando, 115
Hildebrand, Conceição, 115
Holford, Sir William, 38
Hotel Glória, 394, 397 a 403

ideologia sobre a Universidade de Brasília, 29, 188, 309, 312, 314, 321, 367, 405, 416, 462, 463
Igreja Católica, 45-46
Ilde, Paulo, 250
Imperial College of Science and Technology, 100
Institute of Industrial Design (de Chicago), 116

Instituto Biológico, 285
Instituto Brasileiro do Café, 447
Instituto Butantã, 88, 285
Instituto Central de Artes, 41, 92, 93, 104, 114 a 121
Instituto Central de Biociências, 93, 133 a 140
Instituto Central de Ciências Humanas, 93, 104, 125 a 132
Instituto Central de Física, 76, 92, 153 a 157
Instituto Central de Geociências, 92, 147 a 149
Instituto Central de Letras, 92, 104, 121 a 125
Instituto Central de Matemática, 92, 140 a 142
Instituto Central de Química, 74, 92, 105, 133, 142 a 147
Instituto de Física Teórica (IFT), 89, 94
Instituto de Matemática Pura e Aplicada (Impa), 89, 94
Instituto de Pesquisas Tecnológicas (IPT), 88
Instituto de Teologia Católica, 92, 96
Instituto Nacional de Estudos Pedagógicos (Inep), 47, 56, 65, 78, 204
Instituto Nacional de Tecnologia, 58, 88
Instituto Oswaldo Cruz, 58, 74, 88, 143, 230, 285, 311
Instituto Tecnológico da Aeronáutica (ITA), 88, 94
Institutos Centrais, 66, 68, 92, 93, 98, 149 a 157
instrução personalizada, 137-138
Isensec, Dinah Maria Montenegro, 249
Itália, 190
Janveja, Shyan, 248, 259 a 262

Jardel Filho, 399
Jaso, Angel, 249
Jayme, Joaquim Tomaz, 249
Jefferson, Thomas, 42, 48 a 50
Joffily, Esther Iracema, 116, 248
Joppert da Silva, Maurício, 306
Jornal do Brasil, 423
Jornalismo, Curso de, 92, 122 a 125
Judice, Edson Durão, 251
Jurberg, Marize Bezerra, 250
Jurberg, Pedro, 250
Jurema, Aderbal, 266, 387

Kaplan, Maria Auxiliadora Coelho, 251
Keller, Fred S., 137, 138
Kerr, Warwick, 75
Kniepp, Oscar Borges, 248
Knychala, Catarina, 248
Koellreuter, Hans Joachim, 117
Kono, Akira, 249
Kratz, Fernando Luís, 250
Kruel, Riograndino, 236, 237
Kubitschek, Juscelino, 33, 37, 40, 41, 43 a 50, 51, 62, 40, 71, 76, 129, 177, 358, 394, 395, 396, 403
Lacerda, Carlos, 159 a 167, 394, 395, 447, 454
Ladeira de Souza, Laélio, 471 a 473
Langenegger, Ana Margarida de Rezende, 250
Lara, Odete, 402
Las Casas, Roberto Décio, 127, 192, 203 a 215, 217, 218, 219, 224, 225, 226 a 232, 235, 239, 246, 291, 292, 294, 306, 307, 308, 313, 315, 316, 322, 323, 325, 328, 329, 332, 333, 334, 335, 336, 347, 348, 355, 380, 382, 383, 386, 391, 441
Lattes, Cesar, 89
L'Aurore, 166

Lázaro, Darcy, 127, 239, 255, 256, 295, 296, 357
Le Bon, Gustave, 419
Le Figaro, 166
Leal Ferreira, Jorge, 89
Leal Ferreira, Paulo, 89
Leal, Fernando Machado, 248
Leal, José de Anchieta, 248
Lebret, padre, 303, 325
Leinz, Viktor, 58
Leitão, Jorge Ferreira, 290
Leite Lopes, José, 75
Leite Lopes, Maria Laura Mousinho, 75
Leite, Paulo R., 249
Le Monde, 162 a 165, 417, 434, 435, 436
Lemos, Sérgio Luís Silveira de, 249
Lent, Herman, 58, 311
Lima, Alceu Amoroso, 46, 61
Lima, Carlos Alberto Ferreira, 250
Lima, Elon Lages, 109, 140 a 142, 152, 198, 218, 223, 251, 317, 372, 385
Lima, Etelvina, 250
Lima, Hermes, 58, 179
Lima, Jorge de, 58
Lima, Marluce Aparecida Barbosa, 249
Lima, Roberto A. de, 251
Linhares, Maria Yedda Leite, 75
Lins do Rêgo, José, 477
Lira, Carlos, 399
Lobo, Carlos Galvão, 470
Loureiro, Cecy, 249
Lourenço Filho, Manuel, 56

MacDowell, Antônio Fernando Paranhos, 249
Machado Neto, Antônio Luís, 109, 113, 125 a 127, 195, 196, 198, 214, 218, 223, 224, 245, 335, 336, 385

Machado Neto, Zaidé Maria, 249
Machado, Lúcio Maria Pontual, 248
Machado, Maria Clara, 402
Machado, Sílvio, 251
Magalhães, Gouvan C. de, 251
Magalhães, José Reinaldo, 134, 137, 257, 259, 361, 365
Magalhães, Juracy, 398 a 401, 449
Magalhães, Mauro Taveira, 144, 146, 251
Magalhães Pinto, 159, 394, 447
Magalhães, Sérgio, 76
Mahajan, Jaswant Rai,145, 251
Maia, Mário, 229, 234, 247, 335, 346 a 349, 355, 381
Maia, Newton Freire, 75
Mamede, Zilda da Costa, 250
Manchete, 42
Manguinhos, 230, 311
Manuel, 132
Maquiavel, 318, 393
Marcheler, Jorge, 402
Marcílio, Flávio, 267
Marini, Onildo João, 148, 251
Marini, Ruy Mauro de Araújo, 185
Maritain, Jacques, 61
Marques, Oswaldino Ribeiro, 249
Marshak, Robert E., 155
Martins Pereira, Luiz Humberto Miranda, 116, 248
Martins, Mário, 398
Martins, Paulo Ferreira, 249
Martins, Wilson, 342 a 346, 378
Massachusetts Institute of Technology (MIT), 101
Medeiros Neto, Ademar de, 249
Médici, general Emílio Garrastazu, 475
Meditsch, Jorge de Oliveira, 145, 251
Mellinger, Ester, 402
Mello Franco de Andrade, Rodrigo, 115

Mello Franco Filho, Afonso Arinos de, 250
Mello, Myriam Gurjão de, 250
Melo, brigadeiro Correia de, 396
Melo, Ênio L. de Freitas, 249, 257, 259, 305, 365
Melo, Thiago de, 398
Mendonça, Expedito de, 234, 290
Mendonça, Luís Eduardo de, 248
Menezes, Maria Tereza de Araújo, 250
Mesquita Filho, Júlio de, 206, 278, 279, 451 a 455
Mestre Anísio ver Teixeira, Anísio
"Minhocão", 106, 179
Mitraud, Allyson D., 249
Moraes, Dicamor, 249
Moraes, Vicente Haroldo de Figueiredo, 133
Moraes, Vinicius de, 399, 402
Moravia, Alberto, 399
Moura, Carlos R. de Azevedo, 348
Moura, José Rios de, 248
Mourão, Jamil Corrêa, 251
Moussatché, Haity, 74, 75
MPB-4 (conjunto), 399
Mund Júnior, Hugo, 248
Muniz, Maria Antônia S. de Porto Alegre, 249
Muniz, Ramiro de Porto Alegre, 156, 250
Mussolini, 27, 60
Mustello, Ana Maria, 249

Nachbin, Leopoldo, 75, 89
Nariz, 297
Nazzaro, Jean, 250
Nazzaro, Russel, 250
Negrão de Lima, 394, 453
Niemeyer, Oscar, 38, 40, 44, 45, 70, 71, 76, 95, 97, 103, 104, 106, 109, 111, 128 a 132, 248, 398

A universidade interrompida

Nóbrega, João Bosco Monteiro, 249
Nunes Leal, Victor, 45 a 50, 75, 104
Nunes, Zairo, 234
O Estado de Minas, 461
O Estado de S. Paulo, 162, 206, 279, 289, 319, 320, 341, 423, 439, 451, 452, 456 a 464
Obino, Nise, 249
"oca", 104
Oliveira Júnior, Ernesto Luís de, 65
Oliveira, Alaíde Braga de, 251
Oliveira, Edna Soter de, 192, 202 a 203, 204, 217, 294, 380
Oliveira, Eduardo Andrade Ribeiro de, 249
Oliveira, Geovane Geraldo de, 251
Oliveira, João Moojen de, 179
Oliveira, Maria Auxiliadora de, 249
Ollis, William D., 145
Ortega y Gasset, 134
Oswaldo Cruz, Walter, 75
Ouro Preto, Afonso Celso de, 250
Paes, general, 357
patrimônio (da Universidade), 67
Patrocínio, Antônio Carlos do, 251
Paty, Michel, 156, 250, 259 a 262, 300
Pavan, Crodowaldo, 135
Pedroso, Antônio Carlos, 469
Pedroso, Bráulio, 402
Peixoto, Afrânio, 58, 59
Peixoto, Amaral, 470
Peixoto, Maurício Matos, 75, 89
Penido, Pedro Paulo, 70
Perez, Rossini, 251
Pertence, José Sepúlveda, 127, 245
Pessina, Luís Henrique Gomes, 248
Pessotti, Isaías, 250
Pignatari, Décio, 250
Pimentel, Eldenor de Almeida, 251
Pimentel, Hugo Clemente de Araújo, 251

Pinga-Fogo (programa), 411
Pinheiro, Darcy de Souza, 248
Pinheiro, Israel, 40, 41, 44, 115, 394, 453
Pinsdorf, Wally, 249
Pinto, Armando Andrade, 248
Pinto, Evaldo, 229
Pinto, Jairo Ferreira, 148, 251
Pinto, José D., 249
Pinto, Mauro Leite M., 249
Pirandello, 293
Pires, João Murça, 133
Piva, Mário, 229, 267, 338 a 342, 352, 353, 355, 358, 366
Plano Educacional de Brasília, 47, 56
Plano Piloto, 37, 38, 42, 52, 451
Pompéia, Paulus Aulus, 89
Pompeu de Souza, Roberto, 122 a 125, 208, 211, 223, 226, 232, 233, 234, 235, 245, 285, 286, 336, 385
Ponte, Hosche, 250
Pontes, Eunice Souza Lima, 249
Pontes, Hélio, 127
Pontifícia Universidade Católica de São Paulo, 435
Portinari, Cândido, 58, 114
Porto, Sérgio, 398
Portugal, Ademar, 114
pós-graduação (cursos de), 58, 112 a 114
Prêmio Nobel, 86, 101
Produção Mineral, Laboratório da, 58, 88
Prudente de Moraes Neto, 58
Puddles, Júlio, 75

Quadros, Jânio, 76, 77, 104, 396
Queiroz, Luís Otávio Seixas de, 250
Quintas, Amaro, 287

Rademaker, almirante Augusto, 396

Rafael, Abel, 228, 350 a 356
Ramirez, José M., 249
Ramos, Artur, 58
Ramos, Graciliano, 103
Ramos, Teodoro, 60
Rangel, Flávio, 398
Raupp, Marco Antônio, 250
Reale, Miguel, 195, 196
Reguly, Maria Luísa, 250
Reis, José de Souza, 248
Renault, Abgar, 179
Rezende, Eurico, 340
Rezende, Francisco de Assis, 248
Rezende, Hugo Edison Barbosa de, 250
Ribeiro, Darcy, 46, 47, 48, 70 a 78, 97, 106, 108, 115, 140, 148, 178, 179, 271, 280, 290, 291, 323, 350, 352, 353, 355, 448, 450
Ribeiro, Lincoln, 185
Ribeiro, Luís Paulo, 250
Ribeiro, Marcello José, 148, 251
Rios, Geraldo Laércio, 249
Robles, Luís Gil, 288
Rocha Lagoa, 296
Rocha Miranda, Alcides da, 41, 56, 75, 77, 95, 104, 109, 114 a 121, 179, 198, 223, 248, 285, 298, 398, 415
Rocha, Caruso da, 470
Rocha, frei Mateus, 96, 179
Rocha, Gláuber, 398
Rocha, Hélio, 249
Rodrigues, Aryon Dall'Igna, 109, 122, 199, 223, 249, 383, 385
Rodrigues, Augusto, 114
Rodrigues, Chagas, 470
Rodrigues, Glauco, 398
Rodrigues, Jaime de Azevedo, 398
Rodrigues, José Albertino Rosário, 185
Rodrigues, Martins, 470

Rodrigues, Sérgio, 104
Rolemberg, Kuba, 335
Roque, Maria Luísa, 249
Ross, Martin, 151
Rossi, Francesco, 399
Rossi, Nelson, 249
Royal College of Arts, 116
Royal Institute of Technology (de Estocolmo), 82
Ruiz Neto, Marcos, 365

Sales, Severo de Albuquerque, 249
Sales, Vânia Afonso de Almeida, 249
Salgado, Clóvis, 41, 47, 49, 52, 53, 62, 68, 71, 73, 92, 115
Salles Gomes, Paulo Emílio, 116, 250
Salles, Aloysio, 41
Salles, Manoel Frederico Teixeira, 249
Salmeron, Roberto Aureliano, 76, 198, 223, 238, 242, 246, 250, 267, 298, 299, 345, 369 a 392, 433, 434, 436, 437, 438
Santana, Geraldo José, 248
Santoro, Cláudio, 95, 109, 117 a 121, 223, 249, 256, 285, 298, 385
Santos, Edgard, 117, 118
Santos, Fernando, 249
Santos, Júlia Conceição Fonseca, 249
Santos, Lena Coelho, 248
Santos, Márcio José dos, 469
Santos, Nelson Pereira dos, 116, 250
Santos, Rubem Moreira, 127, 245, 336
Saturnino Braga, Roberto, 249, 301 a 309, 356 a 360
Schmidt, Matheus, 136, 228, 234, 252, 261, 266, 326 a 334, 352, 386, 387, 388
Schwantes, Arno Rudi, 250
Schwantes, Maria Luísa, 250
Schwartzman, Simon, 46, 55, 60, 79

Scliar, Carlos, 398
Serpa, coronel Andrade, 402
Serviço do Patrimônio Histórico e Artístico Nacional (SPHAN), 115
Serviço Nacional de Informações (SNI), 224, 229, 330, 348, 357, 359, 364, 455, 475
Setor Cultural, 40, 52
Sherman, Gilmour, 137
Sholokoff, 329
Silva Filho, Waldemar Alves da, 469, 471
Silva, Ary Coelho da, 75, 145, 251
Silva, Dione Craveiro Pereira da, 250
Silva, Evandro Pinto, 248
Silva, Heitor Lima da, 55
Silva, João Lourenço da, 114
Silva, George Agostinho Baptista, 122, 198
Silva, José Maurício Pinto da, 249
Silva, Lúcia Maria, 249
Silva, Marília Rodrigues Pinto da, 116, 249
Silva, Maurício Rocha e, 75, 150
Silveira, Breno da, 275, 280, 281, 293 a 301, 303, 305, 332, 333
Simões, Jairo, 185, 186, 289, 342
Simões, Plínio Quirino, 251
Skroch, Walter Cordeiro, 250
Soares, Jô, 402
Soares, Maria Nazareh Lins, 249
Sociedade Brasileira para o Progresso da Ciência (SBPC), 74, 136, 139
Souza Lima, Mário Pereira de, 121, 122, 198, 223, 249, 345, 378, 385, 386
Souza Lima, Mayumi Watanabe de, 248
Souza Lima, Sérgio Pereira de, 248
Souza, Astrid Cabral Félix de, 249
Souza, Eudoro de, 122, 195
Souza, Maria José Costa de, 248-249

Speller, Paulo, 467
Suécia, 100
Suíça, 190
Suplicy de Lacerda, Flávio, 112, 124, 203, 233, 234, 267, 286, 405 a 422, 427, 428, 435, 440, 441, 455

Tauhata, Luís, 250
Taube Netto, Miguel, 250
Tavares, Flávio Aristides Freitas, 125, 245
Technische Hochschule de Aix-la-Chapelle, 101
Technische Universität de Munique, 100-101
Technische Universität de Viena, 101
Teixeira, Anísio, 33, 47, 48, 51 a 59, 65, 69, 71, 72, 73, 75, 77, 78, 106, 139, 142, 144, 147, 148, 149, 150, 178, 179, 271, 376
Teixeira, José Carlos, 234, 266
Tiomno, Jayme, 75, 76, 153 a 156, 198, 213, 223, 250, 285, 329, 333, 372, 385, 386
Toledo Filho, Eustáquio, 185
Toledo, Amélia, 116, 248
Torga, Miguel, 269
Torres, Alberto, 279
Travassos, Lauro, 58
Trigueiro, Oswaldo, 48, 49, 179, 183, 212, 246

Última Hora, 162, 281, 423 a 426
Unesco, 94, 151, 377
União Democrática Nacional (UDN), 43
União Nacional dos Estudantes (UNE), 409, 410
Universidade da Bahia, 117
Universidade de Indiana, 118
Universidade de São Paulo (USP),

33, 56, 58, 59, 60, 64, 84, 86, 87, 98, 121, 134, 137, 139, 140, 143, 154, 183, 219, 229, 246, 249, 273, 275, 277, 278, 280, 282, 288, 291, 322, 330, 338
Universidade do Brasil, 59, 60, 61, 64, 65, 68, 79, 80, 114, 123, 142
Universidade do Distrito Federal (UDF), 33, 57 a 62, 80, 114, 117, 154, 229, 356, 375, 461
Universidade Federal do Rio de Janeiro (UFRJ), 100
universidade tecnológica (ou técnica), 100

Van Hove, Léon, 155
Vandresen, Paulino, 249
Vargas, Getulio, 46, 56, 59, 60, 61
Vargas, José Israel, 75
Vasconcelos, Ângela, 402
Vaticano, 97
Vaz, Nélson Monteiro, 250
Vaz, Zeferino, 70, 106, 107, 109, 112, 124, 127, 136, 141, 150, 151, 168, 171, 183 a 213, 220, 221, 226, 227, 229, 232, 233, 234, 246, 256, 265, 267, 269 a 309, 316, 320, 323, 324, 325, 326 a 334, 336, 342, 353, 354, 360, 369, 371, 372 a 378, 379, 380, 381, 382, 386, 389, 416, 417, 418, 441, 442, 445, 451
Veiga, Oswaldo Pinto da, 184
Viana Filho, Luís, 183, 212, 246
Viana Filho, Oduvaldo, 399
Viana, Itamar, 472
Viana, Oduvaldo, 399
Vicentini, A. L. C., 199
Victor, Luís Fernando, 127, 245
Vieira, Antônio, 423
Vieira, Doin, 470
Vieira, Laerte, 267

Vila-Lobos, 58
Voltaire, 189

Werneck, Carlos, 265, 267, 273 a 279, 283, 314 a 318, 373, 375, 376, 377, 378, 379, 388 a 392,
Wilhen, Jorge, 402
Winge, Helga, 135, 136, 149, 250
Withaker, Gilda Maria, 250

Yoguru, Samuel, 467

Zanete, Walter André, 250
Zettel, Jayme, 248
Ziraldo, 402

Este livro foi composto em Times New Roman 11/13,2
no formato 150 x 210 mm e impresso no sistema off-set sobre
papel AP 75 g/m², com capa em papel
Cartão Supremo 250 g/m²